학교경영과 학급경영

이 책은 강남대학교 2012학년도 교내연구비의 지원을 받아 출판하였습니다.

학교경영과 학급경영

배장오 저

서현사

머리말

저자에게는 올해가 교직에 종사한 지 꼭 41년이 되는 해이다. 초등학교에서 26년을 근무한 후에 모교로 자리를 옮겨 대학에서 15년째 근무하고 있다. 돌이켜 보면 너무 긴 세월이었다는 생각을 하면서, 한편으로는 턱없이 부족한 사람이 남의 집 귀한 자녀들을 맡아 제대로 가르치기나 했는지 늘 조심스럽고 그래서 평소에도 언행을 삼가며 지낸다.

초등교사를 양성하는 교육대학의 교육과정을 통하여 교육의 기초에서부터 교직실무에 이르기까지 매운 매를 맞고 교직에 첫발을 디뎠지만, 급격하게 변하는 시대의 흐름에 발맞추어 허겁지겁 지내왔다는 자성어린 푸념을 하게 된다. 지금 근무하고 있는 모교 강남대학교에는 학부과정의 3학년으로 편입학하여 교육학과를 1회로 졸업한 인연이 있고, 최초로 임용될 때에는 '교육정책 및 평생교육'이라는 분야로 지원을 했었다.

교육정책은 그렇다고 해도, 학문적 깊이가 일천한 평생교육 분야와 관련해서는 학부 및 대학원생들과 함께 연구하는 노력을 게을리 하지 않고 오던 터에, 마침 『학교 · 학급경영』을 강의하던 동료교수가 금년 8월 말로 정년퇴임을 하게 되었다. 그래서 학교현장을 비교적 잘 알고 있고 오랫동안 학급경영에 경험이 있는 저자가 이 과목의 강의를 맡게 되었다. 책사에 들러 몇몇 저작물을 검토한 결과, 교재로 채택해야겠다고 마음에 내키는 자료를 발견할 수 없어서 이전에 교사로 재직할 때의 경험을 토대로 교재를 직접 엮어보리라는 만용을 부렸다.

강의교재로 멋지게 구성해 보리라는 결심으로 출발했음에도 불구하고, 집필 중에는 직접 엮어보겠다고 결심한 것을 여러 차례 후회하면서도 내친걸음에 멈출 수도 없어서 힘겹게 탈고를 하였지만, 평소 마음먹었던 장(章)의 구성을 제외하고는 내용 면에서 선행연구자들의 많은 자료들을 충실한 각주와 함께 인용하는 방법을 취할 수밖에 없었다.

대학의 한 학기가 대체로 16주라고 할 때에 강의개요와 중간고사 및 기말고사에 3주를 할애하고 나면 실제 수업은 13주가 된다는 점을 고려하여 전체를 3부, 13개의 장으로 구성하였다. 제1부 학교경영과 학급경영의 기초에는 제1장 학교경영과 학급경영의 이해, 제2장 학교경영과 학급경영의 이론 그리고 제3장 학교 및 학급경영의 법률과 제도로 구성하였다. 제2부 학교경영의 실제와 제3부 학급경영의 실제 부분에는 각각 5개씩의 장을 균배하였다. 제2부 학교경영과 관련하여서는 제4장 인사관리와 조직관리, 제5장 교육과정 운영과 교내장학, 제6장 재무관리와 시설·설비관리, 제7장 문서관리 그리고 제8장 학교경영의 평가이고, 제3부 학급경영과 관련하여서는 제9장 학급경영의 계획수립, 제10장 학습지도와 생활지도, 제11장 창의적 체험활동의 지도, 제12장 학급환경의 조성 그리고 제13장 학급경영의 평가로 구성하였다.

종전의 제7차 교육과정에서 특별활동과 창의적 재량활동으로 나뉘어 다루어 오던 내용을 한 데 묶어서 '창의적 체험활동'으로 개편한 2009년 부분개정 교육과정 내용까지 고려하였으므로, 현직교사들에게는 학교학급경영에 관한 연수자료로, 학부과정에서 교사의 꿈을 키우고 있는 교육학도들에게는 교직에 대한 이해의 폭을 넓히는 자료로 활용되기를 소망해 본다.

끝으로, 출판업계의 어려운 여건에도 불구하고 이 책의 출판을 흔쾌히 맡아 준 서현사 조재성 사장과 편집부 여러분에게도 감사의 마음을 전한다.

2012년 8월
시내산 기슭에서
배 장 오

| 차 례 |

제2부 학교경영의 실제

제1부

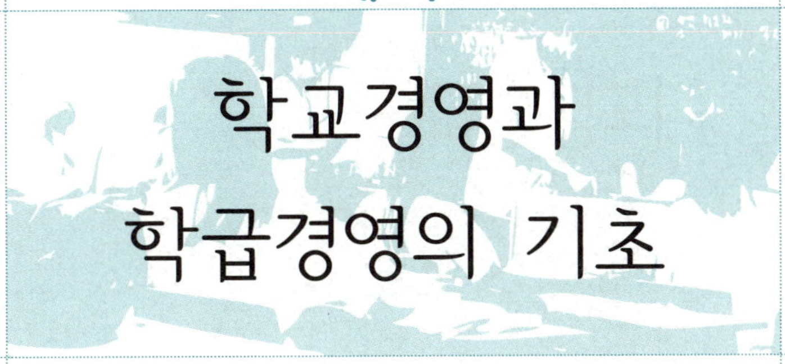

학교경영과 학급경영의 기초

제1장

학교경영과 학급경영의 이해

학교 및 학급경영에 대해 전반적인 이해를 한다는 것이 용이한 작업은 아니다. 교육기본법 제16조 제2항에 적시되어 있는 “학교의 장 및 사회교육시설의 설립·경영자는 법령이 정하는 바에 의하여 학습자를 선정하여 교육하고 학습자의 학습성과 등 교육의 과정을 기록하여 관리한다”라고 규정한 내용을 토대로 이해의 폭을 넓히려는 노력을 하였다.

이에, 김봉수(1983), 김종철 외 2인(1990), 박종렬 외 8인(2010) 그리고 박병량·주철안(2011)이 논의한 목차와 내용들을 재구성함으로써 학교 및 학급경영에 관한 기본적인 이해를 도모하고자 하였다. 본 장의 앞부분인 1,2,3절은 각각 학교경영의 의미, 학교경영의 원리, 학교경영의 영역을 설명하였고, 뒷부분인 4,5,6절은 학급경영에 관한 사항을 기술하였는데, 제4절은 학급경영의 의미, 제5절은 학급경영의 원리 그리고 제6절은 학급경영의 영역을 각각 논의하고자 한다.

1. 학교경영의 의미

학교경영의 의미를 간단히 정의할 수는 없지만, 교육기본법 제16조 제2항에는 "학교의 장 및 사회교육시설의 설립·경영자는 법령이 정하는 바에 의하여 학습자를 선정하여 교육하고 학습자의 학습성과 등 교육의 과정을 기록하여 관리한다"라고 규정함으로써 학교를 경영하는 행위자의 역할을 명시하고 있다. 학교경영자가 해야 할 일이 어떤 것인지를 포괄적이기는 하지만, 법규 면에서 확인할 수 있는 대목이다.

반면에, 학교경영의 개념을 나름대로 밝힌 학자들의 견해는 많다. 김봉수(1983)는 "학교교육의 효과를 높이는데 필요로 하는 여러 가지 교육체제를 갖추고 그것을 경영하는 봉사적 활동"이라고 하였고, 김종철 외 2인(1990)은 "단위학교 특히 초·중등학교에 있어서 교육목표를 설정하고 그것을 달성하기 위한 프로그램 및 인적·물적·기타 지원조건을 정비, 확립하여 목표달성을 위한 계획과 결정, 집행과 지도, 통제와 평가 등을 포함하는 일련의 봉사활동을 지칭하며, 학교조직 내에서의 집단적 협동행위를 위하여 효과적으로 지원하는 것을 본질로 하는 작용"이라고 정의하였다. 또한 박병량·주철안(2011)은 국내 학자들(김창걸, 1989 ; 김윤태, 1994 ; 서정화, 2002)이 제시한 학교경영의 정의가 조직의 목표달성, 지원의 확보와 활용, 경영의 과정에 초점을 두는 경영개념을 바탕으로 하고 있다고 밝힌 바 있다.

이들의 정의를 종합하면, 학교경영이란 학교의 목적을 달성하기 위하여 인적·물적·기타 자원을 확보하고 활용하여 계획, 조직, 지시, 조정, 통제하는 일련의 활동과정을 말한다. 부언하면, 학교경영은 단위학교에서 교육목적을 설정하고 교육활동에 필요한 교사, 학생, 교육과정 및 시설과 설비 등의 교육자원을 확보하여 교육여건을 조성하며, 교육목적을 효과적으로 달성할 수 있도록 교육활동을 계획, 조직, 지도, 조정 및 통제하는 일련의 활동인 것이다.

이러한 학교경영의 의미를 좀 더 자세히 설명하면 다음과 같다.

첫째, 학교경영은 학교의 목적을 추구하는 활동이다.

학교경영은 학교의 존재이유가 되는 학교의 교육목적을 성취하고자 한다. 학교교육의 일반적인 목표는 학생들이 사회에서 인간다운 삶을 영위할 수 있도록 문화를 전수하여 그들의 성장과 발달을 도모하는데 있다. 이런 바탕에서 학교는 교육제도상 국가의 교육목표를 추구한다. 미국의 저명한 교육학자인 J. I. Goodlad(1984)는 학교교육의 목적을 지적 목표, 직업적 목표, 사회적 목표 그리고 개인적 목표로 범주화하였다(박병량·주철안, 2011. 재인용).

- 지적 목표는 학문적 지식과 기능에 초점을 둔다.
- 직업적 목표는 직업과 일을 준비시키는 것이다.
- 사회적 목표는 학생들에게 사회적·시민적·문화적 삶을 준비시키는데 초점을 둔다.
- 개인적 목표는 개인의 정서적·신체적·예술적 발달에 초점을 둔다.

둘째, 학교경영은 교육자원을 획득하고 배분하며 활용하는 활동이다.

교육자원은 교육목적을 달성하기 위한 활동에 투입되어 공헌할 수 있는 힘을 지닌 모든 것을 말한다. 이 교육자원에는 ① 교직원·학생·학부모와 같은 인적 자원 ② 건물·시설·설비와 같은 물적 자원 ③ 운영비와 같은 금전적 자원 ④ 지식, 정보, 시간, 노력 등의 자원이 포함된다. 이러한 자원들을 획득하고 효율적으로 사용하는 일은 학교경영의 중요한 내용이 되는 것이다.

셋째, 학교경영은 계획, 조직, 지도, 조정, 통제 등 일련의 활동과정으로 이루어진다. 이러한 일련의 경영과정은 학교운영을 합리적으로 수행하는데 필요한 과정이다.

'계획'은 목표를 세우고 이를 성취할 수 있는 미래의 행동을 예정하고 준비하는 과정이다. 이 과정에서는 관련 자료를 바탕으로 하여 학교경영의 목표와 방침을 설정하고, 학교경영의 여러 활동 및 영역별 실천계획과 평가계획을 학교경영안으로 작성한다.

'조직'은 공동목표를 달성하기 위한 분업적인 협동체제의 구성을 일컫는다. 협동체제는 공동의 목표, 책임과 임무의 분담 및 지도체제를 포함한 협동적인 관계수립을 요건으로 한다. 이와 같은 요건으로 학교에서는 교수조직, 교무분장 조직, 학교운영 조직, 학부모조직, 학생 자치활동 조직 등이 구성되는 것이다.

'지도'는 계획에 따라서 여러 가지 활동을 운영하고 실천하는 과정이다. 이 과정에서는 교과지도 활동, 창의적 체험활동 및 생활지도 활동 등 학교 구성원의 활동을 촉진시키고 유지하며 조정하는 학교장의 지도력이 크게 요청된다.

'조정'은 조직의 여러 활동을 상호 관련시켜서 조직노력을 통합하고 조절하는 것이다. 교무부, 연구부, 학생부, 행정실 등 여러 부서의 활동을 상호 관련시켜서 때로는 통합하고 조절하여 학교의 공동목표를 효율적으로 달성하도록 한다.

'통제'는 모든 활동이 계획된 대로 목표를 향하여 진행되도록 규제하는 활동이다. 즉, 학교의 모든 활동이 계획된 목표를 지향하고 있는가, 계획대로 잘 실천되고 있는가 등을 점검하여 계획이나 목표를 이탈했을 때에 이를 교정하는 활동으로서, 평가활동이 이루어지는 단계이다.

이상과 같은 학교경영의 요소활동들은 서로 분리된 활동이 아니라, 서로 연계된 활동으로서 전체적으로는 학교의 목표를 효율적으로 달성하는데 필요한 순환적인 과정활동이다.

2. 학교경영의 원리

학교경영의 원리를 논의할 때에는 학교경영 철학이 학교경영의 기초(박종렬 · 신상명, 2004)가 된다는 전제를 가진다. 그러므로 학교경영의 기본원리도 학교경영 철학과 긴밀한 관계를 유지하게 되는데, 이에 대한 몇 가지 견해를 살펴보기로 한다.

박종렬 외 8인(2010)은 학교경영의 원리를 합목적성의 원리, 적합성의 원리, 자율성의 원리, 합리성의 원리, 합법성의 원리 그리고 참여성의 원리로 구분하면서, 몇몇 학자들이 제시한 행정의 기본원리들을 요약 · 정리하였다. 이를테면, 백현기(1958)는 능률성, 안정성, 적응성, 타당성을 들었고, 김홍철(1982)은 능률성, 민주성, 적응성, 균형성을 들었으며, 김윤태(1993)는 효율성, 민주성, 안정성, 자율성, 합법성, 합리성, 합목적성 등을 제시하고 있다는 것이다.

반면에, 김봉수(1983)는 학교경영의 기본원리는 학교행정에 관한 일반원리와 다를 바가 없다는 주장을 펴면서, 학교경영의 실제 면을 구체적으로 상기할 때에는 다음과 같은 원리가 실현되어야 한다고 하였다.

1) 민주성의 원리

첫째, 학교경영자는 민주적으로 지도해야 한다.

학교장은 학교경영상으로 볼 때에 학교행정 책임자의 위치에서 그 직무를 충실하게 수행해야 하지만, 교육적으로 볼 때에는 교사들에게 조언자, 협조자 또는 지도자의 위치에 서 있는 사람이다. 따라서 학교장은 교사들의 감시자라는 권한만을 내세우기보다는, 교사들의 전문성을 높여주고 격려해 줌으로써 그들의 사기진작과 교직적인 성장을 위한 뒷받침을 해 주는 봉사자의 역할에 충실해야 한다. 그러기 위해서 학교장은 관리책임자라는 태도만을 앞세우지 않고, 민주적인 자세로 교직원을 대하고 동행자적인 입장에서 그들을 지도·격려하면서 상호 협력체제가 확립되도록 노력해야 할 것이다.

또한 학교장은 교육전문가의 입장에서 교사들의 교직 전문성 제고를 도와주기 위하여 교직원에게 연수기회와 이에 필요한 제 조건을 마련해 주어야 한다. 형식적이고 기계적인 교사 근무평정보다는 교사들의 평소 근무상황을 면밀하게 기록한 구체적인 자료를 존중하고 상호 평가함으로써 교사의 사기를 높여 주어야 한다.

둘째, 학교경영에 모든 교직원이 적극 참여해야 한다.

학교장은 모든 교직원이 각자의 능력과 개성을 발휘할 수 있도록 학교의 분위기를 자유롭고 부드럽게 조성해야 한다. 학교의 경영방침이나 그 실천에 있어서 학교장의 독단 또는 일부 부서나 직원들이 결정한 사항을 일방적으로 지시하는 형식인 경우에는 모든 교직원들의 협력을 얻기가 어렵다. 따라서 학교장은 학교경영의 시책결정이나 교육계획 등을 작성함에 있어서 교직원들이 자유롭게 자신의 의견을 발표할 수 있는 분위기 속에서 협의할 수 있는 대화의 장을 마련하여야 한다.

또한 학교장은 교직원을 대할 때에 직위나 관리권한을 의식한 채 그들을 대하지 않고, 겸손한 태도와 교직원의 인격을 존중하면서 교육 동지적인 입장에 서서 교사의 창의적이고 건설적인 의견을 존중해 주고 받아들임으로써 그들이 스스로 책임을 다하고 성공의 기쁨을 함께 나누어 가지도록 해야 한다.

결국, 일반 교직원이 학교경영의 대열에 적극 참여하고 높은 책임의식을 갖게 하려면, 무엇보다 학교장과 교직원의 인간관계와 경영상의 인간관계 체제가 중요하다. 즉, 상하로 구성된 체계보다는 동료나 참모역할을 통해 교직원들로 하여금 학교경영에 대한 적극적인 관심을 불러일으키게 함으로써 그들 스스로 높은 책임의식과 열의를 가지고 학교경영 활동에 적극 참여하도록 해야 한다.

2) 과학성의 원리

학교경영은 결코 시행착오적인 성격의 것이 아니다. 왜냐하면 학교교육 자체가 인간교육을 위한 활동이므로 잘못된 학교경영으로 인하여 인간교육이 잘못된다면 그보다 더 큰 범죄가 없다고 할 수 있기 때문이다. 따라서 학교경영에서 교육목표나 운영방침 등을 결정함에 있어서 학교장의 일방적·독단적인 판단이나 추상적인 논리에 따르는 것은 매우 위험한 일이다.

학교경영의 각종 시책이나 방침의 결정사항은 곧 인간교육에 그대로 귀결되는 것이므로, 그러한 경영계획과 실천활동은 학교와 지역사회 등 학교교육과 관계가 있는 모든 인적, 물적, 물리적인 제 조건과 각종 사태에 관한 과학적인 조사와 비판 등을 기초로 한 계획과 조직 그리고 실천으로 이루어져야 한다. 이와 같은 의미에서 과학성의 원리는 계획성의 원리, 조직성의 원리, 능률성의 원리 그리고 객관적인 자료의 원리 등을 종합한 원리라고도 할 수 있겠다.

첫째, 학교경영은 면밀한 계획이 세워져야 한다.

학교교육의 특색을 계획적인 교육이라고 하는 것이 비단 학습자를 직접 지도하기 위한 교수·학습계획만을 뜻하지는 않는다. 오히려 학교경영에 관한 면밀한 계획이 입안됨으로써 그것을 기반으로 하여 구체적인 지도 및 실천계획과 구현된 활동이 전개되는 것이다. 따라서 학교교육의 계획은 학교경영 계획부터 잘 세워져야 하며, 이것이 성안되지 않은 곳에 지도실천을 위한 구체적인 계획이 나올 수 없다.

또한, 학교경영 계획은 학습자들의 성장·발달을 최대한으로 보장하고 교사들의 발전을 도모할 수 있는 단기, 중기 및 장기계획을 짜임새 있게 만들어야 한다. 또한 학교장은 수립된 교육계획 및 경영계획을 실행하는 과정에서 최대한의 성과를 올릴 수 있는 방도를 마련하고, 여기에 필요한 시설 및 기타 조건을 갖추어 나가도록 노력해야 한다.

둘째, 학교경영을 위한 합리적이고 능률적인 조직이 마련되어야 한다.

학교는 교장·교감·교사 및 사무요원과 수많은 학습자가 함께 모여 하나의 큰 집단으로 형성된 곳이다. 일반적으로 우리 사회에서는 여러 사람이 함께 하는 활동에 반드시 조직을 필요로 한다. 만일, 조직이 없다면 그 집단은 오합지졸에 불과하여 지리멸렬하고 말 것이다. 더구나 학교는 이질적인 성격이 강한 개개인이 모여 구성된 복합적인 집단이면서 그 학교가 정한 교육목표라는 같은 방향으로 집단 구성원인 교직원과 학생이 함께 나아가야 하는 곳이므로, 교육목표 달성에 중심을 두고 짜임새 있는 조직이 반드시 필요하다.

학교경영을 위한 조직은 크게 교직원조직과 학생조직으로 구분된다. 교직원조직은 교무분장 조직과 직원회조직뿐만 아니라 그 학교경영 방침에 따라 여러 가지 조직이 구성될 수 있다. 학생조직으로는 학년 및 학급조직 이외에도 학생자치회 조직, 창의적 체험활동 조직, 기타 여러 가지 조직을 생각해 볼 수 있다. 그러나 학교경영상에 필요한 각종 조직은 형식적인 조직이 아니라 학교실정에 따라 알맞은 조직, 교육목표 달성을 위한 합리적인 조직 그리고 학교경영의 능률을 위한 실질적인 조직이어야 한다. 따라서 학교경영자는 학교경영의 성패요인의 중요한 분야 중의 하나가 어떠한 조직이냐 라는 점을 깊이 인식해야 한다.

셋째, 학교경영의 능률화를 기해야 한다.

학교경영의 능률화는 최소의 시간과 노력으로 최대의 교육목표를 달성하도록 경영하는 데에 있다. 따라서 학교경영자는 ① 학교 내외의 모든 인적 자원을 최대한으로 활용하고 ② 물적 자원인 학교 내외의 각종 시설 및 환경을 효율적으로 활용해야 한다. 인적 자원의 활용은 구성원 각자의 개성과 능력에 알맞은 과업과 책임을 수행하도록 배려하고 적재적소에 임하도록 해 주어야 한다는 말이다. 또한 물적 자원의 활용은 교육적인 가치기준에 따라 적절성을 기해야 한다는 뜻이다.

넷째, 학교경영의 각종 계획은 객관적인 자료에 기초해야 한다.

학교경영을 위한 각종 계획은 원칙적으로 학교마다 동일시될 수 없다. 왜냐하면 학교마다 수용하고 있는 학생이 반드시 동일하지 않고, 학교가 보유하고 있는 각종 교원, 기술과 학교에 미치는 지역사회력 또한 동일하지 않기 때문이다. 따라서 한 학교에서 교육목표나 방침을 막연하고 추상적인 용어의 나열식으로 결정한다면, 그것은 아무 쓸모없는 내용이 되고 만다. 즉, 목표나 방침은 충분한 근거가 될 만한 실증적인 객관적 자료를 통해 얻어야 한다.

학교경영을 위한 객관적인 자료로는 교직원의 능력과 개성, 학습자의 학력 수준・기능의 경향・신체발달・행동발달・가정환경 등의 실태, 학교의 각종 시설과 비품 그리고 지역사회의 각종 교육자료와 학교에 대한 지역사회의 기대 등을 들 수 있다.

3) 사회성의 원리

첫째, 지역사회 인사와의 유대관계가 잘 형성되어야 한다.

학교교육의 목적달성은 지역사회의 긴밀한 협조가 있어야 하므로, 학교경영을 위한 조직이나 구체적인 활동방법에서 지역사회의 인사가 적극 참여 및 협조할 수 있는 방안을 강구해야 한다. 학교장과 교사는 학교운영위원회 임원을 비롯하여 학부모와 지역사회 인사와의 유대를 강화하고, 학교경영 방침이나 교육시설을 알려 주며, 그들의 의견을 학교경영에 반영시켜서 개선해 나가도록 해야 한다.

둘째, 지역사회의 교육자원 획득에 힘써야 한다.

학교경영의 성과를 높이기 위해서는 가장 적절한 교육자료의 활용이 중요하다. 지역사회는 학교에서 가장 가까운 곳에 산재해 있는 자원을 손쉽게 얻을 수 있는 곳이다. 새로운 지식과 기술이 급속도로 발달하고 전문화되어 가며, 사회생활상의 각 분야가 계속 변화해 가는 오늘날의 실정에서 학교와 사회화의 간격을 좁혀 학습자로 하여금 사회에서 일어나는 실질적인 문제해결력을 가지게 하는 것은 대단히 중요하다. 이때 학습자에게 제공되어야 할 교육자료는 보다 넓고 먼 일반사회 자원보다는 가까운 지역사회 내의 자원부터 손쉽게 활용케 하는 것이 실질적인 효과 및 활용 가능성이 높다.

뿐만 아니라 지역사회 자원활용은 곧 지역사회 실정을 이해하는데 효과적인 방법이 되기도 한다. 지역사회의 교육자원은 자연적, 지리적, 문화전통 및 습관뿐만 아니라 각종 교육 유관기관과 각계각층 인사들의 전문적 지식과 기술 등을 그 예로 들 수 있다. 이러한 자원을 적극 활용한다는 것은 그만큼 학교와 지역사회를 밀접한 관계로 연결시켜 줄 뿐만 아니라, 학습자로 하여금 지역사회 발전을 위한 문제해결력을 키워 나가게 하고, 그들에게 높은 관심을 가지게 함으로써 애향심을 드높이는 데에도 한층 효과적인 방법이 된다.

셋째, 지역사회와 일반사회 개선에 봉사자가 되어야 한다.

학교의 사명에 학생을 직접 지도하는 일만 있는 것은 아니다. 한 걸음 더 나아가서 사회의 제 문화의 계승·발전으로 사회개조에 직접 봉사해야 한다. 이때 넓은 사회의 봉사보다는 먼저 그보다 좁고 가까운 지역사회 내의 봉사활동부터 출발해야 한다. 그 이유는 어느 학교이든지 간에 지역사회와 역사적, 지연적으로 불가분의 관계를 가지고 있으며, 지역사회의 배경을 무시한 학교는 결코 유지될 수 없기 때문이다. 학교와 사회는 대등한 위치에 있는 것이 아니라, 어디까지나 '사회 안에 존재하는 학교'이다. 따라서 학생들은 그들이 살고 있는 지역사회의 문화적, 경제적, 제반 생활개선을 위하여 직접 봉사하는 방법을 배워야 한다. 그리고 학교장이나 교직원은 이러한 관점에서 확고한 교육관과 신념을 가지고 경영에 임해야 한다.

3. 학교경영의 영역

학교경영의 활동영역과 관련하여 김봉수(1993)는 본래 학교가 수행해야 할 모든 활동 중에서 직접적인 교육활동과 그것과 직결되는 제반 활동, 즉 교수활동, 교재연구, 교재준비, 고사, 채점, 평가, 교수·학습안의 작성, 지도에 필요한 제반 장부의 작성 및 기입 등을 제외한 모든 활동이 포함될 수 있다고 하였다. 또, 학교경영 활동을 크게 인사관계, 시설관계, 재경관계, 공공관계, 기타 등 4대 영역으로 구분하고, 기타 속에는 학생에 관한 기록보관, 생활지도, 교육과정 개선 등을 포함시키기도 한다. 학교경영 활동을 더욱 크게 묶으면 관리행정과 지도행정으로 나눌 수도 있다. 그리고 이와 같은 학교경영의 제반 활동은 계획·조직·명령·조정 및 통제의 기능을 거쳐서 수행되는 것이다.

학교경영의 활동영역을 보다 세분하면, 다음과 같은 분류도 가능하다.

첫째, 조직·인사·시설의 관리

① 학교경영의 계획과 조직
② 교직원의 인사관리
③ 학교환경·시설관리
④ 학교재정 및 사무관리

둘째, 교육활동의 관리와 지도

① 학생관리
② 교육과정에 관한 경영
③ 교외지도의 경영
④ 가정 및 지역사회와의 유대
⑤ 학교경영의 문제
⑥ 벽지학교 및 대규모학교의 경영
⑦ 진로 및 취직에 관한 경영
⑧ 교사에 대한 지도의 조언

앞에서 살펴 본 바와 같이 학교경영의 제 활동에 관한 견해는 학자에 따라서 그 영역분류에 차이가 있다고 할 수 있지만, 그와 같은 제 활동 영역들이 실제로는 긴밀한 상호의존 관계에서 이루어지는 것이므로 명확한 한계를 정하기가 어렵다. 또 이러한 여러 가지 활동영역 중에서 어떤 것이 보다 더 중요하고, 또 어떤 것이 보다 덜 중요한지를 결정하기도 어렵다. 그 이유는 어느 것 하나만 소홀히 취급해도 원만한 학교경영, 나아가서는 교육이 이루어지지 못하기 때문이다.

일반적으로 학교경영의 활동영역은 다음과 같이 크게 나눌 수 있다. 그러나 여기에서 말하는 영역은 학생교육과 직접 관련된 지도영역이 아니라, 이를 뒷받침하기 위한 간접적인 지도영역에 관한 것들이다.

1) 학교 인사관리

학교경영상의 인사관리는 크게 두 가지로 구분된다. 하나는 교사의 인사관리 활동이고, 다른 하나는 학생들의 인사관리 활동이다. 교사의 인사관리는 교사를 대상으로 지도·조언을 하고, 교사의 복무를 감독한다거나 교사들의 인간관계를 조정하는 일 등이다. 학생의 인사관리는 주로 입·퇴학, 재학, 복학, 전학 등에 관한 사항과 학교생활의 질서유지와 면학분위기 조성을 위한 징계사항 등이 여기에 속한다. 그러나 여기에서 징계문제를 취급한다고 해도 생활지도 분야의 활동과는 구분되는 것이므로 혼동해서는 안 된다.

2) 학교 건강관리

여기에서 말하는 건강관리 활동은 교육에 관계하는 사람의 보건관리 사항을 말한다. 따라서 건강관리와 건강교육은 그 내용이 다르므로 혼동하지 말아야 한다. 이 건강관리는 크게 두 가지 활동으로 나누어, 건강시설 분야인 물적 방면과 인적 방면으로 구분할 수 있다. 인적 분야는 다시 학생을 대상으로 활동과 교직원을 대상으로 하는 활동으로 구분된다.

3) 학교 사무관리

사무관리는 학교경영 활동의 모든 영역과 관련되는 것으로서, 일반적으로 학교사무라고도 한다. 학교에는 여러 사람이 함께 종사하고 있기 때문에 실제로 사무를 처리하기 위해서는 분야별로 분담되고, 적절한 사무실이 제공되어야 한다. 또한 사무처리의 능률화는 학교경영에 있어서 중요한 연구과제 중의 하나이다.

4) 학교경영 조직편성 관리

학교경영을 위한 조직편성은 학교의 전체적인 운영과 관계되는 것으로서, 학교는 그 자체가 하나의 전체로서 운영되어야 할 교육조직이라는 특성이 있다. 그러므로 그 교육조직과는 별도로 경영을 위한 조직이 편성되어야 한다. 여기에 속하는 조직으로는 교직원회, 기획위원회, 교무운영위원회, 연구위원회, 생활지도위원회 등을 들 수 있다. 이와 같은 조직체에 의해 학교 전체의 교육계획이 수립되고, 그 실천상의 문제를 처리하며, 학교교육을 위한 경영의 각 분야활동이 상호연결 및 조정되는 것이다.

5) 학교와 지역사회와의 관계

학교는 교육실천을 목적으로 하는 기관조직이다. 따라서 학교기관의 내부구조를 어떻게 하고, 또 그것을 어떻게 운영해 나가느냐 하는 것은 학교경영의 주요한 일이다. 그러나 학교교육과 그 운영이 결코 지역사회의 제반 실정과 요구, 과제 등을 도외시해서는 안 되며, 그것을 떠나서는 더더욱 안 된다. 학교는 반드시 지역사회와 밀접한 관계를 맺어야 한다는 것이다. 그러므로 학교가 교육목적을 달성하기 위해서는 지역사회와 긴밀한 관계를 유지함으로써 학교교육에 향하는 사회력을 얻을 수 있도록 힘써야 한다. 여기에서 중요한 것은 학교가 사회력을 얻으려는 의도에 앞서 인적, 물적 요소를 통해서 학교가 먼저 지역사회에 봉사할 수 있어야 한다는 점이다.

6) 학교평가

학교평가 영역은 교육평가와는 다른 것으로서, 일반적인 교육평가를 포함한 그 이상의 광범위한 영역이다. 학교평가의 구체적인 대상으로는 학교의 교육목표, 교과과정·창의적 체험활동 과정·생활지도 계획 등의 교육과정과 학교 교육계획, 학교시설, 학교의 교육조직, 학교 인사관리, 학교 보건관리, 학교 사무관리, 학교경영을 위한 각종 조직 그리고 학교와 지역사회와의 관계 등이 있다. 즉 학교경영과 관계되는 전 분야가 학교평가의 대상이 되는 것이다.

7) 학교재정 및 회계관리

학교경영에는 많은 돈이 필요하다. 따라서 그 회계·경리사무를 신중히 취급해야 하며, 국고 등의 공공재정은 물론 학부모나 학생들의 회계 문제까지도 겸하는 경우가 많다.

지금까지 학교경영에 관한 제 활동을 크게 7가지로 나누어 살펴보았다. 이와 같은 여러 가지 활동의 실시는 결국, 그 학교의 교육목적 달성을 위한 것이므로 때로는 그 활동내용이 어느 한 영역에만 속한다기보다 상호 연결성을 가진 협조체제가 유지되어야 할 경우도 많다.

4. 학급경영의 의미

학급경영(classroom management)이 학교경영의 테두리 안에서 이루어지는 것이기는 하지만, 학교경영과는 성격이 다른 독자적인 교육경영 활동이다(김명한 외 3, 1988). 결국, 학급경영은 학급을 대상으로 하는 경영으로서 "학급 구성원이 의도하는 교육목적을 달성하기 위하여 영위하는 계획·조직·조정·통제와 관련되는 활동"(서울대학교 사범대학 교육연구소, 1981)이다. 학급 구성원의 교육목적 달성을 위한 학급경영은 학교-학년-학급으로 이어지는 학교조직의 연계성을 바탕으로 하여, 학교 및 학년경영과 유기적인 관계를 맺으면서 비교적 독자적으로 학급을 운영하는 활동이라는 전제 하에 김명한 외 3인(1988)은 학급경영에 대한 의미를 다음과 같이 설명하고 있다.

학급경영을 개념적으로 파악하는데 있어서는 학자마다 약간씩 의견을 달리하고 있으나, 조직과 경영개념을 바탕으로 학급경영을 정의하는 것이 일반적이다. 특히, 학급경영이 "학급학생들이 자신의 목표와 교육목표를 달성하기 위해서 그들의 자발적인 노력을 조직하고 조정하는 과정"(Lois V. Johnson & Mary A. Bany, 1970. 재인용)이라는 정의나 "학생의 학습과 생활지도를 위한 학교의 가장 기본적인 구성단위인 학급의 목표를 효과적으로 달성하기 위해 학급성원, 즉 교사와 학생의 협동적인 행위를 조성하는 집단과정"(남정걸, 1986. 재인용)이라는 정의는 학급경영을 학급목표 달성을 위한 조직으로 파악하고 있다.

여러 학자들의 의견을 종합해 보면, 경영이란 조직의 목적을 달성하기 위하여 자원을 획득하고 활용하여 목적달성을 위한 활동을 계획, 조직, 지도 및 통제하는 일련의 과정을 말한다. 이 정의를 적용하여 학급경영을 정의한다면, 학급경영이란 학급의 목적을 달성하기 위하여 인적 자원과 비인적 자원을 활용하여 계획(planning)하고 조직(organizing)하며 지도(directing)하고 통제(controlling)하는 일련의 활동이라고 할 수 있다. 이 정의에 포함된 중요한 요소는 조직의 목적, 자원의 활용 그리고 경영과정이다. 이 세 가지 요소를 중심으로 학급경영의 정의를 풀어 설명하면 다음(김명한 외 3, 1988)과 같다.

첫째, 학급경영은 학급의 목적을 추구하는 활동이다.

학급의 목적 또는 목표는 학급활동의 지향점으로서 '무엇을 위하여 학급경영이 필요한가'라는 질문에 대한 답변이 될 수 있다. 학급의 목표를 편의상 크게 두 가지로 나누어 보면, 하나는 학교의 공식적인 교육목표를 바탕으로 세워진 학급조직의 목표이며, 다른 하나는 학급 구성원의 개인적 또는 집단적인 욕구와 필요에 의한 학급 구성원의 개인적인 목표이다.

학급경영은 학급 구성원이 개별적으로 추구하는 개인적인 목표를 달성하고자 한다. 학생의 개별적 또는 집단적 욕구, 흥미, 적성 및 필요를 교육적으로 발전시키는 일은 학급에서 추구하는 중요한 목표이다. 뿐만 아니라 국가나 지역사회 그리고 학부모의 학교에 대한 기대와 요구를 학급경영을 통하여 충족시켜야 할 필요성도 있다. 이와 같이 학급경영은 학교의 교육목표와 학급 구성원의 개인적 목표, 나아가서는 사회적 기대까지 추구함으로써 학급의 모든 학생이 자신이 지니고 있는 잠재적 가능성을 최대한으로 개발하여 전인적 인간이 되도록 도와주는 활동이다.

둘째, 학교경영의 의미에서도 논의된 바 있는 교육자원을 획득하고 분배하며 활용하는 활동이다. 교육자원은 교육목적을 달성하기 위한 활동에 투입되어 공헌할 수 있는 힘을 지닌 모든 것을 말한다. 이러한 교육자원에는 ① 교직원, 학생 및 학부모와 같은 인적 자원 ② 건물, 시설, 설비와 같은 물적 자원 ③ 운영비와 같은 금전적 자원 ④ 지식, 정보, 시간, 노력 등의 자원이 포함된다. 이러한 자원들을 어떻게 획득하고 효율적으로 사용하느냐 하는 것이 학급경영의 중요한 내용이 된다.

여기에서 지적할 사항은 학급경영의 입장에서 보면 학급의 인적·물적 자원과 금전적 자원은 비교적 고정되어 주어진 자원인 반면에, 지식, 정보, 시간, 노력과 같은 교육자원은 학급교사가 창출해 낼 수 있는 자원이라는 점이다. 학급의 인적 구성은 인위적인 학급편성으로 결정되며, 학급의 시설, 설비 및 운영비 등은 학교나 국가의 재정형편에 따라 결정된다. 학급경영의 측면에서 보면, 이들 자원을 어떻게 획득하느냐 하는 문제보다는 주어진 자원을 어떻게 효율적으로 활용하느냐 하는 문제가 경영의 초점이 된다고 할 수 있다.

그런데 지식, 정보, 시간, 노력과 같은 교육자원은 학급경영자가 창출해 낼 수 있는 자원인 동시에 교육활동에 가장 직접적으로 관련된 자원이라는 점에서 다른 어떤 자원보다도 중요한 교육자원이다. 학급교사의 노력과 역량에 따라서 보다 많은 지식과 정보를 학급에 투입할 수 있으며, 보다 많은 학습시간과 학습노력을 획득하고 사용하여 교육효과를 높일 수 있는 것이다. 따라서 물적 자원을 확보하고 활용하는 일과 교직원, 학생 및 학부모 등의 인적 자원을 획득하고 활용하는 일과 더불어 지식, 정보, 시간, 노력 등의 교육자원을 창출하여 교육활동에 사용하는 일이 학급경영에서 중요시된다.

셋째, 학급경영은 계획, 조직, 지도 및 통제 등 일련의 활동과정으로 이루어지는데, 학교경영과 비교하여 보면 학교경영에는 이 4가지 활동 이외에 '조정'과정이 추가된다. 이러한 일련의 학급경영 과정을 간략히 설명하면 다음과 같다.

'계획'은 목표를 세우고 이를 성취할 수 있는 미래의 행동을 예정하고 준비하는 과정이다. 이 단계에서는 관련 자료를 바탕으로 하여 학급경영의 목표가 설정되고 학급경영의 각 영역별 실천계획과 평가계획이 학급경영안으로 작성된다.

'조직'은 공동목표를 달성하기 위한 분업적인 협동체제를 구성함을 말한다. 협동체제는 공동의 목표, 책임과 임무의 분담 및 지도체제를 포함한 협동적인 관계수립을 요건으로 한다. 학급에서는 학습을 위한 분단조직, 학생 자치활동 조직, 창의적 체험활동 조직, 생활지도 조직 및 봉사활동 조직 등이 조직요건이 맞추어 만들어진다.

'지도'는 계획에 따라서 여러 가지 활동을 운영하고 실천하는 과정이다. 이 단계에서는 교과지도 활동, 창의적 체험활동, 생활지도 활동 등 학급경영의 전반에 걸친 활동들이 전개된다. 이 단계에서는 학급집단 구성원의 활동을 촉진시키고 유지하며 조정하는 교사의 지도력이 크게 요청된다.

'통제'는 모든 활동이 계획된 대로 목표를 향하여 진행되도록 규제하는 활동이다. 즉, 학급의 모든 활동이 계획된 목표를 지향하고 있는가 또는 계획된 대로 실천되고 있는가를 점검하여 계획이나 목표를 이탈하였을 때에 이를 교정하는 활동이다. 이 단계에서 평가활동도 이루어진다.

이상과 같은 학급경영의 과정은 각 단계가 분리된 활동이 아니라, 통합된 활동으로서 연속적·순환적으로 이루어지면서 효율적으로 학급의 목표를 달성하고자 하는 활동이다. 따라서 학급경영은 학급의 교육자원을 능률적으로 사용하여 학급의 목표를 효과적으로 달성하기 위해서 학급활동을 계획·조직·지도·통제하는 일련의 활동이라고 할 수 있다.

5. 학급경영의 원리

학급경영의 원리는 논의하는 관점이나 주장하는 학자에 따라 매우 다양하게 제시되고 있다. 여기에서는 김종철 외 6인(1992)의 주장을 중심으로 김용주 외 3인(2006)이 열거한 타당성의 원리, 개별성 존중의 원리, 사회성 개발의 원리, 자주성의 원리, 상호접근의 원리, 통합성의 원리 그리고 합리성의 원리를 제시하기로 한다.

1) 타당성의 원리

학급경영의 목표, 내용, 방법 등은 학급경영과 관련된 여러 가지 요소들에 비추어 타당성을 확보해야 한다. 학급경영이 타당성을 확보해야 할 여러 관련사항들 중에서 중요한 것을 들면 다음과 같다.

첫째, 교육의 원리에 비추어 타당한 것이어야 한다. 교육의 원리는 일체의 교육행위를 통제하는 최상위의 원리로써, 학급경영의 목표, 내용, 방법 등은 그것이 교육적인 활동인 한 당연히 그러한 원리에 부합하는 것이어야 한다.

둘째, 상위 교육체제의 목표 및 교육운영의 방향에 비추어 타당한 것이어야 한다. 그리고 나아가서는 교육청이나 시·도교육청 그리고 교육과학기술부 수준의 교육운영 방침과도 부합되어야 한다.

셋째, 학급경영은 사회적 요구에 근거한 타당성을 확보해야 한다. 사회적 요구는 상위의 교육경영 체제에 의해서 공식적·직접적으로 학급경영을 제한하지는 않지만, 학급활동이 근본적으로 사회적 요구에 의해 이루어진다는 점에서 그와 같은 요구는 중요시될 필요가 있다. 물론, 학급에 대한 여러 사회적 요구를 모두 수용할 수는 없다. 그러한 요구들을 교육적인 판단에 의해 선별하고 조정해야 한다. 그러나 가능한 범위 내에서 학급경영은 사회적 요구에 부합하는 방향으로 이루어져야 한다.

끝으로, 학급경영은 학생의 특성과 필요에 비추어 타당한 것이어야 한다. 학급경영의 효과는 궁극적으로 학생 개개인에게 귀속된다. 학급경영이 학생 개개인의 지적·정서적·신체적·연령적 제반 특성이 어떤 것인지 또 그들 각자가 교육에 대해 무엇을 필요로 하는지 등을 무시하고 추진된다면, 그것은 그 의의를 상실하게 되고 만다. 따라서 학급경영은 학생의 특성과 필요에 비추어 타당성을 확보한 가운데 이루어져야 한다.

2) 개별성 존중의 원리

개인은 교육의 기본적인 관심대상이자 교육효과의 궁극적인 수혜자이다. 교육이 인간 삶의 품격을 고양하고 인간 존재의 경지를 높인다고 할 때에 그 '인간'은 '개인'이다. 인간은 누구나 자기만의 가능성과 자기만의 완성된 모습을 보인다. 인간 개개인의 여러 가지 정신적·육체적 특성이나 능력은 타인과 같지 않으며, 한 인간으로 성장해 나가는 과정과 성장된 이후의 삶의 모습 역시 타인과 동일하지 않다. 이와 같은 고유성에 대한 고려와 그에 따른 적절한 교육적 가치가 있을 때에만 비로소 인간 개개인이 지닌 잠재적 가능성을 성공적으로 실현할 수 있다. 그래서 교육활동에서는 학생 각자의 개별적인 특성과 필요 및 권리가 존중되어야 하는데, 그것은 바로 학급경영의 원리가 된다.

학급교사는 학생 각자를 개별적인 존재로 인식하고 학급경영 활동의 전반에서 그와 같은 개별성을 존중해야 한다. 학생들을 같은 나이, 같은 또래의 아이들로 획일화하여 취급하는 태도는 지양해야 한다. 학생 각자가 개별적인 존재로서 지니고 있는 가치, 능력, 취향, 요구 등은 학급교사가 시종일관 중시해야 할 사항이다. 한 포기의 제비꽃은 한 포기의 제비꽃일 때 가장 아름다우며, 한 그루의 참나무는 한 그루의 참나무일 때 가장 훌륭하다. 그리고 이 둘은 똑같이 가치 있다. 비유해서 말하자면, 제비꽃 같은 인간은 제비꽃으로 키우고, 참나무 같은 인간은 참나무로 키우는 것이 교육의 임무인 것이다.

3) 사회성 개발의 원리

인간은 누구나 자기만의 고유한 삶을 살아가는 개별적인 존재이지만, 동시에 타인과 어울려 사는 사회적인 존재이기도 하다. 사람은 누구나 이 세상을 홀로 살아갈 수 없다. 타인들과 어울림으로써 그들과 대등한 한 인간으로서의 가치를 느끼게 되고, 그들과 협동함으로써 자신을 포함한 모두의 능력을 보다 효과적으로 개발할 수 있다. 이러한 인간사회의 이치에 비추어 볼 때에 학급경영은 학생 개개인을 타인들과 원만히 어울리고 협동할 수 있도록 이끌어야 한다.

다시 말해서, 학급경영은 학생의 사회성 개발에 유의해야 하는데, 학생 각자의 개별성을 중시하고 각자가 지닌 특유한 능력을 향상시키는 데에 노력을 기울여야 한다. 그러나 그렇다고 해서 그러한 노력이 편협한 안목에서 이루어짐으로써 학생 각자를 개성만 있고 사회성은 없는 조화롭지 못한 인간으로 육성해서는 안 된다. 학생 개개인으로 하여금 자신의 권리와 가치가 중요하듯이 타인의 권리와 가치도 똑같이 중요하고, 인간사회에서 자신의 존속하기 위해서는 타인들과 같이 존속해야만 한다는 것을 알게 해야 한다.

그리고 자신과 타인들 모두는 각자의 고유한 능력과 가능성을 지니고 있지만, 그것들이 상호협동을 통해서만 충분히 계발·실현될 수 있다는 것을 알게 해야 한다. 또한 인간 상호간의 친애적인 관계가 갖는 의의를 알게 해야 한다. 뿐만 아니라 학생들이 이 모든 것을 학급상황에서 직접 실행함으로써 내면화하도록 이끌어야 한다.

인간의 삶이 사회 속의 삶임을 생각할 때에 인간 개개인은 개성을 지님과 동시에 타인들과 원만히 어울려 살 줄 아는 능력을 가져야만 성공적인 삶을 살아갈 수 있다. 학교생활이 이러한 성공적인 삶을 위한 준비과정이라고 한다면, 학급교사는 당연히 학급경영의 전 과정에 걸쳐서 학생 각자의 훌륭한 사회성을 기르는 데에 유의하여야 한다.

4) 자주성의 원리

학급경영을 전개해 나가는데 있어서는 독자성과 독창성도 중시되어야 한다. 학급경영은 학년경영이나 학교경영 그리고 그 밖의 여러 외적인 요인들에 의해 제한받고 또 타 주체들과 어느 정도의 통일성을 유지해야 한다. 그러나 그렇다고 해서 그러한 외적인 제한과 통일성 유지가 학급경영의 독자성과 독창성을 무시하는 정도에까지 이르는 것은 아니다. 타당한 외적인 제한을 받아들이고 필요한 통일성을 유지하되, 그 범위 안에서 학급교사 나름대로의 독자성과 독창성을 발휘해야 한다. 다시 말해서, 학급경영의 자주성이 중시되어야 하는 것이다.

교육활동은 타 활동들에 비해 상대적으로 비가시성과 불명료성이 크기 때문에, 교육활동과 관련된 모든 사항들이 외적인 제한에 의해 획일화되고 객관화될 수 없다. 최종적인 판단과 실행은 교육담당자의 손에 맡겨질 수밖에 없는 상황이 많다. 따라서 교육활동으로서의 학급경영은 학급교사의 자주적인 판단과 실행을 중시해야 하고, 그렇게 함으로써 학급경영에 교육적인 창의성이 발휘되는 것이다. 교육행위가 인간에 대한 예술적인 접근이라면 학급경영 역시 마찬가지이고, 그렇게 될 때에 비로소 학급경영에서 자주성과 독창성이 존중된다.

학급경영이 자율적으로 이루어진다는 것은 바로 학급경영이 독자적·독창적으로 이루어짐을 뜻한다. 그리고 그러한 자율적·독자적·독창적인 학급경영이 의의를 갖는다는 것은 그 경영주체가 전문적인 능력을 갖추고 있음을 암시한다. 전문적인 능력 없이 학급을 자율적으로 즉 제 마음대로 경영할 경우에 학급경영의 자주성과 독창성이 갖는 의미는 상실된다. 그러한 경우의 학급경영은 이미 교육활동으로서의 면모를 상실한 것이고, 거기에서는 교육적인 독창성 또한 기대할 수 없다.

학급경영의 독자성과 독창성, 다시 말해서 학급경영의 자주성은 학급교사가 교육자로서의 전문성을 갖추었을 때에만 올바로 행사될 수 있다. 학급경영의 자주성은 학급경영이 따라야 할 기본 준거이지만, 그것을 주장할 때에는 학급경영 담당자의 전문성도 함께 강조되어야 한다.

5) 상호접근의 원리

학급 내의 교육활동은 사람과 사람 간의 교호작용을 통해 이루어진다. 교육은 기본적으로 '교육된 인간'이 경험한 세계를 '교육될 인간'의 경험체계에 전달하는 작업이다. 그런 점에서 볼 때에 교육상황에서 이루어지는 교육자와 비교육자 간의 인간적인 접촉은 더욱 중요한 의미를 갖는다. 학급경영은 교사와 학생 간의 보다 가까운 관계와 이해를 하나의 기본 준거로 삼아야 하는데, 그 이유는 바로 교육자와 피교육자 간의 인간적인 접촉이 갖는 이러한 중요성에 있다.

학급을 경영하는데 있어서 교사는 언제나 학생에게 보다 가까이 접근하려고 노력해야 한다. 교사가 먼저 학생에게 접근함으로써 해당 학생이 교사 또는 다른 학생에게 접근하게 하고, 양자가 심리적인 간격 없이 교육활동에 참여하도록 해야 한다. 그래야만 교육활동이 효과적으로 자연스럽게 이루어질 수 있는 것이다. 교육행위가 갖는 성격에 비추어 볼 때에 교사와 학생 간의 관계에 장벽이 놓이게 되면, 그 교육은 결코 성공할 수 없다.

또한 교사는 학생에게 보다 가까이 접근함으로써 학생 각자를 보다 정확하게 이해해야 한다. 학생 개개인은 자신의 본성에서부터 가정환경에 이르기까지 매우 복잡하고 다양한 특성을 지니고 있으며, 그 모든 요인들은 그의 성장에 영향을 미치고 있다. 학급교사는 학생 각자의 그러한 개인적인 특성들을 정확히 파악해야만 성공적인 교육활동을 행할 수 있고, 그러기 위해서는 학생 개개인이게 보다 가까이 접근해야 한다. 학급교사의 관심과 의지가 늘 학생을 가까이 향하고 있어야 한다는 말이다. 이러한 이유로 상호접근의 원리는 학급경영의 한 준거가 된다.

6) 통합성의 원리

학급경영은 조화와 통합을 기해야 한다. 학급경영은 다양한 외적인 부문들의 요구 속에서 여러 가지 원리에 따라 많은 과업들을 수행하게 된다. 그런데 이들 다양한 교수, 원리 및 과업들은 어떤 때에는 상호 연계가 잘 이루어지지 않기도 하고, 경우에 따라서는 상호 모순되기도 한다.

따라서 학급경영이 효율성을 유지하는 가운데 학급의 목표를 향해 정연하게 전개되기 위해서는 이들에 대한 통합적인 조정이 필요하다. 그때그때 적절한 선별과 우선순위 결정, 상호 유기적인 관계를 통해 학급경영활동이 전체적으로 조화를 이루면서 통합되도록 해야 하는 것이다. 그렇지 않을 경우에 학급경영은 산만해지거나 한 쪽의 결과가 다른 한 쪽의 결과에 의해 상쇄되는 등 비효율적인 양상을 보이고 되고, 결국 학급목표의 달성에 실패하게 된다.

학급교사는 학급경영의 전체적인 통합에도 유의해야 하지만, 학급경영활동의 주요 영역별 통합에도 관심을 기울어야 한다. 학급경영에서 통합성을 보여야 할 영역들은 많겠지만, 그 중에서도 특히 중요한 영역들은 학생에게 보다 직접적인 경험을 제공하게 되는 부문들이다. 교과지도, 창의적 체험활동 지도, 생활지도 등이 학생 개개인에게 유의미한 경험을 제공하도록 통합되어야 한다. 그리고 나아가서는 학급환경과 기타 주변여건의 조성 역시 학생 개개인에게 유의미한 경험을 제공하도록 통합되어야 한다.

인간의 삶은 통합적인 것이고, 그것의 발전 역시 통합적인 경험을 통해 이루어진다. 따라서 각종 지도와 환경조성이 상호 통합되지 않고 분할될 경우에는 충분한 교육적인 효과를 얻을 수가 없다. 학급의 교육적인 경험들은 통합적으로 제공되어야 한다. 이러한 의미에서 위와 같은 영역별 통합성은 물론, 학급경영의 전체적인 통합성 역시 궁극적으로 학생에 대한 통합적인 경험제공을 지향해야 한다.

7) 합리성의 원리

학급경영은 막연한 경험이나 상식에 의해 주먹구구식으로 이루어져서는 안 된다. 학급경영은 합리성에 기초해서 이루어져야 한다. 다시 말해서 학급경영의 주체는 대상에 대한 정확한 관찰과 분석을 바탕으로 합목적적인 계획을 수립하고, 이에 따라 엄정하게 실천해 나가야 한다. 학급경영의 이와 같은 합리성은 그것이 과학적으로 접근되어야 함을 말하기도 한다.

학급경영은 학급에 대한 기초조사를 하고 목표를 효과적으로 달성할 수 있는 계획을 수립하여 가장 적절한 방법을 통해 그것을 실행하고 평가해야 한다. 그리고 그러한 일련의 작업수행에는 과학적인 사고와 기법이 동원되어야 한다. 이러한 과학적인 접근을 통해 학급경영은 합리성의 기준을 만족시킬 수 있게 된다.

학급경영에 있어서 합리성의 중시는 학급경영의 효율성 중시와 맥을 같이 하기도 한다. 학급경영의 효율성은 보다 적은 시간·자원·노력으로 보다 많은 목표를 달성하는 것으로서, 그러한 효율성의 확보는 필연적으로 학급경영의 합리화를 전제로 한다. 최소의 투입으로 최대의 효과를 얻는 일은 주먹구구식의 접근이 아니라 철저히 합리적이고 과학적인 접근을 요구한다. 이렇게 볼 때에 학급경영을 위한 합리성의 원리는 학급경영의 효율화를 모두 포괄하는 것이 된다.

합리성의 원리를 좁은 의미로 해석하면 계량화와 객관화를 지향하는 것이 되지만, 여기에서 말하는 합리성의 원리는 그렇게 좁은 의미에 한정되지 않는다. 학급경영을 합리적으로 수행하기 위해서 엄정한 계량화와 객관화가 요구되는 것이 사실이지만, 그러한 접근방식이 학급경영의 전반에 요구되는 것은 아니다. 학급경영이라는 교육활동을 펴 나가는데 있어서는 많은 경우에 비계량적이고 비객관적인 접근이 요구된다. 때에 따라서는 지나친 계량화와 객관화가 오히려 올바른 교육적인 처치를 손상시키기도 한다. 인간은 양적인 기준만으로 이해될 수 없는 존재이고 그러한 인간의 성장, 발전 역시 양적·객관적인 접근만으로는 실현될 수 없는 것이기 때문이다.

따라서 여기에서 말하는 합리성의 원리는 상황에 따라 계량적·객관적인 접근과 질적·주관적인 접근을 모두 허용한다. 다만, 학급교사가 질적·주관적인 판단을 행할 경우에 그것이 자신의 개인적인 취향이나 욕구에 의한 것이어서는 안 되고, 그의 체계적인 신념과 이성에 비추어 합당성을 확인할 필요가 있다. 질적·주관적인 판단이라고 해도 학급교사가 신중한 내적인 검증을 통해 그 타당성을 확보하는 절차를 거친다는 것을 전제할 때에 합리성의 원리는 양적 접근이나 질적 접근 그리고 객관적 접근이나 주관적 접근 모두에 적용되어야 한다.

6. 학급경영의 영역

학급경영의 영역에 관한 합일점을 찾는 것은 간단한 일이 아니다. 박남기(2008)가 국내외의 학급경영 단행본을 분석하여 학급경영의 영역을 총 16개로 구분하였다고 박종렬 외 8인(2010)은 밝히고 있다.[1] 따라서 박종렬 외 8인(2010)이 제시한 내용을 참고하여 학급경영의 영역을 설명하고자 하는데, 그 구체적인 내용은 김용주 외 3인(2006)이 논의한 사항을 중심으로 한다.

1) 학급경영의 목표 및 계획

일반적으로 교육철학으로 표현되는 학급경영의 목표는 학년 및 학교목표와 상위목표는 물론, 교사의 교육관이나 경영관을 반영해야 한다. 또한 학급의 실태나 학생의 실태, 기본적인 사항 및 학급경영의 계획·조직 및 평가에 관련된 내용 등 종합적인 자료와 기반 위에서 이루어져야 한다. 학급의 목표는 구체적이고 명료하며 실현 가능성이 있는 것이어야 하고, 학급목표를 학생이나 학부모가 이해하고 있어야 한다.

2) 교수·학습지도

교사의 활동 중에서 가장 핵심적인 활동은 학습지도이다. 교수·학습지도는 학습의 목표와 내용을 선정하고 학습조건을 갖추어 수업을 전개하는 일련의 교수·학습활동을 일컫는다. 학급의 교수·학습지도는 수업목표를 효율적으로 달성하도록 최선을 다해야 한다. 교수·학습지도 영역에는 교과목표, 교수행동 및 유형, 교수·학습환경, 교수·학습활동의 집단조직, 교수·학습자료, 특별지도, 가정학습 지도 등이 포함된다.

---

1) 박종렬 외 8인(2010)이 공동집필한 『학교경영론』의 p.129의 내용으로 본서의 제9장에서 재논의하게 된다.

교수·학습지도는 교과목표를 충분히 이해하고 그 계획이 구체적으로 이루어져야 한다. 교수원리와 교수유형은 교육원리에 적합하고 다양해야 하며, 가능한 한 학습자에게 참여기회를 많이 제공해야 한다. 또 생동감 있고 우호적인 학습 분위기가 이루어져야 한다. 뿐만 아니라 교수·학습 지도 활동을 위하여 융통성 있게 학습집단을 조직하고, 교수·학습자료를 적절하게 선택하여 활용을 극대화시켜야 한다.

3) 창의적 체험활동 지도

창의적 체험활동은 교과활동과 더불어 학생의 전인적인 성장을 돕기 위해서 설정된 영역으로서 학생들의 자주적·협동적·민주적인 활동을 돕는 교육과정의 한 영역이다. 이 지도영역에는 자율활동, 동아리활동, 봉사활동 그리고 진로활동이 포함된다. 창의적 체험활동의 지도계획은 전 영역에 대하여 계획을 수립하고 조직을 구성함으로써 계획적·효율적으로 운영되도록 해야 한다.

4) 생활지도

생활지도는 학생들이 당면한 여러 가지 문제를 학생 스스로의 힘으로 해결할 수 있도록 조직적으로 도와주는 활동으로서, 생활지도 여하에 따라서 교과지도와 학습의 성패가 좌우된다고 할 수 있는 중요한 지도활동이다.

생활지도 영역은 크게 인성문제에 대한 지도, 학업상의 문제에 대한 지도, 상급학교 진학을 위한 지도로 구분(김봉수, 1988. 재인용)할 수 있다. 생활지도 영역에는 생활지도 계획, 생활지도 활동 및 방법, 기본 생활습관의 지도, 인성지도, 학업관련 문제지도, 진학, 진로, 건강 및 여가생활지도 등이 포함된다.

생활지도의 계획은 구체적이고 합리적이어야 하며, 계획적이고도 계속적으로 지도가 이루어져야 한다.

5) 환경관리와 시설관리

학급의 환경 및 시설설비는 교육적인 관점에서 구성하고, 다각적으로 교실환경을 검토함으로써 학생의 필요와 요구에 부응한 학습환경을 구성해야 한다. 환경 및 시설관리 영역에는 게시물, 시설, 비품, 청소, 사회심리적 환경, 물리적 환경정비 등이 포함된다. 환경관리나 시설관리 또한 계획적으로 이루어져야 하고, 물리적 환경뿐만 아니라 사회·심리적 환경의 정비 및 관리 역시 충실하게 이루어져야 한다.

6) 가정 및 지역사회

교육은 학교와 가정 그리고 지역사회의 유기적인 관계 속에서 이루어진다. 효과적인 교육을 위해서는 가정, 학교, 지역사회 간의 교육적인 협력관계가 필요하다. 특히, 학급담임과 학부모와의 관계는 개별학생의 교육을 위해서 뿐만 아니라, 지역사회의 관계를 위해서도 필요하다(박병량, 2003. 재인용).

학교와 지역사회와의 관계의 필요성을 보다 구체적으로 살펴보면 다음과 같은데, 이는 학교와 가정 및 지역사회 관계의 목적으로 간주될 수도 있다.

첫째, 학부모와 주민에게 학교가 하는 일을 알린다.

둘째, 학부모와 지역사회가 학교에 대한 올바른 이해를 갖도록 한다.

셋째, 학교의 운영에 학부모들이 참여하도록 한다.

넷째, 지역사회에 적합한 교육 프로그램을 만든다.

다섯째, 학부모와 지역사회로부터 학교에 대한 재정적인 지원을 받는다.

여섯째, 지역사회에 대해 교사의 이미지를 향상시킨다.

일곱째, 지역사회의 압력집단과 협력적인 관계를 수립한다.

학급경영에 있어서 가정 및 지역사회경영에는 가정과의 유대, 지역사회와의 유대, 교육 유관기관과의 유대, 지역사회의 자원활용 그리고 봉사활동 등의 과제가 있다.

7) 사무관리

학급경영은 그 실천결과가 반드시 서류로 남아 있어서, 그것이 다음의 학급경영이나 개인의 성장에 참고가 될 수 있도록 기록되고 정리 및 보관되어야 한다. 사무관리에는 학사물 관리, 학생기록물 관리, 가정연락물 관리, 각종 잡무처리 등이 포함된다. 사무관리는 신속하고 정확하게 처리되어야 하며, 누가적으로 기록·관리함으로써 학습 및 개인지도의 자료로 활용되어야 한다.

제2장

학교경영과 학급경영의 이론

학교 및 학급경영의 기반을 제공하는 이론은 교육행정 이론을 원용하게 된다. 김용주 외 3인(2006)은 학교경영의 배경이론을 동기이론, 지도성 이론, 의사소통, 의사결정, 갈등관리 및 조직변화로 규정하여 논의하였고, 이형행 · 고 전(1998)은 교육행정 이론의 발전과정을 교육행정과 과학적 관리론, 인간관계론, 행동과학적 접근, 체제이론으로 기술한 후에 한국 교육행정학의 발전으로 설명하고 있다. 또한, 박병량 · 주철안(2011)은 교육행정이론의 발전을 고전이론, 인간관계론, 행동과학적 접근, 체제이론, 대안적 관점과 이론으로 설명하고 있으며, 김명한 외 3인(1988)은 교육행정학의 이론발달을 고전적 행정이론, 인간관계론, 행동과학이론, 체제이론, 상황이론, 인간자원관리론, 권위론으로 구분하였다.

이에, 본 장에서는 여러 학자들의 논의 가운데 김명한 외 3인의 논의를 중심으로 학교 및 학급경영 이론을 탐색해 보고자 한다.

1. 고전적 행정이론

고전적 행정이론은 조직의 구조적 및 물리적인 면에만 치중한 이론으로서, 과학적 관리론과 행정관리론 및 관료제로 대표된다. 즉 과학적 관리론은 조직 내의 물리적·경제적 유인과 작업절차의 과학화로 조직의 능률을 올릴 수 있다는 이론이고, 행정관리론은 조직부서 간의 구조적 관계를 강조한 이론이며, 관료제는 조직의 구조와 절차에 초점을 맞춘 행정이론이다. 이들 이론의 주요 관심사는 능률(efficiency)이며, 인간은 부차적인 존재이다. 오늘날의 모든 조직이 능률과 생산성을 추구하고 있는 것으로 보아, 고전적 행정이론은 큰 영향력을 발휘하고 있다고 하겠다.

1) 과학적 관리론

과학적 관리론(scientific management)을 주장한 학자로는 F. W. Taylor를 비롯하여 H. Fayol, L. Urwick, L. Gulick, J. Mooney 등이 있다. 이 중에서 과학적 관리운동을 최초로 시도한 학자는 Taylor로서, 그는 미국 산업체의 기술자로 과학적 탐구·실험·사실에 근거를 둔 개선의 신봉자였다. 그는 노동 특히 육체노동은 과학적으로 연구될 수 있으며, 노동현장에서 수집한 객관적인 자료가 최선의 작업조직을 구상하는 근거가 된다고 하였다. 또 작업과 관리에 관한 의문을 가지고 체계적인 연구과 분석을 통해서 보다 나은 관리문제의 해결책인 과학적 관리의 기본원리를 제시하였는데, 다음과 같이 요약할 수 있다.

첫째, 관찰과 분석에 기초를 둔 과학적인 방법으로 조직의 작업수행시간을 연구하여 가장 적절한 작업표준을 정한다.

둘째, 직무에 가장 적합한 종업원을 과학적인 방법으로 선발하여 직무와 작업절차에 관하여 철저히 훈련시킨다.

셋째, 종업원과 도급계약에 의하여 정해진 작업표준과 절차대로 서로 협력하여 작업을 수행한다.

넷째, 관리자는 작업을 기획·준비하고 감독하는 책임을 맡고, 종업원은 이에 따라 작업한다.

이러한 Taylor의 생각을 교육행정의 연구와 실제에 도입한 학자는 J. F. Bobbitt와 F. E. Spaulding 그리고 G. D. Strayer 등이다. Bobbitt는 『교육에서의 낭비의 추방』(1912)이라는 논문과 『도시학교 체제에의 과학적 관리법의 적용』(1913)이라는 논문에서 학교관리 및 장학행정에 과학적 관리를 적용할 것을 주장하였다. Spaulding은 1910년에 미국의 전국교육학교수협의회 연차대회에서 『공교육 행정에서의 대학과정의 목적·범위·방법』이라는 주제발표를 통하여 간단하면서도 건전한 기업원칙에 입각한 교육행정을 주장하면서 학교행정에 대한 능률의 원칙을 제시하였다. 또 1913년에는 미국교육연합회에서 『과학적 관리를 통한 학교체제의 개선』이라는 강연을 통하여 교육행정에 과학적 관리를 적용할 것을 거듭 강조하면서, 과학적 관리의 본질을 다음의 세 가지로 설명한 바 있다.

- 성과의 측정과 비교
- 성과를 달성할 수 있는 조건, 특히 그 수단과 시간의 분석과 비교
- 성과에 의해서 정당화될 수 있는 수단의 계속적인 선택과 이용

한편, Strayer는 교육행정가 양성을 위한 교육행정학 교육과정을 수립하기 위하여 직무분석의 방법을 사용하였으며, 교육행정에 대한 계량적 접근을 처음 시도함으로써 교육행정의 과학화에 기여하였다.

이상과 같은 과학적 관리론의 원리는 관찰과 분석에 의한 "최선이고 유일한 작업방법 또는 작업과정"을 정하는 것이며, 이와 같이 정해진 방침대로 직무를 수행하도록 직원을 훈련시키는 것이었다. 이러한 과학적 관리운동과 그 능률의 원리는 지금까지의 주먹구구식의 관리에 과학적인 방법을 도입함으로써 생산성 향상에는 기여하였으나, 인간을 경시했다는 비판을 면치 못하고 있다.

2) 행정관리론

행정관리론은 과학적 관리론의 개념과 방법이 조직의 설계와 운영의 모든 문제에 적용될 수는 없다는 한계로 대두되었다. 특히 과학적 관리론에서 다룬 기획과 감독을 비롯하여 조직·통제·충원 등의 행정기능의 문제는 Fayol, Urwick, Gulick, Mooney 등도 취급한 내용이다.

Fayol은 Taylor의 과학적 관리론을 이론적으로 발전시킨 사람으로서, 그는 30여년간 회사 관리층의 경험을 토대로 하여 조직이 당면한 여러 가지 실제적인 문제에서 추출한 관리원리를 제안하였다. 그의 관리원리는 다음과 같다.

- 분업
- 규율
- 지휘의 일원화
- 공평한 응분의 보상
- 권한과 의사소통의 연계 계층화
- 공정성
- 조직 각 계층의 자발성
- 권한과 책임의 위양
- 명령계통의 일원화
- 전체이익이 개인이익에 우선
- 집권과 분권의 적절한 균형
- 질서
- 종업원의 신분보장
- 단체정신

그는 이 원리들이 자신의 경험을 토대로 한 것일 뿐, 절대적인 것은 아니므로 관리층은 이들 원리 가운데 상황에 적합한 것을 채택해야 한다고 주장하였다.

Urwick은 Taylor의 과학적 관리방법을 공공행정에 적용·발전시켰으며, Gulick은 Fayol의 관리요소를 더욱 확대·발전시켰다. 이들은 『행정학에 관한 논문』(Paper on the Science of Administration, 1937)에서 Fayol의 관리이론에 따른 조직관리 경험을 바탕으로 다음의 여섯 가지 관리원리를 제시하였다.

- 명령계통의 일원화
- 참모의 활용

• 목적 · 과정 · 사람 · 장소 등을 기준으로 한 부서화
• 권한과 책임의 위임과 양자 간의 균형
• 통솔범위의 명백한 설정
• 사람을 조직구조에 적응시킴

특히, Gulick은 최고행정가의 일반적인 직무를 기능적으로 분석하여 POSDCoRB라는 행정과정을 설명하는 신조어를 개발하였는데, 이는 기획(planning), 조직(organization), 인사(staffing), 지휘(directing), 조정(coordinating), 보고(reporting) 그리고 예산(budgeting)의 앞 글자를 합하여 만든 용어이다. 이 용어는 조직관리 과정에 관심을 갖고 있는 학자들에게 귀중한 출발점이 되었고, 공공행정이나 기업경영에 관심을 가지고 있던 학자들에 의하여 광범위하게 활용되어 왔다.

Fayol과 Gulick의 행정관리 요소 또는 과정을 교육행정에 처음으로 적용한 학자는 J. B. Sears이지만, 행정과정을 교육행정에 보다 혁신적으로 적용시킨 학자는 R. T. Gregg로서 그는 교육행정과정을 의사결정 · 기획 · 조직 · 교실 · 영향 · 조적 · 평가의 일곱 단계로 구분하였다.

대체로 행정관리이론에서는 조직 내 인간행동의 요소보다 조직부서 간의 구조적인 관계를 강조하였으며, 조직을 폐쇄체제로 보았다.

3) 관료제론

과학적 관리의 원리가 산업과 교육 및 행정에 채택되었다고 해도 그것이 조직과 행정에 관한 완전히 성숙한 이론은 아니었다. Marx Weber는 Taylor나 Fayol과 동시대의 사람으로서 사회학 · 종교학 · 정치학 · 경제학 등에 걸쳐 상당히 광범위한 학문을 추구한 사회학자이다. 그의 원리는 Fayol과 Gulick, Urwick이 주장한 원리와 매우 흡사한데, 그의 업적이 알려진 것은 1930년대부터이다.

1920년대에 대규모 조직의 성장을 본 Weber는 이러한 대규모 조직의

구조와 운영의 공식화가 필요함을 예측하고 조직의 순수형·이상형인 관료제를 구상하게 되었다. 그는 관료제가 이러한 대규모 조직을 가장 능률적으로 운영할 수 있는 모형이라고 생각하고, 다음과 같은 이상적·구조적인 특징을 가진다고 하였다.

첫째, 조직목적상의 정규활동은 일정한 방식에 의해 공식상의 직무로 배분된다.

둘째, 직무조직은 관료제에 따른다.

셋째, 직원은 직무수행에서 엄격하고 체계적인 규칙에 의해 통제를 받으며, 그 적용은 일률적·비인격적이다.

넷째, 직원은 개인적인 감정을 드러냄이 없이 형식주의적·비인간적인 정신에 입각하여 직무를 수행한다.

다섯째, 직원은 전문적인 기술자격에 의해 선발·임명되므로, 그들의 자격은 시험이나 자격에 의해 증명된다.

여섯째, 고용당국은 규정된 조건 하에서만 직원을 해직시킬 수 있는 반면에, 직원은 언제나 사임할 수 있다.

일곱째, 직원의 보수는 계서제(階序制)의 직위에 따라 책정·지급되며, 상위자의 판단에 의하되 경력이나 실적에 의해 결정된다.

이상에서 살펴본 과학적 관리론과 행정관리론 및 관료제론 등의 고전적인 행정이론은 그 조직설계의 목적에 질서·안정·신뢰 등의 유사점이 있고, 공통점으로는 조직구조에 있어서 분업·전문화·연계적·계서화·명령 및 감독의 일원화 등의 특성이 있다. 이러한 고전적 행정이론에 대한 비판을 살펴보면 다음의 세 가지 범주로 구별할 수 있다.

첫째, 실증적인 타당성이 결여되어 있다. Herbert A. Simon(1957)은 고전적 행정이론의 제 원리는 실증되지 않은 것이며, 일반화될 수도 없는 것이라고 하였다. 또 고정규칙이나 절차의 시행과정을 분석·연구한 Robert K. Merton(1957)은 그 유용성이 예기치 않은 결과 때문에 뒤집혀지고 특히 규칙과 절차 자체가 목적으로 대치되며 의사결정에 있어서는 대안을 생각하지도 않고 선례를 따른다고 비판하였다.

둘째, 고전적 행정이론의 노동자에 관한 가정에 의문이 적지 않다. James G. March & Herbert A. Simon(1958)은 이들 이론이 노동자를 수동적인 도구로 보는 경향이 있다고 하였다. J. L. Massie(1965)은 이들 이론이 사람은 본래 일하기 싫어하고 합리적으로만 행동하기 때문에 상세한 지도와 명백한 직무한계를 정해 주어야 함을 가정한다고 하였다. Mason Haire(1962)는 고전적 행정이론은 사람을 게으르고 눈앞의 것만 생각하며 이기적이고 잘못을 저지르기 쉬우며 판단하는 능력이 없고 부정직하다고 보고 있다고 하였다.

셋째, 조직환경에 관한 가정이 폐쇄적이다. J. D. Thompson(1967)이 지적하였듯이 이들 행정이론은 목적은 알려진 것이고, 과업은 반복적인 것이며, 조직은 폐쇄적인 것이어서 상황변화와는 무관한 것으로 간주한다.

2. 인간관계이론

1930년대 초 미국에서는 민주주의를 열망한 사회 분위기 때문에 인간관·조직관·환경관이 급변하기 시작하였으며, 후반에는 그 정점에 이르렀다. William Sctott는 이 시기에 19세기의 개인주의적인 낙관론에서 충돌의 시대로 옮겨갔다고 하면서 환경조건 즉 인구동향이 인간의 상호의존과 접촉을 불가피하게 하였고, 이에 따라 충돌이 생기게 되었다고 주장하였다.

이 시대에 이르러서는 인력이 급격하게 기계력으로 대체되었고, 모든 조직에서 표준화·분업화·전문화가 널리 강조되었다. 분업화는 상호의존과 긴밀한 조정을 불가피하게 하였고, 대량생산과 전문화는 기능의 분화를 초래하였으며, 노동자 간 접촉의 필요를 증가시켰다. 교통·통신의 발달로 인하여 이러한 필요에 더욱 박차가 가해졌고, 상호의존과 접촉이 인구급증과 인구의 도시집중화로 한층 더 불가피하게 되었다. 그러나 사회윤리가 개인윤리에 우선한다는 당시의 사조 때문에 갈등으로 인한 사회적인 퇴보는 면할 수가 있었다. 이러한 사회적인 요구에 부응하여 나타난 인간을 중시하는 행정이론이 바로 인간관계이론이다.

고전적 행정이론이 조직의 인간적인 요소를 경시한 데에서 여러 가지 모순이 발견되었고, 이론의 한계성도 드러났다. 즉 고전적 행정이론은 조직의 구성원인 사람을 통제의 대상으로 삼고, 조직의 구조적인 능률성과 생산성을 올리는 데에 통제의 궁극적인 목표가 있다. 이에 반하여 인간을 중시하는 행정이론은 조직의 비인간적인 요소를 통제의 대상으로 삼고, 인간관의 성격에 의해 통제의 방식과 성격을 결정하며, 통제의 궁극적인 목적을 사회적인 능률성의 제고로 전환시켰다(안해균, 1982. 재인용).

Sctott는 이러한 인간관계이론은 고전적 행정이론에 사회심리학적인 요인을 첨가한 것에 불과하다고 하면서 신고전이론이라고 명명하였다. 인간관계론은 인간성의 회복 또는 조직의 인간화를 추구한 것이라고 할 수 있는데, 이 이론을 주장한 학자로는 Mary P. Follet, Elotn Mayo, F. Roethlisberger 그리고 Douglas McgGregor 등을 들 수 있다.

1) Mary P. Follet

Follet은 인간관계론의 실마리를 푼 학자로서, 행정의 심리적인 측면을 중시하여 경직된 과학적 관리이론의 조직원리에 역동성과 창의적인 민주정신을 도입하였다. 조직원리에 사회학적 측면을 강조하여 조직을 하나의 사회체제로, 관리를 사회적 과정으로 보고 권위의 수용, 측면적 조정의 중시, 조직 구성원의 통합, 동적인 행정과정의 필요성 등을 강조하였다. 그녀는 또한 고전적 행정이론에서 금기로 여겨 왔던 갈등을 받아들였다.

Follet에 의하면, 갈등은 정상적인 과정에서 어쩔 수 없이 생기는 것으로서, 정상적인 과정을 통하여 모든 관련자들이 보다 풍족한 결과를 가져오기 위하여 사회적으로 가치 있는 차이를 드러낼 뿐이라는 것이다. 그녀는 갈등을 해소하는 세 가지 방법인 즉 지배, 타협 그리고 통합 중에서 어느 쪽의 희생도 없이 각각의 요구대로 해결되는 통합에 의할 때에 공통의 대의에 기여할 수 있다고 믿었다. 그녀는 관리자는 그가 일하는 집단을 먼저 알아야 한다고 주장하였다.

또한 관리자의 역할은 구성원의 능력과 기여를 이끌어 내는 것과 관련되어 있으므로, 관리자는 개인적인 권력을 행사하기보다 집단의 힘을 창조하는 방법을 알아야 한다고 하였다. 그녀에게 있어서 본질적인 과제는 개인과 사회적인 작업집단을 조화시키는 협력의 개념인데, 이 기초는 Hawthorne 실험의 계기가 되었다.

2) Hawthorne 실험

Hawthorne 실험은 행정학에서 인간관계 운동의 시초로 자주 언급되는 것이다. 이것은 1924년부터 1932년까지 미국의 Chicago 교외에 있는 서부전기회사의 Hawthorne 공장에서 Harvard대학의 경영학 교수인 Mayo와 Roethlisberger에 의해 수행된 일련의 실험연구이다. 이 연구는 과학적 행정이론의 제 과정을 검증하려는 것으로서, 작업장의 조명수준·휴식시간·노동시간·급료와 같은 물리적인 요인과 작업능률과의 관계를 정립하려는 것이었다. 그들이 행한 일련의 실험은 조명실험, 계전기 조립실험, 면접 프로그램, 배전기 권선작업 관찰실험 등이었다. 그러나 그 결과에서 물리적인 조건, 특히 조명수준과 작업능률 간의 일관된 관계를 입증할 수가 없어서 그 이유를 규명하려는 연구가 후속되었다.

Hawthorne 연구의 책임자 중 한 사람이었던 Mayo는 의학공부를 하였으며, 정신병리학 연구에 특별한 관심을 가지고 있었다. Mayo는 특히 인간은 강박관념 때문에 무능해지며, 행동의 유연성이 없어진다는 점에 유의하였다. 그는 Hawthorne 연구가 진행되는 과정에서 노동자들이 작업에 대한 불만을 해소할만한 적절한 방법을 찾지 못하고 있기 때문에 무력감에 사로잡히고 적응하지 못하게 되는 사실을 감지하였다. 또 가내공업시대의 생산기술이 노동자에게 정체감을 줄 수 있는데 반하여, 1930년대의 일관작업 체제는 그것을 주지 못하고 있다고 생각하였다.

이와 같이 Hawthorne 연구결과는 물리적인 노동환경 이외의 다른 변인들이 노동자의 행동과 생산에 영향을 미치는 바를 시사하였다. 후속연구에서 처음에 고려한 변인은 근무시간·휴식시간과 같은 작업조건이었다. 그러나 앞의 연구결과와 마찬가지로 이러한 환경적인 조건변화와 생산과의 사이에 일관된 관계를 찾을 수는 없었다.

마침내, 연구팀은 생산의 증가가 물리적인 직무조건의 변화 때문이 아니라, 노동자의 사회심리적인 환경의 변화, 특히 동기·만족·감독의 행동형태의 변화와 관계가 있다는 가설을 설정하게 된다. 이러한 가설을 검증하려는 연구는 두 단계로 나누어 진행되었는데, 첫째 단계의 연구는 3년간에 걸쳐 2,100명의 종업원과 면담한 것으로서 그 결과, 작업에 대한 사회심리적인 환경의 중요성을 확인하게 되었다. 둘째 단계의 연구는 14명의 남자종업원으로 구성된 작업집단을 대상으로 6개월간에 걸쳐 집단행동을 관찰한 것이다. 그 결과, 연구집단 내에 형성된 비공식적인 집단이 작업규준을 정하고, 경영층과 자주 부딪친다는 사실을 밝혀내었다. 이 결과는 사회집단이 개인의 행동에 영향을 미친다는 점을 뒷받침하는 것이다. 즉 연구자들은 사회집단의 태도와 감정이 공식적인 조직의 방침과 다를 수 있다는 것을 알게 되었다.

Hawthorne 실험연구를 통해 발견된 결론을 요약해 보면 다음과 같다.

- 경제적인 유인이 유일한 중요한 동기요인은 아니다. 사실 비경제적인 사회적 제재가 경제적 유인효과를 제한한다.
- 노동자들은 개인으로서가 아니라 비공식집단의 구성원으로서 관리층

에 반응한다.

- 생산수단은 근로자의 생리적인 능력에 의해서라기보다 비공식집단의 집단규범에 의해 더 제한받는다.
- 전문화가 반드시 작업집단의 가장 능률적인 조직화를 조성하지는 않는다.
- 근로자는 관리자의 독단적인 결정으로부터 자신을 보호하기 위하여 비공식집단을 이용한다.
- 협소한 통솔범위가 효과적인 감독의 필수요건은 아니다.
- 비공식적인 지도자는 종종 공식적인 감독자만큼 중요하다.
- 개인은 적극적인 인간존재이지, 수동적인 기계의 톱니바퀴가 아니다.

Hawthorne 연구는 물리적인 조건이 생산증가를 초래하지 않으며, 근로자의 사회적인 조건 특히 근로자의 동기와 만족의 변화가 생산증가에 관계가 있는 것으로 결론을 내렸다. 즉, Hawthorne 연구는 심리적·사회적 요인이 생산과 노동자의 만족에 중요한 영향을 미친다는 점을 밝힌 연구라고 할 수 있다.

한편, 오늘날 관리행정 담당자들은 인간관계론에 관심을 많이 가지고 있다. 하지만, 1930년대부터 1950년대 초반까지만 해도 교육행정에서 인간관계와 민주적인 행정은 잘못 이해되거나 주로 말로만 주장될 뿐, 그 실천과 연구에는 미흡한 점이 많았다. 그러나 인간관계 운동과 민주적인 행정사상이 교육행정의 민주화 발전에 공헌한 것은 사실이다. 미국의 교육행정 실제에 있어서도 인간관계 운동은 장학행정 담당자에 비하여 관리행정 담당자에게는 별로 영향을 미치지 못하였다. 관리행정 담당자는 계층적인 통제·권한·공식조직 등 고전적 행정이론의 개념을 강조하고 있고, 장학행정 담당자는 인간관계이론의 개념인 사기·집단응집성·협동·비공식조직의 역동(力動) 등을 강조하고 있다.

3. 행동과학이론

고전적 행정이론과 인간관계이론이 사회적 관계와 공식적 구조의 영향을 무시했기 때문에 나타나는 여러 가지 합리점을 보완하기 위하여 행동과학이론은 이들 접근을 융합하고, 정치학·경제학·사회학·심리학으로부터 도출된 명제(propositions)들을 첨가하였다. 특히, 인간관계에 대한 연구의 결과들은 행동과학이론을 성립시키는 계기가 되었는데, 행동과학이론의 대표적인 학자들로는 Chester I. Barnard와 Herbert Simon 등을 들 수 있다.

1) Chester I. Barnard

Barnard는 행정에 대한 행동과학적인 접근을 처음 시도한 사람이다. 그는 그의 저서 『경영자의 기능』(The Function of the Executive, 1938)에서 조직생활을 분석함으로써 공식조직에서의 협력행동에 관한 종합적인 이론을 제공하였다. 그는 공식조직과 비공식조직에 대하여 처음으로 정의를 내렸으며, 두 조직 간의 불가피한 상호작용을 입증하였다. Barnard는 자신의 업적을 구조적인 개념과 동태적인 개념으로 요약한 바 있다. 즉, 구조적인 개념으로는 개인·협동체제·공식조직·복합적인 공식조직·비공식조직을 그리고 동태적인 개념으로는 자유의지·협동·의사소통·권위·의사결정 과정·동태적인 균형을 중요하게 생각하였다.

2) Herbert Simon

Simon은 그의 저서 『행정행위』(Administrative Behavior, 1957)에서 Barnard의 이론을 확대하여 작업동기에 관한 공식적 이론에 초점을 두고 조직의 균형에 관한 개념을 사용하였다. 그는 조직을 작업에 대한 유인이 교환되는 유인교환 체제로 보았는데, 종업원은 자신이 공헌한 것보다 더 큰 유인을 지각하는 동안에는 조직에 남아있게 된다는 것이다. 경제학·사회학·심리학을 통합한 유인일공헌(誘引一貢獻) 관계도식은 이 이론의 학문협동적인 성격을 잘 설명해 주고 있다.

Simon은 행정을 조직 구성원의 행동에 영향을 미치는 합리적인 의사결정과정으로 보고, 자신의 관점의 특징을 다음과 같이 묘사하였다(김명한 외 3, 1988. 재인용).

> "조직을 과학적으로 적절하게 기술한 것은 가능한 한, 조직 속의 각 구성원에 대해 그가 무슨 결정을 내리고 이들 각 결정을 내리는데 있어서 그가 받아야 하는 영향이 무엇인가를 지적하는 기술이다."

조직이 비록 합리적인 결정을 위한 개념적인 틀과 정보 및 가치 등을 제공할지라도 정보를 수집·처리하고 대안을 찾고 결과를 예언하는 능력에는 한계가 있다. 그러므로 조직은 적정화에 의해서라기보다는 만족화를 통해서 문제를 해결해야 한다. Simon에 따르면, 어떤 문제에 대한 최선의 해결책이란 있을 수 없고, 다른 해결책보다 더 만족스러운 해결책만 있을 뿐이라는 것이다.

3) 신운동(new movement)

Barnard와 Simon 이래로 많은 사회과학자와 행동과학자들이 행정에 관하여 관심을 가지고 이론화운동을 전개해 왔는데, 이러한 경향은 교육행정 분야에서도 마찬가지였다. 당시에는 교육행정에 대한 이론화 경향을 신운동이라고 불렀는데, 이 운동을 주도했던 학자들이 강조한 공통점은 다음(이형행, 1983)과 같다.

첫째, 교육행정을 연구하는 데에는 이론의 역할이 중요함을 인정하고, 이론에 근거한 가설·연역적인 연구방법을 택해야 한다.

둘째, 교육행정을 일반행정이나 기업행정 등과 다르게 보는 편협한 관점을 택하지 말고, 행정이라는 낱말 앞에 붙은 한정어와는 관계없이 행정 그 자체로서 과학적인 연구주제가 되어야 한다.

셋째, 교육은 사회체제로서 잘 이해될 수 있는 것이므로, 교육행정 연구는 행동과학적인 접근방법에 의존하지 않을 수가 없다.

4. 체제이론

고전적 행정이론의 능률중심적인 접근방법이나 인간관계이론과 행동과학이론의 인간중심적인 접근방법만으로는 복잡·미묘한 조직의 동태를 설명하는 데에 한계가 있음이 발견되었다. 따라서 조직과 관리과정에 대한 종합적인 접근방법으로 1960년대부터 체제이론이 등장하기 시작하였다.

체제(system)라는 용어는 그리스어인 systema에서 유래되었으며, "여러 부분들로 복합된 전체"라는 뜻이다. 즉, 체제란 상호관련되고 상호작용하는 각 부분 또는 하위체제(subsystem)로 구성되는 하나의 통합체를 총칭하며, 어떠한 유기체나 조직체를 막론하고 그것은 하나의 체제를 이루고 있다고 할 수 있다. 체제이론에 있어서의 기본개념은 투입(input), 과정(process) 또는 전환(transformation unit), 산출(output) 그리고 환경(environment) 등이며, 이들은 체제의 기본적인 하위체제로 볼 수도 있다. 체제와 환경 간에는 경계(boundary)가 있고, 환류(feed-back)가 이루어진다. 체제에는 개방체제와 폐쇄체제가 있는데, 개방체제만이 정체(entropy)를 면하고 생동과 발전을 기약할 수 있다. 체제이론은 일반모형에서 여러 분야별로 세분화된 다양한 개념모형을 발전시켰다.

한편, 교육행정에서의 체제이론의 초점은 투입·과정·신출·환경 등의 하위체제를 어떻게 개념화하고, 또 이들 하위체제 상호 간에 어떠한 관련성이 성립되느냐에 집중되어 있다.

이러한 체제이론에 대하여 본 절에서는 조직을 체제로 설명하고 체제의 속성을 논한 일반체제이론, 조직 속의 개인을 설명하기 위하여 조직을 환경과 상호작용하는 개방적인 사회체제로 이해하는 사회체제이론 그리고 사회체제이론을 확장시켜 조직 속의 개인행동을 이해하는데 도움이 되는 사회기술체제이론으로 나누어 설명하기로 한다.

1) 일반체제이론

체제의 개념은 1950년에 생활체제에 관심을 둔 Ludwig von Bertalanffy의 『일반체제이론』(General System Theory)에서 처음으로 제안되었고, 그 후 Norbert Wiener가 커뮤니케이션과 통제의 과학으로 지적한 사이버네틱스(Cygernetics) 그리고 OR운동(Operations Research Movement)을 거치면서 발전되어 왔다. Andre Lwoff는 Bertalanffy의 일반체제이론을 생물학에 적용하여 다음과 같이 기술한 바 있다(김명한 외 3, 1988. 재인용).

> "유기체란 상호의존적인 구조와 기능의 통합체제이다. 유기체는 세포로 구성되어 있고, 각 세포는 서로 조화롭게 작용하는 분자들로 구성되어 있다. 각 분자는 다른 분자의 작용을 알아야 하기 때문에 서로 메시지를 주고받아야 하며, 서로 상대방에게 복종하도록 규제되어야 한다."

Lwoff의 진술에서 유기체는 조직으로, 세포는 집단으로 그리고 분자는 개인으로 대체시킨다면 조직을 체제로 기술하는 것이 된다. 즉, 조직은 상호의존적인 구조와 기능을 가진 통합적인 체제이고, 집단으로 구성된다. 집단은 조화롭게 활동해야 하는 개인으로 구성되며, 각 개인은 다른 개인들이 무엇을 하고 있는지를 알아야 한다. 또한 각 개인은 메시지를 받을 능력이 있어야 하고, 개인 상호간에 충분히 상대방에게 복종하도록 규제되어야 한다.

체제이론은 원인과 결과를 유추할 수 있게 하기 때문에 조직이론에 관심을 가지고 있는 사람들에게 매우 매력적이다. 일반적으로 어떤 결과는 단 하나의 원인 때문이라고 생각하기 쉬우나, 사실 어떤 결과의 원인들은 매우 복잡하다. 따라서 체제이론은 현상을 단일원인으로 파악하는 경향을 경계할 것을 주장한다. 또한 하나의 체제를 몇 개의 상호삭용하는 하위체제로 구성된 것임을 인식케 하는데, 이러한 하위체제의 개념과 복수원인의 개념이 체제이론의 기본이 된다.

모든 체제에 일반화될 수 있는 개념으로 새롭게 대두되는 체제이론이 조직과 관리에 어떻게 적용될 수 있는지를 이해하는데 기초가 될 수 있도록 하기 위하여 체제의 기본적인 속성을 살펴보면 다음과 같다.

첫째, 체제는 목적지향적인 행동(purposive behavior)이다.

이 속성은 모든 체제의 핵심적인 특징으로서, 체제의 목적은 여러 자원을 결합·활용하여 가치를 창조하는 것이다. 다만, 각 체제는 여러 가지 목적을 가지고 있으므로 일련의 가치기준, 예를 들면 질·양·시간·비용 등을 근거로 하여 우선순위를 결정해야 한다.

둘째, 체제는 전체성(wholism)이 있다.

이 속성은 체제 각 부분의 총화보다 더 크다는 데에 기초를 둔 개념으로서, 협동활동의 기초가 되는 것이기도 하다. 전체성은 체제의 각 부분 또는 구성원으로 하여금 전체체제에 의하여 창조되는 가치를 최적화할 수 있도록 하는 목표의 적절한 혼합을 강조한다. 조직은 전체체제에 최대의 수익을 보장하면서 그 환경(고객과 일반인)에도 만족을 줄 목표의 적절한 혼합을 탐색해야 한다.

셋째, 체제는 개방적(openness)이다.

이 특성은 체제가 보다 더 큰 체제 즉 환경과 상호작용을 한다는 것으로서, 환경은 체제가 사용하는 자원의 원천이고, 체제가 창출하는 가치의 사용자가 되며, 체제에 대한 제약조건의 근원이 된다. 관리에 대한 체제적인 사고라고 할 수 있는 것으로는 개방체제의 특징이 되는 다인동과성(多因同果性 : equifinality)을 들 수 있다. 이 다인동과성의 개념은 문제해결과 의사결정에는 한 가지 최선의 길만이 있는 것이 아니라, 다면적이고 상황적인 접근이 필요함을 의미한다.

넷째, 체제는 전환성(transformation)을 가지고 있다.

이 특성은 체제는 목적달성을 위하여 여러 자원을 활용하여 산출로 전환시킴으로써 가치를 창조한다는 것이다. 전환과정은 일반적으로 '투입-산출'이라는 모형의 틀로서 표시되는데, 이 모형에서 전환단위는 내용이 잘 알려지지 않음으로써 검은상자의 개념으로 나타난다. 이는 체제의 최종산출을 분석하기 위한 유용한 고안이다. 최종 산출분석과 검은상자 개념에 기본이 되는 것으로는 저장(stock)과 유동(flow)이 있는데, 이러한 일련의 상호관련된 저장·유동·전환단위로 구성된 투입-산출모형은 체제를 효율적으로 기술하는데 사용된다.

다섯째, 체제에는 상호관련성(interrelatedness)이 있다.

이 특성은 체제 각 부분의 내적인 상호작용과 상호의존성 및 체제와 그의 환경과의 상호작용을 말한다. 체제에는 내적 및 외적인 상호관련성 이외에, 크고 복잡한 체제가 분석하기 쉬운 보다 적고 단순한 하위체제로 연속해서 분할될 수 있는 수준의 개념을 내포하고 있다. 즉 체제의 각 부분은 상대적인 복잡도에 따라 위계적인 수준으로 존재한다. 이 수준은 전통적인 수직적 수준개념보다 투입-산출 및 전환단위에서 볼 수 있는 각 기능단위의 수평적인 관련성에 초점을 두고 있다. 따라서 체제관은 조직과 관리를 정의하고 분석하는데 수평적·수직적인 차원 모두를 강조한다.

여섯째, 체제는 통제기제(control mechanism)를 가지고 있다.

이 특성은 체제에는 그것을 통합하는 힘이 있다는 것이다. 체제는 그 환경과 내부의 요구에 부응해야 하며, 그 자체를 유지하는 힘이 있어야 한다. 즉 체제는 그 내부 및 외부환경에 변화가 일어났을 때에 체제의 내적인 상태와 체제의 목표에 관련된 환경상태(information feedback)를 활용하여 각 부분 간의 균형을 유지해야 한다.

이러한 부단한 환경의 변화에 대하여 역동적인 균형상태를 유지하기 위해서는 어떤 유형이 통제기제를 활용하여 변하는 조건을 평가하고, 환류와 적응의 과정을 통해서 그 변하는 조건에 순응하는 체제가 필요하다. 그리고 이 통제의 위계는 체제의 최하위 수준에서부터 최고 수준에 이르기까지 모든 수준에 적용된다. 최고 수준의 통제는 환경으로부터 환류를 받고, 이 환류는 변화하는 환경의 요구에 적응하기 위하여 계속해서 활용된다.

2) 사회체제이론

사회체제이론은 환경과 상호작용을 하지 않은 폐쇄체제를 상상할 수 없으므로, 환경과 상호작용하는 개방체제를 다루고 있다.

Daniel Griffith는 조직체제는 상위체제인 환경 속에서 존재하며, 그 체제 내부에는 조직 내의 행정기구와 같은 하위체제를 가지고 있다고 하였다. 또 Jacob W. Getzels와 Egon G. Guba는 사회체제를 개념적으로는 분리할 수 있으나, 현상적으로는 상호작용적인 두 종류의 현상, 즉 조직적·규범적인 차원에서 조직의 목적을 달성시킬 역할과 기대를 가진 제도와 개인적·사적인 차원에서 사회적 행동을 할 인성과 욕구성향을 지닌 개인을 포함하는 것으로 보고 있다. 그러나 이 경우에도 개인은 욕구를 만족시키기 위해 조직에 참여하고, 조직은 다양한 역할을 가진 개인들에 의하여 조직 자체의 욕구를 성취한다.

따라서 역할행위자인 개인과 조직 간은 상호보완적인 관계로서, 조직의 욕구와 개인의 욕구 간에 균형상태가 이루어지는 것으로 간주될 때에 그러한 관계가 유지되며, 비교적 만족스럽고 견딜 만하며 생산적인 관계가 될 수 있다.

Barnard는 상호관계에 있는 개인과 조직이 상호의 부담과 만족의 상보(相補)로서 조직이 균형을 이룬다고 하였다. 그의 용어에 의하면 “효과”는 협동적인 목적달성이고, "능률"은 구성원들의 만족이다. 그는 조직이 구성원에서 물질적·사회적인 생산결과를 분배해 줌으로써 협동을 유인한다고 하였다. 또한 Barnard는 조직 구성원에게 적절한 만족을 주는 요인은 구성원 각자의 환경과 인성에 따라 다양하다고 하였다. 즉, 구성원에 따라서 물질적인 보상 특히 금전적인 요소에 만족해하기도 하고, 물질적 보상이 아닌 다른 종류의 보상에 만족해하기도 한다는 것이다.

체제이론적인 조직의 균형이론을 논의할 때에 개인과 조직 간에는 하나의 욕구관계만 존재하는 것이 아니라는 점을 기억해야 한다. 조직은 커다란 체제의 일부로서 외부체제인 환경과 능동적으로 상호작용해야 하는 것이다.

3) 사회·기술체제이론

전술한 바와 같이, Getzels와 Guba의 개방사회체제는 조직 또는 제도체제와 인간체제의 상호작용이다. 그러나 이 모형은 조직행동의 역동성을 이해하는데 기초를 제공했을 뿐이다. 1960년대 이후에 조직은 이 두 하위체제 즉 조직과 개인 이상의 하위체제를 가짐으로써 조직행동을 더욱 잘 이해하기 위해서는 더 복잡한 개념들을 사용해야 한다는 점이 명백해졌다. 그래서 조직을 사회·기술체제(sociotechnical system)로 파악하려는 경향이 나타났다.

조직은 일련의 목표를 성취하기 위하여 존재하며, 따라서 조직은 과업(tasks)을 수행하여 이 목표에 도달한다. 조직은 그 과업을 달성하기 위하여 조직을 적절하게 구조화하고 시설을 갖추며 인원을 배치한다. 예를 들면, 학교행정의 중요한 목적은 교육목표의 달성이며, 이를 위하여 학교조직을 구조화하고 시설과 설비를 효과적으로 운영하며 사람을 고용·배치하여 법이 정한 서비스를 제공하여야 한다. 학교는 그 목적을 성취하기 위하여 수많은 과업을 조직해야 하며, 많은 과업을 성취하기 위하여 조직을 구조화(structure)한다.

조직의 구조는 조직의 질서와 기타 많은 특성을 부여하고, 권한과 협동의 모형을 설정한다. 조직을 구조화한다는 것은 최고관리자, 중간관리자 및 교사의 역할을 규정하며, 역할 간의 합법적인 권한의 범위를 정하고, 의사결정을 위하여 의사소통망의 유형을 규정하는 것이다. 구조는 조직의 과업을 성취하는데 초점을 둔 작업흐름의 체제이기도 하다.

또한 조직은 기술자원, 즉 연장을 가지고 있어야 한다. 기술이란 컴퓨터, 선반, 교과서, 분필, 전자현미경과 같은 전형적인 하드웨어뿐만 아니라 새로운 프로그램도 포함한다. 즉 조직의 과업달성을 위한 문제해결의 절차, 활동의 배열, 기타 새로운 절차 등의 소프트웨어도 기술이다. 교사의 학습지도안, 수업계획, 교육과정 및 지침 등은 교육조직에서의 소프트웨어들이다. 또 조직에 사람이 있어야 함은 더 말할 나위가 없다.

조직과업의 성취는 결국 선택하고 지시하며 정보를 교환하고 의사결정을 하는 사람의 행동으로서, 조직 내 하위체제라고 할 수 있는 과업, 구조, 기술 및 인간이 상호작용을 하게 되는 것이다. 이 경우에도 과업, 구조, 기술, 인간 등 각각의 특징은 시간에 따라 다르고 조직에 따라서도 다르다. 이 네 가지 요인은 고도로 상호작용을 하며 서로 간에 타 요인의 상황이 된다. 즉, 한 요인의 변화가 다른 요인의 변화를 초래하는 것이다. 교육조직에서 이러한 내부적인 조직요인의 배열의 특징을 결정하는 데에는 내부적인 조직요인들의 상호작용 외에 교육조직이 속해 있는 더 큰 상부체제에서 일어나는 변화와도 관계된다.

예컨대, 교육위원회에서 어느 인문고등학교를 종합고등학교로 바꾸려고 한다면, 새로운 목표를 성취하기 위하여 많은 내부적인 조정이 필요하다. 즉 학생들에게 직업교과목을 가르쳐야 하고(과업), 이렇게 하기 위해서는 실습시설(기술)이 있어야 하며, 실과교사(사람)가 고용되어야 하고, 직업교육과(구조)가 새로 생겨야 한다. 이 경우에 해당 학교의 교직원들은 이러한 변화에 저항하게 마련이고, 그 결과 이전의 협동적·생산적인 행동이 고립과 갈등으로 대치되는 양상으로 변하게 된다. 따라서 학교내부의 정상적인 의사소통 유형이 파괴될 뿐만 아니라, 구조적인 변화를 초래하게 될 것이다.

5. 상황이론

오랫동안 많은 행정학자들은 조직구조, 행정체제 및 동기유발 등에 걸친 최선의 방법을 찾으려고 노력하였다. 기업조직을 연구한 Tom Burns와 G. M. Stalker는 기계적인 행정체제와 유기적인 행정체제의 적절성 여부는 조직의 환경에 달려 있다고 하면서, 다음과 같이 결론지었다(김명한 외 3, 1988. 재인용).

> "우리는 각각의 체제의 적절성이 그 체제의 특수한 일련의 조건에 따라 결정된다는 바를 찾으려고 하였다. 이에 못지않게 우리는 어느 하나의 체제가 언제나 우월하다는 생각을 가질 수 없다는 것이 상황이론의 출현 이유이다."

예를 들면, 규격화된 상품을 대량생산하거나 규격화된 서비스를 대량제공하는 조직에는 계층적, 관료제적인 조직구조가 적절하다. 또한 급격하고 예기치 않은 변화에 기민하게 대처해야 할 조직이나 과업의 성질상 각 분야의 전문가들의 협동적인 통합이 요구될 때에는 융통성 있는 구조가 요구된다. 일반적으로 비교적 안정된 환경에서 통상적·반복적인 과업을 수행하는 조직은 고도로 공식화된 관료체적인 구조가 효율적이라고 할 수 있다. 반면에 예측할 수 없이 변화하는 환경에 적응해야 할 과업을 가진 조직은 협동·동참·팀워크 등의 통합적인 노력을 강조하는 융통성 있는 구조가 효율적이다.

상황요인은 조직의 과업(tasks)과 조직 구성원의 인성(personality)만이 아니다. 산업체를 대상으로 한 많은 연구가 조직이 사용하는 기술이 상황변인임을 실증하고 있다. Joan Woodward와 Tavistock Institute의 연구진들이 조직과 기술과의 관계를 분석하였는데, 이들은 Burns와 Stalker가 기술한 바와 같이 유기적이고 유연한 체제는 주문생산 체제나 연속생산 체제에 보다 적절하며, 기계적이고 고전적인 체제는 대량생산 기술을 적용하는 조직체제에 적합하다는 사실을 밝힌 바 있다.

한편, 행정에 대한 사고방식으로서의 상황이론은 적어도 다음과 같은 세 가지의 장점을 가지고 있다.

첫째, 상황이론에서는 행정사태를 다룰 수 있는 하나의 최선의 방법은 없다고 본다. “상황에 따라 좌우된다”라는 말은 교과서의 채택방법, 수업시간의 계획 그리고 교원의 인사정책 등에서 어떤 하나의 방법이 언제나 최선의 방법이 될 수 없음을 말해준다.

둘째, 상황이론의 핵심은 변화이며, 상황이론은 변화에 대한 시각을 넓혀준다. 왜냐하면 상황이론은 행정체제의 어떤 한 요인이 바뀌면 행정체제 전체가 변한다는 것을 전제로 하기 때문이다.

셋째, 상황이론은 행정세계가 수많은 차원을 가지고 있다는 점을 강조한다. 행정가들은 환경, 조직 내의 체제, 행정가 자신의 인성특성, 자신을 둘러싸고 있는 의미 있는 타인 및 상황 등에 대하여 민감해야 함을 시사한다.

반면에, 상황이론이 갖는 다음과 같은 두 가지 단점에도 유의할 필요가 있다.

첫째, 상황이론은 행정가에게 상황에 민감할 것을 강조하기 때문에 행정가가 사소한 상황에까지 소심해지기 쉽다. 즉 사소한 상황에 얽매여서 행정, 조직 및 환경과 같은 커다란 것을 놓치기가 쉽다

둘째, 상황이론은 가치중립적이다. 상황이론은 현재의 상황을 불가피한 것으로 생각하기 때문에 현재의 상황을 변화시킬 전략을 무시하기가 쉽

다. 즉 행정가가 상황의 기계가 되기 쉽다. 교육행정은 상황을 다루는데 있어서 의도적으로 도덕성과 가치를 창조하여야 한다. 그 이유는 교육조직이 학생을 의도적으로 변화시키려는 목적을 가지고 있기 때문이다. 다시 말하면, 교육은 더 좋은 세상을 만들려고 하는 작용이므로 가치지향적이어야 한다.

이상과 같이 상황이론은 교육행정에 관한 사고와 연구에 유용하며, 실증연구의 중요성과 인간, 사회과정 및 요인 간의 관계에 관한 가치의 중요성을 시사한다. 행정에 대한 하나의 사고방식인 상황이론은 여러 요인과의 관계에 대한 일련의 질문을 찾는 데 유용하며, 넓고 깊은 시각에서 행정을 하는 데에도 도움을 준다. 상황론은 행정, 즉 조직구조와 조직운영에 최선의 방법이 없다는 것으로 요약할 수 있다.

다시 말해서 가장 적절한 조직의 구조와 조직의 운영방법은 조직의 목적, 과업의 종류, 기술, 환경의 안정성, 조직 구성원의 특성 등과 같은 상황변인의 차이에 따라 달라진다. 따라서 교육행정가는 교육조직 문제를 해결할 때에 교육조직 행동의 상황을 주의 깊게 분석한 다음에 그 상황에 가장 적절한 처방을 내려야 한다.

6. 인간자원관리론

행정가들은 지도하는 가장 좋은 한 가지 방법, 변화를 관리하는 가장 효과적인 방법 그리고 갈등을 관리하는 가장 적절한 방법 등을 발견하려고 노력해 왔다. 그러나 조직행동을 관리하는 한 가지 적절한 방법은 없다고 하였다. 또한 교육행정가들도 이론과 실제는 거리가 멀다고 하면서, 동일한 처방으로 모든 조직문제를 처리할 수 없다고 한다. 즉 하나의 처방은 적절한 상황에 적용될 때에만 효력이 있고, 따라서 교육행정가는 상황을 분석하여 적절한 처방으로 바꾸어야 한다.

상황이론의 기본규칙은 문제상황을 주의 깊게 진단한 후에만 해결을 위한 계획·전략·전술을 개발할 수 있는데, 교육행정에 있어서 조직행동상황을 주의 깊게 진단하고 그 상황에 적절하게 반응하는 능력은 조직의 효율성 향상에 중요한 관건이 된다.

인간자원관리론은 이와 같은 상황론적인 사고방식의 제 원리를 통합하여 행동과학적인 접근을 적용한 관리 또는 행정의 체제적 접근으로서, 조직 내의 특정상황 가운데 인간의 동기, 조직의 분위기, 갈등 등 인간자원현상의 분석을 초점으로 삼는 일종의 상황론이다. 그러므로 C. Argyris, R. Likert, A. Maslow, D. McGregor, F. Herzberg 등과 같은 행동과학자들의 이론에 근거를 두고 있다.

Argyris는 조직목표와 개인의 동기를 일으키는 욕구 사이의 조화와 일치를 한층 증대시켜야 한다고 주장하였다. Likert는 관리체제 유형을 체제1에서부터 체제4까지의 네 가지로 개념화하였는데, 각 체제의 지도성·동기·갈등관리의 유형은 각각에 해당하는 조직풍토와 조직효과를 예측케 한다고 하였다. Maslow는 만족된 욕구는 사람을 동기화시키지 않고, 만족되지 않은 욕구가 동기요인으로 작용한다고 전제하면서, 욕구의 위계론을 제시한 바 있다. McGregor는 작업세계에서 인간을 상충되는 두 가지 유형, 즉 X이론과 Y이론으로 분류하였다. 그에 따르면, X이론의 사람들은 게으르고 일을 피하려고 하며, Y이론의 사람들은 책임감을 추구하고 일 자체에서 만족을 추구하려고 한다는 것이다. 또한 Herzberg는 위생요인－보상이나 작업조건 등－은 동기요인으로 작용하지 않지만, 진짜 동기요인－성취감이나 자율성 등－만이 효과적인 동기요인으로 작용한다고 하였다.

인간자원관리론의 이론과 방법은 이러한 논자들의 생각을 유용한 형태로 통합하려고 노력한 학자들에 의해서 개발되었다. Robert Blake와 Jane Merton은 McGregor와 Likert 등의 연구에 근거를 두고 지도성 유형을 진단하기 위한 조직망 기법(organizational grid)을 개발하였다. 또 지도성 효과를 강조하는 P. Hersey와 K. Blanshard의 조직행동 개념은 P. E. Fiedler, V. Vroom 그리고 Stern 등과 같은 사회과학자들의 연구에서 그 근거를 찾을 수 있다.

이상에서 논의한 인간자원관리론에 속하는 이론들의 공통되는 특징은 어떤 인간자원관리론이나 고정된 처방을 내리지 않는다는 점이다. 다만, 특정상황의 조건이 각 인간자원관리론 처방의 유효성을 좌우한다고 보고 있는데, 각 인간자원관리론에는 다음과 같은 일련의 공통적인 가정들이 있다.

첫째, 조직효과를 최대화하려면 인간성장과 동기를 높여주는 풍토를 지지해 주는 내부적인 구조를 창조할 필요가 있다.

둘째, 조직에서의 인간자원의 잠재적인 능력과 창의성을 인식하는 행정가는 조직의 모든 수준에서 조직 구성원의 참여를 증가시키려고 할 것이다. 인간관계론에서의 참여는 조직 구성원들의 관심표현과 의사결정에 대한 승복을 강조하고 있다. 반면에, 인간자원관리론에서는 인간관계론의 참여개념과 더불어 조직 내 인간의 지식·경험·창조성을 가능한 한 충분히 활용하여 보다 나은 의사결정을 얻으려는 목표를 강조하고 있다.

셋째, 전폭적이고 건설적인 참여는 높은 수준의 신뢰와 개방적인, 즉 충분한 의사소통과 갈등의 생산적인 관리를 촉진하는 조직풍토에서 이룩될 수 있다.

넷째, 애매모호하고 급변하는 세계에서 건강한 적응적·문제해결적인 조직은 권한과 위계와 관료적 구조를 강조하지 않는다.

다섯째, 고립·냉담·빈약한 작업성과는 조직 구성원의 인성특성보다는 직무자체에서 얻는 상황, 예컨대 성취감이나 작업의 본질적인 가치 등과 더욱 밀접하게 관련되어 있다.

이러한 인간자원관리론의 기초가 되는 이론과 가정들은 효과적인 조직의 특징을 분명하게 처방하고 있다. Likert는 조직이 체제4를 지향하여야 한다고 처방하였고, McGregor는 Y이론의 인간관이 관리에 있어서 가장 생산적이라고 주장하였다. 그리고 Herzberg는 업무자체가 본질적으로 동기화될 수 있도록 업무를 재구성할 것을 주장하였고, Blake와 J. Merton은 9·9 관리유형이 가장 효과적인 지도성이라고 하였다. 문제해결에 있어서 갈등을 관리하는 가장 적절한 방법이 협동이라는 생각은 널리 통용되고 있다.

7. 권위(권력)론

권위(authority) 및 권력(power)은 조직에서 의사결정, 지도성, 계층제 등과 함께 중요시 다루어진다. 권위와 권력을 엄격하게 구별하기란 어려운데, 이들은 동일속성인 것 같지만 의미 있는 차이를 보이고 있다.

Marx Weber는 권위를 지도자가 그의 부하들에게 자기의 의지를 행사함이 정당하다고 믿는 신념에 대한 사람들의 자발적인 순응이라고 규정하고, 권력은 지도자가 저항을 물리치고 그 자신이 의지를 관철할 수 있는 영향력이라고 정의하였다.

Chester I. Barnard는 권위수용설에서 지도자의 명령이 부하에 의하여 수용될 때에 권위가 인정된다고 하였다. 그는 권위수용설에서 모든 명령을 그 수용성의 순서에 따라 ① 명백히 수용 불가능한 것 ② 중립적인 것 ③ 문제없이 수용가능한 것 등 세 가지로 분류하고, 이 중에서 문제없이 수용가능한 것을 무차별권에 들어가는 것이라고 하였다. 그리고 권위의 수용이 이루어지려면 의사소통체계가 제대로 기능해야 된다고 주장하였다.

Herbert A. Simon은 권위란 타인의 행동을 유도할 의사결정을 행할 수 있는 힘이라고 정의하고 있다. 그에 의하면, 타인의 의사결정을 따르는 경우는 다음과 같이 세 가지가 있다.

• 의사결정의 장·단점을 검토한 후 그 장점에 대하여 확신을 가질

경우

- 의사결정의 장점과 단점을 충분히 또는 전혀 검토하지 않고 따르는 경우
- 의사결정이 잘못되었다고 인정하면서도 따르는 경우

이 중에서 두 번째와 세 번째는 권위의 수용의 경우이고, 첫 번째는 제안이나 설득이지 권위의 범주에 들지 않는다고 하였다. Simon은 Barnard의 무차별권에 대응하는 수용권이라는 개념을 제시하고 있다. 이와 같이 볼 때에 권위는 명령에의 복종이 자발적이라는 데에 그 특징이 있다고 하겠다.

Thomas J. Sergiovanni 등은 권위를 학교목적을 위하여 다른 사람들로 하여금 행동하게 하는 힘(right)이라고 하고, 권력을 의사결정과정에 영향을 미칠 수 있는 개인의 능력(ability)이라고 정의하였다. Amitai Etzioni는 Weber의 권위를 정당성을 지닌 권력이라고 보고, 권력은 다른 사람의 행동을 유발하고 영향을 미치는 능력이라고 정의하고 있다. 그리고 Robert Bierstedt는 권위를 제도화된 권력이라고 정의하고 있다.

이상에서 권위와 권력의 개념을 살펴보았으나, 이들은 서로 관계되어 있으므로 어떤 하나만을 가지고 설명하기 어렵다. 이들의 관계에서 볼 때에, 일반적으로 권력은 명령을 받아들이게 하는 능력이고, 권한은 법적인 권력 즉 수여된 권력이며, 권위는 복종의 자발성에 근거하는 심리적인 권력이라고 할 수 있다.

권위는 지배의 근거가 되고, 지도성과 조정의 배경이 되며, 의사결정과 명령의 효력의 근거가 된다는 점에서 그 중요성이 강조되고 있다. 특히, 지배의 근거에 관해서는 Weber 등의 하향적인 권위설과 Barnard 등의 상향적인 권위설, 즉 권력수용설이 뒷받침해 주고 있다. 하향적인 권위설은 권위가 상부계층에 있으므로 하급자는 다만 복종할 의무가 있을 뿐이라는 주장이다. 이에 반하여 상향적인 권위설이란 권위가 명령을 받는 하급자의 수용태도에 의하여 인정되므로 그들의 심리적인 면에 달려 있

다는 것이다.

권위 및 권력이 조직 내에서 다소 의미의 차이가 있기는 해도, Simon에 의하면 다음과 같은 몇 가지 기능을 갖는다.

첫째, 집단 또는 개인의 책임을 강제하는 기능이다. 권위는 집단이나 권위행사자가 세운 규범에 구성원들이 따르도록 강제하는 기능을 수행한다. 이 강제는 개인의 책임을 묻고 제재가 수반되는 것이다.

둘째, 의사결정의 전문화 기능이다. 권위는 합리성과 유효성이 높은 의사결정을 하게 함으로써 다른 사람들의 행동을 유도할 수 있기 때문에 의사결정을 전문화한다. 집단이나 권위행사자가 의사결정 과정과 실행과정을 분화시키고 합리적·효율적인 의사결정을 행하므로, 의사결정자의 권위는 더욱 강화되고 의사결정은 전문화된다.

셋째, 조직단위를 조정하는 기능이다. 조직의 목적을 달성하기 위하여 조직의 각 단위에 속해 있는 각 구성원의 의사결정의 유기적인 관련성과 통일성을 확보하는 기능이다. 따라서 구성원 간의 마찰과 이탈을 방지하여 조직의 목표달성을 효율화할 수 있다.

넷째, 의사결정 기능의 집중화 기능이다. 계속적인 권위의 행사는 의사결정 기능의 분산을 방지하고 집중화시키기 때문에 보다 합리적이고 효과적인 의사결정을 할 수 있다. 이 기능은 의사결정의 전문화 기능과 관계된다.

제3장

학교 및 학급경영의 법률과 제도

학교 및 학급경영의 교육행위 자체가 여러 가지 사회현상의 집합적 성격을 띤 방대함이 있으므로, 이러한 교육적인 행위와 관련한 문제와 분쟁의 소지를 예방하기 위한 규제의 법규도 방대할 수밖에 없다.

주지하고 있는 바와 같이 한국의 현대 교육법은 1949년 12월 31일에 법률 제86호로 제정·공포한 이래 1997년 1월까지 무려 38차례에 이르는 개정을 하면서 우리나라 교육제도의 근간으로서 모든 교육활동의 근본규범으로서의 역할을 충실히 해 왔다. 그러나 제정한 이후 48년이 경과하면서 교육수요자의 다양한 요구를 담아내기에 한계가 있어서 1997년 11월 정기국회에서 제39차 개정형식을 빌려서 교육3법으로 법제화하였다.

이에, 본 장에서는 교육법의 의의와 법원(法源), 헌법을 비롯한 교육기본법, 초·중등교육법 그리고 고등교육법의 구조에 이어 학교교육제도에 관한 내용을 논의하고자 한다.

1. 교육법의 의의

교육법(education law)은 교육과 법의 관계를 정면에서 연구의 대상으로 하는 학문(안기성, 1994)이다. 이 개념 속에는 교육과 법이라는 두 개의 개념이 혼합되어 있지만, 이들 개념은 각기 다른 범주에 속한다(김범주, 2001). 교육이 인간의 성장발달을 내면으로부터 지도·조성하는 작용임에 반하여, 법은 사회질서를 유지하기 위한 규범으로서 이를 위반하는 행위에 대해서는 외부로부터 강제성이 부여된다. 그러므로 교육법은 이 두 개념을 모두 충족시킬 수 있는 선에서 정의되어야 할 것은 당연하다는 주장이다.

이와 같은 맥락에서 국내·외 다수 학자들의 주장을 종합한 김범주(2001)는 교육법을 인간성의 계발을 목표로 하는 가치창조의 활동인 교육행위의 지표와 기준이 되는 모든 법규를 총칭하는 것으로 정의하면서, 이를 보다 구체적으로 설명하고 있다.

그간 교육법이 발달하지 못한 이유는 교육이라는 특수성으로 인하여 교육상에서 발생되는 여러 문제들을 도덕적·윤리적으로 해결하려는 경향이 있었기 때문이다. 그러나 교육현장에서 발생하는 사고가 점차 법적인 문제화되는 경향이고, 교육당사자 간에도 분쟁을 해결할 제도적인 장치가 요구됨에 따라서 교육법의 존재적인 가치가 점차로 증가되는 추세이다. 교육법규는 교육행위에 관계된 모든 것을 대상으로 하기 때문에 대단히 복잡하고 다양성을 띨 수밖에 없고, 또한 행정규범성이 강하며 대부분의 법규가 강행성을 띠고 있기 때문에 행정법의 한 부류로 볼 수 있다.

교육법규는 일반성과 특수성을 모두 가지고 있다. 교육법은 교육행정에 관한 사항만을 규정한 것이 아니며, 또 공법적인 특성만을 가지고 있는 것도 아니다. 교육의 자주성과 전문성을 보장하기 위하여 이를 지원하고 조장하는 조장적·봉사적인 성격도 가지고 있다. 또한 교육법은 교육목표를 달성하기 위하여 인적·물적인 여러 조건을 정비·확립하는 데에 필요한 합리적인 수단을 제시하는 수단적·기술적인 성격도 가지고 있다.

교육법규가 가지는 행위 규범성 때문에 교육법은 교육행위의 준칙이 되는 것이 최선이다. 따라서 교육행위와 관계없는 규범은 교육법규에서 제외시키고, 교육현장에서 발생될 것이 예견되는 모든 교육적인 분쟁을 해결할 수 있는 근본기준이 되는 것들을 모두 함축시킨 교육법규의 정립이 중요한 과제이다. 이러한 목적, 즉 교육법이 가지고 있는 특수성의 관점에서 교육법의 의미를 나누어 설명하면 다음과 같다.

첫째, 교육법은 교육행위의 준칙이 된다. 이때 교육행위는 교육에 관계되는 모든 의사표시를 중심으로 검토되어야 하며, 법률적인 행위는 물론 사실적인 행위까지도 그 대상이 된다. 여기에서 의사표시의 주체는 교육자가 될 것이다. 따라서 교육행정과의 관계에서는 국가·지방자치단체 및 교육행정가도 주체가 될 수 있겠지만, 넓은 의미에서는 모두가 교육자에 해당된다고 하겠다.

둘째, 교육법은 교육행위에 관계되는 모든 법규를 말한다. 따라서 교육법규의 내용은 교육행위의 지표와 기준이 되는 것이면 된다. 교육법규에는 실질적인 규범과 프로그램적인 규범이 포함되어 있는데, 교육의 미래지향적인 특성에서 볼 때에 교육법은 다른 법규보다 프로그램적인 규정이 많이 있을 수 있다. 이는 교육 관계기관의 다양성 때문에 그럴 수밖에 없다.

교육행위와 관계되는 업무를 처리하는 관계부처는 교육과학기술부를 비롯하여 문화체육관광부, 보건복지부, 환경부 등이 있는데, 특히 국민복지라는 측면에서 연계될 때에 프로그램적인 성격을 갖는 경우가 많다. 교육은 교육과학기술부가 중심이 되어 관장되어야 하지만, 국민복지라는 측면에서 이러한 부처들도 교육의 일부를 관장한다고 하겠다. 국민복지는 미래지향성이 강하기 때문에 프로그램적인 성향이 있을 수 있으나,

교육법은 이러한 교육 관계기관에서 관장하는 교육에 관계되는 직·간접의 모든 사항까지도 통제할 수 있어야 한다.

셋째, 교육법은 강제성을 갖는다. 법은 사회질서를 유지하기 위한 하나의 규범이며, 이것을 위반하는 행위에 대해서는 외부로부터 강제성이 부여된다. 따라서 교육법도 법규성을 갖는다면, 당연히 강행성도 가질 수밖에 없다. 교육은 공적인 사업으로서 공공성을 띠고 있으므로, 이를 통제하기 위해서는 강제력을 가진 법규성이 있어야 한다.

넷째, 교육법도 재판규범성을 갖는다. 교육법은 그 성격상 행위규범이 강하지만, 교육분쟁을 해결하기 위해서는 재판규범성을 가지고 있어야 한다. 교육행위와 직결되는 경우에는 행위규범성이 강하지만, 교육당사자간의 분쟁을 해결해야 할 경우에는 궁극적으로 재판에 의해야 하기 때문에 재판규범성도 갖는 것이다. 교육현장에서의 분쟁이 많아질수록 이 재판규범성도 강해질 수밖에 없다.

다섯째, 교육법은 조직규범성을 갖는다. 교육은 학교교육을 중심으로 이루어지는데, 학교교육을 국가가 관장하게 될 경우에 그 조직을 위한 규범이 필요하다. 국가적인 힘이 강해질수록 교육에 대한 국가의 관심도 높아지게 마련이다. 또한 복지사회를 지향하고 있는 현대사회에서 복지사업의 중심이라고 할 수 있는 교육에 대한 국가적 관심도 높아지게 되고, 이에 따라 조직규범성도 점차 높아질 수밖에 없는 것이다.

2. 교육법의 법원(法源)[1]

교육법의 법원(sources of educational law)이란 교육에 관계된 법의 존재형식을 의미한다. 여기에는 교육법의 지식을 얻기 위한 자료, 교육법을 제정하는 힘 그리고 교육법의 타당근거 등이 모두 함축되어 있다. 법률은 궁극적으로는 재판규범이라고 할 수 있다. 따라서 법의 분쟁이 발생하여 재판이 진행될 경우에 판사가 적용하는 법이 무엇이냐가 문제가 되는데, 이 경우에 법치주의 원리에서는 판사가 적용하는 규범이 법원이라고 할 수 있다. 그러므로 교육관계의 분쟁이 생길 경우에 그 해결을 위하여 판사가 적용하는 규범은 모두 교육법의 법원이 된다. 문제는 성문화된 법이 없을 경우에 어떻게 하여야 할 것인가 이다. 이때 불문법이라도 성문법에 보완하는 것이라면, 경우에 따라서는 교육법의 법원이 되기도 할 것이다.

1) 성문법

성문법(成文法 : Written Law)은 문자로 표현되는 법을 일컫는데, 허재욱(1999)은 문서의 형식을 갖추고 일정한 절차와 형식에 따라 권한 있는 기관에 의하여 내용이 결정되고 공포되는 법을 말한다고 하였다. 이는 일반적으로 국민의 대표기관인 입법기관에서 제정되므로, 제정법이라고도 한다.

법은 불문법에서 성문법으로 이행되어 왔다. 근대국가에서는 국민의 권리를 보장하기 위하여 법치주의를 채택하고, 동시에 성문법을 기본으로 하였다. 특히, 영·미법계는 불문법 위주여서 성문법의 범위가 좁은 편이지만, 프랑스와 독일 등 대륙법계 나라들은 성문법을 원칙으로 하고 있다. 한국, 중국, 일본 등의 국가에서도 성문법주의를 채택하고 있다.

---

1) 김범주(2001). 신교육법. 서울 : 도서출판 지정. pp.43~47의 'Ⅲ. 교육법의 존재형식' 중에서 일부를 재구성하여 전제함.

(1) 헌법

교육법의 법원으로서 가장 근원적인 것은 역시 헌법상에 규정된 교육 관계조항이다. 헌법상의 교육에 관한 조항은 '교육의 기회균등', '의무교육', '교육의 자주성·전문성·정치적 중립성 및 대학의 자율성' 그리고 '평생교육' 등을 선언한 제31조가 중심이 된다. 그 밖에도 제22조의 '학문과 예술의 자유', 제9조의 '전통문화의 계승·발전과 민족문화의 창달' 등의 규정도 교육법의 연원이 된다.

이러한 규정들은 선언적·프로그램적인 성격이 강하기는 해도 교육에 관한 국가의 의지를 표현한 것으로서, 교육법의 법리와 방향을 제시하고 있다. 따라서 하부의 법을 제정할 때에는 이 헌법의 정신을 벗어나서는 안 되며, 이러한 헌법적인 정신을 실현할 수 있는 입법작용이 요청되기도 한다.

(2) 법률

법률 중에 교육법의 법원으로서 가장 중추적인 역할을 하는 것은 1997년 12월 17일에 제정하여 1998년 3월 1일부터 시행된 교육기본법이다. 교육기본법은 교육 관계법률 중에서 가장 기본적인 사항을 규정한 것이므로 법률로서 법원성을 갖고 있음이 당연하다. 이 교육기본법을 근간으로 하여 초·중등교육법, 고등교육법, 지방교육자치에관한법률, 평생교육법 그리고 사립학교법 등이 교육법률의 법원으로서 중추적인 기능을 한다. 그 밖에도 각종 교육관계진흥법 등을 중심으로 30여 개의 단행법들이 법률로서 교육법의 법원이 된다.

(3) 명령

명령에는 국회의 법률제정 과정에서 위임된 사항이나 행정기관이 법률 집행과정에서 정립한 행정입법으로서 대통령이 발하는 대통령령과 국무

총리가 발하는 총리령, 교육과학기술부장관이 발하는 교육과학기술부령 등이 있는데, 이들도 교육법규의 법원이 된다. 명령은 개개 수권의 근거에 따라 직권명령과 위임명령으로, 법률과의 관계에 따라 위임명령과 독립명령으로 그리고 내용에 따라 위임명령과 집행명령 등으로 구분된다(이상규, 1991 ; 김남진 ; 1991 ; 박윤흔, 1992 ; 김도창 ; 1998 ; 허재욱, 1999. 재인용).

헌법, 법률 그리고 명령의 관계에서 명령은 헌법이나 법률에 근거하고 있어야 하고, 명령 사이에서도 법의 일반원칙이 유지되어야 한다. 그런데 명령은 행정부의 법 집행과 관계되기 때문에 제정 당시의 정황과 역사에 따라 모순성을 갖는 경우도 있다. 예를 들면, 국립대학교설치령, 서울대학교설치령, 한국교원대학교설치령 등처럼 다 같은 국립대학임에도 설치령은 각기 다른 경우이다. 한국교원대학교는 특수목적을 띤 목적대학이기 때문에 설치령을 따로 발할 수도 있다. 그러나 서울대학교와 일반국립대학은 설립시기와 성립 당시의 사회적 여건은 달랐지만 지금은 동일한 설립목적을 가지고 있음에도 불구하고 별도의 명령으로 되어 있고, 그 시정은 이루어지지 않고 있다.

또한 대학입시기준령이나 교육공무원임용령 등과 같이 중요한 명령은 법으로 정해져야 행정부의 독단을 막고, 학교정책의 일관성을 기할 수 있을 터인데 그렇지 못하다. 반면에, 학교급식법과 같은 법은 학교급식령으로 충분한 데에도 법으로 정해놓고 있다. 대학입시에 관한 명령은 온 국민의 관심이 집중되는 중요한 사항임에도 명령에 머물러 있기 때문에 해마다 그 제도를 바꾸어 혼란을 가중시키고 있는 문제점이라든지, 교육자들의 권리에 관계되는 명령은 대부분 소홀히 취급되고 있는 점이 문제가 되고 있다.

이러한 문제에서 알 수 있는 것은 명령이 행정입법이기 때문에 행정부의 독단이 진행될 경우에 국회의 입법권을 침해하는 결과를 가져올 수 있다는 점이다. 그러나 기술상 행정입법은 불가피하며 이들이 법원성을 갖는다는 것은 의심할 여지가 없다.

(4) 자치법규

자치법규는 지방자치단체가 법령의 범위 안에서 정립한 자치에 관한 규정을 말한다. 지방의회가 제정하는 조례와 지방자치단체의 집행기관이 제정하는 규칙이 그것인데, 이러한 조례나 규칙 중에서 교육에 관한 것이면 교육 자치법규로서 교육법의 법원이 된다.

교육에 관련한 자치법규를 잘 제정하려면, 보다 전문적인 자격을 갖춘 교육위원이나 교육감이 필요하다. 법에 대한 전문적인 식견이 부족한 사람들끼리 모여 교육에 관한 자치법규를 제정함으로써 여러 가지 문제가 발생될 우려가 있기 때문이다. 따라서 교육에 관련된 자치법규를 제정할 때에는 전문가의 의견을 수렴하는데 최선을 다하여야 한다. 이러한 자치법규도 법으로서의 성격이 차츰 강해지고 있는데, 이는 지방자치제도의 발전을 위해서도 바람직한 현상이다. 또한 지방의회에서 법을 제정할 경우에는 상위법과의 저촉문제도 고려하여야 한다.

(5) 행정규칙

행정권이나 국가기관의 자율성을 존중하여 그 소관사무나 권한에 관하여 상위법에 저촉되지 않는 범위 내에서 내부규율이나 사무처리 준칙을 제정할 수 있는데, 이를 행정규칙이라고 한다. 즉, 행정규칙은 특별 권력관계에 있는 공무원에게 행정수행과 법률집행을 위하여 내리는 명령, 훈령, 지시 등으로서 법규성이 없는 규칙을 지칭한다.

그런데 특별 권력관계 수정설의 입장에서는 행정규칙의 법규성을 문제삼고 있다. 이 수정설에 의하면, 행정규칙 중에는 법규성이 있는 규칙도 있다. 예컨대, "기관 내에서 흡연·도박을 금지한다."는 행정규칙이 특별 권력관계 내부에 있는 사람들에게만 전달되고 일반국민에게는 전달되지 않았다면, 이 경우에 그 규칙은 법규성이 없다고 할 수 있다. 그러나 "금년에는 조기방학을 한다."와 같은 행정규칙이 발하여지면, 이 경우에는 해당학교의 직원뿐만 아니라 학생과 학부모 등 일반국민에게도 영향을 미치게 된다. 따라서 이 경우에는 법규성이 있으며, 이러한 법규성이 있는 행정규칙은 교육법의 법원으로서 기능을 하게 된다.

2) 불문법

불문법(不文法 : Unwritten Law)은 입법기관에 의하여 제정 및 공포되어 통일된 법전으로 문서화되어 있지 아니한 법으로서 관습법, 판례법, 조리 등이 이에 해당된다. 불문법은 특별한 절차를 거쳐서 제정되는 것이 아니므로 비제정법이라고도 한다. 성문법주의를 원칙으로 하는 우리나라에서는 불문법의 법원성은 상대적으로 약하다고 하겠지만, 성문법을 보완하여 법 해석작용이나 집행작용에 영향을 주기 때문에 그 범위 내에서는 법원성이 있다고 하겠다. 특히, 교육행위나 교육작용에서는 그 전통성과 관습성이 영향을 주기 때문에 법원으로서의 기능을 할 때가 많다.

(1) 관습법

관습법은 장기간의 계속된 사회의 관행이 국민의 법적 확신에 의하여 승인 및 강행되는 것을 일컫는다. 교육분야에서도 관례로 당연하게 매년 행해지고 있는 것이 많이 존재한다. 이러한 관례들이 일반국민의 법적 확신에 의해 승인되어질 때에는 하나의 관습법이 될 수 있다. 전후 일본의 헌법 제23조의 '학문의 자유와 교육공무원특례법의 임용·징계·복무 등에 관한 규정'을 근거로 하여 대학의 자치에 관한 상세한 사항은 당해 학교의 자치적인 운영과 내부조직 등에 관한 관례를 따르도록 하였는데, 이 경우의 관례는 관습법의 예로 볼 수 있다.

(2) 판례법

판례법은 법원의 판결이 그 이후의 동일한 사건에 대하여 사실상의 구속력을 갖게 되는 것을 말한다. 특히, 영미법계의 국가인 영국이나 미국의 경우에 이 판례법이 잘 발달되어 있어서 동일한 사건이나 문제를 해결하는 법적인 규범이 되고 있는 것은 좋은 예라고 할 수 있다. 선행사건의 판례는 기득권을 인정하는 기능을 하는데, 학교교육에 관계하여 발생하는 많은 교육사고의 처리과정에서 재판에 의하여 처리된 경우에 이 교육판례가 생길 수 있다. 일본의 경우에 판례법의 예로서 교원근무평정, 전국학력테스트, 학습지도 요령의 법적 성격 등을 들 수 있다.

(3) 조리

조리는 사물의 성질이며, 사물에 내재하는 원리 및 법칙이다. 다시 말하면, 일반 사회인이 보통 인정한다고 생각되는 객관적인 원리 또는 법칙인 것이다. 조리는 민법이나 행정법에서의 일반적인 조리로서 공서양속, 신의성실, 시회통념, 사회적 타당성, 사회질서, 형평, 정의, 이성 그리고 법의 일반원칙 등이 있다. 관습법이나 판례법 등이 존재하지 않은 경우에 그 문제의 본질에 적합한 처리를 하기 위한 최후의 보충적인 법원이 되는 것이다. 이와 같이 조리는 기존의 성문법을 해석하는 경우의 기준 또는 기본원리로서도 중요시되고 있는데, 교육영역에서는 조리의 존재가능성이 많다.

교육조리는 교육 또는 교육제도의 성질에 내재하는 구체적인 원리와 법칙이다. 교육조리의 예로 일본의 경우, 직원회의에서의 교육자치권과 초·중·고등학교 직원회의를 들 수 있다. 이들은 학교교육법에 대학 교수회의 설치기관과 마찬가지로 규정되어 있지 않지만, 법률규정 없이도 존재하는 것이다. 우리나라도 이와 거의 유사하다. 고등교육법시행령 제4조 제1항 제16호에 대학평의원회 및 교수회가 있는 경우에는 그에 관한 사항을 규정하여야 한다고 되어 있으나, 초·중등교육법에는 교무회의에 관한 규정이 전혀 없다. 따라서 우리나라 초·중·고등학교 교직원회의도 교육조리의 예로 볼 수 있다.

3. 교육법의 구조

1) 헌법의 교육 관계조항

대한민국 헌법(1987. 10. 29 전문개정)에 명시된 교육 관계조항은 제31조이다. 모두 6개의 항으로 되어 있는데, 그 내용은 다음과 같다.

第31條

① 모든 國民은 能力에 따라 균등하게 敎育을 받을 權利를 가진다.
② 모든 國民은 그 보호하는 子女에게 적어도 初等敎育과 法律이 정하는 敎育을 받게 할 義務를 진다.
③ 義務敎育은 無償으로 한다.
④ 敎育의 自主性·專門性·政治的 中立性 및 大學의 自律性은 法律이 정하는 바에 의하여 보장된다.
⑤ 國家는 平等敎育을 振興하여야 한다.
⑥ 學校敎育 및 平生敎育을 포함한 敎育制度와 그 운영, 敎育財政 및 敎員의 地位에 관한 基本的인 사항은 法律로 정한다.

헌법 제31조의 각 항에 대한 논의는 허재욱(1999)의 견해를 중심으로 재구성하였는데, 다음과 같다.

(1) 능력에 따라 균등하게 교육을 받을 권리 - 제31조 제①항

헌법 제31조 제1항에서의 능력이라 함은 일신전속적인 재능을 말하며, 재력이나 가정환경 등 비전속적인 조건을 의미하는 것이 아니다. 교육을 받는 자는 그의 정신적·육체적 능력에 알맞은 교육을 받을 권리가 있으며, 종교·재산·사회적 신분·성별·인종 등에 의해 불합리한 차별을 받아서는 아니 된다. 따라서 공개 경쟁시험과 같이 능력에 따른 차별은 합헌이라고 할 수 있으며, 능력이 뒤떨어지는 심신장애자에게는 특수교육을 위해 특수학교를 설치하여 그에 따르는 교육을 받게 할 수 있다.

한편, 균등하게 교육을 받을 권리의 내용에 관하여서는 견해가 대립되고 있다. 그 하나는 자유권적인 측면에서 본 '소극적인 평등권설'로서, 균등하게 교육을 받을 권리의 내용에 대하여 헌법전문의 모든 면에 있어서 기회균등이란 정신과 같이 성별·신앙·사회적 신분 등에 의하여 교육을 받을 기회에 차별을 두어서는 안 된다는 소극적인 권리라고 할 수 있다. 다른 하나는 '적극적인 생존권설'로서 이는 사회권적인 측면에서 국가가 모든 국민이 평등하게 교육을 받을 수 있도록 교육시설을 설치·운용하고 장학정책을 실시하는 등 교육의 외적인 조건을 정비, 확립하여 국민이 국가에 대하여 균등한 교육을 시켜줄 것을 청구할 수 있는 적극적인 권리이다.

교육의 기회균등에서 모든 교육시설에 균등하게 참여할 것을 요구할 수 있는 이른바 교육청구권이 나오느냐의 문제에 대하여 독일연방헌법재판소는 참여권(Teilhaberechte) 이론으로 이를 긍정하고 있다. 그러나 참여권 이론의 당·부당을 떠나서 국가가 교육시설을 사실상 독점하고 있는 영역에서는 평등권의 이론만으로도 그와 같은 권리를 인정할 수 있다고 하겠다. 교육이 인간의 직업생활·사회생활·경제생활 등에 미치는 심각한 영향을 생각할 때에, 교육의 기회균등은 마땅히 교육시설에 균등하게 참여할 수 있는 권리를 포함하는 것으로 보는 것이 옳다.

우리나라 교육기본법 제4조에는 모든 국민에게 그 능력에 따라 수학할 기회를 균등하게 보장하기 위하여 국가와 지방자치단체의 교육정책을 명시하고 있다. 즉 학교를 지역적 또는 종별적으로 공평하게 배치할 것과 재능이 우수한 학생으로서 학자금이 곤란한 자를 위하여 장학금제도나 학비보조급제도를 실시하고, 직업을 가진 자의 수학을 위하여는 야간제, 계절제, 시간제 및 기타 특수한 교육방법을 강구하도록 규정하고 있다.

(2) 의무교육 – 제31조 제②항

헌법 제31조 제2항에서는 "모든 국민은 그 보호하는 자녀에게 적어도 초등교육과 법률이 정하는 교육을 받게 할 의무를 진다."라고 규정함으로써 의무교육제를 채택하고 있다. 이는 제1항의 교육을 받을 권리의 실효를 기할 목적으로 규정한 것이다

의무교육의 기본은 모든 국민으로 하여금 교육을 받을 권리를 인정하고 이 권리를 충분히 향유하기 위하여 모든 부모들로 하여금 그들의 자녀가 국가에서 정한 일정기간 교육을 받도록 의무화하고, 아울러 국가는 그 교육기간 동안의 교육을 하는데 필요한 교육조건을 정비하는 것을 의무로 하는 제도를 말한다.

교육의 의무는 국민의 인간다운 생활을 유지하고 문화국가를 건설하는데 수반되는 의무이다. 즉 납세·국방의 의무가 국가의 존립유지와 보장을 위한 고전적인 의무인데 반하여, 교육의 의무는 현대의 사회국가·복지국가를 이룩하기 위하여 등장한 사회권적인 기본권과 함께 발생한 새로운 의무이다. 또한 의무교육을 받을 주체는 학령아동(6세~15세)임에 비추어 볼 때에 의무이행자는 학령아동의 친권자 또는 후견인이 된다. 그리고 교육의 의무에 대한 내용은 자녀를 일정한 학교에 취학시키는 것인데, 반드시 공립학교에 취학시킬 의무는 없다. 또한 의무의 대상이 되는 교육은 현행 학제상 6년의 초등교육과 3년의 중등교육이다.

(3) 의무교육의 무상 – 제31조 제③항

의무교육이 실효를 거두기 위하여 헌법 제31조 제3항에서는 "의무교육은 무상으로 한다."라고 규정하고 있다. 무상의 범위에 대해서는 법률이

정하는 바에 따른다는 무상법위법정설, 수업료만이 면제된다는 수업료무상설 그리고 교재·학용품을 비롯한 급식까지 포함된다는 취학필수비무상설 등의 견해가 있으나, 취학필수비무상설이 타당하다고 본다. 따라서 국가 또는 지방자치단체는 학생의 취학필수비를 무상으로 제공하기 위하여 교육재정을 충분히 확보하여야 한다. 다만, 공립학교의 수용능력이 있음에도 불구하고, 사립학교를 선택하는 경우에는 무상의 특권을 포기하는 것이므로 유상으로 할 수 있다고 하겠다.

(4) 교육의 자주성 · 전문성 · 정치적 중립성 · 대학의 자율성 보장 – 제31조 제④항

헌법 제31조 제4항에서는 "교육의 자주성·전문성·정치적 중립성 및 대학의 자율성은 법률이 정하는 바에 의하여 보장된다."라고 함으로써 교육의 기형화나 침체를 방지하기 위하여 교육의 자주성·전문성과 정치적 중립성을 보장하고 있다. 이러한 규정을 두고 있는 이유는 우리 헌법이 교육을 통한 민주국가·문화국가·복지국가·사회국가의 실현을 위하여 자주성과 전문성 및 대학의 자율성 보장을 필요로 하기 때문이다.

교육의 자주성이라 함은 교육기구와 교육내용이 교육자에 의하여 자주적으로 결정되고, 행정권력에 의한 교육통제가 배제되어야 한다는 의미이다. 교육활동은 그에 고유한 특수성을 가지는 활동이기 때문에, 교육 본래의 목적을 달성하기 위해서는 자주성과 자율성이 최대한으로 보장되어야 한다. 물론, 오늘날의 교육은 공교육 중심이므로 국가감독을 받지 않을 수 없다. 그러나 이 국가감독은, 필요하고 합리적인 범위를 넘어서 교육의 자주성을 유린하는 것이 되어서는 안 된다.

민주국가에서 교육의 자주성은 원래 평화적이고 민주적인 문화국가의 주인공을 육성하기 위한 것이다. 그러한 의미에서 교육의 자주성을 확보하려면 최소한 다음과 같은 사항이 실현되어야 한다.

- 교사의 교육시설 설치자 · 교육 감독권자로부터의 자유
- 교육내용에 대한 교육행정기관의 권력적인 개입의 배재
- 교육관리기구의 공선제

교육의 전문성은 교육정책의 수립과 그 집행이 가급적 교육전문가에 의해 수행되거나 적어도 그들의 참여가 이루어져야 함을 의미한다.

교육의 정치적 중립성은 교육의 본질에 위반되는 국가적 권력이나 정치 · 사회 · 종교적 세력 등에 의한 영향을 배제한다는 것이다. 또한 교육이 그 본연의 기능을 벗어나서 정치영역에 부당하게 개입하지 않아야 한다는 것을 말한다. 그러나 교육의 정치적 중립성이 교육과 정치의 절대적인 단절을 의미하는 것은 아니다. 역사적으로도 교육은 국가형성에 결정적으로 기여하였고, 오늘날에도 국가사회의 유지 · 발전에 불가결한 기능을 수행하고 있으며, 현대의 공교육적인 국민교육제도는 국가의 재정부담에 의하여 유지되고 있기 때문이다. 그러나 교육은 그 본질상 이상적이고 비권력적인 것임에 반하여, 정치는 현실적이고 권력적인 것이기 때문에 교육과 정치는 일정한 거리를 유지하는 것이 바람직하다.

이러한 정치적 중립성의 기본내용으로는 ① 교육의 정치적 무당파성 ② 교육에 대한 정치적 압력의 배제 ③ 교육의 권력으로부터의 독립 ④ 교원의 정치적 중립 ⑤ 교육의 정치에의 불간섭 등을 들 수 있다. 이에 따라 국가는 교육의 정치적 중립성을 침해하는 법률을 제정할 수 없고, 교원과 학생도 교육과정(학내)에 있어서는 정치적 활동을 할 수 없다.

다음으로, 대학의 자율성이 확립되기 위해서는 대학의 자치가 실현되어야 한다. 대학의 자치는 학문의 자유에 속하는 '대학의 자유'의 실현수단인 동시에 그 본질에 속하는 것이기 때문에, 학문의 자유에 의해서 당연히 제도적으로 보장되는 것이다. 그럼에도 불구하고 우리 헌법이 교육에 관한 기본권에서 대학의 자율성을 또 한 번 명문으로 강조하는 이유는, 오늘날 전문화된 고도의 산업사회에서 고급인력의 양성과 학문발전을 위해서 대학교육이 차지하는 비중이 특히 크기 때문이다. 따라서

대학의 기능과 사명을 다할 수 있도록 대학에게 독자적인 계획과 책임 하에 학문연구와 학술활동 및 직업교육을 실효성 있게 수행케 하려는 취지라고 이해할 수 있다.

이렇게 볼 때에, 대학의 자율성은 학문의 자유에 내포된 객관적인 규범질서로서의 성격으로부터 당연히 나오는 당위내용이다. 따라서 대학의 자율성에 관한 헌법규정은 '대학의 자치'에 관한 창설적인 규정이라기보다는 그에 대한 하나의 보완규정으로 보는 것이 바람직하다.

(5) 평생교육의 진흥의무 – 제31조 제⑤항

헌법 제31조 제5항에서는 국가의 평생교육 진흥의무를 규정하고 있다. 이는 모든 국민이 복잡하고 끊임없이 발전하는 문화생활에 대처하고 국가관의 정립을 위하여는 정규의 학교교육 이외에 성인교육·사회교육·직업교육·청소년교육·국민교육 등이 평생에 걸쳐 요구되므로, 이러한 시대적인 요청에 부응하고 나아가 개인의 능력계발과 국가발전에 기여토록 하기 위한 것이다. 이를 위하여 1982년에 사회교육법이 제정되었고, 1999년에는 평생교육법으로 법명이 변경되었으며, 2009년에는 전면 개정되어 오늘에 이르고 있다.

(6) 교육제도·교육재정·교원지위의 법정주의 – 제31조 제⑥항

헌법 제31조 제6항에서는 "학교교육 및 평생교육을 포함한 교육제도와 그 운영, 교육재정 및 교원의 지위에 관한 기본적인 사항은 법률로 정한다"라고 규정하고 있다. 이로써 교육제도에 관한 기본적인 사항은 국민의 대표기관인 국회에서 제정하는 법률로 정하도록 함으로써, 교육을 받을 권리가 국가의 행정기관이나 학교법인 등에 의하여 부당하게 제한되거나 침해를 받지 않도록 예방조치를 하고 있다.

교육제도란 교육의 기본방침과 내용, 교육기관의 조직, 교육감독, 교육재정, 교원의 지위 등에 관한 제도를 일컫는다. 학제·교육제도를 비롯한 교육재정의 확보와 교원의 지위향상에 관하여 법정주의를 채택하고 있음은 국가가 교육의 자유방임주의를 지양하고 교육의 중요성을 선언한 것이다. 또한 교육의 기본적인 사항만을 법률로 정하게 한 것은 교육의 자주성을 보장하기 위함이다. 헌법 제31조 제6항에 연원(법원)을 두고 제정된 교육제도에 관한 기본적인 법률로는 교육기본법·교육공무원법·사립학교법·평생교육법·지방재정교부금법·지방교육자치에관한법률 그리고 교원지위향상을위한특별법 등이 있다.

다음으로, 교육재정이라고 함은 국가나 지방공공단체가 교육활동을 지원하기 위하여 필요한 재원을 확보하고 배분하며 평가하는 일련의 활동을 말한다. 교육활동에는 막대한 재화와 용역이 필요하며, 이것의 뒷받침이 없으면 교육이 제대로 이루어질 수 없기 때문에 교육재정은 중요한 의미를 가진다.

한편, 교원은 미래사회를 이끌어갈 새 시대의 주역들로 하여금 자립생활을 할 수 있는 기초능력을 길러 주는 공교육제도의 주관자로서 주도적인 지위를 담당하도록 주권자인 국민으로부터 위임받은 사람이며, 교육의 현장에서 그 직무를 통하여 학생들의 인격신장에 이바지할 뿐만 아니라 나아가 평화를 유지하고 문화를 계승·창조하며, 국가·사회의 지속적인 발전을 중추적인 역할을 수행하는 사람을 말한다. 이와 같이 교육자로서의 교원은 학생들에 대한 지도교육이라는 노무에 종사하고, 노무제공에 대한 대가로 받는 임금·급료 및 기타 이에 준하는 수입으로 생활하는 사람이므로, 교원 역시 근로기준법에서 정의하고 있는 통상적인 의미의 근로자로서의 지위도 동시에 가지고 있음에 틀림없다. 이것이 바로 교원의 지위의 법정주의이다.

2) 교육기본법

(1) 교육기본법의 개념

교육기본법은 모든 국민의 교육받을 권리를 보장하기 위하여 학교교육, 평생교육을 포함한 교육제도와 그 운영에 관한 기본적인 방향을 설정하고, 모든 교육당사자의 권리와 의무를 규정한 교육에 관한 기본법을 말한다. 따라서 교육기본법은 우리나라 교육의 기본성격, 기본원칙 그리고 기본방향을 설정한 법으로서 한국의 교육헌장이라고 할 수 있다.

교육기본법 제2장에서 말하는 '교육당사자'란 학습자 및 보호자, 교원, 교원단체, 학교 등의 설립·경영자와 국가 및 지방자치단체를 총칭하는 것이다. 교육기본법은 교육관계법의 체계로 볼 때에 헌법 다음의 위치에 있는 법률로서 모든 교육 관계법령의 기본이 되는 법이다. 그리고 다른 교육 관계법령은 교육기본법의 원칙을 구체화하고 발전시키기 위하여 제정된다고 볼 수 있다.

(2) 주요내용

홍익인간이라는 교육이념을 기본으로 하여 헌법상의 교육받을 권리를 구현하기 위하여 '학습권'의 개념을 새로이 도입하였고, 교육법 체계상 교육에 관한 기본법으로서 교육의 기회균등, 교육의 자주성·전문성·중립성, 의무교육, 학교교육, 평생교육 등의 교육제도에 관한 기본적인 방향을 설정하였다.

교육당사자인 학습자, 학부모 등 보호자에 대한 교육, 학교 및 평생교육시설의 설립·경영자, 국가 및 지방자치단체의 교육에 관한 권리·의무를 구체화하고 특별히 진흥하고 장려하여야 할 특수교육, 영재교육, 유아교육, 직업교육, 과학교육, 교육의 정보화, 학술문화의 진흥, 사학의 육성, 평가 및 인증제도, 보건 및 복지, 장학제도, 국제교육 등의 지원에 관한 사항을 규정하였는데, 부칙을 제외한 3장 29조의 주요내용은 <표 3-1>과 같다.

<표 3-1> 교육기본법의 주요내용

장 (명칭)	조	주 요 내 용	비 고
제 1 장 (총칙)	제1조	목적－이 법은 교육에 관한 국민의 권리·의무 및 국가·지방자치단체의 책임을 정하고, 교육제도와 그 운영에 관한 기본적인 사항을 규정함	
	제2조	이념－교육은 홍익인간의 이념 아래 모든 국민으로 하여금 인격을 도야하고, 자주적 생활능력과 민주시민으로서 필요한 자질을 갖추게 함으로써 인간다운 삶을 영위하게 하고 민주국가의 발전과 인류공영의 이상을 실현하는 데에 이바지하게 함을 목적으로 함	
	제3조	학습권－모든 국민은 평생에 걸쳐 학습하고, 능력과 적성에 따라 교육받을 권리를 가짐	
	제4조	교육의 기회균등－모든 국민은 성별, 종교, 신념, 인종, 사회적 신분, 경제적 지위 또는 신체적 조건 등을 이유로 교육에서 차별을 받지 아니함 外 1항	
	제5조	교육의 자주성 등－국가와 지방자치단체는 교육의 자주성과 전문성을 보장하여야 하며, 지역실정에 맞는 교육실시를 위한 시책을 수립·실시하여야 함 外 1항	
	제6조	교육의 중립성－교육은 교육 본래의 목적에 따라 그 기능을 다하도록 운영되어야 하며, 정치적·파당적·개인적 편견을 전파하기 위한 방편으로 이용되어서는 아니 됨 外 1항	
	제7조	교육재정－국가와 지방자치단체는 교육재정을 안정적으로 확보하기 위하여 필요한 시책을 수립·실시하여야 함 外 1항	
	제8조	의무교육－의무교육은 6년의 초등교육과 3년의 중등교육으로 함 外 1항	
	제9조	학교교육－유아교육·초등교육·중등교육 및 고등교육을 하기 위하여 학교를 둠 外 3항	

-계속-	제10조	사회교육－국민의 평생교육을 위한 모든 형태의 사회교육은 장려되어야 함 外 2항	
	제11조	학교 등의 설립－국가와 지방자치단체는 학교와 사회교육시설을 설립・경영함 外 1항	
제 2 장 (교육당사자 등)	제12조	학습자－학생을 포함한 학습자의 기본적 인권은 학교교육 또는 사회교육의 과정에서 존중, 보호됨 外 2항	
	제13조	보호자－부모 등 보호자는 보호하는 자녀 또는 아동이 바른 인성을 가지고 건강하게 성장하도록 교육할 권리, 책임을 가짐 外 1항	
	제14조	교원－학교교육에서 교원의 전문성은 존중되며, 교원의 경제적・사회적 지위는 우대되고 그 신분은 보장됨 外 5항	
	제15조	교원단체－교원은 상호협동하여 교육의 진흥과 문화의 창달에 노력하며, 교원의 경제적・사회적 지위를 향상시키기 위하여 각 지방자치단체와 중앙에 교원단체를 조직할 수 있음 外 1항	
	제16조	학교 등의 설립자・경영자－학교와 사회교육시설의 설립자・경영자는 법령으로 정하는 바에 따라 교육을 위한 시설・설비・재정 및 교원 등을 확보, 운영・관리함 外 2항	
	제17조	국가 및 지방자치단체－국가와 지방자치단체는 학교와 사회교육시설을 지도・감독함	
제 3 장 (교육의 진흥)	제17조의 2	남녀평등교육의 증진－국가와 지방자치단체는 남녀평등정신을 보다 적극적으로 실현할 수 있는 시책을 수립・실시하여야 함 外 4항	
	제17조의 3	학습윤리의 확립－국가와 지방자치단체는 모든 국민이 학업・연구・시험 등 교육의 모든 과정에 요구되는 윤리의식을 확립할 수 있도록 필요한 시책을 수립・실시하여야 함	

-계속-	제17조의 4	건전한 성의식 함양－국가와 지방자치단체는 학생의 존엄한 성을 보호하고, 학생에게 성에 대한 선량한 정서를 함양시킬 수 있도록 필요한 시책을 수립・실시하여야 함 外 1항	
	제18조	특수교육－국가와 지방자치단체는 신체적・정신적・지적 장애 등으로 특별한 교육적 배려가 필요한 자를 위한 학교를 설립・경영하여야 하며, 이들의 교육을 지원하기 위하여 필요한 시책을 수립・실시하여야 함	
	제19조	영재교육－국가와 지방자치단체는 학문・예술 또는 체육 등의 분야에서 재능이 특히 뛰어난 자의 교육에 필요한 시책을 수립・실시하여야 함	
	제20조	유아교육－국가와 지방자치단체는 유아교육을 진흥하기 위하여 필요한 시책을 수립・실시하여야 함	
	제21조	직업교육－국가와 지방자치단체는 모든 국민이 학교교육과 사회교육을 통하여 직업에 대한 소양과 능력을 계발하기 위한 교육을 받을 수 있도록 필요한 시책을 수립・실시하여야 함	
	제22조	과학・기술교육－국가와 지방자치단체는 과학・기술교육을 진흥하기 위하여 필요한 시책을 수립・실시하여야 함	
	제22조의 2	학교체육－국가와 지방자치단체는 학생의 체력 증진과 체육활동 장려에 필요한 시책을 수립・실시하여야 함	
	제23조	교육의 정보화－국가와 지방자치단체는 정보화교육 및 정보통신매체를 이용한 교육을 지원하고 교육정보산업을 육성하는 등 교육의 정보화에 필요한 시책을 수립・실시하여야 함	

-계속-	제23조 의 2	학교 및 교육행정기관 업무의 전자화−국가와 지방자치단체는 학교 및 교육행정기관의 업무를 전자적으로 처리할 수 있도록 필요한 시책을 마련하여야 함	
	제23조 의 3	학생정보의 보호원칙−학교생활기록 등의 학생정보는 교육적 목적으로 수집・처리・이용 및 관리되어야 함 外 2항	
	제24조	학술문화의 진흥−국가와 지방자치단체는 학술문화를 연구・진흥하기 위하여 학술문화시설 설치 및 연구비 지원 등의 시책을 수립・실시하여야 함	
	제25조	사립학교의 육성−국가와 지방자치단체는 사립학교를 지원・육성하여야 하며, 사립학교의 다양하고 특성 있는 설립목적이 존중되도록 하여야 함	
	제26조	평가 및 인증제도−국가는 국민의 학습성과 등이 공정하게 평가되어 사회적으로 통용될 수 있도록 학력평가와 능력인증에 관한 제도를 수립・실시할 수 있음 外 1항	
	제26조 의 2	교육 관련 정보의 공개−국가와 지방자치단체는 국민의 알 권리와 학습권을 보장하기 위하여 그 보유・관리하는 교육 관련 정보를 공개하여야 함 外 1항	
	제27조	보건 및 복지의 증진−국가와 지방자치단체는 학생과 교직원의 건강 및 복지를 증진하기 위하여 필요한 시책을 수립・실시하여야 함 外 1항	
	제28조	장학제도 등−국가와 지방자치단체는 경제적 이유로 교육받기 곤란한 자를 위한 장학제도와 학비보조제도 등을 수립・실시하여야 함 外 2항	
	제29조	국제교육−국가는 국민이 국제사회의 일원으로서 갖추어야 할 소양과 능력을 기를 수 있도록 국제화교육에 노력하여야 함 外 3항	

*자료 ; 개정된 교육기본법(2008)의 내용을 저자가 표로 재구성함.

3) 초·중등교육법

(1) 초·중등교육법의 개념

초·중등교육법은 유치원과 초·중등 교육기관의 학교교육 및 교육제도와 그 운영에 관한 기본적인 사항을 정하고, 모든 교육당사자의 권리와 의무에 관한 사항을 규정한 법을 말한다. 이 법은 초보적인 단계인 초등교육과 중간 단계의 교육인 중등교육에 관한 사항을 그 대상으로 하고 있다.

이 법의 근원은 헌법 제31조 제6항의 "학교교육 및 평생교육을 포함한 교육제도와 그 운영, 교육재정 및 교원의 지위에 관한 기본적인 사항은 법률로 정한다."라는 교육제도의 법률주의 규정과 이에 의거한 교육기본법 제9조의 규정이다.

(2) 주요내용

구 교육법 중에서 유치원, 초등학교, 중학교, 고등학교 및 특수학교에 관한 사항을 분리하여 이에 관한 학제, 학교의 종류, 교육과정, 수업 및 수업연한, 입학 및 졸업, 통합·병설·실험학교의 운영 등 학교 교육제도에 관한 기본적인 사항을 정하고, 의무교육 및 무상교육에 관한 사항, 학생의 권리보호를 위한 학생의 자치활동과 징계 시의 적정절차에 관한 사항, 적정하고 원활한 교육운영이 이루어질 수 있도록 탄력적인 교원제도 운영에 관한 사항, 학교실정에 맞는 교육운영을 위한 학교규칙 제정과 학교운영위원회 설치 및 운영에 관한 사항 등을 새로 규정하였는데, 부칙을 제외한 5장 68조의 주요내용은 <표 3-2>와 같다.

<표 3-2> 초·중등교육법의 주요내용

장·절 (명칭)	조	주 요 내 용	비고
제 1 장 (총칙)	제1조	목적-이 법은 교육기본법 제9조의 규정에 따라 초·중등교육에 관한 사항을 정함을 목적으로 함	
	제2조	학교의 종류-초·중등교육을 실시하기 위하여 다음 각 호의 학교를 둠	
	제3조	국·공·사립학교의 구분-제2조 각 호의 학교(이하 "학교"라 함)는 국가가 설립·경영하는 국립학교, 지방자치단체가 설립·경영하는 공립학교(설립주체에 따라 시립학교·도립학교로 구분할 수 있음), 법인 또는 사인이 설립·경영하는 사립학교로 구분함	
	제4조	학교의 설립-학교를 설립하고자 하는 자는 시설·설비 등 대통령령이 정하는 설립기준을 갖추어야 함 外 2항	
	제5조	학교의 병설-초등학교·중학교 및 고등학교는 지역의 실정에 따라 상호 병설할 수 있음	
	제6조	지도·감독-국립학교는 교육과학기술부장관의 지도·감독을 받으며, 공·사립학교는 교육감의 지도·감독을 받음	
	제7조	장학지도-교육과학기술부장관 및 교육감은 학교에 대하여 교육과정운영 및 교수·학습방법 등에 대한 장학지도를 실시할 수 있음	
	제8조	학교규칙-학교의 장(학교를 설립하는 경우에는 당해 학교를 설립하고자 하는 자를 말함)은 법령의 범위 안에서 지도·감독기관(국립학교인 경우에는 교육과학기술부장관, 공·사립학교인 경우에는 교육감을 말함. 이하 "관할청"이라 함)의 인가를 받아 학교규칙(이하 "학칙"이라 함)을 제정할 수 있음 外 1항	

-계속-	제9조	평가－교육과학기술부장관은 학교에 재학 중인 학생의 학업성취도를 측정하기 위한 평가를 실시할 수 있음 外 3항	
	제10조	수업료 등－학교의 설립·경영자는 수업료, 기타 납부금을 받을 수 있음 外 1항	
	제11조	학교시설 등의 이용－모든 국민은 학교교육에 지장이 없는 범위 안에서 국립학교의 경우에는 학교의 장, 공립 및 사립학교의 경우에는 시·도의 교육규칙이 정하는 바에 의하여 학교시설 등을 이용할 수 있음	
제 2 장 (의무교육)	제12조	의무교육－국가는 교육기본법 제8조 제1항의 규정에 의한 의무교육을 실시하여야 하며, 이를 위한 시설의 확보 등 필요한 조치를 강구하여야 함 外 3항	
	제13조	취학의무－모든 국민은 그가 보호하는 자녀 또는 아동이 만6세가 된 날이 속하는 해의 다음해 3월 1일부터 만12세(제27조의 규정에 의하여 조기진급 또는 조기졸업을 하는 자의 경우에는 만12세에서 해당 연수를 뺀 연령을 말하고, 출석일수의 부족 등으로 인하여 진급 또는 취학하지 못한 자의 경우에는 해당 연수를 더한 연령을 말함)가 되는 날이 속하는 해의 다음 해 2월 말까지 그 자녀 또는 아동을 초등학교에 취학시켜야 함 外 3항	
	제14조	취학의무의 면제 등－질병·발육상태 등 부득이한 사유로 인하여 취학이 불가능한 의무교육 대상자에 대하여는 대통령령으로 정하는 바에 따라 제13조에 따른 취학의무를 면제하거나 유예할 수 있음 外 1항	
	제15조	고용자의 의무－의무교육 대상자를 고용하는 자는 그 고용으로 인하여 당해 의무교육 대상자가 의무교육을 받는 것을 방해하여서는 안 됨	
	제16조	친권자 등에 대한 보조－국가 및 지방자치단체는 의무교육 대상자의 친권자 또는 후견인이 경제적 사유로 의무교육 대상자를 취학시키기 곤란할 때에는 교육비를 보조할 수 있음	

제 3 장 (학생과 교직원) 제1절 (학생)	제17조	학생자치활동－학생의 자치활동은 권장・보호되며, 그 조직 및 운영에 관한 기본적인 사항은 학칙으로 정함	
	제18조	학생의 징계－학교의 장은 교육상 필요한 때에는 법령 및 학칙이 정하는 바에 의하여 학생을 징계하거나 기타의 방법으로 지도할 수 있음. 다만, 의무교육과정에 있는 학생을 퇴학시킬 수 없음 外 1항	
	제18조의 2	재심청구－제18조 제1항에 따른 징계처분 중 퇴학조치에 대하여 이의가 있는 학생 또는 그 보호자는 그 조치를 받은 날부터 15일 이내 또는 그 조치가 있음을 안 날부터 10일 이내에 제18조의 3에 따른 시・도학생징계조정위원회에 그 재심을 청구할 수 있음 外 3항	
	제18조의 3	시・도학생징계조정위원회의 설치－제18조의 2 제1항에 따른 재심청구를 심사・결정하기 위하여 교육감 소속으로 시・도학생징계조정위원회(이하 "징계조정위원회"라 함)를 둠 外 1항	
	제18조의 4	학생의 인권보장－학교의 설립자・경영자와 학교의 장은 『헌법』과 국제인권조약에 명시된 학생의 인권을 보장하여야 함	
제 3 장 (학생과 교직원) 제2절 (교직원)	제19조	교직원의 구분－학교에 두는 교원은 다음 각 호와 같음 外 2항	
	제19조의 2	전문상담교사의 배치 등－학교에 전문상담교사를 두거나 시・도 교육행정기관에 『교육공무원법』 제22조의 2의 규정에 의하여 전문상담순회교사를 둠 外 1항	
	제20조	교직원의 임무－교장은 교무를 통할하고, 소속 교직원을 지도・감독하며, 학생을 교육함 外 4항	
	제21조	교원의 자격－교장 및 교감은 별표 1의 자격기준에 해당하는 자로서 대통령령이 정하는 바에 의하여 교육과학기술부장관이 검정・수여하는 자격증을 받은 자이어야 함 外 4항	
	제22조	산학겸임교사 등－학교에는 교육과정 운영상 필요한 경우에 제19조 제1항의 규정에 의한 교원 외에 산학겸임교사・명예교사 또는 강사 등을 두어 학생의 교육을 담당하게 할 수 있음 外 1항	

제 4 장 (학교) 제1절 (통칙)	第23조	교육과정 등–학교는 교육과정을 운영하여야 함 外 2항	
	第24조	수업 등–학교의 학년도는 3월 1일부터 시작하여 다음해 2월 말일까지로 함 外 2항	
	第25조	학교생활기록–학교의 장은 학생의 학업성취도 및 인성 등을 종합적으로 관찰·평가하여 학생지도 및 상급학교(『고등교육법』 제2조 각 호의 규정에 의한 학교를 포함함. 이하 같음)의 학생선발에 활용할 수 있는 다음 각 호의 자료를 교육과학기술부령이 정하는 기준에 따라 작성·관리하여야 함 外 2항	
	第26조	학년제–학생의 진급 또는 졸업은 학년제에 의함 外 1항	
	第27조	조기진급 및 조기졸업 등–초등학교·중학교·고등학교 및 이에 준하는 각종학교의 장은 재능이 우수한 자에 대하여 제23조·제24조·제26조·제39조·제42조 및 제46조의 규정에 불구하고 수업연한의 단축(수업상의 특례를 포함함)에 의하여 조기진급 또는 조기졸업을 할 수 있도록 하거나 상급학교 조기입학을 위한 자격을 부여할 수 있음 外 2항	
	第27조의 2	학력인정 시험–제2조에 따른 학교의 교육과정을 마치지 아니한 사람은 대통령령으로 정하는 시험에 합격하여 초등학교·중학교 또는 고등학교를 졸업한 사람과 동등한 학력을 인정받을 수 있음 外 2항	
	第28조	학습부진아 등에 대한 교육–국가 및 지방자치단체는 학습부진 또는 성격장애 등의 사유로 정상적인 학교생활을 하기 어려운 학생 및 학업을 중단한 학생들을 위하여 대통령령이 정하는 바에 의하여 수업일수 및 교육과정의 신축적 운영 등 교육상 필요한 시책을 강구하여야 함	
	第29조	교과용 도서의 사용–학교에서는 국가가 저작권을 가지고 있거나 교육과학기술부장관이 검정 또는 인정한 교과용 도서를 사용하여야 함 外 1항	

-계속-	제30조	초·중·고등학교의 통합·운영－학교의 설립·경영자는 효율적인 학교운영을 위하여 필요한 경우 지역의 실정에 따라 초등학교 및 중학교, 중학교 및 고등학교 또는 초등학교·중학교 및 고등학교의 시설·설비 및 교원 등을 통합하여 운영할 수 있음 外 1항	
	제30조의 2	학교회계의 설치－국·공립의 초등학교·중학교·고등학교 및 특수학교에 학교회계를 설치함 外 4항	
	제30조의 3	학교회계의 운영－학교회계의 회계연도는 매년 3월 1일에 시작하여 다음해 2월 말일에 종료함 外 5항	
	제30조의 4	교육정보시스템의 구축·운영 등－교육과학기술부장관 및 교육감은 학교 및 교육행정기관의 업무를 전자적으로 처리할 수 있도록 교육정보시스템(이하 "정보시스템"이라 함)을 구축·운영할 수 있음 外 2항	
	제30조의 5	정보시스템에 의한 업무처리－교육과학기술부장관 및 교육감은 소관업무의 전부 또는 일부를 정보시스템을 이용하여 처리하여야 함 外 1항	
	제30조의 6	학생 관련 자료제공의 제한－학교의 장은 제25조의 규정에 의한 학교생활기록 및 『학교보건법』 제7조의 3의 규정에 의한 건강검사에 관한 자료를 당해 학생(학생이 미성년자인 경우에는 학생 및 학생의 부모 등 보호자)의 동의 없이 제3자에게 제공하여서는 아니 됨. 다만, 다음 각 호의 어느 하나에 해당하는 경우에는 그러하지 아니 함 外 2항	
	제30조의 7	정보시스템에 의한 업무처리 등에 대한 지도·감독－교육과학기술부장관 및 교육감은 필요하다고 인정하는 때에는 제30조의 5의 규정에 의한 업무처리 및 제30조의 6의 규정에 의한 자료제공 또는 이용에 관한 사항을 지도·감독할 수 있음	
	제30조의 8	학교의 안전대책 등－국립학교의 경우에는 학교의 장, 공립 및 사립학교의 경우에는 교육감이 시·도의 교육규칙으로 정하는 바에 따라 학교시설(학교담장을 포함함)을 설치·변경하는 경우에는 외부인의 무단출입이나 학교폭력 및 범죄의 예방을 위하여 학생 안전대책을 수립하여 시행하여야 함 外 2항	

제 4 장 (학교) 제2절 (학교운영 위원회)	제31조	학교운영위원회의 설치－학교운영의 자율성을 높이고 지역의 실정과 특성에 맞는 다양한 교육을 창의적으로 실시할 수 있도록 하기 위하여 국·공립 및 사립의 초등학교·중학교·고등학교 및 특수학교에 학교운영위원회를 구성·운영하여야 함 外 2항	
	제31조의 2	결격사유－『국가공무원법』 제33조 각 호의 1에 해당하는 자는 학교운영위원회의 위원으로 선출될 수 없음 外 1항	
	제32조	기능－국립학교·공립학교에 두는 학교운영위원회는 다음 각 호의 사항을 심의함 外 2항	
	제33조	학교발전기금－제31조의 규정에 의한 학교운영위원회는 학교발전기금을 조성할 수 있음 外 1항	
	제34조	학교운영위원회의 구성·운영－제31조의 규정에 의한 학교운영위원회 중 국립학교에 두는 학교운영위원회의 구성·운영에 관하여 필요한 사항은 대통령령으로 정하고, 공립학교에 두는 학교운영위원회의 구성·운영에 관하여 필요한 사항은 대통령령이 정하는 범위 안에서 시·도의 조례로 정함 外 1항	
	제24조의 2	학교운영위원회 위원의 연수 등－교육감은 학교운영위원회 위원의 자질과 직무수행능력의 향상을 위한 연수를 실시할 수 있음 外 3항	
제 4 장 (학교) 제3절 (유치원)	제35조 내지 제37조	삭제	
제 4 장 (학교) 제4절 (초등학교· 공민학교)	제38조	목적－초등학교는 국민생활에 필요한 기초적인 초등교육을 하는 것을 목적으로 함	
	제39조	수업연한－초등학교의 수업연한은 6년으로 함	
	제40조	공민학교－공민학교는 초등교육을 받지 못하고 취학연령을 초과한 자에 대하여 국민생활에 필요한 교육을 하는 것을 목적으로 함 外 2항	

제 4 장 (학교) 제4절 (중학교 · 고등공민학교)	제41조	목적 – 중학교는 초등학교에서 받은 교육의 기초 위에 중등교육을 하는 것을 목적으로 함	
	제42조	수업연한 – 중학교의 수업연한은 3년으로 함	
	제43조	입학자격 등 – 중학교에 입학할 수 있는 사람은 초등학교를 졸업한 사람, 제27조의 2 제1항에 따라 초등학교를 졸업한 사람과 동등한 학력이 인정되는 시험에 합격한 사람, 그 밖에 법령에 따라 이와 동등 이상의 학력이 있다고 인정된 사람으로 함 外 1항	
	제43조의 2	방송통신중학교 – 중학교 또는 고등학교에 방송통신중학교를 부설할 수 있음 外 1항	
	제44조	고등공민학교 – 고등공민학교는 중학교 과정의 교육을 받지 못하고 취학연령을 초과한 자 또는 일반 성인에게 국민생활에 필요한 중등교육 및 직업교육을 하는 것을 목적으로 함 外 2항	
제 4 장 (학교) 제6절 (고등학교 · 고등공민학교)	제45조	목적 – 고등학교는 중학교에서 받은 교육의 기초 위에 중등교육 및 기초적인 전문교육을 하는 것을 목적으로 함	
	제46조	수업연한 – 고등학교의 수업연한은 3년으로 함. 다만, 제49조의 규정에 의한 시간제 및 통신제 과정의 수업연한은 4년으로 함	
	제47조	입학자격 등 – 고등학교에 입학할 수 있는 사람은 중학교를 졸업한 사람, 제27조의 2의 제1항에 따라 중학교를 졸업한 사람과 동등한 학력이 인정되는 시험에 합격한 사람, 그 밖에 법령에 따라 이와 동등 이상의 학력이 있다고 인정된 사람으로 함 外 1항	
	제48조	학과 등 – 고등학교에 학과를 둘 수 있음 外 1항	
	제49조	과정 – 고등학교에 관할청의 인가를 받아 전일제의 과정 외에 시간제 또는 통신제의 과정을 둘 수 있음 外 1항	
	제50조	분교 – 고등학교의 설립·경영자는 특별한 필요가 있는 경우에 관할청의 인가를 받아 분교를 설치할 수 있음	

-계속-	제51조	방송통신고등학교－고등학교에 방송통신고등학교를 부설할 수 있음 外 1항	
	제52조	근로청소년을 위한 특별학급 등－산업체에 근무하는 청소년에 대한 중학교 및 고등학교 과정의 교육을 위하여 산업체에 인접한 중학교 및 고등학교에 야간수업을 주로 하는 특별학급을 둘 수 있음 外 5항	
	제53조	취학위무 및 방해행위의 금지－산업체의 경영자는 그가 고용하는 청소년이 제52조의 규정에 의한 특별학급 또는 산업체부설 중・고등학교에 입학을 원하는 경우에 당해 청소년을 취학시켜야 함 外 1항	
	제54조	고등기술학교－고등기술학교는 국민생활에 직접 필요한 직업기술교육을 하는 것을 목적으로 함 外 4항	
제 4 장 (학교) 제7절 (특수학교 등)	제55조	특수학교－특수학교는 신체적・정신적・지적 장애 등으로 인하여 특수교육을 필요로 하는 자에게 초등학교・중학교 또는 고등학교에 준하는 교육과 실생활에 필요한 지식・기능 및 사회적응교육을 하는 것을 목적으로 함	
	제56조	전공과의 설치－고등학교 과정을 설치한 특수학교에 당해 과정의 졸업자(고등학교의 특수학급 졸업자를 포함함)에게 전문기술교육을 하기 위하여 수업연한이 1년 이상인 전공과를 둘 수 있음	
	제57조	특수학급－고등학교 이하의 각급학교에 관할청의 인가를 받아 특수교육을 필요로 하는 학생을 위한 특수학급을 둘 수 있음	
	제58조	학력의 인정－특수학교 또는 특수학급에서 초등학교・중학교 또는 고등학교 과정에 상응하는 교육과정을 이수한 자는 그에 상응하는 학교를 졸업한 자와 동등한 학력이 있는 것으로 봄	
	제59조	통합교육－국가 및 지방자치단체는 특수교육을 필요로 하는 자가 초등학교・중학교 및 고등학교와 이에 준하는 각종학교에서 교육을 받고자 하는 경우에 별도의 입학절차, 교육과정 등을 마련하는 등 통합교육의 실시에 필요한 시책을 강구하여야 함	

제 4 장 (학교) 제8절 (각종학교)	第60조	각종학교－각종학교라 함은 제2조 제2호 내지 제5호의 1의 학교와 유사한 교육기관을 말함 外 2항
	第60조의 2	외국인학교－국내에 체류 중인 외국인의 자녀와 외국에서 일정기간 거주하고 귀국한 내국인 중 대통령령이 정하는 자에 대한 교육을 위하여 설립된 학교로서 第60조 第1항에 해당하는 학교(이하 "외국인학교"라 함)에 대하여는 第7조・第9조・第11조 내지 第16조・第21조・第23조 내지 第26조・第28조・第29조・第30조의 2・第30조의 3・第31조 내지 第34조의 규정을 적용하지 아니 함 外 2항
	第60조의 3	대안학교－학업을 중단하거나 개인적 특성에 맞는 교육을 받고자 하는 학생을 대상으로 현장실습 등 체험위주의 교육, 인성위주의 교육 또는 개인적 소질・적성개발위주의 교육 등 다양한 교육을 실시하는 학교로서, 第60조의 第1항에 해당하는 학교(이하 "대안학교"라 함)에 대하여는 第21조 第1항, 第23조 第2항・第3항, 第24조 내지 第26조, 第29조 및 第30조의 4 내지 第30조의 7의 규정을 적용하지 아니 함 外 2항
제 5 장 (보칙 및 벌칙)	第61조	학교 및 교육과정 운영의 특례－학교교육제도를 포함한 교육제도의 개선과 발전을 위하여 특히 필요하다고 인정되는 경우에는 대통령령이 정하는 바에 의하여 第21조 第1항・第24조 第1항・第26조 第1항・第29조 第1항・第31조・第39조・第42조 및 第46조의 규정을 한시적으로 적용하지 아니하는 학교 또는 교육과정을 운영할 수 있음 外 1항
	第62조	권한의 위임 및 위탁－이 법에 따른 교육과학기술부장관의 권한은 그 일부를 대통령령으로 정하는 바에 따라 교육감에게 위임하거나 국립대학법인 서울대학교 및 국립대학법인 인천대학교에 위탁할 수 있음 外 1항
	第63조	시정 또는 변경명령－관할청은 학교가 시설・설비・수업・학사 및 기타 사항에 관하여 교육관계법령 또는 이에 의한 명령이나 학칙을 위반한 경우에는 학교의 설립・경영자 또는 학교의 장에게 기간을 정하여 그 시정 또는 변경을 명할 수 있음 外 1항

-계속-	第64조	휴업 및 휴교명령－관할청은 화재 등의 긴급한 사유로 정상수업이 불가능하다고 인정하는 경우에는 학교의 장에게 휴업을 명할 수 있음 外 3항
	第65조	학교 등의 폐쇄－관할청은 학교가 다음 각 호의 1에 해당하여 정상적인 학사운영이 불가능한 경우에는 학교의 폐쇄를 명할 수 있음 外 1항
	第66조	청문－관할청은 제65조의 규정에 의하여 학교 또는 시설의 폐쇄를 명하고자 하는 경우에는 청문을 실시하여야 함
	第67조	벌칙－다음 각 호의 1에 해당하는 자는 3년 이하의 징역 또는 2천만원 이하의 벌금에 처함 外 1항
	第68조	과태료－다음 각 호의 1에 해당하는 자는 100만원 이하의 과태료에 처함 外 4항

*자료 ; 개정된 초·중등교육법(2012)의 내용을 저자가 표로 재구성함.

4) 고등교육법

(1) 고등교육법의 개념

고등교육이란 초등교육이나 중등교육에 대한 개념으로서 만 18세 이상의 중등교육 수료자를 대상으로 행하여지는 교육을 말한다. 우리나라에서 고등교육은 전문대학이나 대학, 대학원 등에서 이루어지는 교육을 의미하며, 국가와 인류사회의 발전에 필요한 학술의 심오한 이론과 그 응용방법을 교수·연구하며, 국가와 인류사회의 발전에 공헌함을 목적으로 하는 교육이다. 고등교육법의 정의는 대학 등의 고등교육 기관의 학교교육 및 교육제도와 그 운영에 관한 기본적인 사항을 정하고, 모든 교육당사자 즉 학생 및 교직원의 권리와 의무에 관한 사항을 규정한 법이다.

고등교육법의 근원은 헌법 제31조 제6항의 "학교교육 및 평생교육을 포함한 교육제도와 그 운영, 교육재정 및 교원의 지위에 관한 기본적인 사항은 법률로 정한다."라는 교육제도의 법률주의와 이에 근거하여 제정된 교육기본법 제9조의 "…… 고등교육을 실시하기 위하여 학교를 둔다"라는 규정이다.

(2) 주요내용

현행 교육법 중에서 고등교육에 관한 사항을 분리하여 이에 관한 학제, 학교의 종류, 교육과정, 수업 및 수업연한, 입학 및 졸업, 학위수여 등 학교교육 제도에 관한 기본적인 사항을 정하고, 학생의 권리보호를 위한 학생의 자치활동과 징계 시의 적정절차에 관한 사항, 적정하고 원활한 교육운영이 이루어질 수 있는 다양한 교원제도 운영에 관한 사항, 학교의 실정에 맞는 교육운영을 위한 학교규칙 제정에 관한 사항, 기타 교육·연구의 수월성 신장 및 대학운영의 자율성 확대를 위한 실습학기제의 도입, 대학의 협의체 구성, 대학 상호간의 학점인정, 시간제 등록 그리고 장학금 및 연구조성비의 지급 등을 새로 규정하였는데, 부칙을 제외한 4장 64조의 주요내용은 <표 3-3>과 같다.

<표 3-3> 고등교육법의 주요내용

장·절·관 (명칭)	조	주 요 내 용	비고
제 1 장 (총칙)	제1조	목적－이 법은 『교육기본법』 제9조에 따라 고등교육에 관한 사항을 정함을 목적으로 함	
	제2조	학교의 종류－고등교육을 실시하기 위하여 다음 각 호의 학교를 둠	
	제3조	국립·공립·사립학교의 구분－제2조 각 호의 학교(이하 "학교"라 함)는 국가가 설립·경영하거나 국가가 국립대학법인으로 설립하는 국립학교, 지방자치단체가 설립·경영하는 공립학교(설립주체에 따라 시립학교·도립학교로 구분할 수 있음), 학교법인이 설립·경영하는 사립학교로 구분함	

-계속-	제4조	학교의 설립 등－학교를 설립하려는 자는 시설・설비 등 대통령령으로 정하는 설립기준을 갖추어야 함 外 2항	
	제5조	지도・감독－학교는 교육과학기술부장관의 지도・감독을 받음 外 1항	
	제6조	학교규칙－학교의 장(학교를 설립하는 경우에는 해당 학교를 설립하려는 자를 말함)은 법령의 범위에서 학교규칙(이하 "학칙"이라 함)을 제정하거나 개정할 수 있음 外 1항	
	제7조	교육재정－국가와 지방자치단체는 학교가 그 목적을 달성하는데 필요한 재원을 지원하거나 보조할 수 있음 外 1항	
	제8조	실험실습비 등의 지급－국가는 학술 또는 학문연구와 교육연구를 진흥시키기 위하여 실험실습비・연구조성비・장학금 지급 등 필요한 조치를 마련하여야 함	
	제9조	학교 간 상호협조의 지원－국가와 지방자치단체는 학교 상호간의 교원교류와 연구협력을 활성화하기 위한 지원을 하여야 함	
	제10조	학교협의체－대학・산업대학・교육대학・전문대학 및 원격대학 등은 고등교육의 발전을 위하여 각 학교의 대표자로 구성하는 협의체를 운영할 수 있음 外 1항	
	제11조	등록금 및 등록금심의위원회－학교의 설립자・경영자는 수업료와 그 밖의 납부금(이하 "등록금"이라 함)을 받을 수 있음 外 9항	
	제11조의 2	평가 등－학교는 교육과학기술부령으로 정하는 바에 따라 해당기관의 교육과 연구, 조직과 운영, 시설과 설비 등에 관한 사항을 스스로 점검하고 평가하여 그 결과를 공시하여야 함 外 4항	
제 2 장 (학생과 교직원)	제12조	학생자치활동－학생의 자치활동은 권장・보호되며, 그 조직과 운영에 관한 기본적인 사항은 학칙으로 정함	

제1절 (학생)	제13조	학생의 징계－학교의 장은 교육상 필요하면 법령과 학칙으로 정하는 바에 따라 학생을 징계할 수 있음 外 1항
제 2 장 (학생과 교직원) 제2절 (교직원)	제14조	교직원의 구분－학교(각종학교는 제외함. 이하 이 조에서 같음)에는 학교의 장으로서 총장 또는 학장을 둠 外 3항
	제14조의 2	강사－제14조 제2항에 따른 강사는 학칙 또는 학교법인의 정관으로 정하는 바에 따라 계약으로 임용하며, 임용기간은 1년 이상으로 하여야 함 外 2항
	제15조	교직원의 임무－총장 또는 학장은 교무를 총괄하고, 소속 교직원을 감독하며, 학생을 지도함 外 3항
	제16조	교원·조교의 자격기준 등－교원이나 조교가 될 수 있는 사람의 자격기준과 자격인정에 관한 사항은 대통령령으로 정함
	제17조	겸임교원 등－학교에는 대통령령으로 정하는 바에 따라 제14조 제2항의 교원 외에 겸임교원 및 명예교수 등을 두어 교육이나 연구를 담당하게 할 수 있음
제 2 장 (학 교) 제1절 (통 칙)	제18조	학교의 명칭－학교의 명칭은 국립학교는 대통령령으로 정하고, 공립학교는 해당 지방자치단체의 조례로 정하며, 사립학교는 해당 학교법인의 정관으로 정함 外 1항
	제19조	학교의 조직－학교는 그 설립목적을 달성하기 위하여 대통령령으로 정하는 범위에서 필요한 조직을 갖추어야 함 外 1항
	제20조	학년도 등－학교의 학년도는 3월 1일부터 다음 연도 2월 말일까지로 함. 다만, 학교운영상 필요한 경우에는 학칙으로 다르게 정할 수 있음 外 1항
	제21조	교육과정의 운영－학교는 학칙으로 정하는 바에 따라 교육과정을 운영해야 함. 다만, 국내대학 또는 외국대학과 공동으로 운영하는 교육과정에 대하여는 대통령령으로 정함 外 1항

-계속-	제22조	수업 등－학교의 수업은 학칙을 정하는 바에 따라 주간수업, 야간수업, 계절수업, 방송·통신에 의한 수업 및 현장실습수업 등의 방법으로 할 수 있음 外 1항	
	제23조	학점의 인정－학교는 학생이 다음 각 호의 어느 하나에 해당하는 경우(해당학교에 입학하기 전의 경우를 포함함)에 학칙으로 정하는 바에 따라 이를 해당 학교에서 취득한 학점으로 인정할 수 있음 外 1항	
	제23조의 2	편입학－학교는 다음 각 호의 어느 하나에 해당하는 학점을 학칙으로 정하는 기준 이상 취득한 사람에 대하여는 학칙으로 정하는 바에 따라 편입생을 선발할 수 있음	
	제24조	분교－학교의 설립자·경영자는 대통령령으로 정하는 바에 따라 교육과학기술부장관의 인가를 받아 국내외에 분교를 설치할 수 있음	
	제25조	연구시설 등－학교에는 연구소 등 그 설립목적을 달성하기 위한 기관을 부설할 수 있음	
	제26조	공개강좌－학교는 학칙으로 정하는 바에 따라 학생 외의 사람을 대상으로 하는 공개강좌를 둘 수 있음	
	제27조	외국박사학위의 신고 등－외국에서 박사학위를 받은 사람은 대통령령으로 정하는 바에 따라 교육과학기술부장관에게 신고하여야 함 外 1항	
제 3 장 (학교) 제2절 (대학 및 산업대학) 제1관 (대 학)	제28조	목적－대학은 인격을 도야하고, 국가와 인류사회의 발전에 필요한 심오한 학술이론과 그 응용방법을 가르치고 연구하며, 국가와 인류사회에 이바지함을 목적으로 함	
	제29조	대학원－대학(산업대학·교육대학 및 원격대학을 포함함. 이하 이 조에서 같음)에 대학원을 둘 수 있음. 다만, 사이버대학은 교육여건과 교육과정의 운영에 대한 평가 등 대통령령으로 정하는 기준을 충족한 경우에 한함 外 2항	
	제29조의 2	대학원의 종류－대학원은 그 주된 교육목적에 따라 다음 각 호와 같이 구분함 外 2항	

-계속-	제29조의 3	학위과정의 통합－대학원을 둔 대학에 학사학위 및 석사학위의 과정이 통합된 과정을 둘 수 있음 外 1항	
	제30조	대학원대학－특정한 분야의 전문인력을 양성하기 위하여 필요하면 제29조 제1항에도 불구하고 대학원만을 두는 대학(이하 "대학원대학"이라 함)을 설립할 수 있음	
	제31조	수업연한－대학 및 대학원의 수업연한은 다음 각 호와 같음 外 1항	
	제32조	학생의 정원－대학(산업대학・교육대학・전문대학・원격대학・기술대학 및 각종학교를 포함함)의 학생정원에 관한 사항은 대통령령으로 정하는 범위에서 학칙으로 정함	
	제33조	입학자격－대학(산업대학・교육대학・전문대학・원격대학을 포함하며, 대학원대학은 제외함)에 입학할 수 있는 사람은 고등학교를 졸업한 사람이나 법령에 따라 이와 같은 수준 이상의 학력이 있다고 인정된 사람으로 함 外 3항	
	제34조	학생의 선발방법－대학(산업대학・교육대학・전문대학・원격대학을 포함하며, 대학원대학은 제외함)의 장은 제33조 제1항에 따른 자격이 있는 사람 중에서 일반전형이나 특별전형에 의하여 입학을 허가할 학생을 선발함 外 5항	
	제34조의 2	입학사정관 등－제34조 제1항에 따른 대학의 장은 해당학교에 입학할 학생을 선발함에 있어서 같은 조 제3항에 따라 교육과학기술부장관이 시행하는 시험의 성적 외에 『초・중등교육법』 제25조의 학교생활기록, 인성・능력・소질・지도성 및 발전가능성과 역경극복 경험 등 학생의 다양한 특성과 경험을 입학전형자료로 생산・활용하여 학생을 선발하는 업무를 전담하는 교원 또는 직원(이하 "입학사정관"이라 함)을 둘 수 있음 外 1항	

-계속-	第34조의 3	입학사정관의 취업 등 제한－입학사정관은 퇴직한 날 이후 3년 동안『학원의 설립·운영 및 과외교습에 관한 법률』제22조 제1호에 따른 학원을 설립하거나 이에 취업을 할 수 없으며, 명칭여하를 불문하고 입시상담을 전문으로 하는 업체를 설립하거나 이에 취업할 수 없음. 다만,『교육공무원법』제5조에 따른 인사위원회 또는『사립학교법』제53조의 3에 따른 교원인사위원회의 승인을 받은 때에는 그러하지 아니 함	
	第35조	학위의 수여－대학(산업대학·교육대학을 포함하며, 대학원대학은 제외함)에서 학칙으로 정하는 과정을 마친 사람에게는 학사학위를 수여함 外 5항	
	第36조	시간제 등록－대학(산업대학, 전문대학 및 원격대학을 포함함)은 제33조 제1항의 입학자격이 있는 사람에게 시간제로 등록하여 그 대학의 수업을 받게 할 수 있음 外 1항	
제 3 장 (학교) 제2절 (대학 및 산업대학) 제2관 (산업대학)	第37조	목적－산업대학은 산업사회에서 필요로 하는 학술 또는 전문적인 지식이나 기술의 연구와 연마를 위한 교육을 계속하여 받으려는 사람에게 고등교육의 기회를 제공하여 국가와 사회의 발전에 이바지할 산업인력을 양성함을 목적으로 함	
	第38조	수업연한 등－산업대학의 수업연한과 재학연한은 제한하지 아니 함	
	第39조	교과목이수의 인정－산업대학(전문대학을 포함함)은 학칙으로 정하는 바에 따라 다른 학교·연구기관 또는 산업체 등에서 행한 교육·연구 또는 실습 등을 특정한 교과목의 이수로 인정할 수 있음	
	第40조	산업체 위탁교육－산업대학(전문대학·원격대학을 포함함. 이하 이 조에서 같음)은 산업체(산업체를 구성원으로 하는 단체를 포함함. 이하 이 조에서 같음)로부터 위탁받아 교육을 실시하거나 산업체에 위탁하여 교육을 실시할 수 있음 外 1항	
	第40조의 2	산업대학을 폐지하여 대학을 설립하는 경우의 특례－이 법 시행 당시 산업대학을 설치·경영하는 국가 또는 학교법인이 산업대학을 폐지하고 대학을 설립하려는 경우, 그 시설·설비 등 설립기준은 대통령령으로 정하는 특례요건을 갖추어야 함	

제 3 장 (학 교) 제2절 (대학 및 산업대학) 제3관 (교육대학 등)	제41조	목적 – 교육대학은 초등학교 교원을 양성함을 목적으로 함 外 2항
	제42조	교육대학의 설립 및 수업연한 – 교육대학은 국가나 지방자치단체가 설립함 外 1항
	제43조	종합교원양성대학 – 국가와 지방자치단체는 특별한 필요가 있는 경우에 대통령령으로 정하는 바에 따라 교육대학과 사범대학의 목적을 동시에 수행할 수 있는 대학(이하 "종합교원양성대학"이라 함)을 설립할 수 있음 外 1항
	제44조	목표 – 교육대학 · 사범대학 · 종합교원양성대학 및 교육과의 교육은 그 설립목적을 실현하기 위하여 재학생이 다음 각 호의 목표를 달성하도록 이루어져야 함
	제45조	부설학교 – 교육대학 · 사범대학 및 종합교원양성대학에는 다음 각 호의 구분에 따라 재학생의 현장연구 및 실습을 위한 학교를 부설함 外 4항
	제46조	임시교원 양성기관 등 – 교육과학기술부장관은 교원의 수요 · 공급상 단기간에 교원양성이 필요한 경우에는 대통령령으로 정하는 바에 따라 임시교원 양성기관과 임시교원 연수기관을 설치하거나 이의 설치를 인가할 수 있음
제 3 장 (학 교) 제2절 (대학 및 산업대학) 제4관 (전문대학)	제47조	목적 – 전문대학은 사회 각 분야에 관한 전문적인 지식과 이론을 가르치고 연구하며 재능을 연마하여 국가사회의 발전에 필요한 전문직업인을 양성함을 목적으로 함
	제48조	수업연한 – 전문대학의 수업연한은 2년 이상 3년 이하로 함. 다만, 수업연한을 3년으로 하는 경우는 대통령령으로 정함 外 1항
	제49조	전공심화과정 – 전문대학을 졸업한 사람의 계속교육을 위하여 대통령령으로 정하는 바에 따라 전문대학에 전공심화과정을 설치 · 운영할 수 있음
	제50조	학위의 수여 – 전문대학에서 학칙으로 정하는 과정을 마친 사람에게는 전문학사학위를 수여함 外 1항

-계속-	제50조의 2	전공심화과정에 대한 학위수여－제49조에 따른 전공심화과정에 입학하여 학칙으로 정하는 과정을 이수한 사람에게는 학사학위를 수여할 수 있음 外 3항	
	제50조의 3	의료인 양성을 위한 과의 수업연한 및 학위에 관한 특례－제48조 제1항에도 불구하고 『의료법』 제2조 제1항에 따른 의료인을 양성하기 위하여 전문대학에 개설된 과의 수업연한은 4년으로 할 수 있음 外 4항	
	제51조	편입학－전문대학을 졸업한 사람이나 법령에 따라 이와 같은 수준 이상의 학력이 있다고 인정되는 사람은 대학, 산업대학 또는 원격대학에 편입학할 수 있음	
제 3 장 (학 교) 제2절 (대학 및 산업대학) 제5관 (원격대학)	제52조	목적－원격대학은 국민에게 정보·통신매체를 통한 원격교육으로 고등교육을 받을 기회를 제공하여 국가와 사회가 필요로 하는 인재를 양성함과 동시에 열린학습사회를 구현함으로써 평생교육의 발전에 이바지함을 목적으로 함	
	제53조	원격대학의 과정 및 수업연한－원격대학에는 대통령령으로 정하는 바에 따라 전문학사학위과정과 학사학위과정을 둘 수 있음 外 1항	
	제54조	학위의 수여－원격대학의 학사학위과정에서 학칙으로 정하는 과정을 마친 사람에게는 학사학위를 수여함 外 2항	
제 3 장 (학 교) 제2절 (대학 및 산업대학) 제6관 (기술대학)	제55조	목적－기술대학은 산업체 근로자가 산업현장에서 전문적인 지식·기술의 연구·연마를 위한 교육을 계속하여 받을 수 있도록 함으로써 이론과 실무능력을 고루 갖춘 전문인력을 양성함을 목적으로 함	
	제56조	기술대학의 과정 및 수업연한－기술대학에는 전문학사학위과정과 학사학위과정을 둠 外 1항	
	제57조	입학자격 등－기술대학의 전문학사학위과정에 입학할 수 있는 사람은 고등학교를 졸업한 사람이나 법령에 따라 이와 같은 수준 이상의 학력이 있다고 인정된 사람으로서 대통령령으로 정하는 기간 이상 산업체에 근무하고 있는 사람으로 함 外 2항	

	第58조	학위의 수여－기술대학의 전문학사학위과정에 입학하여 학칙으로 정하는 과정을 마친 사람에게는 전문학사학위를 수여함 外 2항	
제 3 장 (학 교) 제2절 (대학 및 산업대학) 제7관 (각종학교)	第59조	각종학교－각종학교란 제2조 제1호부터 제6호까지의 학교와 유사한 교육기관을 말함 外 4항	
제 4 장 (보칙 및 벌칙)	第60조	시정 또는 변경 명령－교육과학기술부장관은 학교가 시설, 설비, 수업, 학사, 그 밖의 사항에 관하여 교육관계법령 또는 이에 따른 명령이나 학칙을 위반하면 기간을 정하여 학교의 설립자·경영자 또는 학교의 장에게 그 시정이나 변경을 명할 수 있음 外 1항	
	第61조	휴업 및 휴교 명령－교육과학기술부장관은 재해 등의 긴급한 사유로 정상수업이 불가능하다고 인정하면 학교의 장에게 휴업을 명할 수 있음 外 3항	
	第62조	학교 등의 폐쇄－교육과학기술부장관은 학교가 다음 각 호의 어느 하나에 해당하여 정상적인 학사운영이 불가능한 경우에 해당 학교의 학교법인에 대하여 학교의 폐쇄를 명할 수 있음 外 1항	
	第63조	청문－교육과학기술부장관은 제62조에 따라 학교나 시설 등의 폐쇄를 명하려면 청문을 하여야 함	
	第64조	벌칙－다음 각 호의 어느 하나에 해당하는 자는 3년 이하의 징역 또는 2천만원 이하의 벌금에 처함 外 1항	
	第64조의 2	벌칙적용 시의 공무원 의제－입학사정관 및 이를 감독하는 자는 『형법』 제129조부터 제132조까지의 규정을 적용할 때에는 공무원으로 봄	

*자료 ; 개정된 고등교육법(2012)의 내용을 저자가 표로 재구성함.

4. 학교 교육제도2)

학교제도는 학제 또는 학교 교육제도와 동일한 의미로 쓰이고 있다. 일반적으로 국민교육의 전반에 관한 조직, 작용, 기구 및 기관 등이 법규에 따라 성립될 때를 가리켜서 교육제도라고 하는데, 학교제도라고 함은 각종학교의 조직을 의미하므로 범위가 좁다고 보는 것이 옳다. 학교제도의 개념은 각종의 학교를 고립적으로 보는 것이 아니라, 각 학교 간에 존재하는 일종의 관련성과 전체적인 구조를 파악하려는 것이다. 따라서 각종의 학교는 학교제도를 구성하는 하나의 단위이다(김영식 외 4, 1982. 재인용).

학교제도의 구조는 수직적인 '계통성'과 수평적인 '단계성'에 따라 구성된다. 계통성은 어떠한 교육을 하고 있는가, 또는 어떤 계층, 성별이나 능력의 취학자를 대상으로 하고 있는가를 나타내며, 단계성은 어떠한 연령층을 대상으로 하는가, 혹은 어느 정도의 교육단계인가를 나타낸다. 따라서 각급의 학교는 계통성(종)과 단계성(횡)의 관계를 갖는 학제 속에서 한 위치를 차지하게 된다. 기본적으로 단선형인 우리나라의 6-3-3-4제는 횡적으로 구분된 초등학교, 중학교, 고등학교 그리고 대학교라는 4개의 단계가 하나의 계통을 이루고 있는 것이다.

이렇게 볼 때에 학제는 국가의 교육목표를 실현하려는 제도적인 장치로서의 학교교육을 단계별로 구분하고, 각 단계의 교육목적과 교육 간, 교육내용을 설정하며, 종적으로는 교육단계 간의 접속관계를, 횡적으로는 학교교육과 학교 외 교육 및 교육과정 간의 연결관계를 규정함으로써 국민교육의 운영을 제도적으로 규정하는 역할을 담당하는 것이라고 할 수 있다.

학교 상호간의 결합관계에 바탕을 둔 학교제도는 교육제도의 중핵적인 영역이다. 학교제도는 교육제도의 하위체제 중의 하나이며, 교원양성제

2) 배장오(2001). 교육학의 본질과 전망. 서울 : 코람데오. pp.407~417의 내용을 재구성하여 전제함.

도, 교육 행·재정제도 및 평생교육제도들과의 상호작용 속에서 유지 및 발전될 수 있으므로 교육제도와는 불가분의 관계에 있다고 하겠다. 다만, 교육을 협의의 학교교육에 국한시킬 때의 학교제도는 교육제도와 동일시 된다.

우리나라의 학제는 교육기본법에 의해 단선형 학제를 채택하고 있는데, 이를 기본학제와 특별학제로 나누어서 살펴보기로 한다.

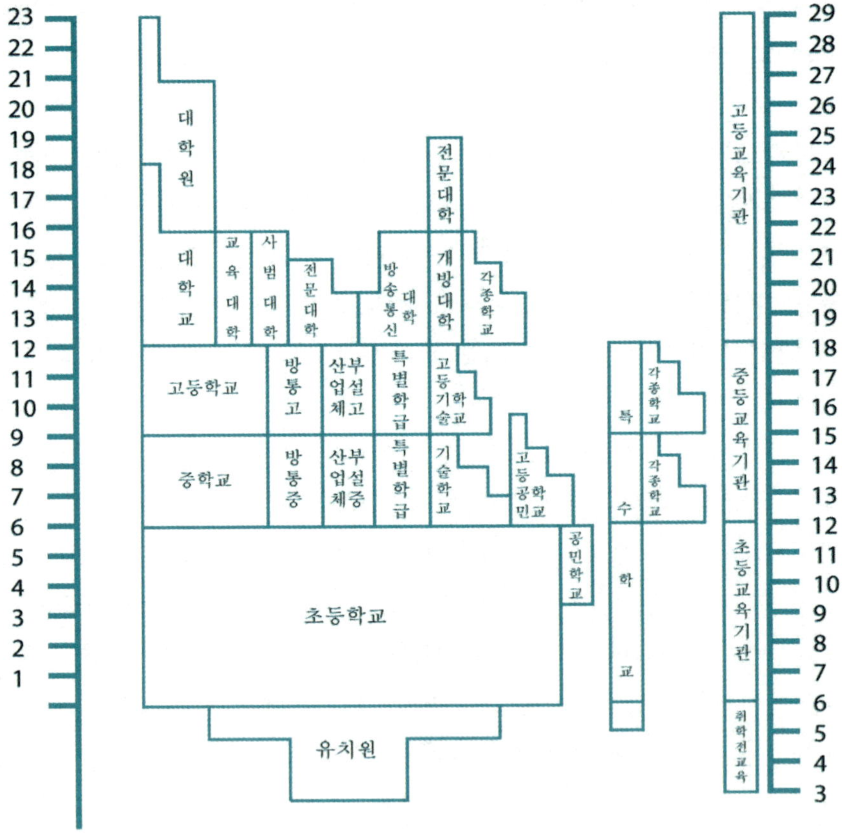

*자료 ; 배장오(2001). 교육학의 본질과 전망. 서울 : 코람데오. p.410. 재인용.

[그림 3-1] 우리나라의 현행 학제

1) 기본학제

기본학제는 정규학교 교육제도로서 유치원, 초등학교, 중학교, 고등학교, 대학 및 대학원으로 이어진다.

(1) 유치원

유아교육법 제2조에 의하면, 만 3세부터 초등학교 취학 전까지의 어린이를 "유아"라고 하고, 이 유아의 교육을 위하여 설립·운영되는 학교를 "유치원"이라고 한다. 따라서 유치원은 초등학교에 입학하기 전에 유아들이 교육받는 곳이라고 할 수 있는데, 여기에 해당하는 교육기관에는 유아원, 유치원, 어린이집 등이 포함된다. 이 중에서 유아원은 유치원에 입학하기 이전의 어린이들, 특히 3~4세 어린이를 교육하는 기관이다.

만 4~5세에 해당되는 어린이의 약 80% 정도가 취학률을 넘어서는 양적인 발전을 가져왔는데, 보통 유아들에게는 1~2년의 유아교육을 실시하고 있다. 앞으로 100%의 취원율을 권장하고 있는데, 그 이유는 어렸을 때의 교육이 일생을 좌우하는 영향력을 가지고 있기 때문이다. 유치원에 취학할 수 있는 연령은 만 4세부터 초등학교 취학 전까지로 규정하고 있으며, 교육일수는 매 학년 180일 이상으로 정해 놓고 있다.

더욱이 눈여겨 볼 대목은 유아교육법 제24조의 규정한 무상교육 조항이다. 이 조항에 따르면, 초등학교 취학 직전 1년의 유치원 교육은 무상으로 하되, 대통령령이 정하는 바에 의하여 순차적으로 실시된다.

(2) 초등학교

형식교육으로서의 학교교육은 초등·중등·고등교육으로 구분하는 것이 세계적인 통례로 되어 있다. 그 중에서 초등교육은 초등학교 6년을 수업연한으로 정하고 있다(초·중등교육법 제38조, 제39조). 또한 모든 국민은 9년간의 의무교육을 받을 권리가 있음을 밝히고 있다.

초등학교는 국민생활에 필요한 기초적인 초등교육을 하는 것을 목적으로 한다(초·중등교육법 제38조). 이 목적을 실현하기 위하여 학습과 일상생활에 필요한 기본능력을 기르고 올바른 생활태도를 익혀 전인적인 성장을 위한 기초를 형성함을 골자로 하는 교육을 실시하는 것이다. 또한 초등학교 교육과정에서 제시하고 있는 초등학교 교육의 일반목표를 보면, 지적·언어적 기본능력, 바른생활 태도 등 여러 면에서 기본능력을 기르는 데에 중점을 두고 있음을 알 수 있다. 이러한 점에서 초등학교는 국민기초 교육기관이라고 하겠다.

한편, 초등학교의 교육활동은 교과활동과 창의적 체험활동으로 나누어 편성되며, 이에 더하여 생활지도 활동도 강조된다. 교과활동은 10개 교과로 편성되고, 창의적 체험활동은 자율활동, 동아리활동, 봉사활동 그리고 진로활동으로 편성된다. 특히, 2000년부터 연차적으로 적용하고 있는 7차 교육과정에서는 기존의 6-3-3년에 해당하는 초·중·고등학교의 급별 구분이 유명무실화할 의지를 보였었다. 통합 12년제의 개념이 도입되면서 기존의 고등학교 1학년까지의 10년간을 국민공통기본교육과정 기간으로 설정하였는데, 2009년 개정 교육과정에서는 초등학교 1학년부터 중학교 3학년까지의 9년간을 공통교육과정 기간으로 재설정하였다. 이 중에서 초등학교는 앞부분 6년을 담당하게 된다.

기초학교인 동시에 의무교육 기관으로서의 성격이 지니는 초등학교의 수업일수는 매 학년 220일 이상으로 규정하고 있다.

(3) 중학교

중학교는 6년의 중등교육 기간 중에서 전기(前期) 중등교육에 해당하는 기관으로서 처음 교육법의 제정·공포 시에는 중학교를 4년제로 하고, 중학교 3년 수료 후 또는 졸업 후 입학할 수 있는 2~4년제 고등학교 교육을 하였다. 그러다가 1950년에 교육법 개정으로 인하여 고등학교가 3

년의 수업연한을 채택함으로써, 1951년 중학교 수업연한도 3년으로 정해져서 오늘에 이르고 있다. 1969년에는 중학교 무시험 진학제도가 단행되어 중학교의 문호가 크게 확장되었다.

오늘날의 중학교 교육은 취학률이 100%에 육박하여 이미 보편화 상태에 있다. 이처럼 중학교 교육이 의무교육과 다름없는 취학상태를 나타내고 있기 때문에 의무교육론이 크게 부각되어 왔다. 정부는 1985년부터 도서·벽지의 중학교 신입생부터 무상 의무교육을 실시하기 시작하여 점진적으로 확대해 나간다는 방침을 세운 바 있고, 현재에는 중학교 전학년에게 중학교 무상 의무교육을 실시하고 있다.

중학교는 초등학교에서 받은 교육의 기초 위에 중등 보통교육을 하는 것을 목적으로 한다(초·중등교육법 제41조). 중학교는 전기 중등교육 기관으로서 현재 의무교육 기관으로 되어 있으며, 수업연한은 3년이다. 수업일수는 주5일제 실시 여부에 따라 구분되어 있는데, 주5일제를 실시하지 않을 경우에는 매 학년 220일 이상, 주 5일제를 월 2회 실시하는 경우에는 매 학년 205일 이상 그리고 주 5일제를 전면 실시하는 경우에는 매 학년 190일 이상이다.

(4) 고등학교

고등학교는 중학교에서 받은 교육의 기초 위에 중등교육 및 기초적인 전문교육을 목적으로 하는 기관(초·중등교육법 제45조)이다. 2009 개정 교육과정에 의하면, 고등학교 3년은 12학년제의 개념으로 볼 때에 10~12학년의 선택교육과정 기간에 속한다.

고등학교는 중간학교로서의 고등 보통교육과 종국학교로서의 전문교육을 실시하는 후기 중등교육 기관으로서의 이중적인 성격을 갖는다. 이에 따라 고등학교에는 보통교육을 주로 하는 인문고등학교와 전문 실업교육을 주로 하는 농업·공업·상업·수산 및 해운 등의 실업고등학교가 있으며, 이 둘의 기능을 모두 가지고 있는 종합고등학교가 있다. 또 일반계 인문고등학교에서는 학생의 진로선택에 따라 2학년부터 인문계, 자연계, 직업과정으로 구분하여 적용하고 있다. 뿐만 아니라 일반계 고등학교에는 인문·예술·과학·외국어 고등학교도 있다.

현재 고등학교에 준하는 방계학제로는 방송통신고등학교, 근로청소년을 위한 특별학급, 산업체부설 고등학교, 고등기술학교, 심신장애자를 위한 학교 및 학급 그리고 각종학교 등이 있다.

고등학교 역시 중학교처럼 수업연한은 3년이며, 수업일수 또한 중학교와 공히 규정되어 있다.

(5) 대학(교) 및 대학원

초등교육과 중등교육을 마친 다음에 주어지는 대학교육의 이상을 고등교육이라고 한다. 고등교육 기관에는 대학, 사범대학, 교육대학교, 전문대학, 방송통신대학, 개방대학, 대학과정의 각종학교 등이 있다. 여기서는 기본학제에 속한다고 할 수 있는 대학, 교육대학교, 사범대학, 전문대학에 관한 것만을 살펴본다.

대학(산업대학·교육대학 및 방송·통신대학 포함)은 국가와 인류사회의 발전에 필요한 학술의 심오한 학술이론과 그 응용방법을 가르치고 연구하며, 국가와 인류사회에 이바지함을 목적으로 한다(고등교육법 제28조). 대학의 수업연한은 4년 또는 6년이며, 수업일수는 1년에 2학기 내지 4학기로 매 학년도 30주 이상이며, 대학졸업에 필요한 학점은 140학점 이상이다. 대학원은 규정된 독립적인 교육기관이 아니고 대학을 구성하는 기관으로서의 성격을 지니고 있다.

교육대학교는 초등교사 양성을 목적으로 하며, 사범대학은 중등교사 양성을 목적으로 한다(고등교육법 제41조). 다만, 사범대학의 경우에 교육대학교와 달리 독립적으로 설치되어 있는 경우는 없으며, 종합대학 내에 설치되어 있으므로 여기에서는 교육대학교에 대해서만 언급한다.

교육대학교는 국가 또는 지방자치단체가 설립하도록 되어 있다(고등교육법 제42조). 수업연한은 대학과 마찬가지로 4년이며, 수업일수와 졸업소요학점도 각각 연 30주 이상, 총 140학점 이상으로 규정하고 있다.

전문대학은 사회 각 분야에 관한 전문적인 지식과 이론을 가르치고 연구하며 재능을 연마하여 국가사회의 발전에 필요한 전문직업인을 양성함을 목적으로 한다(고등교육법 제47조). 전문대학의 수업연한은 2년 이상 3년 이하이며, 수업일수는 대학과 마찬가지로 매 학년 30주 이상이다. 전문대학의 졸업자는 대학에 편입할 수 있다(고등교육법 제51조).

2) 특별학제

특별학제는 기본학제의 보완적인 기능을 수행하거나 사회교육의 성격을 가지고 정규학교의 교육과정에 준하는 교육을 실시하기 위한 학교제도를 뜻하는데, 그에 해당되는 것은 다음과 같다(교육법전, 2012).

(1) 공민학교와 고등공민학교

공민학교와 고등공민학교는 초등교육을 받지 못하고 취학연령을 초과한 자에 대하여 국민생활에 필요한 교육을 하는 것을 목적으로 한다(초·중등교육법 제40조).

공민학교의 수업연한은 3년이며 입학자격은 초등교육을 받지 못한 학령 초과자로 되어 있다. 공민학교는 고등공민학교로 이어지는데, 고등공민학교의 수업연한은 1년 또는 3년으로 되어 있으며, 입학자격은 초등학교 또는 공민학교를 졸업한 자 또는 법령에 의하여 이와 동등 이상의 학력이 있다고 인정된 자로 되어 있다(초·중등교육법 제44조).

교육과학기술부장관의 학력 인정학교로 지정 받은 3년제 고등공민학교의 졸업자는 중학교 졸업자와 동등한 자격을 가지며, 그렇지 않은 3년제

고등공민학교 졸업자에게는 고입검정고시에서 9개 과목 중 4개 과목이 면제되고 5개 과목(도덕, 국어, 국사, 수학, 외국어)만 응시하는 특전이 부여된다.

(2) 고등기술학교

고등기술학교는 국민생활에 직접 필요한 직업 기술교육을 하는 것을 목적으로 한다(초·중등교육법 제54조 ①항). 따라서 고등기술학교는 실업계 고등학교만으로는 불충분한 산업사회의 수요에 따른 기능공 양성을 위한 방계 직업교육 기관으로 볼 수 있다.

고등기술학교의 수업연한은 각각 1년 또는 3년으로 규정(초·중등교육법 제54조 ②항)하고 있다. 고등기술학교에 입학할 수 있는 자는 중학교 또는 3년제 고등공민학교를 졸업한 사람, 대통령령이 정하는 시험에 합격하여 중학교를 졸업한 사람과 동등한 학력을 인정받은 사람, 그 밖에 법령에 따라 이와 동등 이상의 학력이 있다고 인정된 사람으로 되어 있다(초·중등교육법 제54조 ③항). 고등기술학교 역시 교육과학기술부장관의 학력인정을 지정 받은 학교의 졸업자는 정규 중학교나 고등학교 졸업자와 동등학력이 인정되며, 그렇지 못한 학교를 졸업한 졸업자에게는 대입 검정고시 9과목 중에서 4개 과목을 면제받는다.

(3) 방송통신고등학교

1974년에 발족된 방송통신고등학교는 원래 시·도별 고입 선발고사에서 탈락한 학생들에게 진학의 기회를 제공해 주기 위해서 마련된 것이다. 수업연한은 3년(방송통신학교에 관한 법령, 1974년 제정)이며, 입학자격은 중졸자 및 동등 이상의 학력인정자로 규정하고 있다.

방송통신고등학교의 설치·교육방법·수업연한 및 기타 그 운영에 관하여 필요한 사항은 대통령령으로 정하도록 규정함으로써 운영에 원활을 기하도록 하였다(초·중등교육법 제51조 ②항).

(4) 원격대학

원격대학은 국민에게 정보·통신매체를 통한 원격교육으로 고등교육을 받을 기회를 제공하여 국가와 사회가 필요로 하는 인재를 양성함과 동시에 열린학습사회를 구현함으로써 평생교육의 발전에 이바지함을 목적으로 한다(고등교육법 제52조). 또한 고등교육법 제2조에는 원격대학을 방송대학·통신대학·방송통신대학 및 사이버대학의 세 가지 종류로 구분하고 있다.

우리나라의 방송통신대학은 1968년 11월 15일 교육법 개정(법률 제2045호)에 의하여 신설되어 1972년 3월 9일에 개교된 최초의 평생교육 기관이다. 처음에는 서울대학교 부설의 초급대학 과정으로 개학하였는데, 1982학년부터는 서울대학교에서 분리하여 학사과정의 국립대학으로 체제를 갖추었다.

원격대학에는 대통령령이 정하는 바에 의하여 수업연한을 2년으로 하는 전문학사 학위과정과 수업연한을 4년으로 하는 학사 학위과정을 두고 있다(고등교육법 제53조 ①, ②항).

(5) 기술대학

기술대학은 산업체 근로자가 산업현장에서 전문적인 지식·기술의 연구·연마를 위한 교육을 계속하여 받을 수 있도록 함으로써 이론과 실무능력을 고루 갖춘 전문인력을 양성함을 목적으로 한다(고등교육법 제55조).

기술대학은 신교육 체제의 일환으로써 누구나, 언제, 어디서든지 원하는 교육을 받을 수 있는 길이 열린 '열린교육사회·평생학습사회'의 건설에 일조하고 있다. 기술대학에는 전문학사 학위과정 및 학사 학위과정을 두고 있는데, 각 과정의 수업연한은 공히 2년으로 한다고 규정하고 있다(고등교육법 제56조).

동 대학의 입학자격은 차등을 두고 있는데, 전문학사 학위과정의 경우에는 고등학교를 졸업한 자 또는 법령에 의하여 이와 동등 이상의 학력이 있다고 인정된 자로서 대통령령이 정하는 일정기간 이상 산업체에서 근무하고 있는 자이어야 한다. 학사 학위과정에 입학할 수 있는 자는 전문대학을 졸업한 자 또는 법령에 의하여 이와 동등 이상의 학력이 있다고 인정된 자로서 역시 산업체 근무자로 정하고 있다(고등교육법 제57조 ①, ②항).

(6) 특수학교

특수학교는 신체적·정신적·지적 장애 등으로 인하여 특수교육을 필요로 하는 자에게 유치원·초등학교·중학교 또는 고등학교에 준하는 교육과 실생활에 필요한 지식·기능 및 사회 적응교육을 하는 것을 목적으로 한다(초·중등교육법 제55조).

특수학교는 원래 초등학교에 해당하는 초등부와 중학교에 해당하는 중등부로 편성하게 되어 있어서 특수학교의 교육정도는 중학교 수준이라고 할 수 있는데, 1963년 11월 1일부터 특수학교의 교육정도에 고등학교의 수준인 고등학교를 병설할 수 있게 되었다. 또한 1981년 2월 13일 교육법 중 개정법률로 유치원교육을 포함하여, 특수학교 교육을 정규학교 체제인 유치원·초등학교·고등학교에 준하도록 되었다.

한편, 장애인 등에 대한 특수교육법에서는 "특수교육 기관"이란 특수교육 대상자에게 유치원·초등학교·중학교 및 고등학교(전공과 포함)의 과정을 교육하는 특수학교 및 특수학급을 말한다고 하였다.

(7) 각종학교

고등교육법 제35조 제1항, 제6항 및 제50조의 규정은 대학 및 전문대학에 준하는 각종학교 중에서 상급 학위과정에의 입학학력이 인정되는 학교로서, 교육과학기술부장관의 지정을 받은 각종학교의 경우에 이를 준용하도록 되어 있다. 뿐만 아니라, 각종학교에 관한 기타 필요한 사항은 교육과학기술부령으로 정하도록 하고 있다(고등교육법 제59조 ④, ⑤항).

4년제의 각종학교 중에서 교육과학기술부장관의 지정을 받은 학교는 당해 각종학교의 학칙이 정하는 과정을 이수한 자에 대하여 학사학위를 수여한다는 규정이 있다. 그리고 수여하는 학위의 종류 및 수여에 관하여 필요한 사항은 대통령령으로 정하며, 또한 학위를 수여한 당해 학교의 장은 교육과학기술부에 등록하도록 의무조항을 두고 있다.

제2부

학교경영의 실제

제4장

인사관리와 조직관리

교육활동의 성패를 좌우하는 여러 가지 행위 중에서 인사행정 만큼 중요한 것은 없다. 왜냐하면, 교육활동은 사람에 의해서 계획되고 수행되며, 최종적인 평가의 단계 역시 사람이 담당하기 때문이다. 수십 년 전만 해도 조직 속에서의 인간은 물질적인 자원이나 관리기술과 등가(等價)의 생산요소 중의 하나로 여겨졌다(이형행 · 고 전, 1998). 그러나 조직을 운영하는 관리자들은 인적 자원이 다른 자원과는 크게 차별화된다는 점을 알게 되었다.

인적 자원이 그 어떤 물적 자원이나 기술보다 중시되는 학교 역시 학생을 지도하는 공급자 집단과 수요자인 학생이 만나서 상호작용을 하는 조직으로서, 어떤 공급자가 지도하느냐에 따라서 그 성과가 판이하다는 사실은 재론의 여지가 없다. 사람들로 구성된 학교는 개별 구성원과는 별개의 실체로서 조직을 형성하게 되므로, 본 장에서는 학교의 인사관리와 조직관리에 관한 이해를 도모하고자 한다.

1. 학교인사의 이해

1) 학교인사의 의의

학교 인사행정은 교원의 인사를 말한다. 본래 인사행정의 개념은 일반 행정과 기업경영 분야에서 이른바 과학적인 인사행정의 발달로 세밀하게 규명되었다. 특히, 일반행정 분야에서 사용된 인사행정의 개념은 거의 그대로 교육 인사행정 분야에 적용될 수 있는 것(이형행 · 고전, 1998)으로 받아들여진다.

Leonard D. White(1961)는 "효율적인 인사행정이란 직원의 모집, 고시, 자격검정, 직계제, 보수제도, 직무분장, 직무감독, 훈련, 승진, 근무평정, 징계, 면직, 안전 · 복지시설, 재해보상제도, 연금, 퇴직제도, 전문직단체 노동조합, 사기, 명성, 신분보장 및 직업 공무원제도의 창설 등에 관련된 문제를 다루는 것"(이형행 · 고 전, 1998. 재인용)이라고 하였다. 이는 인사행정의 전형적인 개념으로 인정되고 있으며, 오늘날 일반행정 분야에서 추진되고 있는 과학적 인사행정의 개념을 이해하는데 있어서 하나의 정설로 되어 있다.

오늘날 교육활동에 종사하는 교육직원에 관한 행정활동으로서의 교육 인사행정은 교육직원의 신분과 자격, 수요와 공급, 선발과 임용, 전보와 승진, 부담과 휴가, 보수와 후생, 신분보장, 징계, 퇴직제도, 인간관계, 사기, 교육과 훈련, 근무평정, 교직단체, 윤리강령 등에 관한 광범위한 활동을 포함(김종철, 1982)하게 되었다. 이로써 현대의 교육 인사행정은 과학적 인사행정의 체계를 갖추었다고 할 수 있으며, 교육행정의 중추적인 위치를 차지하게 된 것이다.

이와 같은 인사행정의 개념과 같은 맥락에서 학교의 인사, 즉 교원의 인사는 매우 중요하게 받아들여진다. 박병량 · 주철안(2011)은 William B. Castetter의 주장을 인용하여 교육 인사행정의 목적은 교육체제의 목적을 달성하고, 구성원이 지위에 맞는 업무를 수행하도록 도와주며, 구성원의 능력개발을 극대화하고, 개인의 목적과 조직의 목적을 조화시키기 위해서 인력을 유치·개발·유지·동기화시키는 것이라고 규정하였다. 또 서정화(1995)의 정의를 인용하여 교원 인사행정은 학교교육을 담당할 인적자원을 확보·교육·배치·관리하고, 그들을 위한 근무조건을 확립하며, 전문성 향상을 위한 일련의 행정지원 활동을 의미한다고 하였다.

이상의 정의를 종합하면, 교육 인사행정은 유능한 인적 자원을 확보하고, 이들의 능력을 개발하며, 이들로 하여금 최선을 다할 수 있도록 제반 여건을 조성하는 과정이라고 볼 수 있다. 결국, 학교인사는 학교교육의 목적을 달성하기 위하여 필수적인 인간자원을 확보·배치하고, 이들이 전문적인 능력을 지속적으로 계발하며, 높은 사기를 지니고 직무에 최선을 다할 수 있도록 적절한 보상체제와 근무여건 등의 제반 여건을 조성하는 일련의 활동이라고 규정할 수 있다.

2) 학교인사의 이념

오늘날 정보의 신속한 전달로 지구촌 곳곳에서 일어나는 일들을 실시간으로 확인하면서 생활하는 인류가 급격히 늘어나는 것과 때를 같이하여, 학교의 인사관리도 민주적으로 이루어져야 하는 것이 당연시되고 있다. 따라서 조직구성원의 호응을 이끌어내기 위해서 필요로 하는 인사행정의 기본이념(김명한 외 3, 1988)을 학교인사에도 적용할 필요가 있다.

첫째, 인사행정은 수단이 아니라 목적으로 다루어져야 한다.

교직원의 인사행정은 민주주의의 기본이념에 그 기초를 두어야 한다. 인간존중이라는 기본정신에 입각하여 인간의 존재가치를 인식하고, 각 개인을 저마다 어떤 목적으로 다루어야 한다. 목적을 위한 수단으로 다룰 수는 없는 것이다. 즉 모든 사람은 민주사회의 발전을 위하여 각자의 특성에 따라 공헌하고 있기 때문에 존경받을 가치가 있다는 신념에 기반을 두고 인사행정이 이루어져야 한다.

둘째, 인사행정은 집단에 기반을 두고 운영되어야 한다.

민주주의 사회에서는 집단의 판단 및 의사결정을 중시함으로써, 집단 사고로부터 얻은 결론을 신뢰한다. 그러므로 교직원의 인사행정을 운영하는 데에도 이와 같은 기본태도가 그 기반이 되어야 한다.

셋째, 인사행정가는 동료적인 입장에서 행정에 임해야 한다.

인사행정에서 무엇보다 중요한 것은 인사행정 담당자가 모든 인사문제를 다루는데 있어서 동료적인 입장에서 생각하고 처리해 나아가야 한다는 점이다. 인사행정가에게 아무리 큰 권한이 주어졌다고 해도 맡은 책임을 올바르게 수행하기 위해서는 권력을 행사하기에 앞서 협동적인 노력이 필요하다는 사실을 인식해야 한다.

넷째, 인사행정은 각자의 능력에 따라 적재적소에 배치되어야 한다.

이는 교직원의 선발과 임용에 있어서 필요한 인물을 배치해 주는 경우만이 아니라, 한 부서나 학교 내에서의 인사배치에도 적용되어야 할 원리이다. 미국의 전 후생교육복지성(HEW : Department of Health, Education and Welfare)장관이었던 John W. Gardner는 『조직기관의 침식을 막는 방법』(How to prevent organizational dry-rot?, 1965)라는 글에서 자체갱신(self-renewal)을 위한 효율적인 인사행정 지침을 다음과 같이 제시하고 있다(김명한 외 3, 1988. 재인용).

> "사람이나 실물과 같이 조직기관에도 생명의 주기가 있다. 그러나 조직기관이 그 생명의 주기에 있어서 사람이나 동물과 다른 점은 거의 예측할 수 없다는 것이다. 왜냐하면, 조직기관은 그 자체를 계속해서 갱신할 수 있기 때문이다. 오늘날 우리가 당면하고 있는 중요한 문제는 바로 '갱신'이다."

그리고 Gardner는 조직기관의 갱신을 위한 몇 가지 규칙을 제시하였는데, 이 규칙은 모든 기관의 갱신에 적용할 수 있는 적절한 것이다.

첫째, 조직기관에서는 인재를 발굴하고 개발하기 위한 효과적인 프로그램을 마련하여야 한다.

둘째, 조직기관에서는 그 기관성원 개개인을 위하여 좋은 환경을 구비하여야 한다.

셋째, 조직기관에서는 자체비평을 위한 대책을 마련하여야 한다.

넷째, 조직기관에는 적절한 내부의 대화의 채널제도가 있어야 한다. 그리고 이 대책을 모든 요원들에게 항상 주지시켜야 한다.

다섯째, 조직기관에서는 사람들이 스스로 만든 절차의 노예가 되는 과정과 투쟁할 수 있는 수완을 강구하여야 한다.

여섯째, 조직기관에서는 과거에 집착하지 않고 미래에 관심을 두어야 한다. 미래를 바라보는 필요성은 오늘날 많은 기업체들이 연구 및 개발 프로그램을 실시하는 이유에서 찾아볼 수 있다.

일곱째, 조직기관에서는 동기와 확신 및 사기에 기초를 두고 운영하여야 한다.

또한 Gardner는 “변화는 항상 모형을 요구하며, 항상 불안하고 고통스럽다. 그러나 낡아가는 기관의 완고성을 깨뜨리기 위해서는 고도의 동기가 필요하다.”라고 말했다. 뿐만 아니라 기관의 결함인 기능적 우매성을 없애기 위해서는 다음과 같이 해야 한다고 주장하였다.

- 그 기관의 소수 중요한 직책이 새로운 인재를 불러들인다.
- 외부상담자를 초빙한다.
- 기관의 내부비평을 권장한다.
- 정책수립가나 의사결정자로 하여금 창의적인 연구를 주관해야 한다.

오늘날 교육기관의 침식을 방지하고 계속적인 발전을 기하기 위한 인사행정의 지침으로 Gardner가 제시한 규칙은 인사행정 담당자들에게 시사해 주는 바가 크다.

지금까지 교육 인사행정의 기본이념과 Gardner가 제시한 조직의 갱신을 위한 인사행정 지침을 살펴보았다. 요컨대, 교육의 성과는 교육에 종사하는 인적 자원에 의하여 좌우되는 만큼 교육행정에 있어서 인사행정의 중요성은 의심할 여지가 없다. 바람직한 인사계획은 유능한 개인을 선발·임용하여 그를 적소에 배치할 수 있도록 효과적으로 수립되어야 한다. 또한 교사들이 전문적으로 계속 성장할 수 있도록 계속적인 현직교육을 실시하는 일 외에 교직원의 생활안정과 사기앙양을 위한 여러 물리적·심리적인 제 조건을 갖추는 데에 중점을 두어야 할 것이다.

2. 학교의 인사관리

학교는 교원의 활동에 크게 의존하는 인간자원의 집약적인 조직(김용주 외 3, 2006)이라는 전제 하에 박병량·주철안(2011)은 학교교육의 성공이 교육활동에 참여하고 있는 교원들과 이들이 수행하는 교수·학습활동의 질에 달려 있다고 하였다.

또한 학교인사는 학교의 교육활동에 필수적인 유능한 교원을 확보하고, 각자의 능력에 따라 적절한 직무에 배치하며, 이들의 능력을 지속적으로 계발시킬 수 있도록 현직교육의 기회를 제공하고, 직무수행에 대한 평가를 통해 보상하며, 적절한 근무여건과 복지제도를 구비함으로써 높은 사기를 유지할 수 있도록 지원하는 활동이라고 규정하면서 교원의 임용, 교원의 배치, 교원의 전직 그리고 교원의 전보에 관하여 논의하였는데, 이를 개관하면 다음과 같다.

1) 교원의 임용

"임용"이라고 함은 신규채용·승진·승급·전직·전보·겸임·파견·강임·휴직·직위해제·정직·복직·면직·해임 및 파면을 말한다(교육공무원법 제2조 제5항). 교육공무원의 임용은 그 자격, 재교육성적, 근무성적, 기타 능력의 실증에 의하여 행하며, 교육공무원의 임용에 있어서는 교원으로서의 자격을 갖추고 임용을 원하는 모든 자에 대하여 능력에 따라 균등한 임용의 기회가 보장되어야 한다고 규정되어 있다(교육공무원법 제10조).

(1) 교사의 신규채용

교사의 신규채용은 공개전형에 의하며, 공개전형에 있어서 담당할 직무수행에 필요한 연령, 기타 필요한 자격요건과 공개전형의 절차・방법 및 평가요소 등 공개전형의 실시에 관하여 필요한 사항은 대통령령으로 정한다(교육공무원법 제11조). 또한 교사의 신규채용은 공개전형에 의하여 선발된 자로 하며, 공개전형은 당해 교사의 임용권자가 이를 실시하고, 이 경우에 국립학교의 장은 그 전형을 당해 학교가 소재하는 교육감에게 위탁하여 실시할 수 있다(교육공무원임용령 제9조).

① 응시자격

교육공무원법 제11조 제1항의 규정에 의한 공개전형에 응시할 수 있는 자는 채용예정직에 해당하는 교사자격증(중등학교 교사의 경우에는 채용예정직에 해당하는 표시과목이 기재된 교사자격증을 말함)을 취득한 자(학교 또는 교원양성기관에서 소정의 과정을 이수하여 채용예정직의 해당 과목에 관한 교사자격증을 취득할 졸업예정자 또는 수료예정자를 포함함)이어야 한다(교육공무원임용령 제11조의 3).

② 시험방법

시험은 제1차 시험, 제2차 시험 및 제3차 시험으로 구분하여 실시하되, 제1차 시험에 합격하지 아니하면 제2차 시험에 응시할 수 없고, 제2차 시험에 합격하지 아니하면 제3차 시험에 응시할 수 없다(교육공무원임용후보자선정경쟁시험규칙 제6조). 시험 실시기관은 시험일정 등을 고려하여 필요하다고 인정할 때에는 제1차, 제2차 및 제3차 시험을 통합하여 실시할 수 있다.

제1차 시험은 선택형 필기시험, 제2차 시험은 논술형 필기시험 그리고 제3차 시험은 교직적성 심층면접과 수업능력(실기·실험 포함) 평가로 한다(교육공무원임용후보자선정경쟁시험규칙 제7조). 다만, 응시자가 선발 예정인원에 미달되거나 시험 실시기관이 필요하다고 인정할 때에는 시험의 일부를 면제할 수 있다.

제1차 시험에서는 교육학과 전공(교과내용학과 교과교육학)에 대하여 평가하고, 제2차 시험에서는 전공에 대한 종합적인 이해와 교직 수행능력을 평가하되, 각각 채용예정직에 상응하는 학력과 능력을 평가한다. 실기·실험시험은 예·체능과목이나 과학교과 등 실기·실험시험이 필요한 경우에 실시하며, 채용예정직에 상응하는 실기·실험 능력을 평가한다. 교직적성 심층 면접시험은 교사로서의 적성, 교직관, 인격 및 소양을 평가한다. 이 경우에 시험 실시기관은 교직 부적격자를 확인할 수 있는 평가지표를 개발하여 활용하여야 한다. 그리고 수업능력의 평가는 수업의 실연 등을 통하여 교사로서의 의사소통 능력과 학습지도 능력을 중점적으로 평가한다.

③ 신규 임용교사의 배치

임용권자가 신규 임용교사의 근무학교를 지정할 때에는 가급적 당해 교사의 생활근거지 또는 근무희망지를 고려하여야 하며, 신규 임용교사에 대하여는 가급적 도서·벽지교육진흥법시행규칙 제2조의 규정에 의한 도서·벽지학교에 배치하지 아니한다. 다만, 학기 중에 신규로 임용할 경우 또는 교원 수급상 불가피한 경우에는 그러하지 아니한다(교육공무원임용령 제13조의 3).

(2) 교장의 임용

교장은 교육과학기술부장관의 제청으로 대통령이 임용하며, 교장의 임기는 4년으로 한다(교육공무원법 제29조의 2). 교장은 1차에 한하여 중임할 수 있는데, 교장으로 재직하는 횟수는 이에 산입하지 아니하고, 교장의 임기가 학기 도중에 만료되는 때에는 임기가 만료되는 날이 3월에서 8월 사이에 있는 경우에는 8월 31일을, 9월부터 다음 해 2월 사이에 있는 경우에는 다음 해 2월 말일을 임기만료일로 한다.

정년 전에 임기가 만료되는 교장으로서 교사로 근무할 것을 희망하는 자(교사자격증을 가진 자에 한함)에 대하여는 수업담당 능력 및 건강 등을 참작하여 교사로 임용할 수 있으며, 임용된 교사에 대하여는 대통령령이 정하는 원로교사로 우대하여야 한다.

또한 교장은 임기 중에 전보될 수 있으며, 교장의 전보는 교육과학기술부장관이 행한다(교육공무원법 제29조의 2). 교장으로 1차 임기를 마친 자에 대하여는 정년 잔여기간이 4년 미만인 경우에도 특별한 결격사유가 없는 한 교장으로 다시 임용할 수 있으며, 교장의 임기를 마친 자가 교사로의 임용을 원할 때에는 특별한 결격사유가 없는 한 교사로 임용할 수 있으며, 교장 및 교사의 임용에 관하여 필요한 사항은 교육과학기술부장관이 정한다(교육공무원임용령 제9조의 5).

(3) 초빙교원의 임용

고등학교 이하 각급학교의 장은 당해 학교에 특별히 필요한 자(교장자격증 또는 교사자격증을 가진 자에 한함)를 교원으로 초빙하고자 하는 경우에는 초빙하고자 하는 교원의 임용권자에게 초빙교장 또는 초빙교사로 임용하여 줄 것을 요청할 수 있으며, 임용의 요청을 받은 임용권자는 임용이 요청된 자 중에서 당해 학교의 초빙교장 또는 초빙교사를 임용할 수 있다(교육공무원법 제31조).

(4) 계약제 교원의 임용

계약제 교원의 임용은 교육공무원법 제32조(기간제교원), 교육공무원임용령 제13조(기간제교원의 임용), 공무원보수규정 제8조(초임호봉의 확정), 초·중등교육법 제22조(산학겸임교사 등), 동시행령 제42조(산학겸임교사 등), 기간제교원제도개선(안)(교육인적자원부, 2003.7) 그리고 초·중등학교계약제교원운영지침(교육인적자원부, 2003.8.29)에 의해 임용한다.

2) 교원의 배치

(1) 교원의 배치기준

① 초등학교 배치기준

초·중등교육법 제19조의 규정에 의하여 초등학교에는 교장·교감 외에 학급마다 교사 1인을 배치하며, 6학급 이상의 분교장에는 따로 교감을 배치할 수 있다. 이 경우 6학급 미만인 학교에서는 교장 및 교감이, 12학급 미만인 학교에서는 교감이 각각 학급을 담당할 수 있으며, 분교장에 배치된 교감은 학급을 담당하여야 한다(초·중등교육법시행령 제33조 제1항).

그리고 초등학교에는 각 학급 담당교사 외에 체육·음악·미술·영어·기타 교과의 전담을 위하여 교과 전담교사를 둘 수 있다. 산정기준은 학교별로 3학년 이상 3학급마다 0.75인으로 하되, 학교별 배치기준은 관할청이 정한다(초·중등교육법시행령 제33조 제2항).

또한 초등학교에는 제1항 및 제2항의 교사 외에 실기교사·보건교사·전문상담교사 및 사서교사를 둘 수 있다. 다만, 18학급 이상의 초등학교에는 보건교사 1인을 두어야 한다(초·중등교육법시행령 제33조 제3항).

② 중학교 교원의 배치기준

초·중등교육법 제19조의 규정에 의하여 중학교에는 교장·교감 외에 3학급까지는 학급마다 3인의 교사를, 3학급을 초과할 때에는 1학급이 증가할 때마다 1.5인 이상의 비율로 이를 더 배치하며, 3학급 이상의 분교장에는 따로 교감을 배치할 수 있다(초·중등교육법시행령 제34조 제1항).

중학교에는 제1항의 교사 외에 3학급마다 1인 이상의 실업교과 담당교사를 더 둘 수 있다(초·중등교육법시행령 제33조 제2항). 그리고 제1항 및 제2항의 교사 외에 실기교사·보건교사·전문상담교사 및 사서교사를 둘 수 있다(초·중등교육법시행령 제34조 제3항).

③ 고등학교 교원의 배치기준

초·중등교육법 제19조의 규정에 의하여 고등학교에는 교장·교감 외에 3학급까지는 학급마다 교사 3인을, 3학급을 초과할 때에는 1학급이 증가할 때마다 2인 이상의 비율로 이를 더 배치한다(초·중등교육법시행령 제35조 제1항).

고등학교에는 제1항의 교사 외에 3학급마다 1인 이상의 실업과 담당교사를 더 둔다(초·중등교육법시행령 제35조 제2항). 또한 제1항 및 제2항의 교사 외에 실기교사·보건교사·전문상담교사 및 사서교사를 둘 수 있다(초·중등교육법시행령 제35조 제3항).

(2) 각종학교의 교원정원

중학교·고등공민학교에 준하는 각종학교에는 교장·교감 외에 3학급까지는 학급마다 3인 이상의 교사를 두고, 3학급을 초과할 때에는 그 초과하는 1학급마다 1인씩 증원한다. 고등학교·고등기술학교에 준하는 각종학교에는 교장·교감 외에 3학급까지는 학급마다 3인 이상의 교사를 두고, 3학급을 초과할 때에는 그 초과하는 1학급마다 1.5인씩 증원한다

(각종학교에관한규칙 제9조 제1항).

(3) 교감의 배치기준

① 교감의 증치

초·중등교육법시행령 제36조에 의하면, 43학급 이상의 초등학교·중학교 및 고등학교에는 교감 1인을 더 둘 수 있으며, 이 경우 교감 중 1인은 수업을 담당할 수 있다. 중학교 및 고등학교에 야간학급을 두는 경우에는 야간학급을 담당하는 교감을 따로 둘 수 있다.

② 교감의 미배치

초·중등교육법시행령 제36조의 2에 의하면, 학급 수 5학급 이하인 학교 또는 제33조 내지 제35조의 규정에 의한 교원의 배치기준에 따라 배치된 교원의 수가 최소 배치기준 이하에 해당하는 학교에는 교감을 두지 아니할 수 있으나, 교육감이 교육인력이나 교육재정 등을 고려하여 특히 필요하다고 인정하는 경우에는 교감 1인을 둘 수 있다. 이 경우 교감은 수업을 담당하여야 한다.

(4) 보직교사의 배치기준

초·중등교육법시행령 제33조 내지 제35조에 의한 보직교사의 배치기준은 초·중·고등학교별로 달리한다. 보직교사의 명칭은 관할청이, 학교별 보직교사의 종류 및 그 업무분장은 학교장이 정한다.

① 초등학교의 보직교사 배치기준

6학급 이상 11학급 이하의 학교에는 2인, 12학급 이상 17학급 이하의 학교에는 4인 이내, 18학급 이상 35학급 이하의 학교에는 6인 이내, 36학급 이상의 학교에는 12인 이내, 5학급 이하인 학교로서 교감을 두지 아니하는 학교 또는 5학급 이하의 분교장에는 1인을 배치할 수 있다. 다만, 교육과학기술부장관이 지정하는 연구학교에는 보직교사 1인을 더 둘 수 있다(초·중등교육법시행령 제33조 제4항).

② 중학교의 보직교사 배치기준

3학급 이상 8학급 이하의 학교에는 1인, 9학급 이상 11학급 이하의 학교에는 2인, 12학급 이상 17학급 이하의 학교에는 8인 이내, 18학급 이상의 학교에는 11인 이내, 2학급 이하의 분교장에는 1인을 배치할 수 있다. 다만, 체육중학교와 11학급 이하의 학교로서 교육과학기술부장관이 지정하는 연구학교의 경우에는 보직교사 1인을 더 둘 수 있다(초·중등교육법시행령 제34조 제4항). 또한 학교장은 미리 교육감의 승인을 얻어서 필요한 보직교사를 더 둘 수 있다(초·중등교육법시행령 제34조 제5항).

③ 고등학교의 보직교사 배치기준

3학급 이상 5학급 이하의 학교에는 2인, 6학급 이상 8학급 이하의 학교에는 3인, 9학급 이상 17학급 이하의 학교에는 8인 이내, 18학급 이상의 학교에는 11인 이내를 배치할 수 있다. 다만, 실업과를 설치한 고등학교, 체육고등학교 그리고 8학급 이하의 학교로서 교육과학기술부장관이 지정하는 연구학교의 경우에는 보직교사 각 1인을 더 둘 수 있다(초·중등교육법시행령 제35조 제4항). 또한 학교장은 미리 교육감의 승인을 얻어서 필요한 보직교사를 더 둘 수 있다(초·중등교육법시행령 제35조 제5항).

3) 교원의 전직

"전직"이라고 함은 교육공무원의 종별과 자격을 달리하는 임용을 말한다(교육공무원법 제2조 제7항). 즉 즉 교사, 교감(원감), 교장(원장) ↔ 교육전문직, 교육연구사 ↔ 장학사, 교육연구관 ↔ 장학관, 초등학교 교원 ↔

중등학교 교원, 유치원 교원 ↔ 초등학교 교원, 중등학교 교원 간의 이동을 의미한다.

(1) 전직 등의 제한

교육공무원의 임용권자 또는 임용제청권자는 기구의 개편이나 직제의 개정·폐지 또는 정원의 변경이 있는 경우, 해당 교육공무원의 승진 또는 강임으로 인한 경우 그리고 그 밖에 대통령령으로 정하는 특별한 사유가 있는 경우에 해당하는 때를 제외하고는 소속 교육공무원이 그 직위에 임용된 날부터 1년 이내에 다른 직위에 임용하거나 근무지를 변경하는 인사조치를 하여서는 아니 된다(교육공무원법 제21조).

(2) 교원의 전직임용

① 교원의 학교급별 전직

시·도교육감은 교원수급상 필요한 경우에 교원이 희망하는 바에 따라 당해인이 소지하고 있는 교원자격증과 관련 있는 학교급의 교원으로 전직임용할 수 있다(교육공무원인사관리규정 제13조).

② 교원의 교육전문직 공무원으로의 전직

장학관·교육연구관으로의 전직임용에 관한 사항은 임용권자가 정한다. 장학사·교육연구사로의 전직임용은 교육기관·교육 행정기관 또는 교육 연구기관의 추천을 받아 공개전형을 거쳐서 임용하되, 전형기준·전형방법 및 전형절차 등은 임용권자가 정한다.

교육과학기술부와 그 소속기관에 근무하는 장학사·교육연구사로의 전직임용은 정규교원으로서 실제 근무한 경력이 10년 이상이고, 만 40세 이하인 자를 대상으로 공개경쟁시험에 의함을 원칙으로 하고, 공개경쟁시험은 소속기관 또는 전문기관에 위임·위탁할 수 있다. 다만, 임용권자가 능력 있는 교육전문직 공무원의 확보를 위하여 특히 필요하다고 인정하는 경우에는 교육과학기술부와 그 소속기관에 일정기간 파견근무를 한 자를 별도전형에 의해 임용할 수 있다(교육공무원인사관리규정 제14조 제1항).

③ 교육전문직 공무원의 교원으로의 전직

교육전문직 공무원이 교원으로 전직할 때에는 교원에서 교육전문직 공무원으로 전직할 당시의 직위로 전직하여야 한다. 다만, 교육전문직 공무원으로 2년 이상 근속한 자는 임용권자가 정하는 기준에 따라 교장 또는 교감으로 전직할 수 있으며, 교육경력이 10년 이상이고 교육전문직 공무원으로 10년 이상 근속한 자는 전직될 직위에 제한을 받지 아니 한다(교육공무원인사관리규정 제15조).

④ 교원·교육전문직 공무원 간의 전직 등

교육전문직 공무원 간의 전직이란 장학관과 교육연구관 상호간 또는 장학사와 교육연구사 상호간에 전직임용하는 것을 말하며, 장학관·교육연구관 또는 장학사·교육연구사의 전직임용에 관한 사항은 임용권자가 정한다(교육공무원인사관리규정 제16조).

4) 교원의 전보

"전보"라고 함은 교육공무원의 같은 직위 및 자격에서 근무기관이나 부서를 달리하여 임용하는 것을 말한다(교육공무원법 제2조 제8항).

임용권자는 소속 공무원에 대한 동일직위에서의 장기근무로 인한 침체를 방지하기 위하여 매년 전보계획을 수립하여 전보를 하여야 한다. 또한 교원의 생활근거지 근무 또는 희망근무지 배치를 최대한으로 보장하여 사기진작 및 생활안정을 도모하며, 전보임용의 공정성을 확보하기 위하여 최대한 노력하여야 한다. 시·도교육감 또는 교육장이 교원 전보계획을 수립할 때에는 관할지역 내의 국립학교 소속 교원을 포함하여야 한다(교육공무원인사관리규정 제18조).

(1) 정기전보

교원의 학교 간 전보는 임용권자가 정하는 기간 동안 동일직위에 근속한 자를 대상으로 정기적으로 실시한다. 다만, 교육상 특히 필요하다고 인정할 때에는 임용권자가 정하는 기간 동안 전보를 유예할 수 있다(교육공무원인사관리규정 제20조).

(2) 비 정기전보

임용권자는 학교장의 전보요청 등의 사유로 교육상 전보가 불가피하다고 인정할 때에는 동일직위 근속기간이 정기전보 기간 이내라고 해도 전보할 수 있다(교육공무원인사관리규정 제21조 제1항).

(3) 전직 · 전보의 제한

직위해제 후에 복직된 자, 감사결과 인사조치가 지시된 자, 직무수행 능력이 부족하거나 근무성적이 극히 불량한 자 또는 근무태도가 심히 불성실한 자, 신체 · 정신상의 장애로 장기요양을 요하는 자에 해당하거나 교원수급상 부득이한 경우 또는 본인이 희망하는 경우를 제외하고는 생활근거지가 아닌 비 경합지구에 속하는 학교에 전보할 수 없다. 다만, 생활근거지가 경합지역에 속하는 자는 그러하지 아니한다(교육공무원인사관리규정 제22조).

(4) 전보의 특례

초 · 중등교육법시행령 제90조 제1항의 규정에 의한 특수목적고등학교의 교장·교감 중 1인은 당해 계열의 전공자를 배치함을 원칙으로 하며, 적격자가 없을 때에는 인사위원회에서 정한 기준에 따라 배치하여야 한다. 여자학교의 교장·교감 중 1인은 가급적 여 교원을 배치하여야 하며, 전보권자는 동일한 시·도 내의 부부교원, 노부모·특수교육 대상자 부양교원 등에 대한 전보 특례사항을 정할 수 있다(교육공무원인사관리규정 제23조).

3. 교원의 능력개발

학교경영을 성공적으로 수행하기 위해서는 우수한 교원의 충원이 일차적인 과정이라고 규정한 박병량·주철안(2011)은 임용된 교원들의 전문적인 성장과 발전을 위하여 지속적으로 노력해야 한다고 주장하면서, 교원의 능력개발과 관련한 교원의 현직교육, 근무성적평정, 승진 그리고 교사평가에 대하여 다음과 같이 설명하고 있다.

1) 교원의 현직교육

(1) 현직교육의 중요성

학교는 학생들의 학습과 성장을 위한 곳이지만, 교사들의 발전과 성장을 위한 활동과 노력은 그다지 많지 않다. 그러나 교원들이 전문적인 자질과 능력을 구비하여 주어진 업무를 효율적으로 수행할 수 있기 위해서는 교원들에 대한 계속적인 능력계발이 필수적이다. 교원의 능력계발 방법으로 가장 중요한 것은 교원의 현직교육인데, 이는 다음과 같은 점에서 매우 중요하다.

- 교원 양성교육에서 많은 미비점과 결함이 있기 때문에 이를 보완하여야 한다.

- 사회발전에 따라 새롭게 산출되는 지식과 기능 그리고 태도를 습득한다.
- 학생의 교수·학습활동에 필요한 전문적인 내용과 교수방법을 계속적으로 발전시켜 나아가야 한다.
- 학급담임으로서의 학급운영에 필요한 기술과 능력을 개발한다.

(2) 교원 현직교육의 종류

교원의 현직교육은 유치원 교원, 초·중등학교 교원, 특수학교 교원을 대상으로 하며, 그 유형은 연수의 성격에 따라 자격연수, 직무연수, 특별연수, 자기연수로 구분된다.

자격연수는 교원의 자격을 취득하기 위하여 실시된다. 여기에는 초·중등학교의 2급 정교사, 1급 정교사, 교(원)감, 교(원)장 등 상위자격 취득을 위한 연수와 전문상담교사(1급), 사서교사(1급), 보건교사(1급), 영양교사(1급), 특수교사 등 특수자격 취득을 위한 연수가 있다. 자격연수는 다른 연수에 비하여 시간과 경비가 많이 소요될 뿐만 아니라 상위자격을 취득하기 위해 부여되기 때문에 교원 현직교육에서 중심적인 위치를 지닌다. 교원등의연수에관한규정([별표1] : 대통령령 제23608호, 일부개정 2012.2.3)에 의한 자격연수의 기간은 다음 <표 4-1>과 같다

<표 4-1> 자격연수의 연수기간 및 이수시간

구 분	2급 정교사, 1급 정교사, 전문상담교사(1급), 사서교사(1급), 보건교사(1급), 영양교사(1급), 수석교사, 교감, 원감	교장·원장
연수기간	15일 이상	25일 이상
연수시간	90시간 이상	180시간 이상

직무연수는 교육의 이론·방법 및 직무수행에 필요한 능력배양을 위하여 실시되며, 교육과정의 개편 및 개정에 따른 연수, 교육정보화 연수, 장기휴직 후의 복직을 위한 연수 등이 있다. 직무연수의 연수과정과 내용 및 기간은 해당 연수원장(연수위탁기관의 장)이 정하여 실시한다.

특별연수는 교육공무원을 국내외의 교육기관 또는 연구기관에서 일정기간 동안 받는 연수로서, 이는 전문지식의 습득을 위해서 이루어지는 특별연수 프로그램에 따른 것이다.

자기연수는 교원 스스로 전문적인 지식습득을 위한 연수로서, 대학이나 교육대학원에 입학하여 학업에 정진하는 것과 전공분야와 관련된 학술단체의 회의나 워크숍 등에 참가함으로써 이루어진다.

(3) 교원 현직교육의 대상자 선발

① 직무연수

교원이 소속되어 있는 교육감 및 소속기관의 장이 연수대상자를 지명한다. 교육감은 연수과정별로 필요하다고 인정하는 경우에는 교육장 또는 공립·사립학교의 장으로 하여금 연수대상자를 지명하게 할 수 있다. 교원 및 교육공무원에게 연수기회가 균등하게 부여되도록 학력·경력·연수과정의 내용 및 본인의 희망 등을 고려하여 지명한다.

② 자격연수

2급 정교사과정은 2년 이상의 준교사 경력을 가진 교사 중에서 관할교육장 또는 교육감이 지명한다. 일반적으로 2급 정교사과정의 연수를 받지 않고 준교사로 근무한 기간이 오래된 자의 순으로 지명된다.

1급 정교사과정은 3년 이상의 2급 정교사 경력을 가진 교사 중에서 관할교육장 또는 교육감이 지명한다. 1급 정교사과정의 연수를 받지 않고, 2급 정교사로 근무한 기간이 오래된 자의 순으로 지명된다.

교감과정은 3년 이상의 1급 정교사경력이나 6년 이상의 2급 정교사경력을 가진 교사 중에서 관할교육장 또는 교육감이 지명한다. 과거에는 해당 교직경력 소지자 중에서 1.5배수 추천자를 대상으로 필기시험을 통해서 선발했으나, 1989년 이후부터 면담을 통해 선정하도록 바뀌었다.

교장과정은 교감자격증을 가지고 3년 이상의 교육경력이 있는 자와 5급 이상의 국가공무원이나 지방공무원, 장학관이나 교육연구관으로서 일정기간(초등은 3년, 중등은 5년) 이상의 교육 또는 교육행정 경력이 있는 자로서 교육과학기술부장관의 자격인가를 받은 자 중에서 교육과학기술부장관이 지명한다.

(4) 교원 현직교육의 개선

교원들이 자신의 전문성 향상의 필요성에 대하여 느끼고 있는 정도에 비하여 현행의 연수와 성장을 위한 기회는 이들의 기대에 미치지 못하고 있다. 현행 교원연수가 교사들의 전문성 신장에 실질적으로 유익한 활동이 되기 위해서는 다음과 같은 방향으로 개선되어야 한다.

첫째, 현직연수의 내용과 방법을 개선함으로써 연수의 질을 향상시킨다.

현재 교원연수 교육과정은 전체적인 계열성이 부족하여 중복되고 있다. 또한 교원 현직연수는 대부분 동계 또는 하계 방학기간에 이루어지고 있기 때문에 수강자들에게 과중한 부담을 주고, 장기간의 연수로 학생의 수업결손을 가져온다. 교원연수의 대상자에 대한 사전지도 결여 등의 문제점도 나타나고 있다. 따라서 교원연수 교육과정의 체계를 정립하여 연수과정 간에 유기적인 관련성을 맺고 실시기간의 조정, 사전지도, 평가방법 등을 개선해야 한다. 즉, 성인학습자로서의 교원의 특성을 파악하고 그들에게 필요한 내용을 효과적인 방법으로 실시해야 하는 것이다.

둘째, 교사의 연수와 성장을 위한 유인체계를 강화한다.

교원연수에 따른 보상을 조정하여 개인의 연수와 성장에 대한 의욕을 북돋우고, 만족감을 높인다. 예컨대, 교사가 자신의 연수와 성장을 위해 관련 학회나 세미나, 워크숍 등에 참가하고자 할 경우에 소요되는 비용을 학교에서 적극 지원한다.

셋째, 개인연수나 교원이 주도하는 연수 등 비공식적인 교원연수가 활성화되도록 한다.

교원이 능동적으로 참여하여 자신의 필요에 따라 연수 프로그램을 구성하고, 동료교사들과 협의 및 시범 등 다양한 활동을 통하여 현장의 문제를 해결하며, 이론과 실제를 통합할 수 있는 비공식적인 연수를 강화한다.

넷째, 교사의 연수를 위해 장기적인 계획을 수립하여 추진한다.

예컨대, 특별연수, 대학원과정, 교내연수 등 다양한 방법을 활용하여 교원의 연수를 추진한다.

다섯째, 장학과 평가방법을 개선한다.

장학활동이 실질적으로 이루어짐으로써 지속적인 수업관찰과 체계적인 기준마련, 동료교사와의 토론을 통하여 교수·학습활동의 개선에 도움이 되도록 한다.

여섯째, 교사의 연수와 성장은 결국 교원 자신의 주도로 전개될 수 있도록 인지시키고 이를 위하여 제도적·재정적으로 뒷받침한다.

2) 근무성적평정

교원의 승진은 경력평정, 근무성적평정, 연수성적평정 그리고 가산점평정으로 이루어진다. 이상의 기준에서 경력평정, 연수성적평정 및 가산점평정은 평정기준에 따라 단순하게 산출되는 반면에, 근무성적평정은 학교장과 교감이 실시하기 때문에 교원들의 관심이 매우 높다.

(1) 경력평정

경력평정은 매년 12월 31일을 기준으로 하여 정기적으로 실시한다. 경력은 기본경력과 초과경력으로 나뉘는데, 기본경력은 평정시기부터 20년을 평정기준으로 하고, 초과경력은 기본경력 전 5년을 평정기간으로 한다. 평정대상 경력은 교육경력, 교육 행정경력, 교육 연구경력 및 기타경력으로 한다.

(2) 근무성적평정

근무성적평정은 교원의 근무실적, 근무수행 능력 및 근무수행 태도를 객관적인 기준에 따라 평가하여 승진이나 전보, 포상 등에 반영하기 위한 것이다. 근무성적평정도 경력평정과 마찬가지로 매년 12월 31일을 기준으로 하여 정기적으로 실시한다. 근무성적의 평정자와 확인자는 승진후보자 명부 작성권자가 정하는데, 일선학교에서 교사에 대한 근무성적 평정자는 당해학교의 교감이며, 학교장이 확인한다.

근무성적 평정자는 평정대상자로 하여금 평정대상 기간 동안의 업무수행 실적에 대하여 매년 12월 31일을 기준으로 교육공무원 자기실적 평가서를 작성하여 제출하게 된다. 근무성적은 대상 교원의 자기실적 평가서를 고려하여 객관적으로 평가해야 한다.

자기실적 평가의 구체적인 내용으로는 담당업무 추진목표(학년초 또는 연초에 계획한 업무목표), 담당업무 추진실적(목표한 내용과 대비한 추진실적) 및 창의적 업무개선 사항이다. 이와 아울러 목표달성도, 창의성, 적시성, 노력도에 대하여 평정하도록 하고 있다.

교사에 대한 근무성적평정 사항은 자질 및 태도, 근무성적으로 구분된다. 자질 및 태도의 평정요소는 교육자로서의 품성과 공직자로서의 자세로 구성되고, 근무실적 및 근무수행 능력요소는 학습지도, 생활지도, 교육연구 및 담당업무로 구성되는데, 각 평정요소에 해당되는 평정기준은 <표 4-2>와 같다. 근무성적은 상대평가로 수-20%, 우-40%, 미-30%, 양-10%의 비율로 평정한다. 근무성적의 결과는 공개하지 아니하며, 근무성적평정의 결과는 전보나 포상 등의 인사관리에 반영한다.

<표 4-2> 교사의 근무성적평정 요소 및 기준

평정 사항	자질 및 태도		근무실적		
평정 요소	교육자로서의 품성	공직자로서의 자세	학습지도	생활지도	교육연구, 담당업무
평정 기준	•교원의 사명과 직무에 관한 책임과 긍지 •교원으로서의 청렴한 생활태도와 예의 •학생에 대한 이해와 사랑, 교육헌신 •학부모·학생의 신뢰와 존경	•교육에 대한 올바른 신념 •근면, 직무충실, 솔선수범 •교직원 간의 협조, 학생의 포용 •자발적·적극적인 직무수행	•수업연구 및 준비 •수업방법의 개선노력 •교육과정의 창의적 구성 •평가계획 및 활용계획의 적절성	•학생의 인성교육 및 진로지도 •학교행사 및 교내외 생활지도 •학생의 심리, 고민이해 및 지도 •학생개인의 건강지도와 안전지도	•전문성 신장연구, 연수활동 •담당업무 처리 •학교 교육목표 임무수행 •담당업무의 창의적인 수행
평정 점수	12	12	24	16	16

*자료 ; 박병량·주철안(2011). 학교·학급경영. 서울 : 학지사. p.343. 재인용.

(3) 연수성적평정

연수성적평정은 교육성적평정과 연구실적평정으로 구성된다. 연수성적은 30점 만점인데, 교육성적평정이 직무연수 18점과 자격연수 9점으로 만점이 27점이고, 연구실적평정은 3점을 초과할 수 없다.

교육성적평정은 직무연수 성적과 자격연수 성적으로 나누어 평정한 후에 이를 합산한 성적으로 한다. 직무연수 성적의 평정은 교원연수에 관한 규정에 의한 교원연수 기관 또는 교육과학기술부장관이 지정한 연수기관에서 10년 이내에 이수한 60시간 이상의 직무연수 성적을 대상으로 평정한다. 자격연수 성적이 중복되는 경우에는 승진대상 직위와 가장 관련이 깊은 자격연수 성적 하나만을 평정대상으로 한다. 자격연수 성적평정에는 당해 직위에서 방송통신대학 초등교육과를 졸업한 경우의 졸업성적 또는 교육대학원이나 교육과학기술부장관이 지정하는 대학원 교육과에서 석사학위를 취득한 경우의 성적이 포함된다.

연구실적평정은 연구대회 입상실적과 학위취득 실적으로 나누어 평정한 후에 이를 합산한 성적으로 한다. 연구대회 입상실적 평정은 당해 직위에서 다음에 해당하는 실적을 대상으로 하되, 공무원이 전직된 경우에는 전직되기 직전 직위의 입상실적을 포함하여 평정한다.

- 국가 공공기관 또는 공공단체가 개최하는 교육에 관한 연구대회로서 교육과학기술부장관이 인정하는 전국규모의 연구대회에서 입상한 연구실적
- 특별시·광역시 또는 교육청·지방공공기관 및 공공단체 등이 개최하는 교육에 관한 연구대회로서 시·도교육감이 인정하는 시·도규모의 연구대회에서 입상한 연구실적

<표 4-3> 연구대회 입상실적과 석사·박사학위 취득실적의 평정점수

실 적	입상등급	전국규모 연구대회	시·도규모 연구대회
연구대회 입상실적	1등급	1.00점	0.50점
	2등급	0.75점	0.375점
	3등급	0.50점	0.25점
석사 및 박사학위 취득실적	박사학위	직무와 관련 있는 학위 2점, 기타 학위 1점	
	석사학위	직무와 관련 있는 학위 1점, 기타 학위 0.5점	

*자료 ; 박병량·주철안(2011). 학교·학급경영. 서울 : 학지사. p.344의 자료를 재구성함.

그리고 교육공무원이 당해 직위에서 석사 또는 박사학위를 취득하였을 경우에는 취득학위 중에서 하나를 평정대상으로 한다. 다만, 교육공

무원이 전직된 경우에는 전직되기 직전 직위 중의 학위취득 실적을 포함하여 평정한다. 연구대회 입상실적과 석사 및 박사학위 취득실적은 <표 4-3>에 따라 평정하는데, 연구대회 입상실적은 1년에 1회의 연구대회 입상실적에 한하여 평정한다.

(4) 가산점평정

가산점평정은 도서벽지교육진흥법에 규정된 도서·벽지학교에 근무한 경력, 나환자 자녀가 취학하고 있는 학급을 담임한 경력, 특수학교에 근무한 경력, 특수학급을 직접 담당한 경력, 교육과학기술부장관 또는 교육감이 지정한 연구학교(시범·실험학교 포함)의 교원으로 근무한 경력, 주임교사로 근무한 경력, 장학사 및 교육연구사로 근무한 경력, 재외국민 교육기관에 파견근무한 경력, 기술사·기사·기능사 자격을 소지한 공고 실과담당 교원 그리고 농어촌교육의 진흥을 위해 특별히 지정한 지역의 학교에 근무한 경력에 대하여는 일정한 가산점을 부여하고, 각 평정점의 합산점수에 이를 가산한다. 가산점 평정 시에 동일한 평정기간 중의 평정대상 경력이 중복될 경우에는 이 중에서 유리한 경력 하나만을 평정한다.

3) 승진

교육공무원승진규정에 의하면, 교원의 승진기준은 경력평정, 근무성적평정, 연수성적평정 그리고 가산점평정이다. 이 중에서 경력평정은 90점 만점이고 근무성적평정은 80점 만점이며 연수성적평정은 30점 만점인데, 이는 종전에 비하여 경력보다 능력의 비중이 강화된 것이다.

(1) 승진의 의의와 기준

승진은 동일직렬 내에서의 수직적인 직위상승을 의미한다. 승진에 따라 상위직위로 임용되면 권한과 책임이 확대되고, 임금과 근무여건이 향상된다. 교원의 경우에는 교사가 교감으로, 교감이 교장으로 승진되는 데에서 나타난다.

일반적으로 승진기준은 연공서열주의와 능력주의로 구분된다. 연공서열주의는 승진대상자의 근무연수, 연령, 경력, 학력 등의 기준을 중시하는 방법으로서 객관성 보장, 정실 및 불공평으로 인한 불평 감소 그리고 행정의 안정성 유지 등의 장점이 있다. 반면에, 단점으로는 유능한 인재등용의 제약, 행정의 침체 가능, 부하직원의 통솔 곤란을 들 수 있다. 능력주의는 승진대상자의 직무수행 능력과 업적을 중시하는 방법이다. 능력주의의 장점으로는 인사권자의 정실 개입여지 경감, 시험에 따른 타당성 향상, 개인의 발전 촉진을 들 수 있다. 반면에, 근무보다 시험에 열중, 시험의 타당도가 낮을 경우의 곤란, 시험을 전후하여 직원의 사기에 부정적으로 미치는 영향 등의 단점도 있다.

(2) 교원 승진임용의 기준

교육공무원법 제13조에서는 교육공무원의 승진임용은 동종의 직무에 종사하는 차하위직에 있는 자 중에서 경력평정, 재교육성적, 근무성적, 기타 능력의 실증에 의하여 행한다고 규정하고 있다. 교육공무원의 승진규정에서는 경력평정, 근무성적평정, 연수성적평정, 가산점평정을 통하여 합산한 평정점수의 순위에 따라 자격별로 승진후보자 명부를 작성·비치하고, 이 명부에서 순위가 높은 교원의 순으로 결원된 직에 대하여 3배수 범위 안에서 승진임용하거나 임용을 제청한다.

교사를 선발할 때의 일반적인 평가방법으로는 기본적인 능력과 전공교과목에 대한 지식 및 교육학적인 지식을 측정하는 시험이 있다. 이러한 시험위주의 전통적인 교사평가는 교수활동에 대한 예언타당성이 낮다는 점에서 비판을 받고 있다. 미국의 경우에는 1990년대부터 보다 발전된 교사평가 모형을 개발하여 일부 주(州)를 중심으로 신임교사 선발 및 우수교사 선정에 활용하고 있는데, 새로 개발된 교사평가모형으로는 Praxis 모형, INTASC 모형 그리고 NBPTS 모형 등이 있다.

① Praxis 모형

이 모형은 미국의 교육평가국(ETS : Educational Testing Service)에서 교수활동에 대한 개념을 바탕으로 개발한 일련의 도구로서, 신임교사의 전문성을 주로 평가한다. Praxis Ⅰ에서는 읽기, 쓰기 및 수학에서의 기본적인 능력을 평가하고, Praxis Ⅱ에서는 내용에 대한 핵심적인 지식과 심층적인 지식, 교수활동에 대한 지식 그리고 교육학적 내용에 대한 지식을 평가한다. Praxis Ⅲ에서는 교사후보자의 첫 1년 동안의 교수기술을 평가한다. 이 평가는 초등 및 중등학교의 교수활동에 적합한 19개의 기준에 따라 구성되는데, 이 기준에는 다음과 같은 네 가지 영역을 포함한다.

- 학생의 학습을 위한 내용지식의 구조화
- 학생의 학습을 위한 환경조성
- 학생학습을 위한 교수활동
- 교사의 전문성

이 모형에서 교사들은 학급 프로파일과 교수활동 프로파일을 작성하고, 훈련받은 평가자들이 평가받는 교사를 관찰·면접한다. 학급 프로파일에는 관찰되는 학급의 교수내용, 학년, 학부모의 사회·경제적 지위, 학생의 언어숙달 정도 등을 기록한다. 교수활동 프로파일에는 단원의 목표, 단원의 내용, 선수학습 및 다음 단원에 대한 학습과의 관련성, 학생의 개인차를 다루는 방법 그리고 교수방법 등을 기록한다.

② INTASC 모형

이 모형은 미국의 여러 주(州)들이 공동으로 새로운 교사평가 및 지원을 위한 컨소시엄을 형성하여 개발한 것이다. INTASC 모형에서는 수학,

영어/어학, 과학교과목에 대한 구체적인 기준을 개발하고, 다음 5년 동안에 사회, 미술, 초등교육, 특수교육에 대한 기준을 개발할 예정이다.

INTASC 모형은 교사가 교직을 계속하기 위한 자격증 수여를 평가하는 결정에 활용된다. 또한 교사들은 여러 가지 포트폴리오를 수행해야 하는데, 여기에는 교수활동의 상황적 요소로서 학교가 위치한 지역사회 및 학생들의 특성소개, 수업계획, 두 개의 수업활동을 촬영한 비디오테이프와 그에 대한 설명, 학생의 학습에 대한 실제 예, 학생의 학습에 대한 평가, 자신의 교수활동에 대한 평가와 전문성 계발을 위한 활용방법 등을 담아야 한다.

이 외에도 이 모형에서는 여러 교과목 영역에 대한 평가도구와 교사의 기초적인 지식에 대한 평가도구를 개발하고 있다. 특히, 교사의 기초적인 지식에 대한 평가도구에서는 학생의 발달과 학습이론 및 교육적인 기초에 대한 교사의 지식을 평가한다.

③ NBPTS 모형

이 모형은 전문교사의 기준을 위한 국가위원회(NBPTS : National Board for Professional Teaching Standards)의 평가모형이다. 동 위원회는 교사의 전문성과 능력을 향상시키기 위한 전문기구가 필요하다는 지적에 따라 1987년에 설치되었는데, 30개의 자격증 영역에 대한 높은 기준과 성과를 판단하는 평가도구를 개발하고 있다. 이 평가의 목적은 교사들 중에서 우수교사를 선발하고, 교직을 전문성과 능력 등의 측면에서 다른 전문직에 비교될 수 있도록 만드는 데에 있다.

동 위원회의 평가는 10회의 활동을 구성되며, 각 활동은 6개의 포트폴리오 활동과 4개의 평가센터 활동으로 이루어진다. 포트폴리오 활동에는 교사의 교실에서의 교수·학습활동에 대한 서술, 교사와 학생의 상호작용 활동이 담긴 비디오테이프와 그에 대한 설명, 학생의 작품 또는 학생의 학습 실례와 이에 대한 설명이 포함된다. 또한 평가센터 활동을 위해서 교사들은 교수활동계획 작성, 학생의 작품 또는 학습 실례의 분석, 비디오테이프의 시청과 논평, 모의실험에 대한 참여를 수행해야 한다. 각 위원회의 평가는 교과목과 학생의 수준에 따라 적합하게 이루어진다.

이와 같이 여러 기관에서 개발하는 새로운 교사평가 모형들은 교수활동을 보다 잘 평가하고, 교사들의 반성적이고 학습자 중심의 교수활동을 촉진하며, 평가의 타당성·신뢰성 및 공정성을 확보하기 위한 것이다. 우리나라에서는 현재 교사후보자를 선발하는 임용고사를 실시하고 있다. 임용고사에서는 예체능 교과목의 경우에만 실기시험이 실시되고, 대부분의 교과목 시험은 필기고사 위주로 이루어지기 때문에 교사 선발방법의 타당성·신뢰성 및 공정성 등에서 문제점이 나타나고 있다. 더욱이 교사의 경력단계를 다양화하여 사기를 제고시키고자 하는 수석교사제가 검토되고 있으나, 이 수석교사를 선발하는 선발도구는 아직 개발되지 않고 있다.

앞서 제시한 미국의 새로운 교사평가 모형들은 우리나라의 교사평가 모형에 대한 개발과 논의를 위한 실제적인 참고자료이다. 우리나라의 교육상황에 보다 적합한 교사평가 모형을 개발하기 위해서는 교사평가 방식에 대한 보다 활발한 연구와 논의가 필요하다. 교사평가 모형의 개발과 도입은 교사의 보수제도, 교사의 경력단계, 학교단위 경영제 등 관련된 여러 가지 학교교육의 개혁방안들과 연계하여 종합적으로 접근되어야 한다.

4. 학교조직의 특성

학교와 다른 조직과의 중요한 차이점을 업무 면에서 학교조직에는 인간적인 측면이 집약되어 있다고 지적한 박병량·주철안(2011)은 학교조직의 특성을 명확한 목표제시, 복잡하면서도 비정형화된 기술, 납작한 형태의 분권화 구조, 외부환경의 큰 영향 그리고 엄밀한 권위관계로 설명하고 있다.

1) 명확한 목표제시

조직은 산출 또는 도달하고자 하는 바람직한 상태를 목표로 제시하고, 이 목표를 성취하기 위해서 여러 가지 활동을 수행한다. 그리고 설정한 목표를 보다 효과적으로 달성하기 위하여 조직의 활동을 조정하는 전략을 세운다. 특정한 조직을 지원하는 외부집단들은 조직이 표방한 목표를 달성하지 못할 때에 조직에 압력을 행사하기도 한다.

학교조직에서 설정된 목표들은 일반적으로 분명하게 제시된다. 즉 학교에 들어온 학생들을 교육하는 목표들을 제시한다. 그러나 학생들을 교육하는 것이 무엇을 의미하는가에 대한 물음은 쉽게 논쟁에 빠지게 한다. 교육의 목표는 매우 다양하고 복잡 미묘하며, 때때로 두 가지 목표들이 상치될 수도 있다. 예컨대, 학생들에게 보다 많은 지식과 정보를 가르치는 것이 중요한 것으로 간주되는 반면에, 학생들의 호기심을 자극하고 자발적으로 생각하며 탐구할 수 있는 능력을 키우는 것도 중요하다. 특정한 수업시간에서 이와 같은 두 가지 목표가 갈등을 일으킬 수도 있는데, 학생을 교육하는 학교에서는 일상적으로는 다원적이지만 실제적인 면에서 모순이 되는 목표들을 추구하고 있다.

더욱이 모든 조직은 설립목적에 비추어 내세우는 공식적인 목표뿐만 아니라, 이 외의 목표들도 가지고 있다. 조직 내외의 위협에 대처할 수 있는 수단적인 목표 역시 공식적인 목표만큼 중요하다. 그러나 때로는 이러한 수단적인 목표가 조직이 추구해야 할 공식적인 목표를 대치할 수도 있다. 예컨대, 학교의 가장 중요한 수단적인 목표는 학생들이 질서를 유지하는 일이다. 학생들은 사회화되어 가는 과정에 있으며, 법적인 강제력에 따라 학교에 취학해야 하는데, 이들 중에는 교육적인 기대나 사회적인 기대가 매우 다른 학생들도 포함되어 있다.

또한 학교는 주위의 지역사회에서 미치는 영향력과 압력에도 대처하여 어느 정도 독자성을 유지해야 한다. 학교는 공식적인 목표, 학생들이 질서를 유지하도록 하는 임무, 지역사회의 지원을 확보해야 하는 여러 요구들을 잘 조화시켜야 한다. 학교가 효과적으로 운영되기 위해서는 학교의 목표가 분명하고 명료하게 제시되어야 하고, 구성원들에게 전달 및 공유되어야 한다. 학생, 교사, 행정가 그리고 학부모들이 학교가 성취하고자 하는 목표를 분명히 이해하고 이를 공유해야 하는 것이다.

William W. Boyer 등(1983)은 미국의 고등학교에서 지녀야 할 네 가지 교육목표를 다음과 같이 제시한 바 있다.

- 모든 학생들이 비판적으로 생각하고 숙련된 언어를 통하여 효과적으로 전달할 수 있는 능력을 개발해야 한다.
- 모든 학생들이 모든 인류에게 공통적인 인류의 체험을 기초로 하는 중핵 교과과정을 통하여 자신, 인류의 유산, 자신이 살고 있는 세계에 관해서 배우도록 도와야 한다.
- 모든 학생들이 개인적인 적성과 흥미를 개발하는 선택과목들을 통하여 직업과 상급단계의 교육에 준비해야 한다.
- 모든 학생들이 학교와 지역사회의 봉사를 통하여 사회인과 시민으로서의 임무를 수행하도록 도와야 한다.

한편, 우리나라의 초·중등교육법에서는 각급학교별로 교육의 목적을 규정하고 있다. 법규에서 규정한 교육목표, 개별학교에서 설정한 교육목표 그리고 학교 구성원들이 인식하는 학교의 목적은 근본적으로 교육활동을 통한 학생의 바람직한 변화를 상정하고 있다. 학교는 이러한 교육목적을 달성하기 위하여 다양한 활동과 업무를 수행하고 있는 것이다.

2) 복잡하면서도 비정형화된 기술

조직은 투입된 원자료에 기술을 사용하여 산출품으로 변화시켜 조직외부에 공급한다. 모든 조직에는 사용되는 중요한 기술이 있는데, 이는 원자료를 바람직한 목표 또는 산출물로 변화시키는 활동이다. 조직에서 사용하는 기술은 기술의 전문성과 복잡성에서 서로 다르다. 식품업계에서 제품을 만드는 기술은 비교적 단순하지만, 학교에서 사용하는 기술은 교과지도 및 생활지도와 같은 활동으로서 훨씬 더 복잡하고 정형화되어 있지도 않으며, 예측하기가 매우 어렵다.

학교조직에서 사용되는 핵심적인 기술은 교수활동이며, 교수활동이 원활하게 이루어지기 위해서는 다음과 같은 여러 가지가 고려되어야 한다 (Bloman & Deal, 1978 ; 박병량 · 주철안, 2011).

- 학습자에 대한 개념
- 구체적인 학습목표
- 교수 · 학습전략
- 학생이 필요로 하는 교수 · 학습활동과 학습결과에 대한 평가활동
- 구체적인 결과를 가져오는 상황에 대한 지식

학교에서 교수활동의 대상이 되는 학생들은 매우 가변적이다. 학생들은 문화적 배경, 가정의 사회 · 경제적 배경, 개인의 정서 · 인지적인 특징 등의 면에서 다양한 차이가 나타나며, 그들의 교육과정에 많은 영향을 미친다. 우리나라에서도 고교 평준화 실시 이후로 학습집단의 학력차와 다양한 학습준비 수준으로 인하여 고교교육의 수월성이 저하되고 있다는 비난을 받고 있다. 교육자들이 알고 있는 학생의 학습과정도 그렇게 충분하지 못하다.

특정집단에 대한 보다 우수한 교수방법이 개발 · 활용되고 있긴 하지

만, 일련의 공학기술을 활용하는 것과 같은 방식으로 특정기술을 모든 학생들에게 신뢰성 있고 적합하게 적용할 수는 없다. 더욱이 학교의 기술이 성공적으로 활용될 때와 그렇지 않을 때를 판단하기도 대단히 어렵다. 학생들이 배운 내용을 일 년 후에도 기억하고 있는지를 검사하기란 어려울 뿐만 아니라, 학생들이 성인이 되어 이러한 지식을 필요로 할 때에 기억하고 있는지를 알아내기란 거의 불가능하다. 많은 학습의 내용들은 그 자체가 목적이 아니라, 보다 고도의 지적 능력을 개발하기 위한 기초로서 추구되고 있다. 예컨대, 수학을 배움으로써 논리적 능력이 개발되고 논술을 통해서 창의성을 기를 수 있다고 기대하지만, 문제는 이러한 능력을 어떻게 신뢰성 있게 평가할 것인가이다.

기술은 학교교육에서 중요한 문제이다. 학교는 보편적으로 효과적인 기술과 그 기술을 활용하는 방법을 통해 얼마나 성공 또는 실패했는지를 측정할 수 있는 신뢰로운 평가방법이 없는 상태에서 다양한 학생들을 가르치는 임무를 담당하고 있다. 학교에서 활용되는 기술은 그 특성이 막연하고 때로는 갈등을 야기하는 교육의 목표들과 결합되어 논쟁을 가져오기도 한다. 학교가 활용하는 기술의 특성으로 인하여 다양한 교육목표들 간에 갈등이 조장되기도 한다. 따라서 일선학교에서는 달성하기 어려운 수업목표 대신에 보다 분명한 질서유지 목표에 자원을 집중하게 되기 쉽다.

조직으로서의 학교의 기술을 개념화할 때 겪게 되는 한 가지 어려움을 성병창(1995)은 학생의 지위에 대한 규정이라고 하였다. 학교에서 학생은 작업하는 대상으로 간주되거나 또는 권리와 의무를 지닌 조직 구성원으로 간주될 수 있다. 학생을 학교에서 받아들이는 원료 또는 객체로 여길 때에 학교는 목표를 달성하기 위해서 학생을 대상으로 작업하는 조직이 된다. 이는 공예가가 생가죽을 가지고 유용한 물건을 만드는 것과 같다. 학생은 조작의 대상이며, 학교의 구성원은 성인인 교사와 직원으로 제한된다. 조직의 구성원들인 성인은 학생보다 많은 지식을 가져야 하며, 학생들은 성인들의 지도에 순응하고 따라야 한다.

반면에, 학생을 주체로 여기는 경우에서의 학교는 결과를 얻기 위하여 학생과 함께 활동하는 곳이다. 이는 정원사가 묘목이 자라는데 최선의 환경을 제공하는 것과 같다. 학교에서 학생은 자신의 발달을 유용한 경험을 선택할 때에 보다 실질적인 역할을 하게 되며, 자신들의 관심을 요구할 수 있는 조직 구성원으로 고려된다. 학교는 학생의 지적·정서적·행동적인 여러 측면에 영향을 끼치는데, 이런 점에서 학교는 인간지향적인 조직이다.

3) 납작한 형태의 분권화 구조

조직의 기술은 다원적인 목표뿐만 아니라, 사회구조의 영향에 따라서도 형성된다. 만일 조직의 주요 기술과정이 잘 이해되고 관례적이라면 이 기술과정은 여러 개의 작은 표준화된 운영과정으로 분리되며, 상층부에서 이루어진 의사결정을 기술수준이 낮은 많은 종업원들이 수행하는 집권화한 계서제의 조직구조 형태를 갖게 된다.

그러나 학교조직은 활용하는 기술이 잘 이해되어 있지 않고, 원재료인 학생들의 가변적인 특성 때문에 운영의 표준화가 이루어지기 어렵다. 따라서 학교조직의 구조는 분권화되며 납작한 형태를 갖게 된다. 조직의 실제 업무를 수행하는 교사들은 상대적으로 크고 다양한 임무를 수행하기 때문에 개개의 특정 사례의 필요에 따라 대처하는 방법을 적절히 활용해야 하고, 독자적으로 중요한 사항을 결정할 수 있는 권리를 부여받는다.

학교에서는 한 교사가 일 년 동안 한 집단의 학생들을 가르친다. 담임교사는 다른 교사들과 조정의 필요성을 별로 느끼지 않고 독자적으로 학급을 운영해 나간다. 또한 주어진 과목을 동일한 학생들을 대상으로 일 년 동안 자신의 개성과 판단을 활용하면서 가르치는 상당히 포괄적인 임무를 담당한다. 교사들에게는 어느 정도 동료나 학교행정가의 감독 없이 자신의 교수내용이나 교수방법에 대한 자율성이 확보되는데, 이 경우에는 학교의 다원적인 목표에서 발생할 수 있는 긴장을 완화시킬 수 있다.

그러나 서구에 비해 우리나라에서는 일선 초·중등학교 과정에 표준화된 교육과정 지침서가 개발되어 있어서 수업내용뿐만 아니라 수업방법까지도 처방해 주고 있기 때문에 교사의 자율성이 상당히 제한되어 있다고 하겠다.

4) 외부환경의 큰 영향

조직은 조직이 처한 환경으로부터 끊임없이 영향을 받는다. 조직이 환경으로부터 받는 영향의 정도와 내용은 환경이 어떠한가에 따라 다르게 나타난다. 또한 조직은 환경으로부터 미치는 영향에 대해서 여러 가지 방식으로 대처한다. 환경은 조직에 원자료를 제공하며, 조직의 산출품을 수용한다. 학교는 지역사회에서 학생들을 받아들여 교육시키고 교육을 끝낸 졸업생들을 지역사회로 내보낸다. 조직과 환경은 서로 경계가 있지만, 이 경계는 완전히 분리된 것이 아니라 유동적이다. 학교는 개방체제로서 외부환경으로부터 많은 환경적인 영향을 받으며, 외부환경과의 상호작용 속에서 존재한다.

학교의 외부환경은 학교경영이나 운영 전반에 영향을 미치기 때문에 학교조직이 외부환경에 어떻게 적응하느냐가 학교의 효과적인 운영과 유지·발전에 중요하다. 조직의 환경은 불확실성과 자원의 의존성 정도에 따라 구분된다. Emery & Trist(1965)는 환경을 복잡성과 변화율의 특성에 두고, 평온적-무작위적 환경, 평온적-집약적 환경, 혼동적-반응적 환경, 격동의 장으로 구분하였다. 우리나라의 경우에는 일반적으로 평온적-집약적 환경에 가깝다고 볼 수 있으나, 점차 혼동적-반응적 환경으로 변해가고 있다. 특히, 대도시지역의 신도시 개발지역이나 도서벽지의 소규모

학교의 경우에는 환경의 변화에 대한 압력을 강하게 받고 있다. 또한 고등교육기관의 경우에도 교육시장의 개방에 따라 학교를 둘러싼 환경의 변화가 격심해지고 있다.

Hoy와 Miskel(1987)은 환경의 복잡성과 안정성에 따라 조직의 구조를 다르게 처방하고 있다.

- 조직이 단순하고 안정된 환경에서는 집권화한 행정구조를 갖게 되고 표준화된 작업과정을 추구한다.
- 복잡하고 안정된 환경에서는 어느 정도 분권화된 관료적인 구조가 적절하다.
- 단순하고 불안정한 환경에서는 집권적인 구조이지만, 다소 융통성 있는 구조가 적절하다.
- 복잡하고 불안정한 환경에서는 분권화된 구조가 적절하다.

5) 엄밀한 권위관계

공식적인 조직에서 목표를 행동으로 옮기는 주된 수단은 권위이다. 교실상황에서 권위관계를 엄밀히 연구할 때에 학교의 긴장이 일상적인 활동으로 표출되는 것을 볼 수 있다. 교장과 교사들은 타인들이 조직의 목표를 달성하는 활동에 참여하도록 지시함으로써 목표를 성취한다, 이들은 학교의 목표를 달성하는 공식적인 책임과 다른 사람들이 그들의 역할을 수행하고 있는가를 감독하는 권한을 갖고 있기 때문에 권위를 소유하고 있다고 할 수 있다.

권위는 상급자로서 지시할 수 있는 권한을 갖고 있고, 하급자는 복종할 의무를 지니고 있다는 점에서 다른 지시나 복종관계와 구별된다. 여기에서의 권리와 의무는 상호작용하는 사람들이 충성해야 하는 도덕적인 질서를 위하여 봉사해야 한다는 관계 속에서 이루어진다.

학교에서는 젊은이들을 다루며, 젊은이들은 연령이 높은 사람을 신뢰해야 한다는 가정을 강화하는 체험을 갖게 된다. 학생들은 상하관계에서 하급자 집단에 속한다. 학생들은 학교에서 주로 교수활동의 객체로서의 위치를 지니는데, 그들이 교사의 지시에 순종하여 얻어지는 외부적인 보상은 그렇게 많지 않다. 학교에서의 좋은 성적이 특정한 일부 학생에게는 보상이 되지만, 많은 다른 학생들은 그렇지 못하다. 그들의 학업성적에서 보상을 기대하지 않는 상당수의 학생들이 있기 마련이다. 특히 강제적인 의무감에서 학교에 다니는 학생에게 학업성적 등의 보상이 더욱 희박해지면, 이런 학생들은 학교의 도덕적인 질서에 대한 열정과 신념에서 벗어나 학교의 권위체제를 수용하지 않을 수도 있다.

제5장

교육과정 운영과 교내장학

전통적으로 교육과정은 주로 학교 교육과정을 의미하며, 학교 교육과정은 무엇을, 어떻게 그리고 왜 가르쳐야 하는가 라는 질문을 다루는 학문영역 또는 실천영역으로 간주되어 왔다(김재춘 외 3, 2005). 그러나 학교 교육과정이 학문영역보다는 실천영역에 다소 비중이 더한다는 점을 고려할 때에 현재의 사회제도와 체제를 유지·발전시키기 위해서는 인류문명의 압축물로 간주되는 전통적인 교과를 적극적으로 가르쳐야 한다는 생각을 할 수 있다.

이에, 교육과정과 장학지도에 관련된 법규, 학교 교육과정의 편성방법과 절차 그리고 학교 교육과정에 대한 평가를 통하여 학교 교육과정의 운영에 대한 이해의 폭을 넓힌 후에 교육과정 운영 및 교수·학습방법 등에 대한 지도의 일환으로 교내장학에 대하여 논의하고자 한다. 교내장학에 대한 논의는 제한된 지면을 감안하여 교내장학의 원리와 방법에 국한하여 정리하고자 한다.

1. 교육과정 운영과 장학지도의 관련 법규

학교의 교육과정은 학생을 대상으로 특정한 교육목적을 성취하기 위해서 개발하는 것이다. 이를테면, 기초생활습관의 형성, 학습결손의 치료나 예방, 글로벌 경쟁력 함양 등 한정할 수 없을 만큼 다양하다.

이와 같이 교육과정이 본래 의도하는 교육목적을 성취하기 위해서는 개발된 교육과정이 교육현장에서 시행되지 않으면 안 된다. 교육과정이 우선 정부나 해당교육청 또는 개별학교에 의해 실제 채택되고, 교사에 의해 잘 이해되며, 교실수업에서 적절히 사용되고, 학생에게 잘 전달되는 등 성공적으로 시행되었을 때에 비로소 의도하는 교육목적의 성취가 가능해지기 때문이다. 그래서 A. W. Steller(1983)는 “완전하다고 하는 교육과정 계획도 해당기관이나 개인에 의해 동의되지 않는다면 무의미하다”라고 주장하였고, 곽병선(1985)은 “아무리 좋은 의도를 담은 계획일지라도 학교수업에서 사용되지 못하고 수업을 이끌지 못하며 학생들의 교육력 성취에 작용하지 못하는 것은 교육과정이 되지 못한다”라고 주장한 바 있다. 이것은 교육과정이 의도하는 바 교육목적 성취라는 측면에서 교육과정 시행절차의 중요성을 강조한 주장들이다(서울대학교 교육연구소, 1998. 재인용).

교육과정 시행의 중요성은 다른 측면에서도 찾아볼 수 있다. 교육과정 시행절차에서 교사에 의하여 교육과정 자체가 변모되기도 하고, 교육현장에서의 여러 요소끼리 상호작용하는 과정에서 새로운 교육과정이 생성되기도 한다. 뿐만 아니라, 교육과정 시행 중에 사용된 교육과정 자체의 장단점을 발견하고, 이에 대한 개선 아이디어를 얻을 수도 있는 등 교육과정 자체의 질 관리에 있어서도 교육과정의 시행은 매우 중요한 의미를 갖는다.

한편, 교사와 학생 간에 교육과정 시행이 한층 더 효과적으로 이루어질 수 있게 하는 작용으로서의 장학(supervision)활동도 학교경영에서 간과

할 수 없는 중요한 요소이다. 학생의 학교생활에 직접 관여하는 교사들로 하여금 충분한 학습지도를 할 수 있도록 조력·지도하는 봉사활동이 장학사나 장학관의 전유물이라는 발상은 시대착오적이다. 교사의 학생지도 활동을 가장 가까이에서 지켜볼 수 있는 교장과 교감은 중요한 장학 담당자가 된다. 그러므로 단위학교 경영과 관련하여 교육과정을 운영하고, 교내장학을 실시할 수 있는 법률적인 근거를 숙지함으로써 학교경영에 시행착오를 겪지 말아야 한다.

교육과정 운영과 관련한 법률적인 근거는 <표 5-1>과 같다.

<표 5-1> 교육과정 운영과 관련한 법률적 근거

법규명	조 (명칭)	주 요 내 용
초·중등 교육법	제23조 (교육과정 등)	① 학교는 교육과정을 운영하여야 한다. ② 교육과학기술부장관은 제1항의 규정에 의한 교육과정의 기준과 내용에 관한 기본적인 사항을 정하며, 교육감은 교육과학기술부장관이 정한 교육과정의 범위 안에서 지역의 실정에 적합한 기준과 내용을 정할 수 있다(개정 2001.1.29, 2008.2.29). ③ 학교의 교과는 대통령령으로 정한다.
초·중등 교육법 시행령	제43조 (교과)	법 제23조 제3항의 규정에 의한 학교의 교과는 다음 각 호와 같다. 1. 초등학교 및 공민학교 : 국어, 도덕, 사회, 수학, 과학, 실과, 체육, 음악, 미술 및 외국어(영어)와 교육과학기술부장관이 필요하다고 인정하는 교과(개정 2001.1.29, 2003.1.29, 2008.2.29) 2. 중학교 및 고등공민학교 : 국어, 도덕, 사회, 수학, 과학, 기술·가정, 체육, 음악, 미술 및 외국어와 교육과학기술부장관이 필요하다고 인정하는 교과(개정 2001.1.29, 2003.1.29, 2008.2. 29)

-계속-	-계속-	3. 고등학교 : 국어, 도덕, 사회, 수학, 과학, 기술・가정, 체육, 음악, 미술 및 외국어와 교육과학기술부장관이 필요하다고 인정하는 교과(개정 2001.1.29, 2003.1.29, 2008.2.29) 4. 특수학교 및 고등기술학교 : 교육과학기술부장관이 정하는 교과(개정 2001.1.29, 2008.2.29)

*자료 ; 초・중등교육법과 초・중등교육법시행령에서 '교육과정 운영' 관련 규정을 찾아서 저자가 표로 재구성.

다음으로, 장학지도와 관련한 법률적인 근거는 <표 5-2>와 같다.

<표 5-2> 장학지도와 관련한 법률적 근거

법규명	조 (명칭)	주 요 내 용
초・중등 교육법	제7조 (장학지도)	교육과학기술부장관 및 교육감은 학교에 대하여 교육과정 운영 및 교수・학습방법에 대한 장학지도를 실시할 수 있다(개정 2001.1.29, 2008.2.29).
초・중등 교육법 시행령	제8조 (장학지도)	교육과학기술부장관 및 교육감은 법 제7조의 규정에 의한 장학지도를 실시함에 있어서 매 학년도 장학지도의 대상・절차・항목・방법 및 결과처리 등에 관한 세부계획을 수립하여야 한다(개정 2001.1.29, 2008.2.29).

*자료 ; 초・중등교육법과 초・중등교육법시행령에서 '장학지도' 관련 규정을 찾아서 저자가 표로 재구성.

2. 학교 교육과정의 편성방법과 절차[1)]

교육과정이란 교육을 통해 기르고자 하는 인간상을 상정하고 구현하기 위한 구체적인 내용과 방법을 제시한 청사진이다. 교육과정 편성·운영의 질은 곧 교육의 수준을 의미하며, 국가의 경쟁력을 좌우하는 요소로 작용한다. 현재의 학교운영은 교육과정 중심 체제를 요구하고 있는데, 교육과정 중심의 교육체제란 질 높은 교육의 실현을 위하여 각각의 수준이 담당하고 있는 역할을 효율적으로 분담하고, 이에 대한 책무성을 지녀야 하는 교육체제이다.

특히 교사는 교육을 맡고 있는 주체이며, 교육과정의 계획자이자 최종 실천자이다. 따라서 교사들이 교육과정 편성·운영에 대하여 전문적인 소양을 갖추는 일은 매우 중요할 뿐만 아니라 이를 통해 전문직으로서의 위상을 확보할 수 있다. 이러한 생각의 바탕 위에 학교 교육과정이 편성·운영되어야 하는데, 그 단계는 다음과 같이 네 단계로 이루어진다.

- 준비단계 : 학교교육과정위원회 조직과 편성계획 수립, 교육과정 기준과 지침의 내용분석, 각종 실태조사 분석과 시사점 추출 및 학교 교육과정의 기본방향 설정
- 편성단계 : 학교 교육과정의 시안작성, 학교 교육과정 시안의 심의 및 확정
- 운영단계 : 학교 교육과정의 운영
- 평가단계 : 학교 교육과정 평가와 개선

1) 교육과정 편성과정에서 할 일

각 지방교육청에서 제시한 교육과정 편성운영 지침에는 학교에서 교육과정 편성과정에서 할 일이 다음과 같이 제시되어 있다.

---

1) 이철웅(2011). 교직실무 이론과 실제. 고양 : 서현사. pp.52~57의 내용을 재구성하여 전제함.

첫째, 학교는 국가수준의 교육과정과 시·도 및 학교급별 교육과정 편성·운영지침 및 지역교육청의 학교 교육과정 편성·운영에 관한 실천 중심 장학자료를 바탕으로 학교실정에 알맞은 학교·학년·학급 교육과정을 편성한다.

둘째, 교육과정의 합리적인 편성과 효율적인 운영을 위하여 교원, 교육과정 전문가, 학부모 등이 참여하는 학교교육과정위원회를 구성하여 운영하며, 이 위원회는 학교장의 교육과정 편성·운영 및 의사결정에 관한 자문역할을 한다.

셋째, 민주적이고 균형적인 학교발전을 위한 교육과정 편성·운영평가를 자율적으로 실시한다.

넷째, 학교 교육과정의 편성·운영에는 교원의 조직, 학생실태, 학부모의 요구, 지역사회의 실정 및 교육시설·설비 등에 관한 기초조사의 결과가 반영되도록 한다.

다섯째, 복식학급을 편성하는 경우에는 교육내용의 학년별 순서를 조정하거나 공통주제를 중심으로 교재를 재구성하여 활용할 수 있다.

여섯째, 모든 교육활동을 통하여 학생들의 기본생활습관 형성 및 정확한 국어사용 능력을 신장시킬 수 있도록 편성한다.

일곱째, 학교는 주5일 수업제의 실시에 따른 교육공동체의 의견과 학교의 여건을 고려하여 학교 교육과정을 창의적으로 편성한다.

2) 교육과정 편성의 기본원칙

창의적이고 특색 있는 학교 교육과정을 편성하기 위해서는 다음과 같은 일반적인 원칙을 염두에 두어야 한다.

첫째, 실태 및 지침분석과 시사점 추출원칙이다. 학생들의 특성과 흥미, 학부모 및 지역의 특성과 요구, 학교의 여건 등 실태를 분석하고, 영역별 실태분석 및 영역별 교육과정 편성을 위한 시사점을 추출한다. 이를 위해서는 관찰, 면담, 현장조사 및 문항분석표를 활용할 수 있다. 또한 학교 교육과정 편성·운영지침의 영역별 분석을 통해 목표, 내용, 방법, 평가상의 시사점을 추출한다.

이렇게 추출한 시사점을 학교 교육과정 편성과 운영의 모든 단계에 반영한다. 특히, 국가수준 교육과정과 시·도 교육과정 편성·운영지침의 내용을 학교수준의 내용으로 재구성하는 근거로 제시한다.

둘째, 목표설정의 원칙이다. 국가수준의 내용과 시·도교육청 편성·운영지침의 목표를 설정한다. 필요한 경우에는 국가수준 목표의 범위 내에서 시사점을 반영하여 진술할 수 있다.

셋째, 내용체계 구성의 원칙이다. 국가수준의 내용과 시·도교육의 중점과제 등을 학습분량(시간)과 학습시기 차원에서 재구성한다. 학생들의 발달수준을 고려하여 학년 간 이동이나 조정이 필요한 내용을 제시하도록 한다. 또한 국가수준의 내용 중에서 내용의 폭과 깊이 및 계열성을 분석하여 학년에 따라 학습시기의 조정이 필요한 내용을 제시한다.

넷째, 내용구성의 원칙이다. 시사점을 고려하여 진술하고, 진술한 내용의 구성근거를 시사점에서 찾아 제시하며, 학습분량(시간)을 구체적으로 책정하도록 한다. 국가수준 교육과정의 내용범위와 시·도 교육과정 편성·운영지침을 준수하여야 한다.

다섯째, 학습목표 구성의 원칙이다. 대단원 목표와 소단원 학습목표를 진술하는데, 이때 각종 교수·학습활동 개선자료를 참조하여 진술해야 하고, 형성·총괄평가 시에 이를 활용하여야 한다.

여섯째, 지도 및 평가상 유의점을 진술한다. 시사점을 고려하여 국가수준 또는 시·도 교육과정 편성·운영지침의 유의점을 학교실정에 맞게 진술한다. 지도상의 유의점은 내용지도, 수업방법, 실천동기 강화의 차원에서 진술해야 하며, 평가상의 유의점은 유의점, 평가원칙, 실제방안, 실기평가 기준 등을 반영하여 진술하도록 한다.

일곱째, 학기의 개념을 진술한다. 교칙에 제1학기를 3월 1일부터 수업일수, 휴업일 및 교육과정을 고려하여 학교장이 정한 날까지, 제2학기는 1학기 종료일 다음날부터 다음해 2월 말까지로 한다. 단, 학교운영위원회의 승인을 받아 학교교칙이 정하는 날로 할 수 있다(초·중등교육법시행령 제44조).

3) 학교 교육과정 편성절차

학교 교육과정의 편성절차는 학교에 따라 다양하겠지만, 교육과정위원회를 조직하고 기초조사를 실시하여 학교교육의 방향을 설정하고, 학교 교육과정안을 작성하여 이를 적용하면서 수정, 보완해 나아가는 모형을 따르는 것이 일반적이다. 이를 그림으로 나타내면 [그림 5-1]과 같다.

편성단계에서 고려해야 할 점은 교육과정 형태를 통합적으로 할 것인지 아니면 분과형으로 할 것인지를 결정해야 하는 것이다. 일반적으로 유치원과 초등학교 저학년인 1, 2학년에서는 주제나 제재 중심의 통합형으로 재편성하고, 초등학교 3~6학년의 고학년에서는 분과형으로 하여 학생집단의 특성에 맞게 재편성해야 할 것이다.

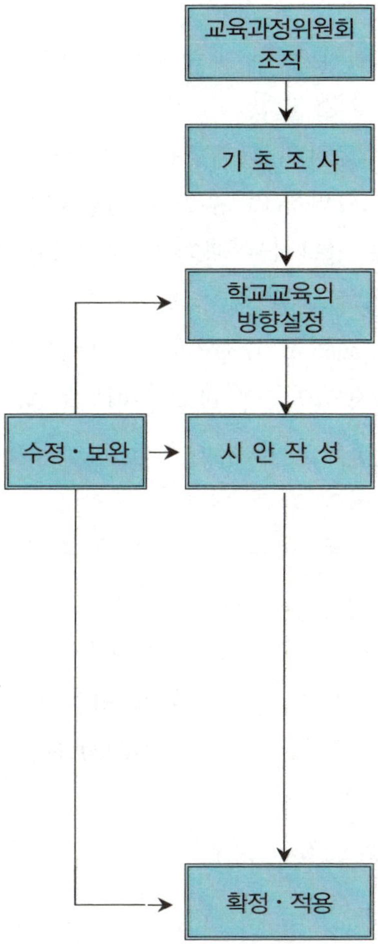

- 교원, 학부모, 지역사회 인사 참여
- 교육과정 편성 · 운영계획 수립

- 국가수준 교육과정 분석
- 시 · 도 교육과정 편성 · 운영지침 분석
- 각종 실태분석

- 학교 교육과정 구성방향 결정
- 학교 교육목표 세분화(설립목적, 교훈)
- 학교 교육과정 편성기준 작성

- 편제 및 시간배당 결정
- 수업일수 및 수업시수 결정
- 교과, 창의적 체험활동, 연간 운영계획 수립
- 창의적 체험활동의 학교 별도 확보시간 결정
- 교육평가 계획수립
- 생활지도, 특수아지도 및 교육자료 활용계획 수립
- 수준별 교육과정 운영에 따른 특별 보충 과정 운영계획 수립
- 영재아, 학습부진아 지도계획 수립
- 지도 · 평가의 유의점
- 기타 필요한 계획수립

- 시안의 분석 · 검토
- 시안의 심의확정
- 교원연수
- 시안의 현장적용, 평가, 반성

*자료 ; 이철웅(2011). 교직실무 이론과 실제. 고양 : 서현사. p.57. 재인용.

[그림 5-1] 학교 교육과정의 편성절차

3. 학교 교육과정에 대한 평가

교육활동에 있어서의 평가는 학습자 전원이 당해 교육목표를 성공적으로 달성하고 있는지를 확인하는 교육의 과정 중의 한 단계이다. 따라서 학교에서는 다양한 도구와 방법으로 교과와 창의적 체험활동의 교육목표 성취도를 평가하여 학생의 목표도달도를 확인하고, 수업의 질을 개선하기 위한 자료로 활용하여야 한다. 학교에 따라서는 평가의 참여자를 교사, 학부모 및 학생 등으로 설정하여 다양한 시각에서 평가하도록 하는 방안을 생각해 볼 수도 있다. 또, 매년 교육과정 운영실적을 자체평가하여 그 결과를 다음 학년도의 교육과정 편성·운영에 반영하여야 함은 당연한 일이다. 실제로 작성된 학교 교육과정의 활용성과 적합성을 평가하기 위해서는 구체적인 평가기준도 마련하여야 한다.

결국, 평가는 학생들의 학업성취도와 함께 교수활동에 대한 평가 및 학교 교육과정 편성·운영의 결과를 포함하여 실시하고, 그 결과를 학교 교육과정 편성·운영을 개선하는 주요자료로 사용함으로써 교육의 질을 충실히 관리할 수 있다. 이에, 평가계획의 수립, 학업성취도 평가 및 창의적 체험활동 평가를 이철웅(2011)의 논의와 교육과학기술부(2011)를 중심으로 설명한다.

1) 평가계획의 수립

교육과정에서 요구하는 평가의 목적과 방법을 구현하기 위한 학교의 평가계획에 담아야 할 전체적인 요소는 누가, 무엇을, 언제, 어디서, 어떻게 등 다섯 가지이다.

- 무엇을 : 교육과정의 인지적·정의적·심동적 목표에 대한 도달도 확인
- 언제 : 진단, 형성, 총괄평가의 적기
- 누구 : 평가자와 평가대상자
- 어디서 : 교수·학습활동이 전개되는 현장

• 어떻게 : 평가방법과 활용, 평가시기 및 평가결과의 피드백 계획, 성적반영계획, 학교생활기록부 반영계획 등

또한 학교에서 이루어지는 평가는 학생들의 학습내용과 방법 그리고 학부모의 교육관에까지 영향을 미치기 때문에 교육평가는 교육적이고 신중해야 하며, 이를 위하여는 학교단위의 평가협의회가 필요하다.

2) 학업성취도 평가

학업성취도 평가의 주된 목적이 교육과정에 명시된 교육목표 도달도를 확인하고 교수·학습활동과 관련된 반성 및 개선의 자료를 얻고자 하는 데 있다고 볼 때에, 학교의 교육활동 중에서 학업성취도 평가는 매우 중요한 역할을 담당한다.

평가는 바로 해당학교의 교육목표, 교육내용, 교수·학습방법 등을 실질적으로 규정하고, 학습자의 지적·정의적 발달은 물론 학생들의 학습방법과 학부모의 교육관에도 큰 영향을 주고 있다. 그러므로 학교에서 실시하는 학업성취도 평가는 보다 교육적으로 보다 신중하고 보다 현장감 있게 연구·개선되어야 하며, 평가결과가 교사에게는 반성의 자료로, 학생에게는 보람과 격려의 자료로 활용되어야 한다.

(1) 평가문항 제작의 절차

평가는 의도적이어야 하며, 그렇게 하기 위해서는 [그림 5-2]와 같은 절차가 필요하다.

출제계획서 작성	•교육과정 분석 •필수 교육목표 설정 및 평정
문 항 개 발	•실무교사의 참여
문항의 검토와 수정	•출제 전반에 대한 검토 •문두나 지시문의 검토 •답지의 검토
검사지의 편집	•동일목표 영역이 두 개 이상이면 한 곳으로 묶어 배열 •논리적인 순서, 곤란도 순서대로 배열 •객관식, 주관식 순으로 배열 •같은 문항은 같은 쪽에 배열

*자료 ; 이철웅(2011). 교직실무 이론과 실제. 고양 : 서현사. p.60. 재인용.

[그림 5-2] 문항의 제작절차

(2) 평가문항 제작의 기본방향

문항의 내용은 제시된 교육목표에 근거해서 적절하여야 하며, 난이도를 추정하여 작성되어야 한다. 문항의 구성은 참신성을 고려하여야 하고, 검사문항 자체가 교육적인 효과를 갖도록 작성되어야 한다. 문항형식은 평가목표와 내용에 따라 달라져야 하며, 문항 수는 교과별 평가목적의 특성에 따라 달라져야 한다. 문항반응에 소요되는 시간은 충분히 주어져야 하는데, 이는 속도보다 역량을 확인하기 때문이다.

(3) 바람직한 문항

교육과정의 목표와 내용에 합치되어야 하고, 교육목표에서 의도하는 행동목표와 내용을 구체적으로 나타내야 한다. 깊이 생각하여 답을 예견할 수 있는 복합성도 갖추어야 하며, 구체적인 현실을 포괄하는 일반화와 추상화 정도가 적절해야 한다. 또한 문항이 피험자에게 적절한 의미를 줄 수 있도록 적정수준의 구조화된 문항장면을 제시하도록 한다. 지나치게 어려운 문항이나 쉬운 문항을 피하고 피험자의 사고를 유발할 수 있는 적정한 난이도를 고려하여야 한다.

(4) 좋은 평가문항이 갖는 조건

특히 선택형 문항의 경우에서 바람직한 평가문항에는 다음과 같은 조건이 필수적이다.

첫째, 출제자의 출제의도가 피험자에게 정확히 전달되어야 한다. 문항은 쉬운 용어로 간결하과 분명하게 서술하며, 복잡한 어구의 배열은 피하고, 정확한 의미를 가진 단어를 사용한다. 또한 문항에 전문적인 용어나 부정문장, 반복되는 여구는 피하는 것이 바람직하다.

둘째, 평가목표와 문항내용은 일치되어야 한다. 학습한 내용을 그대로 문항으로 만들지 않는다. 지나치게 특수한 내용이나 기계적인 암기를 요하는 상투적인 문장은 피하며, 구체적이고 실제적인 자료를 사용하는 것이 바람직하다.

셋째, 평가가 중요한 학습방법임을 분명히 하여 문항을 제작한다. 이를 위해서는 중요한 원리나 법칙에 해당하는 것을 포함시키고, 거짓이 되는 내용을 배제해야 하며, 답하는데 필요한 모든 조건이 누락되지 않도록 한다.

넷째, 정답에 대한 단서를 주지 않아야 한다. 문법적인 구조가 되는 단서, 언어적인 연상이 주는 단서, 묻는 말과 답하는 내용의 의미상 연결로 인한 정답의 단서를 배제하도록 한다. 또한 정답의 길이나 위치가 주는 단서, 문항 간의 공통적인 요소가 주는 단서를 배제하고, 일반화를 강조하는 말이나 절대적인 뜻을 가진 말을 사용하지 않도록 한다.

다섯째, 한 개의 문항에는 단일한 아이디어만을 포함시킨다.

여섯째, 조건이나 예외 없이 절대적으로 맞거나 틀리는 사실에 근거하여 문항이 작성되어야 한다.

일곱째, 정답은 분명하고 오답은 그럴듯하게 문항이 만들어져야 한다.

여덟째, 답지의 수를 적절히 해야 한다.

아홉째, 선택형 문항에서 답지에 반복되는 말을 문항에 포함시켜서 표현하도록 한다. 또 답지작성에 있어서 의미나 내용이 중복되지 않도록 한다.

마지막으로 선택형 문항에서 술어의 정의를 다룰 때에 모두(冒頭)에 술어를, 답지에 정의를 두도록 한다.

(5) 수준별 교과평가

수준별 교육과정의 평가는 기본 학습내용을 중심으로 평가하되, 심화·보충학습의 활동과정을 평가에 반영하는 것이 바람직하다. 전체 학생을 대상으로 하는 일제식 평가의 경우에는 모든 학생이 공통적으로 배운 기본적인 학습내용을 중심으로 평가하는 것이 바람직하다. 다만, 모든 학생은 자기가 배운 내용을 전부 평가받아야 한다는 평가의 기본원리에 입각하여 심화과정이나 보충과정은 수행평가 등의 과정평가 방식을 활용할 수 있다.

3) 창의적 체험활동의 평가

창의적 체험활동은 주로 학생들의 교과 외 체험활동을 촉진하기 위하여 종래의 창의적 재량활동과 특별활동을 통합하여 새롭게 도입한 것이다. 창의적 체험활동 교육과정은 자율활동, 동아리활동, 봉사활동, 진로활동의 4개 영역으로 구성되어 있다. 따라서 창의적 체험활동의 평가는 활동결과에 대한 평가보다는 활동과정에 대한 평가를 더욱 중시함으로써 이 네 가지 영역에 걸쳐서 균형 있게 평가하여야 한다.

학교에서는 창의적 체험활동의 학년별 성취수준을 설정하고, 다양한 평가도구와 방법으로 성취도를 평가하여야 한다. 특히, 매년 창의적 체험활동 교육과정의 운영실적을 자체평가하여, 그 결과를 다음 학년도의 교육과정 편성·운영에 반영하여야 한다. 또한 학교에서 창의적 체험활동에 대한 평가는 지도계획에 대한 평가, 지도과정에 대한 평가, 집단의 변화와 발전에 대한 평가 그리고 학생개인의 발달에 대한 평가 등의 측면이 종합적으로 고려되어야 한다.

창의적 체험활동의 궁극적인 목표는 학생들로 하여금 창의적 체험활동에 자발적으로 참여하여 개개인의 소질과 잠재력을 계발·신장시키고, 자율적인 생활자세를 기르며, 타인에 대한 이해를 바탕으로 나눔과 배려를 실천함으로써 공동체 의식과 세계시민으로서 갖추어야 할 다양하고 수준 높은 자질함양을 지향하는데 있다. 따라서 이러한 목표는 창의적 체험활동의 최종적인 평가대상이 되므로, 지도계획이나 지도방법의 평가 및 집단의 진보에 대한 평가는 이 최종목표 도달을 위한 수단으로서의 평가라고 할 수 있다.

개인적인 발달을 평가하기 위해서는 학생의 행동을 관찰해야 하는데, 이러한 관찰자로는 교사, 학생 및 학부모 모두 포함될 수 있다. 교사가 관찰할 경우에는 시간표집법, 체크리스트법, 평정척도법, 일화기록법, 누가기록법 및 다른 교사와 협의하는 방법 등을 이용할 수 있다. 학생의 관찰을 이용할 경우에는 반성기록, 글짓기, 일기, 질문지법, 소시오메트릭법, 대화를 통한 관찰 등이 있다. 뿐만 아니라 부모에 대한 면접법이나 질문지법에 의해서도 평가자료를 얻을 수 있다.

한편, 2009 개정 교육과정에서는 창의적 체험활동의 평가에 대한 기본지침을 다음과 같이 제시하고 있다.

- 학교와 지역사회의 실정 및 교육목표에 비추어 적합하게 이루어지도록 평가한다.
- 교육목표의 설정, 평가장면의 선정, 평가도구의 제작, 평가의 실시 및 결과처리, 평가결과의 해석 및 활용의 절차를 고려하여 평가한다.

- 각 영역별로 평가관점을 마련하고 참여도, 협력도, 열성도 및 그 이외의 활동실적 등이 골고루 반영되도록 평정척도를 작성·활용한다.
- 학생의 자기평가, 상호평가, 활동 및 관찰기록, 질문지, 작품분석, 포트폴리오 등 다양한 방법으로 평가한다.
- 평가결과는 평소의 활동상황을 누가기록한 자료를 토대로 학생의 활동실적, 진보의 정도, 행동의 변화, 특기사항 등을 담임 또는 담당교사가 수시로 평가한다.
- 학생이 창의적 체험활동에 참여한 정도와 성과를 지속적으로 기록하고, 학교가 제공한 창의적 체험활동 프로그램의 특성을 상세히 기록하여 상급학교 진학자료로 활용되도록 한다.
- 학생 개개인의 성장, 발달, 변화를 평가하여 그 결과를 학생의 계속적 진보와 계발을 돕는 자료로 활용함은 물론, 학급 또는 학교 차원에서 전체 집단의 성장, 발달 및 변화 등을 평가하여 지도방법 개선 자료로 활용한다.
- 프로그램 평가에는 운영계획과 운영과정, 운영결과 등이 포함되도록 하며, 평가결과는 차후 창의적 체험활동 계획수립 및 운영의 개선자료로 활용한다.

4. 교내장학 활동

장학의 개념을 하나의 명제로 정의하기는 어렵다고 하였다(윤정일 외 3, 1994). 그래서 장학의 개념은 사람이나 장소, 시간에 따라 다르며, 어디에 강조를 두느냐에 따라서 그 내용이 다르기 마련이다.

본래 장학이라는 말이 영어의 supervision이 super와 vision의 합성어라는 점에서 알 수 있듯이, 이 용어는 어원적으로 우수한 사람이 위에서 감시한다는 의미를 가지고 있다. 그래서 한때 감독 또는 시학이라는 말이 장학의 의미를 나타내는 용어로 사용되기도 하였으며, 그 어원적인 의미가 일제하의 감시·감독적인 장학행태와 어울려서 교사를 포함한 많은 사람들이 장학활동에 대하여 부정적인 태도를 갖게 된 이유가 되기도 하였다. 그러나 장학의 개념은 교육의 통제보다는 조성과 지원을 통해 교수·학습활동의 성과를 극대화한다는 좋은 의미를 가지고 있다. 그래서 교수·학습활동의 개선을 위하여 제공하는 지도 및 조언활동 측면이 부각되기도 하지만, 장학의 개념에 대한 다의성은 결국 접근상의 다원성일 뿐, 장학의 궁극적인 목적이 수업의 개선에 있다는 점에는 일치하고 있다.

이렇게 볼 때에 장학의 개념을 엄밀하게 정의할 수는 없지만, 적어도 두 가지의 중요한 요소를 포함하고 있음을 알 수 있다. 그것은 첫째, 장학을 어떤 관점에서 보든지 궁극적으로는 수업의 개선을 목적으로 한다는 점이고, 둘째, 그 대상이 교사라는 점이다. 따라서 이러한 요소를 고려하여 장학을 간단히 정의해 보면, "교수행위의 개선을 위해 교사에게 제공되는 장학담당자의 모든 노력"이라고 잠정적으로 말할 수 있을 것이다. 장학의 대상이 교사이고 장학담당자의 모든 노력도 교수행위의 개선에 기여한다는 측면에서 보면, 학교경영을 담당하고 있는 교장과 교감이 주로 담당하는 교내장학은 큰 의미를 지닌다.

교내장학은 학교에서의 교육활동을 성공적으로 수행할 수 있도록 교사를 지도하고 교사에게 조언하는 장학활동을 말한다. 이는 교사의 수업활동을 개선시킴으로써 교육의 질을 향상시키기 위하여 학교 내의 장학담당자가 교사들을 이끌고 도와주는 지도·조언활동으로 규정할 수 있다. 학내장학은 주로 교장과 교감 및 부장교사에 의하여 이루어지며, 경우에 따라서는 교육청의 장학사에 의하여 이루어지기도 한다. 수업개선 장학으로서의 중요성이 부각되고 있는 교내장학의 원리, 과업 그리고 방법 등을 박병량·주철안(2011)과 강경석·최기만(2003)의 논의를 중심으로 구명하여 본다.

1) 교내장학의 원리

교내장학의 원리는 교내장학을 수행하는데 반드시 응용·적용되어야 할 당위의 기준 또는 이론적인 지침을 의미한다. W. T. Melchoir(1950)는 장학의 원리로 태도의 원리, 창조의 원리, 협력의 원리, 과학성의 원리, 효과의 원리를 제시하였다. 또한 J. C. Parker(1957)는 Melchoir와 Parker가 제시한 교내장학의 원리로 목적성의 원리, 필요성의 원리, 협력성의 원리, 전문성의 원리 그리고 효과성의 원리가 있다고 하였는데, 이에 대하여 좀 더 자세히 살펴보기로 한다.

첫째, 목적성의 원리이다. 교내장학에서 가장 중요한 것은 장학에 대한 올바른 목적의식이다. 어떠한 목적으로 장학을 하는 지가 분명해야 한다는 것이다. 따라서 장학의 목적을 교수·학습활동의 개선이나 교사의 성장 및 발달 등에 두고 상호신뢰의 분위기에서 장학이 이루어져야 한다.

둘째, 필요성의 원리이다. 사람은 자기에게 의의 있는 문제에 대하여 개인 및 집단의 구성원으로 일하게 된다. 그러므로 교내장학은 형식적이어서는 안 되고, 교사의 실질적인 문제해결이나 필요에 부응해야 한다.

셋째, 협력성의 원리이다. 장학은 일방적인 과정이 아니라 쌍방적인 과정이다. 교사는 적극적·능동적인 자세로 문제해결에 참여해야 할 것이며, 장학담당자도 감독자라기보다는 교사의 문제해결에 조력자·봉사자라는 생각을 가지고 장학에 힘써야 한다.

넷째, 전문성의 원리이다. 오늘날의 장학은 교사의 성장과 발달을 도모하기 위하여 지도·조언하는 전문적이며 기술적인 봉사활동이다. 따라서 장학이 소기의 성과를 거두기 위해서는 전문성이 뒷받침되어야 한다.

다섯째, 효과성의 원리이다. 교내장학의 원리는 교사의 성장과 발달, 더 나아가서는 교수·학습활동의 개선 및 향상에 크게 이바지해야 한다. 그러므로 다양한 방법을 활용하여 교내장학의 목적에 어느 정도 기여했는지를 알아보아야 한다.

2) 교내장학의 과업

이윤식(1999)은 교내장학의 과업을 크게 교사의 전문적인 발달영역, 교사의 개인적인 발달영역 그리고 학교의 조직적인 발달영역의 세 영역으로 분류하여 설명하고 있다. 교사의 전문적인 발달영역은 교육과정 운영에 초점을 두고 있고, 교사의 개인적인 발달영역은 교사 개인에 초점을 두고 있으며, 학교의 조직적인 발달영역은 학교조직 및 경영에 초점을 두고 있다. 이 세 가지 영역 중에서 학교 교육활동의 핵심인 교수・학습활동의 개선을 포함하는 교사의 전문적인 발달영역을 가장 중요한 영역이다.

첫째, 교사의 전문적인 발달영역은 교사들이 교과지도와 창의적 체험활동의 지도, 생활지도를 포함하는 교육활동의 전반에서 안정・숙달・성장을 도모하는데 관련되는 내용을 의미한다.

이 영역과 관련하여 다루어질 수 있는 내용으로는 교육철학 및 교직관, 교육목표 및 교육계획, 교육과정 및 교과지도, 창의적 체험활동의 지도, 생활지도, 학급경영, 교육기자재 및 자료의 활용, 컴퓨터 활용, 교육연구, 학부모・지역사회와의 관계 그리고 교육정보 및 시사 등이라고 할 수 있다. 관련 이론으로는 교육과정이론, 아동발달이론, 학습심리이론 및 교수・학습이론 등이 있다.

둘째, 교사의 개인적인 발달영역은 교사들이 개인적・심리적・신체적・가정적・사회적인 영역에서 안정, 만족 및 성장을 도모하는데 관련되는 내용을 의미한다.

이 영역에 관련하여 다루어질 수 있는 내용에는 교사의 신체적・정서적 건강, 교사의 성격 및 취향, 교사의 가정생활, 교사의 사회생활, 교사의 취미활동 그리고 교사의 종교활동 등이 있다. 또한 관련 제 이론으로는 성인발달이론, 성인심리이론, 정신의학이론 그리고 사회심리이론 등이 있다.

셋째, 학교의 조직적인 발달은 그 초점이 학교조직의 전체적인 개선에 있는 만큼, 학교의 조직환경 및 조직풍토를 긍정적으로 변화시킴으로써 학교 내에서의 교사들의 삶의 질을 제고하고, 학교조직의 목표를 효과적으로 달성하는데 관련되는 내용을 의미한다.

이 영역과 관련하여 다루어질 수 있는 내용으로는 학교경영 계획 및 학교경영 평가, 학교경영 조직, 의사소통 및 의사결정, 교직원간 인간관계, 교직원 인사관리, 학교의 재정·사무·시설관리, 학교의 제 규정 그리고 학교의 대외적인 관계 등이 있다. 또한 학교조직이론, 조직발달이론, 인간관계이론 및 집단역학이론 등이 이 영역과 관련된 이론이라고 하겠다.

3) 교내장학의 방법

교내장학에서는 다양한 장학의 방법들이 동원되는데, 여기에서는 임상장학, 동료장학, 자기장학, 약식장학, 자체연수 그리고 선택적 장학에 대하여 알아보기로 한다.

(1) 임상장학

임상장학은 1950년대 Harvard대학에 있던 Morris L. Cogan과 그의 동료들에 의하여 교사지망생들의 수업방법 개선을 위한 하나의 방법으로 개발되었다가, 후에는 교사의 직전교육뿐만 아니라 현직교사의 수업기술 향상을 위한 장학방법으로 발전되었다.

임상장학의 창시자인 Cogan(1973)은 "임상장학은 교사의 학급에서의 행동을 개선하기 위하여 계획된 실제를 의미한다"라고 그 성격을 규정한 바 있다. R. Goldhammer 등(1969)은 임상장학을 "실제의 교수상황을 직접 관찰하여 자료를 얻는 수업장학의 한 양상이며, 수업의 질을 개선하기 위하여 교사와 장학담당자 간의 대면적인 상호작용을 통해 교수행동 및 활동을 분석하는 일"이라고 정의한 바 있다. 조병효(1991)는 임상장학이란 "장학담당자가 실제의 교수상황을 직접 관찰하고 거기서 얻은 자료들을 토대로 교사와 대면적인 상호작용을 통하여 교사와 교수활동을 분석함으로써 교사의 전문적인 자질과 수업의 질을 향상하려는 수업장학의 한 양상인 교실장학"이라고 하였다.

이상과 같은 여러 정의들을 종합해 볼 때에, 임상장학의 주요 특징은 다음과 같이 정리될 수 있다(한국교육행정학회, 1995).

- 교사의 수업기술 향상이 주된 목적이다.
- 교사와 장학담당자 간의 대면적인 관계와 상호작용을 중요시한다.
- 교실 내에서의 교사의 수업행동에 초점을 둔다.
- 일련의 체계적이고 집중적인 지도·조언과정이다.

임상장학은 교사의 수업기술의 향상을 도모하는 체계적인 지도·조언과정이라고 할 수 있다. 따라서 임상장학을 수업장학이라고 지칭하기도 한다.

한편, 임상장학의 체계적인 지도·조언은 몇 단계의 과정으로 이루어진다. M. L. Cogan(1973)은 ① 교사와 장학담당자 간의 관계수립 ② 교사와 공동으로 수업계획 ③ 교사와 공동으로 수업관찰 계획 ④ 교실수업관찰 ⑤ 교수·학습과정 분석 ⑥ 협의전략 계획 ⑦ 협의 ⑧ 후속계획 등 8단계로 나누었다. 또한 R. Goldhammer(1969)는 ① 관찰 전 협의회 ② 수업관찰 ③ 분석과 전략 ④ 관찰 후 협의회 ⑤ 협의 후 분석의 5단계로, K. A. Acheson과 M. D. Gall(1980)은 이를 더욱 단순화하여 ① 계획협의 ② 수업관찰 ③ 환류(feedback)협의의 3단계로 분류하였다.

이상의 임상장학의 과정을 ① 관찰 전 협의회 ② 수업관찰 및 분석 ③ 관찰 후 협의회의 3단계로 나누어 각 단계의 주요활동을 살펴보면 다음과 같다(변영계, 1997).

① 관찰 전 협의회

관찰 전 협의회는 장학담당자와 교사가 공동으로 수행할 임상(수업)장학에 대한 세부적인 활동을 계획하는 단계이다. 이 단계에서 이루어지는 주요활동으로는 다음과 같은 내용이 포함된다.

- 교사와 장학담당자 간의 상호 신뢰로운 관계를 형성하는 일
- 교사로 하여금 수업장학을 이해하고 긍정적으로 생각하게 하는 일
- 수업장학의 과제(무엇을 변화 또는 개선시킬 것인가?)를 확정하는 일
- 관찰할 수업에 대한 장학담당자의 이해를 높이는 일
- 교사가 수업 예행연습을 하고 최종적으로 수정하는 일
- 수업관찰을 위하여 '언제', '어떠한 점'을 '어떠한 방법'으로 할 것인가에 대하여 협의하는 일

이 단계에서 특히 중요한 것은 교사와 장학담당자 간에 상호 신뢰감을 형성하는 일이다.

② 수업관찰 및 분석

수업관찰 및 분석단계는 관찰 전 협의를 마친 후에 장학담당자가 수업을 관찰하여 필요한 정보와 자료를 수집하고, 이를 의미 있는 자료로 분석하는 단계이다. 이 단계의 활동은 다음 단계인 관찰 후 협의를 위한 준비단계의 역할을 담당한다.

관찰은 수업장면에서 일어나는 모든 것을 관찰할 수도 있고(무초점 관찰), 교사와 사전에 합의한 몇 가지 사항에 대해서만 관찰할 수도 있다(초점 관찰). 수업관찰의 내용에는 교사와 학생의 언어행동(발문, 진술, 지시, 반응 등), 교사와 학생의 언어적·비언어적인 상호작용 그리고 학생이동 등이 있다. 장학담당자는 이러한 관찰내용을 기록, 일화기록, 체크리스트, 녹음·녹화 등 다양한 방법을 사용하여 기록한다. 이 단계에서 중요한 것은 정확하고 객관적인 자료를 수집하는 일인데, 이때 관찰행위가 교사

와 학생의 수업활동을 방해하지 않도록 해야 한다.

다음으로 분석은 관찰자료를 정리·해석하고 의미를 파악하는 일이다. 자료분석은 수업형태 분석, 수업내용 분석, 수업활동(과정) 분석, 질의 및 응답분석 그리고 학생이동 분석 등 여러 가지 측면에서 분석될 수 있다. 자료분석에서는 교사의 수업행동에서 어떠한 특징이나 형태가 있는지를 도출하는데 주안점을 둔다. 이 분석자료는 다음 단계의 수업장학 협의회에 제시되어 검토된다.

③ 관찰 후 협의회

관찰 후 협의회는 수업장학을 위한 협의가 본격적으로 이루어지는 단계이다. 이 단계에서 교사와 장학담당자는 수업을 관찰·분석한 자료를 토대로 문제점을 찾아내고, 실제 개선시키고자 한 행동이 어떻게 얼마나 나타나고 있는지를 확인하며, 개선을 위한 구체적인 방법을 찾고, 수업장학 자체를 평가하며, 차기 수업장학을 협의하는 활동을 한다. 따라서 이 단계는 교사에게 수업에 대하여 새로운 통찰을 할 수 있는 기회를 마련하고 수업방법의 개선을 위한 정보를 제공하여 주는, 곧 피드백이 이루어지는 중요한 단계이다.

이상과 같은 임상장학은 모든 교사를 대상으로 수업기술을 향상시킬 수 있는 장학방법이다. 그러나 이를 실시하기 위해서는 많은 시간이 필요하기 때문에, 교사 자신이 임상장학을 요구하거나 교장이 특별히 문제가 있어서 임상장학이 필요하다고 생각되는 교사에게 임상적인 경험을 하게 함으로써 보다 효과적으로 운영될 수 있다. 또한 임상장학을 성공적으로 수행하기 위해서는 학교의 행·재정적인 지원과 동료교사들의 정신적인 지원이 필수적이다.

(2) 동료장학

동료장학은 동료교사들 간에 그들의 교육활동 개선을 위하여 공동으로 노력하는 과정이라고 할 수 있다. Allan A. Glatthorn(1984)은 동료장학이란 "일반적으로 둘 이상의 교사가 서로 수업을 관찰하고, 관찰사항에 관하여 상호조언하며, 서로의 전문적인 관심사에 관하여 토의함으로써 자신들의 전문적인 성장을 위해 함께 연구하는 비교적 공식화된 과정"이라고 규정하였다. 동학년 또는 동교과 단위로 수업연구나 수업방법 개선을 위하여 공동으로 협의하는 것이 전형적인 형태인데, 동료 상호간에 정보·아이디어·도움 또는 충고·조언 등을 주고받는 공식적·비공식적인 행위 모두 이에 포함된다.

동료장학의 주요특징을 정리하면 다음과 같다(한국교육행정학회, 1995).

- 교사들의 자율성과 협동성을 기초로 한다.
- 교사들 간에 동료적인 관계 속에서 서로 가르치고 배우는 활동이다.
- 학교의 형편과 교사들의 필요 및 요구에 기초하여 다양하고 융통성 있게 운영된다.
- 교사들의 전문적인 발달뿐만 아니라 개인적인 발달 그리고 학교의 조직적인 발달까지 도모할 수 있다.

동료장학은 여러 가지 형태로 이루어질 수 있는데, 조병효(1991)는 동료장학의 형태를 수업연구 중심 동료장학, 협의 중심 동료장학 그리고 연수 중심 동료장학의 세 가지 형태로 구분하여 설명하고 있다.

① 수업연구 중심 동료장학

경력교사와 초임교사가 짝을 이루어 상호 간에 수업을 공개·관찰하고, 이에 대한 의견을 교환함으로써 수업연구 과제의 해결 또는 수업방법의 개선을 도모하거나 팀 티칭을 위해 서로 도와 협력하는 일들은 동료장학의 전형적인 형태이다. 수업연구 중심 동료장학은 임상장학보다는 덜 집중적이고 덜 체계적으로 운영될 수 있다. 임상장학 또는 초점관찰에 관하여 훈련을 받았거나 경험 있고 능력 있는 교사들이 중심이 되어 동료장학을 운영할 때에 더욱 효과적이다.

② 협의 중심 동료장학

협의 중심 동료장학은 동료교사들 간에 공식적 또는 비공식적인 일련의 협의를 통하여 어떤 주제에 관하여 경험, 정보, 아이디어, 도움, 충고, 조언 등을 서로 교환하거나 공동과제와 공동관심사를 협의하거나 공동과업을 추진하는 활동을 의미한다. 학교현장에서 일반적으로 볼 수 있는 동학년협의회, 동교과협의회, 동부서협의회 등이 대표적인 형태이다. 수업연구 중심 동료장학이 교사의 전문적인 발달영역 중에서 교과지도에 초점이 맞춰져 있다고 한다면, 협의 중심 동료장학은 교과지도 이외에도 학교 교육계획, 생활지도, 창의적 체험활동의 지도, 행사지도, 시청각 기자재의 활용, 학급경영, 학교평가, 학부모·동창회·지역사회와의 유대 등 그 협의주제가 매우 다양하다.

③ 연수 중심 동료장학

연수 중심 동료장학이란 교과별·학년별·교육영역별 소집단 연수, 연구·시범·실험영역 연수, 당면연구자로서 서로 경험·정보·아이디어를 교환하며, 때로는 강사나 자원인사로서 공동으로 협력하는 동료장학을 말한다. 특히, 교사들이 개별적 또는 협동적으로 수행한 임상장학, 동료장학 그리고 자기장학의 결과로 얻어진 수업개선 및 수업과제 해결을 위한 좋은 정보·아이디어를 다른 교사들에게 전파하거나 일반화하기 위한 연수는 훌륭한 연수 중심 동료장학이라고 할 수 있다. 자체연수의 방법으로는 강의식 연수, 토의식 연수, 전달식 연수, 실기·실험·실습 중심 연수, 현지답사·현장방문·견학 중심 연수 등이 있다.

이와 같은 동료장학은 교사들이 장학에 대한 전문적인 지식이 없거나 복잡한 협의와 절차를 거치지 않아도 동료교사들끼리 서로 유용한 정보를 제공할 수 있다는 장점이 있다. 또한 교사의 전문성을 향상시키고 동료교사 간에 개방과 협동을 조장함으로써 학교의 협동적인 조직풍토를 형성하는데 도움을 주는 유용한 교내장학의 방법이다.

(3) 자기장학

자기장학은 교사 개인이 자신의 전문적인 발달을 위하여 스스로 체계적인 계획을 세우고 이를 실천하는 과정이다. 즉 자기장학은 외부의 간섭이나 통제 없이 교사 스스로 자기발전을 위한 계획을 세우고 이를 실천에 옮기며 그 결과에 대하여 자기반성과 수정을 추구해 나아가는 과정인 것이다. 자기장학의 영역은 담당교과의 수업지도뿐만 아니라 교육계획, 생활지도, 창의적 체험활동의 지도, 시청각 기자재의 활용, 학급경영, 각종 교육문제 등 제반영역이 포함된다. 교사는 전문직 종사자로서 자기성장과 자기발전을 위한 끊임없는 노력을 경주할 것이 요구된다는 당위성에서도 자기장학의 의의는 크다

한국교육행정학회(1995)에서는 자기장학의 중요 특징을 다음과 같이 정리하고 있다.

- 교사 자신이 자율성과 자기발전 의지 및 능력을 기초로 한다.
- 제반 전문적인 영역에서의 교사 자신의 성장 및 발달을 도모한다.
- 원칙적으로 교사 자신이 스스로 계획을 세우고 이를 실천하며 그 결과에 대하여 자기반성을 하는 활동이다.

자기장학은 교사 개인이 스스로 장학계획을 세우고 실천하는 것을 원칙으로 하지만, 장학과정에서 장학사나 교장 또는 경험이 많고 능력 있는 동료교사로부터 도움을 받는 것도 유효하다. 자기장학을 돕게 되는 장학담당자는 자기장학을 계획하는 교사와 접촉하여 장학의 계획, 지원

할 방법, 장학과정에서의 협력사항에 대하여 협의한다.

자기장학은 교사의 필요와 요구에 따라 다양한 방법으로 실시할 수 있는데, 학교현장에서 활용 가능한 자기장학의 주요방법은 다음과 같다(이윤식·유현숙, 1989).

- 자신의 수업을 녹음·녹화한 후에 이에 대한 자발적인 분석 및 평가
- 자신의 수업이나 생활지도, 창의적 체험활동의 지도, 학급경영 등과 관련하여 학생들과의 만남이나 학생들을 대상으로 한 의견조사
- 교직·교양·전공과목과 관련된 서적 및 잡지 또는 연구논문 등의 문헌연구와 다양한 정보자료 활용
- 야간대학, 방속통신대학 등의 과정 또는 대학원과정의 수강을 통하여 전공교과 영역 또는 교육학 영역의 전문성 신장
- 교육 연구기관, 교원 연수기관, 교직 전문단체, 학술단체 등 전문기관 또는 교육청 등을 방문하여 교육전문가·교육행정가·장학담당자들과의 면담을 통한 지도 및 조언과 정보입수
- 각종 연수, 교과연구회, 학술발표회, 강연회, 연구·시범수업 공개회 그리고 학교 상호방문 프로그램에 적극 참석 또는 참여
- 텔레비전, 라디오 등 방송매체가 제공하는 교원연수와 관련된 프로그램이나 비디오테이프 등의 시청

교사가 자신의 전문적인 발달을 원한다면 자기장학은 다른 어떤 장학방법 못지않게 효과가 있다. 따라서 교장을 비롯한 동료교사와 상학담당자는 자기장학을 선택한 교사를 위해서 행·재정적인 지원, 전문적인 자문 및 심리적인 지원 등을 통해 여러 가지 도움을 제공해 주어야 한다.

(4) 약식장학

약식장학은 단위학교의 교장이나 교감이 간헐적으로 짧은 시간동안에 학급순시나 수업참관을 통하여 교사들의 수업 및 학급경영 활동을 관찰

하고, 이에 대하여 교사들에게 지도 및 조언하는 과정을 의미한다. 이러한 장학활동을 미국에서는 행정적인 점검(administrative monitoring)이라고 부르고, 우리나라에서는 전통적 장학·감독적 장학·확인장학·일상장학·약식장학 등 여러 가지 용어를 사용하여 지칭하는데, 그 활동내용은 모두 유사하다. 약식장학은 외부 장학담당자 예컨대 교육청의 장학담당자를 포함하는 경우가 있으나, 일반적으로 교장이나 교감의 계획과 주도하에 이루어지며, 다른 장학에 대하여 보완적·대안적인 성격을 지닌다.

한국교육행정학회에서(1995)는 일반적인 약식장학의 중요특징을 다음과 같이 제시하고 있다.

- 원칙적으로 학교행정가인 교장이나 교감의 계획과 주도 하에 전개된다.
- 간헐적이고 짧은 시간동안의 학급순시나 수업참관을 중심 활동으로 한다.
- 다른 장학형태에 대하여 보완적이고 대안적인 성격을 갖는다.

한편, 교장과 교감이 수행하는 약식장학은 다음과 같은 의미를 가지고 있다(한국교육행정학회, 1995).

첫째, 약식장학은 교장이나 교감이 교사들의 수업활동과 학급경영 활동을 포함하여 학교교육 및 학교경영의 전반과 관련하여 이의 개선을 위한 적극적인 의지와 노력 그리고 지도성의 좋은 표현방식이 된다.

둘째, 약식장학을 통하여 교장이나 교감은 교사들이 미리 준비한 수업활동이나 학급경영 활동이 아닌 평상시의 자연스러운 수업활동이나 학급경영 활동을 관찰할 수 있으며, 이에 대하여 의미 있는 지도·조언을 해줄 수 있다.

셋째, 약식장학을 통하여 교장이나 교감은 학교교육, 학교경영 그리고 학교풍토 등 전반영역에 걸쳐서 학교를 전체적으로 파악하는데 필요한 정보를 수집할 수 있다. 그러나 교사들은 일반적으로 약식장학에 대해서 거부반응을 보이는데, 그들은 관찰되고 평가되는 것을 싫어하기 때문이다. 따라서 약식장학이 효과적으로 이루어지기 위해서는 약식장학에 대한 교사들의 긍정적인 인식과 협조가 필수적이다.

약식장학이 효과적으로 수행되기 위해서는 나름대로 체계적인 계획에 따라 이루어져야 한다. 약식장학의 과정을 한국교육행정학회(1995)에서는 약식장학의 계획수립, 약식장학의 실행 그리고 약식장학의 결과활용의 3단계로 구분한 바 있는데, 그 내용은 다음과 같다.

① 약식장학의 계획수립

이 단계에서 교장이나 교감은 가능한 한 공동으로 학급순시나 수업참관을 위한 계획을 수립한다. 그리고 전체 교사들로 하여금 약식장학에 대한 이해를 높이며, 수립된 학급순시·수업참관 계획을 전달 및 이해시키기 위하여 교사들과 대화를 갖는다.

• 학급순시·수업참관 계획수립
  - 교장과 교감은 가능한 한 공동으로 학급순시·수업참관을 위한 대상 교사 및 학급, 시간과 일정 그리고 관찰의 중점사항 등을 포함하는 개괄적인 계획을 수립한다.
  - 동일교사에 대한 학급순시나 수업참관이 교장과 교감 간에 필요 이상으로 중복되지 않도록 하여야 한다.
• 약식장학에 대한 이해 증진
  - 전체 교사들을 대상으로 한 평상시 자체연수를 통해 교사들로 하여금 약식장학의 개념, 영역, 형태, 방법 등에 관하여 충분히 이해하도록 한다. 특히, 약식장학의 의미와 방법에 대하여 사전에 충분한 오리엔테이션을 실시함으로써 교사들로 하여금 약식장학에 대한 이해를 높이고 불필요한 부담감이나 오해가 없도록 한다.
  - 학급순시·수업참관에 대한 개괄적인 계획을 해당교사들에게 전달하고 교사들이 궁금해 하는 사항에 관하여는 대화를 통해 교사

들의 사전협조를 구한다.

② 약식장학의 실행

이 단계에서 교장이나 교감은 수립된 계획에 따라 학급순시·수업참관을 실시하여 교사들의 수업활동과 학급경영활동의 현황 및 개선을 위한 정보 그리고 학교의 전반영역에 관한 운영현황 및 개선을 위한 정보를 수집한다.

- 약식장학에 대한 교사들의 거부감을 고려하여 초기에는 짧은 시간동안 실시하고, 점차적으로 시간을 늘려가는 것이 바람직하다. 대체적으로 3~4분 정도가 적당하다.
- 교사의 태도·교사의 지도력·판서요령 등의 기본교수법, 기본학습법, 지도과정, 학습형태 및 활동, 자료활용, 정리·발전, 학력정착 등 교과지도의 제 요소 또는 학급경영 관리상태와 관련하여 좋은 점이나 개선이 요구되는 점에 관한 정보를 수집한다.
- 교장이나 교감이 교실을 출입할 때에는 진행 중인 수업에 방해가 되지 않도록 각별히 주의한다.
- 관찰된 사항들을 그 자리에서 기록하기보다는 교실을 나온 후에 기록하도록 한다.
- 학급순시·수업참관을 끝내고 교실을 나설 때에는 교사에게 교실방문의 기회와 교사의 수업활동 노고에 대하여 고마움을 표하는 간단한 비언어적인 신호(예, 손을 흔들어 줌)를 보낸다.

③ 약식장학의 결과활용

학급에 대한 학급순시·수업참관의 결과를 분석 및 정리하고, 이를 토대로 하여 교사에게 적절한 지도·조언을 한다. 또한 얻은 정보를 분석하여 학교교육 및 학교경영 개선에 유익한 아이디어를 추출해 낸다.

- 학급순시·수업참관 결과정리
  - 학급순시·수업참관을 끝낸 후에 가급적 참관한 수업에 대한 기억이 생생할 때에 관찰한 사항을 간단히 기록한다.
- 교사에게 환류제공
  - 교사에게 학급순시·수업참관의 결과에 대하여 피드백과 필요시에 적절한 지도·조언을 한다.
  - 교사의 수업 또는 학급경영 활동의 긍정적인 점을 고무·격려하고, 교사 자신의 계속적인 자기발전·자기장학의 의지와 능력을 유도·촉진시키기 위한 노력을 해야 한다.
  - 전체 교원들에게 약식장학 실시결과 중에서 좋았던 점을 소개하고, 교사를 격려하며, 약식장학에 대하여 긍정적인 인식을 갖도록 한다.

(5) 자체연수

자체연수는 교육활동의 개선을 목적으로 교직원들의 필요와 요구에 부응해서 교내외의 인적·물적 자원을 활용하여 학교자체에서 실시하는 연수활동이다. 자체연수는 교육활동의 개선을 위한 지식, 기술, 정보, 아이디어 및 경험들을 서로 나누어 갖는 방법이기 때문에 장학의 한 형태로 볼 수 있다(이윤식, 1999).

자체연수에서는 교사의 전문성 발달, 개인적인 발달 및 학교의 조직발달을 포함하여 교직원의 필요와 요구에 따라 다양하고 폭넓은 주제를 다룰 수 있다. 연수주제와 관련하여 교장, 교감, 부장교사, 교내 또는 교외의 교직원 그리고 학부모를 강사로 초청할 수 있다. 자체연수 방법으로는 강의식 연수, 토의식 연수, 전달식 연수, 실기·실험중심 연수, 현지답사·현장방문·견학중심 연수, 초청강연 연수 등이 있는데, 특히 제반 장학의 실천결과를 전파하거나 일반화하기 위한 연수는 그 가치가 높다.

이윤식(1999)은 자체연수의 주요특징으로 다음과 같은 점을 들고 있다.

- 교사들의 자율성과 협동성을 기초로 한다.
- 학교의 형편과 교사들의 필요와 요구에 기초하여 그 내용과 방법에서 다양하고 융통성 있게 운영된다.
- 교사들의 전문성 발달뿐만 아니라 개인적인 발달 그리고 학교의 조직발달까지 도모할 수 있다.
- 학교의 전반적인 운영계획과 연계하여 원칙적으로 일정계획에 의거하여 실시된다.

(6) 선택적 장학

이제까지 학교에서 활용할 수 있는 여러 가지 장학방법을 살펴보았는데, 이 중에서 하나의 방법을 모든 교사에게 적용하는 것은 효과적인 활용방법이라고 할 수 없다. 교사의 필요와 요구 등 개인차를 고려하여 교사 각자에게 적합한 장학지도를 하는 것이 장학의 효과를 높일 수 있다. Allan A. Glatthorn(1984)이 제시한 차등적 장학(differentiated supervision)은 바로 이러한 생각을 잘 나타내는 개념이다. 차등장학 또는 선택적 장학이란 교사의 경험이나 능력을 포함한 개인적인 요인을 고려하여 교사들이 장학방법을 선택하여 사용할 때에 장학의 효과가 높아진다는 개념이다.

Glatthorn에 의하면, 임상장학은 초임교사나 경험이 있는 교사 중에서 특별히 문제를 안고 있는 교사들에게 유익하고, 동료장학은 대체로 모든 교사들에게 활용될 수 있다. 또 자기장학은 경험 있고 능숙하며 자기분석 및 지도능력을 갖고 있으며 혼자 일하기를 좋아하는 사람에게 적합하고, 약식장학은 모든 교사들 또는 다른 장학방법을 원하지 않는 교사들에게 사용될 수 있다.

한편, 교사의 경력 발달단계는 교사에 대한 장학지도 방법의 선택에 있어서 중요하게 고려되어야 할 요소이다. P. R. Burden(1983)은 교사의 경력 발달단계를 1년 미만의 경력은 생존단계로, 2~4년 경력은 조정단계로 그리고 5년 이상의 경력은 성숙단계로 구분하고, 각 단계에 효과적인 장학지도의 형태를 제시하였다. 생존단계에 있는 교사들은 구체적이고 기술적인 교수기능에 관한 도움이 필요하므로 지시・시범・표준화와 같은 지식적인 방법이 효과적이며, 조정단계에 있는 교사들은 장학지도자와 교사가 책임을 공유하여 문제해결 및 상호협의를 중요시하는 협동적인 특성을 보이므로 협동적 동료장학이 유익하다. 또 성숙단계에 있는 교사들은 교사 스스로가 주도적인 역할을 담당하므로 비지시적인 방법이 효과적이다.

또한 효과적인 장학을 위해서는 교사의 요구와 필요 그리고 경험이나 능력을 고려하여 장학의 형태 및 방법을 선택적으로 활용하는 것도 바람직하다(한국교육행정학회, 1995). 임상장학은 초임교사나 경력이 있는 교사라고 해도 수업기술 향상의 필요성을 느끼고 있는 교사를 대상으로 하여 실시하는 것이 좋다. 동료장학은 전체교사를 대상으로 하되, 특히 다른 교사와 협동으로 일하기를 원하는 교사에게 효과적인 장학형태이다. 자기장학은 전체 교사를 대상으로 하되, 특히 자기분석 및 자기지도의 기술을 가지고 있는 교사 또는 혼자 일하기를 원하는 교사에게 효과적이다. 또한 약식장학은 전체 교사를 대상으로 하되, 위의 여러 가지 형태의 장학에 대하여 보완적인 방법으로 활용된다.

第6장

재무관리와 시설·설비관리

교육활동에 직·간접적으로 영향을 미치는 자원을 분류할 때에는 대체로 인적 자원과 물적 자원으로 구분한다. 학교경영의 실제 면에서 논의하고자 하는 재무관리와 시설·설비관리는 그 중에서도 물적 자원에 해당하는 영역이라고 할 수 있다. 교육재정을 국가나 지방자치단체가 공교육활동을 지원하기 위하여 필요한 재정을 확보하고 이를 관리·운용하는 것이라고 한다면, 이는 학교경영에서의 재무관리에 해당한다. 뿐만 아니라, 건전한 교육계획을 증진시키고 바람직한 교육활동을 전개하기 위한 또 다른 물적 자원으로서 시설과 설비를 빼놓을 수 없다.

아무리 좋은 교육 프로그램을 구안했다고 해도 그 프로그램을 운영할 만한 실내외 공간이 없다거나 시대를 앞서가는 기교재가 없어서 교육활동의 성과가 반감된다면, 이는 전적으로 물적 자원의 빈곤 탓이다. 그러므로 학교경영에서 재무 및 시설·설비관리도 매우 중요한 영역이다.

1. 교육재정의 이념과 본질

1) 교육재정의 이념

교육재정(educational finance)은 교육에 관한 재정이다. 국가재정의 일부인 교육재정은 국가나 지방공공단체의 기능과 역할 중에서 교육이라는 특수한 분야의 활동을 지원하는 재정이므로, 이의 범위를 한정하기 위해서는 먼저 교육과 재정을 구체적으로 정의할 필요가 있다. 그러나 교육의 개념정의는 기회가 있을 때마다 이루어졌으므로 재정의 개념정의에 이어서 재정의 이념을 고찰하고자 한다.

일반적으로 재정이란 국가 및 지방공공단체가 공공의 욕구를 충족하기 위하여 필요한 수단을 조달하고 관리, 사용하는 경제활동 또는 간단히 말해서 정부 또는 국가공공단체의 경제라고 정의할 수 있다. 이는 한 국가의 통치기구로서 중앙에 있는 정부나 지방에 있는 자치단체가 법령으로 규정하고 있는 그들의 역할과 기능을 수행하기 위하여 필요로 하는 재화를 일정한 절차에 따라 조달하고 지출하며 이를 관리하는 일체의 과정과 활동을 의미하는 것이다(서울대학교 교육연구소, 1998).

따라서 교육재정이란 국가 및 지방공공단체가 교육활동의 운영을 지원하기 위하여 공권력에 의하여 필요한 경비를 조달하고 합법적으로 그것을 관리, 지출하는 경제활동이라고 정의할 수 있다. 즉, 교육재정이란 국가, 사회의 공익사업인 교육활동을 지원하기 위하여 국가나 공공단체가 필요한 재원을 확보, 배분, 지출 및 평가하는 일련의 경제활동을 말한다(서울대학교 교육연구소, 1998).

그러므로 교육재정의 일련의 활동과정 속에서 충분히 고려되어야 할 이념과 가치가 중요시되고 있는데, 박병량·주철안(2011)은 몇몇 학자들의 주장을 인용하여 다음과 같이 제시하였다.

(1) 충족성

교육활동을 운영하는 데에는 어느 정도 적정수준의 재화와 용역이 확보되어야 한다. 아무리 합리적이며 공정한 배분공식이 설정되었다고 해도 원래 교육재정의 총량규모가 적정수준에 이르지 못할 때에는 교육재정의 부족으로 소기의 교육목적 달성을 위한 교육사업들을 추진해 나갈 수 없다. 따라서 충족성은 가장 먼저 달성되어야 할 원리인데, 이 지표는 GNP 대비 공교육비의 비율, 학생 1인당 교육비 수준을 들 수 있다.

(2) 평등성

이는 동일한 여건에 있는 사람을 동일하게 취급해야 한다는 원칙이다. 다른 조건이 동일한 경우에 배분의 목적물이 지역별, 성별, 사회·경제적 계층별, 학교설립별 등의 요인으로 인하여 불평등하게 지출되어서는 안 된다는 것이다. 이 원칙은 학생당 균등한 교육비 지출, 학생 대 교사비율의 균등한 수준 등의 지표로 측정된다. 그러나 많은 경우에 학생들이 실제로 동일하다는 가정이 성립되지 않기 때문에 평등성의 기준은 학생들 간의 동등성이 성립되는 집단의 학생들에게 제한적으로 적용될 수 있다.

(3) 공정성

학생 개인의 능력이나 다른 정당한 차이로 인정되는 특징들을 설정하고, 이에 따라 재정배분이나 지출에서 차등을 두어 지원하는 것이 보다 공정하다는 원칙이다. 이 원칙에서는 학생들 간의 정당한 차이로 인정하는 특징을 먼저 선정해야 한다. 이러한 특징으로는 학생의 학습상의 장애, 신체적인 장애, 학교구의 교육환경에 따른 차이, 학교단계, 교육 프로그램, 정책목표 등을 들 수 있다.

차별 취급에 대한 특징을 설정하고 나서 이러한 특징을 갖고 있는 학생이나 학교구 및 프로그램에 어느 정도로 차등 있게 지원해야 하는가는 프로그램별 1인당 경비의 차이 또는 정책결정자들의 가치판단에 따라서 크게 좌우될 수 있다. 공정성 정도를 측정할 때에는 평등성을 측정하는 방법에서 학생 수 대신에 가중 학생 수의 개념을 활용하여 계산한다.

(4) 효율성

효율성이란 최소의 비용으로 최대의 효과를 거두려는 가치인데, 두 가지 측면에서 살펴볼 수 있다. 하나는 교육의 효과는 동일하되 투입된 교육자원이 최소화하는 측면이고 다른 하나는 동일한 교육자원을 투입하여 최대의 교육효과를 가져오도록 운영하는 측면이다. 교육투자의 효율성에서 볼 때에 투자에 대해서는 어느 정도 명확하게 측정할 수 있지만, 교육의 산출은 상당히 모호하기 때문에 효율성을 계량화하기란 쉽지 않다.

(5) 자율성

자율성은 단위학교 또는 교육구에서 재정운영에서 선택할 수 있는 정도를 말한다. 즉, 단위학교 또는 교육구에서 교육활동을 수행하는데 필요한 재원의 확보, 예산편성 및 집행에 있어서 얼마나 자율적으로 결정하고 선택할 수 있는가와 관련이 있다. 우리나라도 지방교육자치제가 강화됨에 따라 지역주민 또는 학부모의 교육 서비스에 대한 필요에 대응하기 위하여 학교의 교육재정 운영에 대한 자율성이 확대되어야 한다.

이상의 교육재정에 관한 이념이 실제 교육재정의 운영과정에서는 상호 갈등을 빚을 수도 있다는 측면에서 각 이념 간에 조화를 이루어야 한다. 왜냐하면 교육재정이 공적(公的)인 경제활동이면서 교육활동의 지원을 목적으로 하는 수단이라는 점 그리고 교육경비의 조달과 운영을 내용으로 하고 있기 때문이다.

2) 학교재정

학교재정(school finance)의 운영주체는 단위학교이다. 이러한 점에서 보면, 교육재정과 학교재정은 범주에서 차이가 있다. 즉, 학교재정보다 교육재정이 상위의 개념이 되는 셈이다. 그러나 단위학교는 학교 교육활동을 수행하는데 필요한 경비를 스스로 조달 · 배분하는 권한, 즉 과세권이 없다. 크게 보면 교육재정의 경우도 마찬가지기는 하지만, 단위학교는 필요한 재원을 스스로 조달 · 배분한다기보다는 이에 관한 활동을 국가 또는 지방공공단체가 대행하고 있는 것이다.

국가 및 지방공공단체가 조달 · 배분하는 교육경비의 대부분이 그 최종 소비단계가 일선 단위학교라는 점을 고려하면, 국가 및 지방공공단체도 학교 교육경비의 대부분에 관한 재정활동을 수행하고 있는 것이다. 이렇게 본다면, 교육재정학은 학교재정학과 동의어로 볼 수 있다. 이러한 관점은 미국에서 통용되는 관점인데, 미국에서는 교육재정과 학교재정이 동의어로 혼용되고 있다(서울대학교 교육연구소, 1998).

그러나 정부 및 지방 교육행정 기관에서의 재정을 교육재정이라고 하고, 학교재정은 단위학교가 교육활동을 계획하고 이를 실천하는데 필요한 경비를 수입 · 지출하는 활동에 국한하는 것이 보다 개념의 혼동을 피할 수 있을 것이다. 따라서 학교재정을 교육재정의 하위개념으로 보는 것이 타당하다.

학교재정이 교육재정의 하위개념이라고는 하지만, 최소의 비용으로 최대의 효과를 창출해야 한다는 경제적 합리성에 대한 기대수준은 높다. 그럼에도 불구하고, 학교재정의 합리성이 교육의 산출과 비용 간의 단순비교로 접근될 수 있는 성질의 것이 아니라는 점에서 실제 배분상에 어려움이 따르게 된다. 이를테면, 학교교육비를 기능별로 분류할 때에는 크게 인건비, 운영비 그리고 시설비로 구성되는데, 이들 간의 적정한 배분은 학습효과에 있어서 매우 중요한 요소가 된다. 이 중에서 인건비는 매우 경직적인 경비인 데다가 해마다 인상부담율이 가장 큰 부분이기 때문에 재정압박이 가해질수록 인건비 비중은 커지게 되고, 정작 학습을 위해 필요한 학교운영비의 상대적인 감소경향으로 이어지는 것이 한 가지 좋은 예이다.

3) 학교재정의 구조

학교재정의 구조와 관련하여 강경석·최기만(2003)은 교육경비의 개념, 교육경비의 구분, 학교재정의 구조, 학교예산의 편성 그리고 학교재정의 배분으로 나누어 설명하고 있는데, 그 내용은 다음과 같다.

(1) 교육경비의 개념

교육경비(educational expenditures)란 교육 및 학예에 관한 활동을 재정적으로 지원하기 위하여 국가나 지방공공단체가 지불하는 공교육비를 말하는데, 광의로는 사교육비까지 포함된다. 교육경비는 교육목적과의 관련성 정도에 따라서 직접교육비와 간접교육비로 나뉜다. 직접교육비는 교육목적 달성을 위하여 교육활동에 직접적으로 투입되는 경비이다. 간접교육비는 교육을 받고 있는 기간 중에 취업할 수 없기 때문에 발생하는 유실소득인 기회비용을 의미한다.

(2) 교육경비의 구분

교육경비는 총교육비, 공교육비, 사교육비 그리고 교육기회경비로 구분할 수 있다.

첫째, 총교육비는 공·사교육비와 교육기회경비를 의미한다.

둘째, 공교육비는 지방교육자치에관한법률에 규정된 각급학교의 설치·운영에 필요한 경비를 포함하며, 국비부담, 공비부담 및 사학경영자 부담 있다. 공공단체의 합리적인 예산회계의 절차를 거쳐 교육에 투입되는 경비로써 수업료, 입학금, 육성회비, 자율적 경비 등이 이에 해당한다.

셋째, 사교육비는 학생이 부담하는 교육비 중에서 공교육비를 제외한 경비를 말하며, 학부모가 부담하는 학생의 숙식비, 납부금, 교통비, 의료비, 교과서, 참고서대, 학용품 구입비 및 자녀교육비 등이 이에 해당한다.

넷째, 교육기회경비는 교육 받는 기간 동안 취업을 할 수 없는 데에서 오는 포기된 소득, 즉 간접교육비를 말한다.

(3) 학교재정의 구조

학교재정은 교육비특별회계지원금, 학교운영지원비, 수익자부담수입 그리고 학교발전기금 등으로 구성된다.

첫째, 교육비특별회계지원금은 시·도교육청의 교육비특별회계에 편성된 예산이 시·군교육청에 배정된 다음에 각급학교에 재배정되어 운영되는 교육경비의 경영형태이다. 이 예산은 기본운영비, 기타운영비, 교육과정운영비로 나누어진다.

기본운영비는 학교의 조직운영에 소요되는 행정비로서, 학교급별이나 규모별로 기준화·표준화가 가능한 경비이다. 여기에는 수당, 비정규직 보수, 학교교육비, 보상금 및 자산취득비가 있다. 학교교육비에는 기본운영비, 업무용 교통비, 건물유지비, 화장실경영비, 차량비, 직책별 업무추진비 등이 포함되고, 포상금에는 교의수당, 기본경비가 포함된다.

기타운영비는 학교의 조직운영에 소요되는 행정비로서 학교의 기본운영비로 표준화·규격화하지 못하는 운영비이다. 여기에는 수당, 비정규직 보수, 물건비, 경상이전비, 자본지출경비가 있다.

교육과정운영비는 학교의 조직운영에 소요되는 경비 이외에 교육과정의 운영에 소요되는 제 경비이다. 여기에는 예산과목의 신설이 아닌 예산의 성질별 분류형태로서 교육과정운영비, 과학교구구입비, 실험실습비, 특수학급자료비 등이 있다.

둘째, 학교운영지원비는 학부모의 자진 협찬으로 학교운영을 지원하고 학생의 복리를 증진함으로써 학교교육의 정상화에 기여할 목적으로 학부모로 조직된 학부모회에서 부담하는 교육비이다.

셋째, 수익자부담수입은 특기적성교육, 체험학습, 및 수학여행비 등 수익자인 학생이 직접 부담하는 경비이다.

넷째, 학교발전기금은 학교의 발전을 위하여 학부모들이 자율적으로 모금한 기부금품이다.

(4) 학교예산의 편성

예산은 일정한 기간에 계획한 활동을 실행하는데 필요한 경비의 수입과 지출을 화폐액으로 환산해 놓은 계획서를 뜻한다. 따라서 학교예산은 학교의 교육활동을 수행해 나가는데 필요한 수입과 지출의 예정표라고 할 수 있다. 즉 학교예산은 학교에서 기르고자 하는 인간의 가치와 지식 및 기능을 구체적으로 길러줄 수 있는 물적 수단이 되어야 할 뿐만 아니라 사회가 요구하는 교육을 제공할 수 있도록 편성되어 교육의 생산효율성(production efficiency)과 과정효율성(exchange efficiency)을 높이도록 해야 할 것이다. 그러나 각급학교별, 즉 공립의 초·중등 및 전문대학의 예산규모는 지방 교육예산을 편성할 때에 이미 결정된다고 볼 수 있다. 다시 말해서 각급학교별 학교교육비의 결정은 인건비, 운영비 및 시설비로 구분하여 배분되는 것이다.

(5) 학교재정의 배분

학교재정의 배분은 교육과학기술부에서 시·도교육청으로, 시·도교육청에서 단위학교로 경비를 이전시키는 과정을 의미한다. 즉, 교육과학기술부 예산이 교육경비의 최종 소비단계인 일선학교 현장까지 도달하게 하는 경로를 말하는 것이다.

초·중등학교 교육재정의 배분과 관련된 교육과학기술부 예산은 지방교육양여금과 지방교육재정교부금이다. 지방교육양여금은 시·도별 인구수에 의해서 비례 배분되며, 지방교육재정교부금은 지방자치단체별 학생 수·학교 수·학급 수 및 시설실태에 따른 소요경비와 각종 사업비를 산출내역에 명시하여 배분하는 방식으로서, 1991년부터는 학교급별 교육비 차이의 정도에 따른 가중 학생 수와 시·도별 학생당 경비를 지수화하여 총액배분하고 있다.

학교운영비의 배분은 학생 수 기준이 아니라 학교당 및 학급당으로 배정되고 있기 때문에 대규모 학교일수록 학생 1인당 교육활동 투자비용이 그만큼 적어지고 되고, 재정상황은 그만큼 어렵다고 보아야 한다. 규모가 큰 학교는 기준학급을 초과하는 경우에 일정 금액을 보충해 주고 있지만 학교의 전체규모에는 별 영향을 주지 못하고 있는 실정이다.

2. 학교재정의 운영방향

학교경영에 있어서 재정운영은 학교교육 경비를 효율적으로 운영하여 교육목적 달성에 기여를 해야 한다는 측면에서 매우 중요하다. 강경석·최기만(2003)이 한국교육행정학회의 연구결과를 인용하여 제시한 교육재정의 확보, 교육활동 중심의 운영, 학생 수 중심의 교육재정 배분 그리고 학교 재정운영의 자율성 확대 등을 중심으로 학교재정의 운영방향을 고찰하고자 한다.

1) 교육재정의 확보

교육발전을 위한 재정을 확립하기 위해서는 우선적으로 교육재정 규모의 증대를 위한 재원이 확보되어야 한다. 일반적으로 교육재원은 크게 정부, 학부모, 사회 및 민간인들로부터 확보되며, 사학의 경우에는 법인이 확보의 책임을 진다.

중앙정부가 재원을 확충할 수 있는 방안으로는 조세부담율을 유지할 경우와 상향조정할 경우로 구분하여 고려할 수 있다. 조세부담율의 상향조정이 이루어지지 않는다면, 사실상 중앙정부로부터 추가 교육재정을 기대하기가 어렵다. 그러나 조세부담율이 상향조정된다면, 추가세수의 상당부분을 교육비로 확보할 수 있을 뿐만 아니라, 국민의 추가세수에 대한 설득력도 타 부문보다 유리할 수 있을 것이다.

정부로부터의 재원확보 방안은 지방자치단체의 일반회계로부터의 전입금 확대, 교육세의 세율인상 및 과세대상의 확대, 지방교육재정교부금법 중 특별교부율 상향조정 그리고 국토개발이익환수금제도의 확립 등이 있을 수 있다. 지방정부의 부담률 확충방안에는 두 가지가 있는데, 하나는 지방자치단체의 부담을 확대하는 방안이고, 다른 하나는 교육자치기구인 시·도교육청의 자체수입을 확충하는 것이다.

사회 또는 민간이 부담하는 재원확충에는 기부금을 적극 유치하는 방법과 국토개발환수금제도, 종합토지세의 강화와 일정률 부과방안, 인력활용세, 사학육성기금의 설치, 산업협동 장려, 학교채 발생, 연구용역 사업, 재화·용역의 판매 등이 있다. 또한 학생으로부터 재원을 확보하는 방안에는 학생들이 납부하는 등록금과 육성회비를 인상하는 안이 가능하다.

2) 교육활동 중심의 재정운영

단위학교에서는 교육계획을 합리적으로 수립하고 이를 효율적으로 뒷받침할 수 있도록 재정계획이 연계되도록 해야 하며, 이를 위해서는 시기적·제도적인 측면에서 그 연계가 잘 이루어지도록 적절히 조정해 나가야 한다. 또한 학교운영비의 대부분이 경영 중심의 기본운영비에 치우치고 있는데, 운영비 자체가 교수·학습활동의 질 향상과 가장 밀접하게 관련되는 경비이므로 교수·학습활동에 투입되는 경비의 비율을 높일 수 있는 제도적인 장치가 있어야 한다.

3) 학생 수 중심의 교육재정 배분

지방교육재정교부금은 학교급별 교육비 차이의 정도에 따른 가중 학생 수와 시·도별 학생당 경비를 지수화하여 총액배분되고 있다. 그러나 시·도별 교육비 특별회계의 단위학교로의 재정배분은 대부분의 경우에 학교당·학급당 경비방식을 그대로 준용하고 있어서 각급학교별, 각 교육청별 학생 1인당 교육비의 격차가 발생하고 있다. 따라서 이러한 격차를 줄이고 학교재정이 학생의 교육활동 지원이라는 취지를 높이기 위하여 학생 수 중심의 교육재정 배분이 단위학교에서도 이루어져야 할 것이다.

4) 학교재정 운영의 자율성 확대

현행 단위학교의 재정을 보면, 운영비 중에서도 대부분이 경직성 경비이며, 학교의 자율역량이 발휘될 수 있는 여지는 지극히 미미하다. 따라서 예산의 지출과 사용에 대한 획일적인 엄격한 통제·감독으로 인하여 발생하는 업무추진상의 불편과 비능률을 방지하고, 학교실정에 적합하게 교육비를 지출할 수 있도록 함으로써 단위학교에 재정운영의 자율성을 부여하는 동시에 책무성을 부과해야 한다. 학교재정이 대한 예산과 그 내용을 학교장이나 서무담당자만이 알고 있기보다는 모든 교원에게 공개하고, 건설적인 의견을 수렴하여 집행해야 할 것이다.

5) 학교재정 운영의 효율성 확대

학교재정의 효율적인 운영에 대한 교육적인 책무성이 요구된다. 교육적인 책무는 학습자의 교육성취에 대한 책임을 묻는 것으로서 교육목표 달성도뿐만 아니라 소요경비의 효율성 평가를 포함하는 것이다. 특히, 일선교육자와 교육행정가에게 주어지는 책무는 위임될 수 있는 책임과 달리, 각자에게 주어진 임무의 성과에 대하여 학생들뿐만 아니라 학부모나 납세자인 주민에게 보고·공개하고 평가를 받으며, 결과에 대하여 책임을 지는 것을 의미한다. 따라서 주체적인 교육목표의 수립, 결과의 측정 그리고 소요경비의 분석을 위한 철저한 사전교육 계획이 요구된다.

6) 학교조직 구성원의 적극적인 참여

학교단위 예산제도 하에서는 이제까지의 단위학교 예산 편성과정과 결산과정 및 예산 집행과정으로 교육재정 운영을 효율화하기 어렵다. 교육청으로부터의 지원금이 총액으로 배분되기 때문에 인건비, 운영비, 각종 사업비의 집행을 계획성 있게 하기 위한 노력과 함께 장기적인 시설확충 계획도 단위학교 수준에서 마련하여야 한다.

학교재정 운영계획은 전 구성원의 참여를 통하여 수립되어야 한다. 총 가용재원을 구성원들에게 제시하고 구성원들의 참여를 통해 투자할 분야와 투자규모를 결정해야 한다. 또한 학교운영위원회가 현재보다 활성화되어야 하는데, 이를 위해서는 운영위원 수가 더 증원되어야 하고, 위원회의 대표성도 더욱 강화되어야 한다.

3. 학교예산회계제도

국·공립의 초·중·고·특수학교를 운영하는데 소요되는 재정은 이제까지 여러 가지 회계로 관리·운영됨으로써 복잡한 과정을 거치게 되어, 예산운영이나 회계업무의 처리 등에 있어서 많은 어려움을 겪었다. 뿐만 아니라 재정규모가 크지도 않으면서 자율적인 재정운영이 요구되는 학교회계 업무는 일정한 큰 틀만을 제공하는 것이 요구되었는데, 진동섭 외 3인(2009)은 성삼제(2002)의 『학교예산회계제도의 이해』 내용을 다음과 같이 요약·정리하고 있다

<표 6-1> 학교회계예산의 종류

종 류	내 용
본예산	본래의 예산이란 의미로 한 회계연도에 있어서 단위학교의 교육과정과 학교운영에 소요되는 수요를 파악하여 편성되고, 학교운영위원회의 심의를 거쳐 확정하여 성립된 매 회계연도 최초의 예산을 말한다.
추가경정예산	예산성립 후에 생긴 사유로 인하여 이미 성립한 예산에 변경을 가할 필요가 있을 때에는 추가경정예산을 편성할 수 있다. 이 경우에 예산편성 및 예산심의 절차 등은 본예산의 경우와 같다.
준예산	회계연도가 시작되었음에도 불구하고, 예산이 성립하지 않는 상태가 일어날 수 있다. 이런 경우에는 전년도에 준하여 집행할 수 있으며, 그 경비는 ① 교직원 등의 인건비 ② 학교교육에 직접 사용되는 교육비[1] ③ 학교시설의 유지관리비 ④ 법령상 지급의무가 있는 경비 ⑤ 이미 예산으로 확정된 경비[2] 등이다. 이때 집행된 예산을 준예산이라고 한다. 전년도 예산에 준하여 집행된 예산은 당해연도의 예산이 확정되면, 그 확정된 예산에 의하여 집행된 것으로 본다.
수정예산	예산안이 학교운영위원회에 제출한 이후라도 전입금의 변경이나 기타 부득이한 사유로 인하여 예산안을 수정할 필요가 있는 경우에 수정예산안을 제출하여 학교운영위원회에 제출할 수 있다. 이때의 예산을 수정예산이라고 한다.
실행예산	이미 확정된 예산의 범위 내에서 임시로 편성하여 운영하는 예산이다.

주) 성삼제(2002). 학교예산회계제도의 이해. 서울 : 교육과학사. pp.42-43의 내용을 재구성하여 도표화함.

*자료 ; 진동섭 · 이윤식 · 김재웅(2009). 교육행정 및 학교경영의 이해. 서울 : 교육과학사. p.279. 재인용.

학교예산회계제도는 단위학교 중심의 자율적이고 효율적인 재정운영으

1) "학교교육에 직접 사용되는 교육비"란 교육과정 운영에 소요되는 경비를 말한다. ; 진동섭 · 이윤식 · 김재웅(2009). 교육행정 및 학교경영의 이해. 서울 : 교육과학사. p.279. 재인용.

2) "이미 예산으로 확정된 경비"란 전년도 예산에 계속비로 확정된 예산을 말한다. ; 진동섭 · 이윤식 · 김재웅(2009). 교육행정 및 학교경영의 이해. 서울 : 교육과학사. p.279. 재인용.

로서, 다양한 교육활동을 효과적으로 지원하기 위하여 2001년부터 시행된 제도이다. 즉, 단위학교를 중심으로 예산의 편성, 심의, 집행 및 결산 등의 예산과정이 이루어지는 것이다. 학교장 책임 하에 단위학교의 우선순위에 따라 자율적으로 세출예산을 편성하고, 학교운영위원회의 심의를 거쳐서 예산을 집행하게 된다.

학교 회계예산을 종류별로 살펴보면 본예산, 추가경정예산, 준예산, 수정예산 그리고 실행예산 등으로 구분되는데, 그 내용은 <표 6-1>에 정리하였다.

또한 학교예산은 회계구분에 따라 교육비특별회계예산, 학교운영지원회계예산 그리고 학교발전기금회계예산으로 구분할 수 있다.

교육비특별회계예산은 시·도교육청 또는 지역교육청에서 배부되는 예산을 말한다. 즉 교육비특별회계는 학교 내에 설치된 회계가 아니며, 시·도교육청에 설치되어 있는 시·도교육비특별회계에서 지원된 예산을 관행적으로 사용하는 것이다. 따라서 단위학교에서는 교육비특별회계예산을 편성하지 않고, 단지 교육청에서 지원된 예산을 집행하는 계획서를 작성한다.

학교운영지원회계예산에는 학교운영지원비, 보충수업비, 특기·적성교육비, 수학여행비 등 수익자 부담경비 등이 포함된다. 학교운영지원회계는 법령에 의하여 설치된 회계가 아니며, 학교운영지원비와 학부모부담경비 등을 관리하기 위해서 시·도교육청의 지침에 의하여 설치된 임의회계이다.

학교발전기금회계예산은 1998년 9월 15일에 교육부령 제724호로 제정된 '학교발전기금의조정·운영및회계관리에관한규칙'에 따라서 운영된다. 기금의 모든 수입은 세입세출예산에 계상하여야 하며, 이를 직접 사용하지는 못하고 매 회계연도마다 기금운영 계획을 수립한 후에 학교운영위원회의 심의를 거쳐 시행해야 한다.

학교예산의 편성, 심의, 집행 그리고 결산은 관할청이 학교장에게 예산

편성지침을 통보하면, 학교는 예산을 편성하고 학교운영위원회에서 이를 심의하여 공개하고 집행한다. 예산편성 및 예산확정과 그 일정에 관한 사항은 법률과 규칙으로 정하고 있다. 회계연도마다 결산서를 학교운영위원회에 제출하는데, 자세한 내용은 <표 6-2>에 정리하였다.

<표 6-2> 학교예산의 과정

절 차	내 용
예산편성지침 통보	관할청이 예산편성지침을 작성하여 이를 학교장에게 통보
학교예산 편성	학교장이 관할청의 예산편성지침에 의하여 학교회계세입세출예산안을 편성하여 회계연도 개시 30일전까지 학교운영위원회에 제출
예산심의	학교운영위원회는 학교회계세입세출예산안을 회계연도 개시 5일전까지 심의
예산공개	학교장은 학교회계세입세출예산을 확정하고 학부모와 교직원에게 예산을 공개
예산집행	학교장은 확정된 학교회계세입세출예산에 따라 집행
결산	학교장은 회계연도바다 결산서를 작성하여 회계연도 종료 후 2월 이내에 학교운영위원회에 제출

*자료 ; 진동섭 · 이윤식 · 김재웅(2009). 교육행정 및 학교경영의 이해. 서울 : 교육과학사. p.280. 재인용.

한편, 학교회계의 구조를 세입과 세출별로 살펴볼 때에 세입은 <표 6-3>과 같다.

<표 6-3> 학교회계 세입의 구성

구 분	종 류
관할청 부담수입	국가의 일반회계 또는 지방자치단체의 교육비특별회계로부터의 전입금
학부모 부담수입	학교운영지원비, 학교발전기금으로부터의 전입금, 수익자부담경비(현장학습비, 급식비 등 교육과정 운영과 관련하여 학교운영위원회 심의를 거쳐 학부모가 부담하는 경비)
일반회계 부담수입	국고보조금 또는 기초자치단체의 보조금, 지원금
학교회계 자체수입	사용료, 수수료, 예금이자, 불용물품 매각대금 등

*자료 ; 진동섭・이윤식・김재웅(2009). 교육행정 및 학교경영의 이해. 서울 : 교육과학사. p.281. 재인용.

<표 6-3>에서 보면, 학교회계의 세입은 관할청 부담수입과 학부모 부담수입, 일반회계 부담수입 그리고 학교회계 자체수입으로 구성되어 있음을 알 수 있다.

또한, 학교회계는 학교운영 및 학교시설의 설치 등을 위하여 필요한 일체의 경비를 세출로 하고 있다. 예측할 수 없는 예산 외의 지출 또는 예산초과 지출에 충당하기 위하여 예비비로서 상당한 금액을 세출예산에 계상할 수 있다. 세출은 세입과 달리 경비의 구분이 명확하지 않기 때문에 예산편성, 심의, 집행 및 결산의 편의를 위해서 예산과목으로 구분하여 운영하고 있다. 예산과목의 구분은 매년 학교로 시달되는 학교예산편성지침에 제시되어 있으며, 인건비, 학교운영비, 수익자부담교육비, 예비비 등으로 구분되는데, 그 내용은 <표 6-4>와 같다.

<표 6-4> 학교회계 세출의 구성

구 분	종 류
인건비	교직원 인건비, 학교회계직원 인건비, 교육과정 운영상 시간강사를 채용하는 경우와 교육목적의 특별강사 초빙예산이 포함
학교운영비	학생복리비, 교수학습활동비, 일반운영비
수익자부담교육비	학교급식이나 특기적성교육, 졸업앨범과 같이 교육활동이나 관련 사업에 학생의 학부모가 부담하는 경비로 지출되는 교육비
예비비	예측할 수 없는 예산 외의 지출이나 세출예산보다 필요경비가 많아질 경우에 대비하여 이를 충당하기 위해 용도를 결정하지 않고 미리 예산에 계상해 두는 지출항목

*자료 ; 진동섭・이윤식・김재웅(2009). 교육행정 및 학교경영의 이해. 서울 : 교육과학사. p.281. 재인용.

4. 학교시설의 의미와 요건

1) 학교시설의 의미

교육시설(educational facilities)은 교육이념에 기초한 교육목적과 목표를 달성하고, 이를 위한 제반기능을 원활히 수행하는데 필요한 공간 및 공간의 물리적인 환경 또는 형태로서, 일정한 장소에서 계속적으로 교육활동을 영위하기 위하여 설비되어 있는 물적 조건을 포괄적으로 지칭하는 것이다. 또한 학교시설은 교육의 목적을 효과적・능률적으로 달성하기 위하여 설치한 학교의 물리적인 환경을 총칭한다. 시설과 유사개념으로 쓰이는 '설비'라는 말은 시설보다는 규모가 작고 가동적이라고는 하지만, 양자 간의 구분이 명확치 않으므로 '시설・설비'라는 복합어로 쓰이는 것이 일반적이다(서울대학교 교육연구소, 1998).

교육시설의 목적은 계획된 학습의 성과가 달성될 수 있도록 환경을 조성하여 교육활동을 최선으로 지원해 주는데 있으므로, 교육시설은 교육목표에 따른 학교의 교육적인 기능을 원활히 수행할 수 있도록 구비되어야 한다. 이처럼 학교시설은 교육과정의 공간적·물적 요소로써 학습을 성립시키는데 결정적인 요소가 되고 있다. 따라서 이러한 학교시설을 어떻게 구성하느냐 하는 문제는 학습자로 하여금 학습을 성공적으로 이끌고 소기의 학습효과를 극대화시켜 주는데 매우 중요한 의미를 지닌다. 어디까지나 교육시설은 교육활동을 효과적으로 지원하는 수단적·매개적·보조적인 것이어야지, 교육시설 그 자체가 목적은 아니기 때문에 그 전제로 교육활동의 성격이 규명되어야 하는 것이다.

교육시설은 교육을 하기 위한 지원조건이므로 학교교육과 역동적인 관계에서 이해되어야 한다. 그러므로 교육활동의 성격여하에 따라 교육시설이 설계되고 건축되며 유지·관리되어야 하고, 교육시설에 따라 교육기능이 결정되기보다는 교육기능에 의해 교육시설이 결정되는 것이 바람직하다. 일반적으로 행정은 수요자의 기호와 필요에 맞게 해 주어야 하는데, 시설의 실수요자인 학습자와 교사들의 필요와 요구와는 무관하게 시설해 놓고 실수요자들에게 그것에 맞추어 활용하라고 한다면, 많은 무리가 뒤따르게 된다. 더구나 미래지향적인 교육시설은 보다 새롭고 창의적인 것이어야지, 구태의연하다거나 모방성을 탈피하지 못한다면 그러한 시설투자는 장비에 불과하다.

교육시설은 교육자의 꿈이 깃들어 있고 건축가의 얼이 담겨 있는 고도의 종합기술이어야 한다. 그러나 최근에 이르러 국민 생활수준의 향상에 따라 급속하게 발전하는 주택 및 공공시설의 현대화 추세를 학교시설이 따르지 못하고 상대적으로 낙후되고 있음은 안타까운 일이다. 20세기 교사가 19세기적인 시설에서 21세기 학생들을 가르치고 있다는 말도 현대 교육시설의 낙후성을 뒷받침하고 있다.

2) 교육시설의 구비조건

교육시설은 교육의 목적을 효과적으로 달성하기 위한 물적 조건을 말한다. 학교교육을 학습지도와 생활지도로 구분하듯이, 교육시설도 학습기능과 생활기능으로 구분할 수 있다. 따라서 학습기능을 지원하고 촉진할 교육시설은 개별화, 다양화라는 학습활동의 추세에 부응하지 않으면 안 된다. 학습효과를 기하기 위해서는 학습의 목표, 내용, 상황에 따라 학습집단의 크기를 탄력성 있게 편성해야 하고, 한 학급을 단위로 하는 보통교실 이외에 몇 개의 학급을 동시에 수용할 수 있는 큰 규모의 교실에서부터 소집단 토의수업에 필요한 소규모 교실, 개별지도를 할 수 있는 교실에 이르기까지 다양한 시설이 구비되어야 할 것이다

뿐만 아니라 학습내용과 진도에 맞게 교과서 이외에 차트, 카세트테이프, 오버헤드 프로젝터(OHP), 비디오테이프 등 다양한 학습매체를 도입할 수 있는 제반 설비와 장비가 구비되어야 하며, 이에 따른 학생들의 좌석배정이 융통성 있게 확보되도록 충분한 공간이 마련되어야 한다.

학교는 학습의 장(場)일 뿐만 아니라, 학생, 교사 및 교직원이 생활하는 장소이기 때문에 학교시설의 생활기능은 학습기능 못지않게 중요한 의미를 가지고 있다. 특히 학생들은 하루의 중요한 시간을 학교에서 보내기 때문에 생활수단으로서의 학교시설은 학생들이 이용하는데 불편이 없고, 가정과 학교가 상호연계가 되도록 적절한 장소에 적절한 양으로 설치하는 것이 필요하다.

학교시설의 생활기능은 교직원들이 사용하게 되는 관리실에도 적용된다. 특히 교무실은 교원들이 집무하는 장소이면서 회의실, 휴게실로도 겸용되고 있기 때문에 명랑하고 안락한 분위기가 되어야 한다. 일반적으로 교실의 2~3배 크기의 교무실에 100여 명의 교원들이 남녀 구분이나 통로 없이 대집단으로 수용되어 있는데, 이는 교원들의 권위와 사회적인 지위 및 사기 측면에서도 반드시 개선되어야 할 과제이다.

교육시설에서 일반적으로 고려되어야 할 요건으로는 기능성, 경제성, 심미성, 안전성 등이 요청(서울대학교 교육연구소, 1998)되고 있는데, 미국교사건축위원회(NCSC : National Council on Schoolhouse Construction)에서는 현재나 미래의 교육목표 달성을 용이하게 하고 고차적인 유용성을 보장할 수 있도록 하기 위해서 교사의 증축성, 융통성, 지역사회의 이용성 등을 강조하고 있다.

(1) 기능성

교육시설의 주된 목적은 교육활동을 지원하여 학습효과를 높이는데 있다. 그러나 대부분의 교육시설들은 새로운 교육과정이나 교육방법을 수용하는데 인색하고, 강의일변도의 교육을 강요하는 획일적인 특징을 면하지 못하여 교육시설의 기능성 면이 매우 미흡한 실정이다. 해마다 약간의 차이가 있기는 해도 인건비 다음으로 막대한 재정이 교육시설에 투자되어 오고 있지만, 급속히 증가하고 있는 교육인구를 수용하는데 급급한 나머지 교육시설의 현대화에 대비하지 못하고 있다. 뿐만 아니라, 새로운 교육내용이나 교수방법을 수용할 만큼의 기능성을 갖추고 있지 못하다.

효율적인 교수기술의 개발과 교수공학적인 기자재의 도입에 따라 교실내부시설과 설비배치에 융통성이 요구되고 있고, 학습의 개별화와 다양화에 따른 교수공간의 다양성과 독자성이 요구되고 있다. 이러한 학습집단의 다양화는 학교설계에서부터 변화와 융통성 있는 공간배치를 요구하고 있다.

미국교사건축위원회(NCHSC)에 의하면, 기능적인 학교시설은 교육목표 달성을 용이하도록 설계되어야 하며, 학교는 개인·소집단 및 대규모 학습집단이 효율적인 학습활동을 할 수 있도록 그리고 현재와 미래의 유용성을 고도로 보장하도록 융통성 있게 설계·시공되어야 한다고 주장하고 있다. 따라서 투자단계에서부터 장래성을 고려하여 다원적인 이용을 감안한 시설·설비를 함으로써 한정된 시설의 활용도를 높여야 한다.

지금까지의 학교시설이 수용 위주의 양적인 시설에 주안점을 두었다면, 앞으로의 시설은 교육활동 위주의 질적인 시설로 전환되어야 한다. 특히, 학교시설은 그 곳에서 배우고 가르치는 학생과 교사가 교육목적 달성을 위한 교육활동에 구조적·기능적으로 도움을 주는 시설이어야지, 'Procrutes의 침대'[3]와 같이 한낱 전시효과적인 시설은 탈피하여야 한다.

따라서 앞으로의 학교건축 설계과정에서는 교육자, 교육행정가, 학부모 및 지역사회 인사의 대표, 건축가 등이 공동으로 참여하여 제한된 교육 공간 및 시설 등의 활용성과 기능성 제고에 대한 중지를 모음으로써 교육 프로그램 운영과 교육시설 간의 괴리를 좁혀 주어야 할 것이다. 또한 장기적이고 종합적인 계획 하에 지역적인 특성을 고려하여 교육시설을 균형 있게 분포시킴으로써 사후약방문(死後藥方文)격인 시설행정을 벗어나야 할 것이다. 국토 이용계획 및 도시계획 시에는 교육시설을 최우선적으로 고려하는 등 필요한 사항은 법적으로 보장해 두는 것이 필요하다.

이제, 교육시설은 전통적인 교수·학습활동의 기능 외에 지역사회 성인들의 교육장소 등 지역사회센터로서의 기능 및 탁아기능까지도 수행하여야 한다. 따라서 이에 부응하는 시설이 마련되어야 한다.

---

3) Procrutes(그리스어 : Προκρούστης)는 Greece 신화에 나오는 인물이다. 신화에 따르면, Procrutes는 Greece의 Attica州의 강도이며 Athens 교외의 언덕에 집을 짓고 살면서 강도질을 했다. 그의 집에는 철로 만든 침대가 있는데, 그는 지나가는 행인을 붙잡아 자신의 침대에 눕혀서 행인의 키가 침대보다 크면 그만큼 잘라내고, 행인의 키가 침대보다 작으면 억지로 침대 길이에 맞추어 늘여서 죽였다고 전해진다. 그의 침대에는 침대의 길이를 조절하는 보이지 않는 장치가 있어서 그 어느 누구도 침대에 키가 딱 들어맞는 사람은 없었다. Procrutes의 악행은 Athens의 영웅 Theseus에 의해 끝이 난다. Theseus는 Procrutes를 잡아서 침대에 눕히고 똑같은 방법으로 머리와 다리를 잘라내어 처치하였다. Procrutes의 침대는 바로 이 Procrutes의 이야기에서 유래된 말로써 자기 생각에 맞추어 남의 생각을 뜯어 고치려는 행위, 즉 남에게 해를 끼치면서까지 자신의 주장을 굽히지 않는 횡포를 말한다. ; http://ko.wikipedia.org/wiki/%ED%94%84%EB%A1%9C%ED%81%AC%EB%A3%A8%EC%8A%A4%ED%85%8C%EC%8A%A4에서 발췌하여 재구성.

지금까지는 교실이 주로 수업을 듣는 역할만을 담당해 왔지만, 미래지향적인 교육의 성과를 거두기 위해서는 창의력 신장을 중심으로 한 고등정신 기능의 향상을 위한 능동적인 학습이 가능한 시설로 변모되어야 할 것이다. 뿐만 아니라 종래에는 학교 내에 있는 각종 시설들이 학교 교육 목적으로만 사용되어 왔지만, 오늘날의 학교는 지역사회 성인들의 교육 및 여가선용을 위한 장소 즉 지역사회센터로서의 기능을 발휘해야 한다. 학교와 지역사회 성인들이 공동으로 사용할 수 있는 시설로는 강당, 체육관, 식당, 보건실, 도서관, 다목적교실 등을 들 수 있다. 가정관, 음악실, 미술실 등도 야간 성인교육을 위한 장소로 활용이 가능하므로 이러한 시설들은 본관과 떨어져 있는 것이 바람직하다.

따라서 학교건물 중에서 지역사회에서 이용이 가능한 시설들은 교내에서 사용하기 편리하게 배치함은 물론, 학교 밖에서도 접근이 용이하도록 함으로써 학생 및 지역사회인들의 사용에 있어서 불편을 주어서는 안 될 것이다. 체육장과 운동기구 비품창고는 가까이에 배치하는 것이 좋고, 성인들이 사용하는 화장실은 별도로 마련되는 것이 이상적이다.

한편, 학교가 보유하고 있지 않은 시설, 예컨대 공설운동장이나 시립도서관 등도 지역사회와 연계를 맺는 것이 필요하다. 특히, 학교시설과 지역사회 공공시설과의 연계강화는 결과적으로 학생들에게 지역사회를 학습할 수 있는 좋은 기회를 제공할 뿐만 아니라, 지역주민의 학교시설에 대한 이해를 높이는 계기가 될 수 있다.

(2) 경제성

교육시설의 경제성이란 시설의 전체 수명에서 최초의 건축과 운영 및 유지의 세 가지 측면에서 전체비용과 효과성을 분석하는 것인데, 시설계획이나 건축과정 및 유지과정에서 계속 관심을 가져야 하는 매우 복합적인 문제이다. 그러나 B. Castaldi(1982)는 경비를 절감한다고 해서 학교의 교육과정이나 교육적인 효율성을 저해해서는 안 되고, 최초의 시설비보다 유지·관리비가 더 들어서도 안 된다고 주장하고 있다.

교육재정의 영세성 및 수용력 위주의 시설을 하다 보니, 신축한 건물이 10년도 되기 전에 노후화되고 심지어는 준공된 지 불과 몇 년이 못가서 크게 보수를 해야 하는 등 시설의 유지관리비가 신축비보다 더 드는 경우가 적지 않다. 따라서 종합적이고 장기적인 시설 투자계획 하에 시공되어야만 보다 경제적이다. 교사신축 시에 건축비용을 절약한다고 완공 후의 유지관리비를 크게 지출하는 것은 비경제적인 것이다

미국교육행정가협회(AASA : American Association of School Administrators)에서는 학교건축에서의 건전한 경제성은 교육시설의 최초비용과 교육적인 효능 및 효율, 유지관리비의 복합적인 관계로 결정된다고 주장한 바 있다. 또 미국교사건축위원회(NCSC)에서는 학교건축에 적용되는 경제성은 교육활동에 충분한 시설을 제공하기 위하여 현명하고 신중하게 경비지출을 하는 것이라고 주장하였다. 한편, K. W. Brooks 등(1980)은 교육시설의 성과를 교육시설이 수명을 다할 때까지 투자된 돈에 대한 가능한 한 가장 많은 성과를 얻도록 하는 것으로 보고 있다.

서울시의 초·중학교 교지확보 상황을 살펴보면, 지가가 너무 비싸다는 이유로 장래의 확장성에 대한 고려 없이 너무 협소하게 학교부지를 잡고 있는 경우가 많다. 예를 들면, 일반적으로 초·중학교는 3층 이상의 교사가 적합하지 않음에도 불구하고, 교지 형편상 4~5층의 고층화가 불가피하게 이루어지고 있어서 가변성이 부족할 뿐만 아니라 안전관리 면에서도 문제점이 지적되고 있다.

현재 대부분의 정규교실은 고정적·획일적으로 건축되어 있어서 교실의 크기를 변형시켜 사용할 수 없기 때문에 비경제적이다. 따라서 교실의 벽을 고정하기보다는 가변식으로 해서 향후에 교과과정이 어떻게 바뀌더라도 그에 대응할 수 있는 유연성을 가져야 하겠다. 또한 필요 시에는 2~3개의 교실을 터서 종합교실, 급식장, 회의실, 강당 및 체육관 등

다용도로 활용하는 방안도 모색하여야 할 것이다.

한편, 1970년대에 접어들면서 영국을 중심으로 한 유럽지역에서는 개발교육에 대비한 오픈스쿨(Open Plan School) 건설의 영향으로 학교건축 계획 연구자들을 중심으로 이제까지 획일화 위주의 학교건축에 대한 반성론이 일어났다. 이에 따라 일선학교 현장에서도 열린 공간을 가진 학교가 건설되기 시작하였다.

일찍이 미국의 학교들에서는 교사가 모든 지식의 자원이 아니라 학습자가 학습활동의 중심을 차지하면서 탐구과정을 촉진시키는 것이 효과적이라는 취지에서 학교의 중심부에 학습센터를 배치하고, 학습센터 주변에 이동식 벽으로 된 교실을 배치함으로써 어느 교실에서나 최단거리로 접근할 수 있도록 하고 있다. 이때 학생들은 그들의 흥미에 따라 선택의 자유가 폭넓게 주어지는 상황에서 각 교실을 이용할 수 있으며, 이동식 벽은 칠판이나 게시판과 같은 교육적인 기능을 갖게 된다.

복도는 통로로만 사용된다는 과거의 고정관념에서 탈피하여 교실 앞의 복도를 확장하여 그 곳을 작업장으로 활용하고 있는 학교가 있는가 하면, 이제까지 획일적으로 북쪽에만 설치하던 복도를 남쪽이나 시야가 확트인 쪽으로 배치함으로써 생활공간·휴식공간으로서의 기능을 충분히 발휘할 수 있도록 설계·시공하고 있다. 이러한 학교들은 학습자 개개인의 풍부한 개성을 키우는 것을 중시하고, 교육방법이나 환경이 학습자 중심으로 고려되어야 한다는 측면에서 다양한 교육방법의 도입·적용을 꾀하고 있는 것이다.

학습지도 방법의 발달은 학교 내부시설의 재조정을 요구하게 된다. 교실과 교실 사이의 벽이 고정되어 있으면 작업에 어려움이 많으므로 교육프로그램의 필요에 따라 교실의 크기를 다양하게 변형시켜서 활용할 수 있도록 교실과 교실 사이의 벽을 가변식으로 시설하는 것이 이상적이다. 특히, 전기관 및 송수관, 난방배치관은 물론, 창문 및 각종 건물의 구조를 장래의 변화에 대응하고 교실 가동작업에 지장이 없도록 설계·시공하여야 한다. 특별교실 주변에 가스나 수도를 설치하고, 책상은 고정시키지 않게 배치하였다가 필요할 경우에 이동할 수 있도록 하는 것이 효과적이다.

최근에 이르러서 조립식 건축방법이 많이 발달하고 있는데, 이러한 건축방법은 유동성이 있고 유지비를 절감시키며 대량생산에 의하여 건축자재의 단가를 낮출 수 있게 하므로 건축비의 절약은 물론, 노후가치 면에서도 경제성이 있어서 앞으로의 학교건축에 활용가치가 크다고 할 수 있다. 제한된 시설의 활용도를 높이기 위해서 학군의 조정, 야간제 및 계절제 등 정시제 운영, 다학기제 및 연중학기제의 운영 등을 도입·적용해 볼 수도 있다.

교육과학기술부에서 권장하고 있는 도시형·농촌형·관광지형·벽지형 등과 같은 네 가지 표준설계도에 의하여 각급학교를 건축할 경우에는 비교적 저렴한 단가로 손쉽게 건축할 수 있다. 그러나 지역의 특성이나 주변환경이 무시된 채 획일적으로 건축된다면 시설의 다양성, 경제성이 손실될 우려가 있다. 증가되는 교육수요에 부응할 만한 시설을 공급할 수 없는 것이 우리의 실정이므로, 교육시설의 설계·시공·활용·유지 면에서 최대한으로 경제성을 살리면서 교육성과를 보다 크게 이룰 수 있도록 꾸준한 연구와 노력이 요망된다.

(3) 심미성

학교시설은 안전하면서도 미관에도 좋아서 학생들이 친근감과 애교심을 갖도록 설계되어야 학습의욕도 높아지고 학습효과도 기대할 수 있다. 따라서 학교건물은 주변과 조화를 잘 이루도록 설계되어야 하고, 건물의 형태나 채색 면에서도 미적 감감과 심리적인 효과를 고려하여 시공되어야 한다. 이제까지 학급학교는 표준설계도에 의해 획일적인 장방형 교실로 마치 거칠고 조잡한 공장시설처럼 건축되어 왔기 때문에 학생들의 정서발달이나 애교심 앙양 및 성장발달에도 좋지 못한 영향을 주고 있다.

학교는 교육기관이며, 한창 성장기에 있는 어린이들이 낮 시간의 대부분을 머무는 곳이므로 색상과 형태를 다양화하고 학교담장이나 조경에도 심미성을 높여서 학생들에게 아늑함을 줄 수 있도록 함으로써 애교심을 오랫동안 간직할 수 있도록 해 주어야 한다.

이제까지는 학교 울타리가 대부분 시멘트 제품으로 되어 있어서 분위기뿐만 아니라 환경적인 측면에서도 삭막한 느낌을 주고 있다. 그러나 수목 울타리로 담장을 설치하게 되면 미관상으로도 좋고 방음효과도 있다. 또한 학교의 안과 밖의 시선을 차단하지 않고 서로 트이게 함으로써 개방사회에도 기여할 뿐만 아니라, 학생들에게 신선감도 주게 된다. 교실에 방범철장을 설치할 때에도 딱딱하고 일률적인 형태로 설치하기보다는 우리나라 전통무늬 등을 활용한 다양한 모양으로 하는 것이 바람직하다.

건물외장에 있어서도 단순한 도장에만 의존하지 말고, 새로운 치장재를 활용하여 시각적인 효과를 기함으로써 우리학교라는 마음의 자랑을 오래 간직할 수 있도록 미관성에 대한 고려도 잊지 말아야 할 것이다. 적절한 색상의 선택은 눈을 보호하고 학습자들의 심리적인 평온감 조성이나 학습활동에 영향을 미치고 있다. 그 동안 각급학교에서 채색에 대하여는 어느 정도 관심을 가져왔지만, 목적과 조화에 대한 배려가 부족하고 등한시되어 온 것이 사실이다.

건물의 채색은 물리적인 기능과 심리적인 기능의 두 가지 기능을 가지고 있다. 색깔전문가들은 빨강색·오렌지색·분홍색 등은 따뜻한 느낌을 주지만 자극적이고, 파란색과 녹색은 시원하고 차분한 느낌을 주며, 회색은 중립적이고, 짙은 색은 친근감을 주되 협소한 느낌을 주고 있다고 밝히고 있다.

New York시에서 연구된 색채실험을 보면, 북향과 동향의 교실에서는 적색·황색·오렌지색과 같은 따뜻한 색이, 남향과 서향 교실에서는 녹색이나 청색 등의 신선한 색이 접합하다는 결과가 나왔다. 햇빛이 강하게 비치는 곳에는 보다 진한 색깔을, 인접건물이 상당한 양의 빛을 교실에 반사시켜 주는 경우에는 시원한 느낌이 나는 색깔로 채색하는 것이 바람직하다. 조그만 방을 커 보이게 하려면 시원한 남색이 좋고, 길고 폭이 좁은 교실은 가벼운 청색이나 녹색 및 친근감을 주는 색을 사용하면 도움이 된다.

단조로운 교실환경보다는 학생들이 좋아하는 골방의 도입이나, 방향성이 없고 다채로운 학습에 적용될 장방형의 교실도 생각해 볼 수 있다. 저학년 교실 주변에는 사물함이나 화장실을 설치해 주는 것도 이상적이다. 또한 건물이 여러 층일 경우에는 격자천장 처리를 하는 것이 층 높이를 줄이는데 효과적이며, 건물지붕을 납작지붕으로 처리할 경우에 옥상을 정원으로 이용하면 자연채광이나 옥외전망에 도움을 줄 수 있다.

학교건물을 시공하는 사람은 건축업자이지만, 이들을 감독하고 있는 것은 건축의 기본지식이 부족한 당해 학교장들이기 때문에 올바른 건축이 이루어지지 않는 경우가 많다. 그러나 일차적으로는 시공업자들의 사업윤리가 향상되어야 한다. 아울러 다양한 표준설계도를 마련하여 학교급별, 학교규모별, 지역별 특성과 실정에 맞게 선택 시공할 수 있도록 하는 것이 바람직하다.

(4) 안전성 및 위생성

학교시설에 수용되어 있는 학생 수는 수천 명에 달하며, 아직 자아가 형성되지 않은 장난기가 짙은 연령에 속하기 때문에 이들의 학교생활에는 항상 위험이 도사리고 있다. 그러나 현재 사용 중인 학교시설물들은 많이 낡고, 위생·난방·통풍 등이 미흡하여 각급학교에서 각종 안전사고가 자주 발생하고 있어서 교육현장의 큰 문제로 제기되고 있다.

각급학교 내에서 안전을 위협하는 요소로는 좁고 어두운 복도 및 계단, 좁은 현관출입구, 유리창, 미끄러운 보도, 체육시설물을 포함한 각종

놀이기구, 위험한 실험·실습기구, 화장실, 수영장 등이 거론되고 있다. 따라서 복도 및 계단의 폭을 넓히고 조명을 밝게 하는 것은 물론 이중 유리창, 비상출구의 설치 및 사용방법의 훈련 등을 통하여 각종 안전사고의 예방훈련을 생활화하여야 한다.

교내에서 발생하고 있는 각종 안전사고 내용을 살펴보면 사고건수의 과반수가 신체적인 상해인데, 상당 부분이 운동장 및 체육관에서 체육수업 중에 또는 공작실에서 공작수업 중에 일어나고 있다. 이 밖에 계단, 복도, 교실, 출입구 등에서도 안전사고가 발생하고 있다. 학년별로 사고빈도를 살펴보면 저학년이 고학년보다 많으며, 상해정도는 상급학년으로 올라갈수록 심한 것으로 분석되고 있다.

학교 안전성에서 가장 큰 비중을 차지하고 있는 요인 중의 하나는 자재에 관한 것이다. 학교시설에는 활용의 융통성 때문에 가연성 재료를 많이 사용하고 있는 경향이 있고, 한정된 건축비 관계로 내화성이 강한 1급 건축재료를 많이 사용하지 못하는 실정이라서 화재에 대하여 각별한 관심을 기울여야 한다. 따라서 학교건물의 전기공사는 유자격자의 공사·감독 하에 기준에 따라 엄격하게 시공되어야 하며, 전기시설의 정기적인 점검뿐만 아니라 난로 등 가열장치를 설치하였을 경우에는 각별히 주의를 기울여야 한다.

또한 학생 수에 비하여 화장실의 수가 절대적으로 부족하고 농어촌 소재의 학교에는 아직도 재래식 화장실로 되어 있어서 미관상은 물론, 악취가 심해서 비위생적이고 위험요소 또한 크다. 특히, 현행 시설기준에 묶여서 초·중등학교에서의 소변기 및 대변기도 절대 부족한 실정이다.

(5) 현대화 및 규격화

교육내용 및 방법이 급변하고 있는데 시설·설비는 구태의연하게 낙후되어 있어서 현대교육의 이론과 교수방법에 부응하기에는 역부족인 실정이다. 따라서 정보화·세계화 시대에 대응할 수 있는 교육시설의 현대화가 절실히 요망된다. 첨단시설을 갖춘 가정에서 살고 있는 학생들이 낙후된 시설에서 21세기의 주역으로 성장할 수는 없기 때문에 학교시설의 현대화는 급선무라고 하겠다.

현재, 각급학교 건축에서 사용하고 있는 자재는 일반 건축물에 사용하고 있는 것을 그대로 사용하는 관계로 학생들의 신체적인 조건이나 내구성 면 등에서 부적합하다는 지적도 있다. 그러므로 학생들의 신체적인 조건이나 사용빈도 등을 고려한 학교건축 전용 자재를 사용하는 것이 바람직하다. 천장의 형광등 배열도 인체공학적인 소견을 바탕으로 하여야 하며, 교실의 조도가 정상 이하로 떨어지게 되면 자동적으로 점등되는 장치도 개발 보급되어야 한다. 특히, 과학실이나 컴퓨터실과 같은 특별한 용도의 시설은 그 특성을 살린 별도의 설계를 통하여 그 기능을 충분히 발휘하도록 하여야 할 것이다.

일본 문부성에서는 21세기의 학습의 장에 대한 제언으로 『문교시설의 인텔리전트화에 대하여』라는 내용을 발표하고, 시설이 노후하여 개축의 대상이 된 학교 중에 선정하여 모델스쿨 형식으로 적용한 바 있다. 그 주요내용으로는 다양한 학습활동을 실현하는 시설환경, 유기적으로 연계된 시설환경, 정보통신 처리능력의 도입이 가능한 시설환경 그리고 쾌적하고 풍부한 시설환경 등이다.

또한 각종 교구나 건축자재 및 부품 등은 모두 표준화·규격화함으로써 비용을 절감하고 부품대체를 손쉽게 하여야 한다. 모든 건축자재 및 부품이 규격화되고 이를 모든 건물과 기자재에 사용할 것을 전제로 하여 설계가 된다면, 많은 시간과 비용을 절감할 수 있고, 견적이나 공사명세서의 산출근거도 좀 더 명확해질 수 있을 것이다.

5. 학교시설의 경영관리

1) 학교시설의 경영

학교시설은 교육활동의 기본적인 지원조건 중에서 매우 중요하면서도 필수적인 조건으로 간주되고 있다. 학교시설과 학교설비의 기준이 되는 법적인 근거는 초·중등교육법, 초·중등교육법시행령, 학교시설설비기준령, 학교시설사업추진법 및 동 시행령, 건축법 및 동 시행령, 건축물의구조기준등에관한 규칙, 도시계획법 및 동 시행령과 시행규칙, 도시계획시설기준에관한규칙, 토지구획정리사업 및 동 시행령, 학교보건법 및 동 시행령, 학교운동장개방및이용에관한규칙 등이 있다.

이 중에서 각급학교의 설치·설립기준령(고등학교이하각급학교설립·운영규정 : 1997.9.23 대통령령 제15483호, 10차 개정 2010.6.29 대통령령 제22234호)이 공포되어 학교에 대한 시설의 최저기준을 정하고 있다. 이는 학교가 교육활동을 효과적으로 수행하기 위하여 필요한 시설과 설비를 갖추는 것을 목적으로 한 것이다. 학교시설설비기준령에서 중요한 것을 고찰하면 교실과 도서실을 포함한 교사(校舍), 복합시설, 교사용 대지, 체육장, 교지, 사립학교 교사 및 교지의 소유주체, 교구, 산업수요 맞춤형 고등학교 등의 실험·실습실 그리고 급수·온수공급 시설 등이다.

다음으로, 학교시설의 경영에서 간과할 수 없는 것이 교구(校具, 教具)이다. 교구는 교수·학습활동의 효율화를 기하기 위하여 활용되는 기구를 지칭한다. 학교교구의 설비기준 중에서 중요한 것을 각급학교에 관한 사항을 중심으로 고찰하면 체육장 설비기준, 교사 설비기준, 교구의 기준, 교구 설비기준의 적용, 노후 설비교구의 대체 및 실태조사 등이 있다.

교사는 학교시설에서 가장 중요하고 기본적인 건축물로서 일반적인 교실부문, 경영부문, 통로부문으로 기숙사나 직원주택과는 다르게 구별된다. 교사의 배치방향은 남향이 가장 바람직한데, 이는 일사량이 많아서 다른 방향에 비하여 채광이나 기온 및 심리적인 측면에서 효과적이기 때문이다.

교실배치의 형태는 폐쇄형, 개방형 그리고 분산형이 있다. 폐쇄형은 건물에 둘러싸인 형태, 즉 구(口)자형을 말한다. 개방형은 폐쇄형에서 한 쪽이 트인 형태, 즉 알파벳 대문자의 E, H, U, L, T 등의 형태로 교사가 위치한 것이다. 분산형은 일반적으로 독립된 교사를 여러 곳에 분산시켜 놓은 것으로서 대부분 일자형의 교사를 위치와 방향에 적합하게 배치한 것이다.

<표 6-5> 교사의 기준면적(제3조 제2항 관련)

<table>
<tr><th colspan="2">학 교</th><th colspan="3">학생 수별 기준면적</th></tr>
<tr><td colspan="2" rowspan="2">유치원</td><td>40명 이하</td><td colspan="2">41명 이상</td></tr>
<tr><td>5N</td><td colspan="2">80 + 3N</td></tr>
<tr><td colspan="2" rowspan="2">초등학교 · 공민학교 및
이에 준하는 학교</td><td>240명 이하</td><td>241명 이상 960명 이하</td><td>961명 이상</td></tr>
<tr><td>7N</td><td>720 + 4N</td><td>1,680 + 3N</td></tr>
<tr><td colspan="2" rowspan="2">중학교 · 고등공민학교 및
이에 준하는 학교</td><td>120명 이하</td><td>121명 이상 720명 이하</td><td>721명 이상</td></tr>
<tr><td>14N</td><td>1,080 + 5N</td><td>1,800 + 4N</td></tr>
<tr><td rowspan="4">고등학교 ·
고등기술학교
및
이에 준하는
각종학교</td><td>계 열 별</td><td>120명 이하</td><td>121명 이상 720명 이하</td><td>721명 이상</td></tr>
<tr><td>인문계열</td><td rowspan="3">14N</td><td>960 + 6N</td><td>1,680 + 5N</td></tr>
<tr><td>전문계열</td><td>720 + 8N</td><td>2,160 + 6N</td></tr>
<tr><td>예 · 체능
계열</td><td>480 + 10N</td><td>1,920 + 8N</td></tr>
</table>

※ 비고

1. N은 각급학교의 전 학년의 학생정원을 말한다.
2. 위 표의 고등학교 계열구분은 시 · 도교육감이 정하는 바에 의하되, 동일 고등학교에 2 이상의 계열이 있는 경우에는 각 계열별 기준면적을 합한 면적을 적용한다.
3. 『초 · 중등교육법』 제30조의 규정에 의한 통합 · 운영학교 및 동일구내에 2 이상의 각급학교가 위치하는 경우에는 각 학교급별 기준면적을 합한 면적을 적용한다.
4. 주간수업과 야간수업을 겸하여 행하는 학교에 대하여는 그 중 인가 학생정원이 많은 것을 기준으로 한다.
5. 수준별 교육과정의 심화 · 보충학습에 필요한 시설의 기준면적은 지역 및 학교특성에 따라 시 · 도교육감이 별도로 정할 수 있다.

교사의 면적기준은 고등학교이하각급학교설립・운영규정([별표1] : 개정 2007.5.2)에 명시되어 있는데, 그 내용은 <표 6-5>와 같다.

다음으로, 체육장은 배수가 잘 되거나 배수시설을 잘 갖춘 입지라야 하며, 기준면적은 재학하고 있는 학생 수에 따라 달리 규정하고 있는데, 이는 고등학교이하각급학교설립・운영규정([별표2] : 개정 2007. 5. 2)에 명시되어 있으며, <표 6-6>과 같다.

<표 6-6> 체육장의 기준면적(제5조 제2항 관련)

<table>
<tr><th>학 교</th><th colspan="3">학생 수별 기준면적</th></tr>
<tr><td rowspan="2">유치원</td><td>40명 이하</td><td colspan="2">41명 이상</td></tr>
<tr><td>160</td><td colspan="2">120 + N</td></tr>
<tr><td rowspan="2">초등학교・공민학교 및 이에 준하는 학교</td><td>600명 이하</td><td>601명 이상 1,800명 이하</td><td>1,801명 이상</td></tr>
<tr><td>3,000</td><td>1,800 + 2N</td><td>3,600 + N</td></tr>
<tr><td rowspan="2">중학교・고등공민학교 및 이에 준하는 학교</td><td>600명 이하</td><td>601명 이상 1,800명 이하</td><td>1,801명 이상</td></tr>
<tr><td>4,200</td><td>3,000 + 2N</td><td>4,800 + 4N</td></tr>
<tr><td rowspan="2">고등학교・고등기술학교 및 이에 준하는 각종학교</td><td>120명 이하</td><td>601명 이상 1,800명 이하</td><td>1,801명 이상</td></tr>
<tr><td>4,800</td><td>3,600 + 2N</td><td>5,400 + N</td></tr>
</table>

※ 비고

1. N은 각급학교의 전 학년의 학생정원을 말한다.
2. 교내에 수영장・체육관・강당・무용실 등 실내 체육시설이 있는 경우에 실내 체육시설 바닥면적의 2배의 면적을 제외할 수 있다.
3. 『초・중등교육법』 제30조의 규정에 의한 통합・운영학교 및 동일구내에 2 이상의 각급학교가 위치하는 경우에는 각 학교급별 기준면적을 합한 면적을 적용한다.
4. 주간수업과 야간수업을 겸하여 행하는 학교에 대하여는 그 중 인가 학생정원이 많은 것을 기준으로 한다.

2) 물품 및 시설관리

물품은 지방자치단체가 소유하는 동산과 지방자치단체가 사용하기 위하여 보관하는 동산 중에서 현금, 유가증권, 공유재산 등을 제외한 동산을 말하는데, 학교에서 보관·사용하는 물품도 이 범주에 속한다(윤정일 외. 1994)고 할 수 있다. 따라서 물품을 포함한 시설관리는 학교교육의 목표에 따른 학교의 교육적인 기능을 원활히 수행할 수 있도록 설치된 학교의 물리적인 자원이나 환경을 보존·이용·개량하는 등의 행위를 총칭하는 것이다. 그러므로 물품 및 시설은 학교의 교육목표를 달성하기 위한 수단으로 이해되어야 하고, 이는 물품 및 학교시설이 학교의 기능에 따라 결정되어야 한다는 것을 의미한다.

전술한 바 있듯이, 학교의 물품 및 시설에는 학교의 물리적인 환경을 구성하는 교지, 학교건물, 설비, 기기, 교재·교구 등이 모두 포함된다. 학교시설은 외곽시설과 내부시설로 대별되며, 외곽시설은 다시 지적시설과 건물시설로 구분된다.

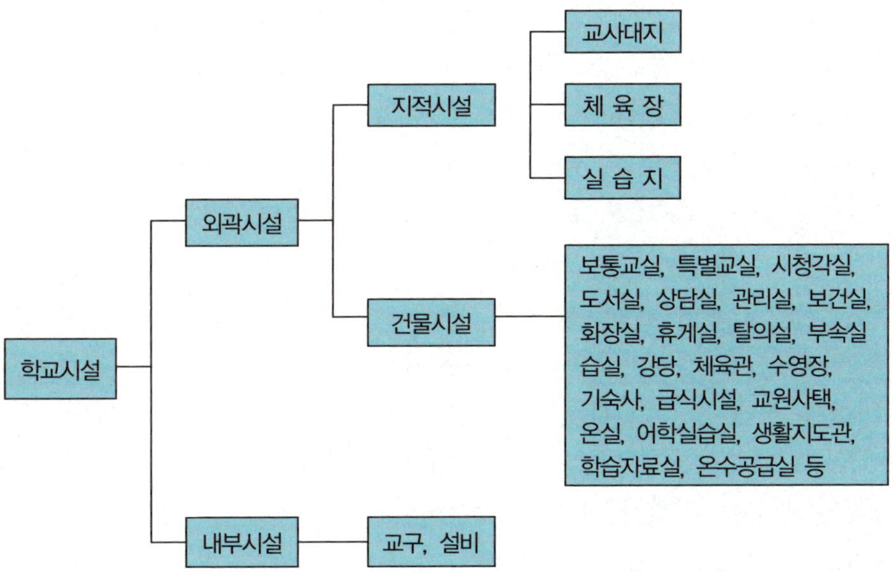

*자료 ; 윤정일·송기창·조동섭·김병주(1994). 교육행정학 원론. 서울 : 학지사. p.506. 재인용.

[그림 6-1] 학교시설의 분류

일정한 형태의 공간 즉 토지인 지적시설에는 교사대지, 체육장, 실습지 등이 포함되고, 건물시설에는 보통교실, 특별교실, 관리실, 강당, 체육관 등의 건축물이 포함된다. 내부시설은 외곽시설 내에 설치되거나 비치되는 시설물로서 교구와 설비 등이 포함된다. 학교시설을 유형별로 분류·정리하면 [그림 6-1]과 같다.

학교시설·설비기준령에서는 학교시설을 교사대지, 체육장, 교사, 실험실습시설 및 설비, 교구, 급수시설, 소방설비 그리고 권장시설 등으로 구분하고 있다. 교사에는 보통교실, 과학실과 그 준비실, 음악실 및 미술실과 그 준비실, 기술실과 그 준비실, 시청각실과 그 준비실, 도서실, 상담실, 관리실 및 보건위생실이 포함된다. 여기에서 관리실에는 교장실, 교무실, 행정실, 숙직실, 창고 등이, 그리고 보건위생실로는 보건실, 화장실, 휴게실, 탈의실, 샤워실 등이 속한다. 또한 권장시설에는 강당, 체육관, 수영장, 기숙사, 급식시설, 교원사택, 온실, 어학실습실, 생활지도관, 학습자료실 그리고 온수공급실 등이 포함된다.

김종철(1982)은 학교시설을 내용에 따라 교지, 학교건물, 공작물, 설비 등 4가지로 구분하였고, 남정걸(1986)은 학교시설을 형태에 따라 크게 교지, 교사 및 부대시설로 구분하고, 그 기능에 따라 교지는 교사대지, 체육장, 실습지로, 교사는 교실(보통교실, 특별교실, 실습실)과 보건위생실, 공용실(시청각실, 도서실, 자료실, 강당, 상담실 등), 관리실 및 부속시설로 그리고 부대시설은 전기, 급수, 난방, 소방, 기타 내부시설과 담, 교문 등의 공작물로 구분한 바 있다.

그러나 학교시설을 어떻게 구분하든지 간에 학교시설은 학교교육의 효율적인 추진에 적합한 요건을 갖추어야 한다. 학교시설이 갖추어야 할 요건으로 W. Lyman(1960)은 적절성, 효용성, 융통성, 효율성, 실용성, 경제성, 미관성, 상보성 등을 들고 있으며, B. Castaldi(1982)는 충분성, 적절성, 효율성, 경제성, 안전성, 건강성, 편의성, 확장가능성, 축소가능성, 적응성 및 융통성 등을 들고 있다.

학교시설의 관리책임자인 학교장은 분임관리관인 초등학교와 중학교 교장, 재산관리관인 고등학교 교장으로서 학교시설의 유지·보수를 철저히 하고 환경을 정비하여 교육활동에 대처할 책임이 있다. 그러나 학교시설의 관리는 교장이나 관계담당 직원만의 책임이 아니고, 학생들의 안전하고 명랑한 수업분위기 등과 직접적인 관계가 있으므로 교사들의 적극적인 협력이 필요하다. 따라서 교사 자신들이 학교시설의 효율적인 사용법과 관리요령, 간단한 손질능력을 갖춤으로써 학생들이 질서 있고 소중하게 학교시설을 취급하고 공공시설에 대한 올바른 인식과 태도를 갖도록 지도할 필요가 있다.

第7장

문서관리

학교현장에서의 문서관리 업무는 행정실에서 주로 담당한다. 박종렬 외 8인(2010)은 학교의 행정실이 담당하는 업무를 전체 14가지로 제시하고 있는데, 그 중에서도 문서관리는 '일반서무'에 포함시켜 논의하고 있다. 문서관리 업무가 문서의 수신과 발신, 공문서 관리 등의 단순업무로만 생각할 것이 아니라, 경우에 따라서는 유기문서를 소홀히 하여 교육행정당국의 전체 업무추진에 지장을 주게 되는 사례도 빈발하므로 학교를 경영하는 입장에서 보면 결코 소홀하게 취급할 성질의 일이 아니다.

이에, 행정사무 관련 법령 중에서도 행정업무의효율적운영에관한규정(대통령령 제23521호, 2012.1.20, 타법개정)에 근거하여 공부(公簿)와 문서, 문서의 종류 및 작성원칙, 문서작성의 실제, 문서의 처리 그리고 기록물 편철과 업무관리시스템 이용 등으로 구분하여 논의하고자 한다.

1. 공부(公簿)와 문서

학교의 교육활동을 전개해 나가는 데에는 여러 가지를 기록하여 비치한 표부(表簿)가 있다. 공부(公簿)는 법령의 기준에 따라서 학교에 비치하여야 할 표부로서 일종의 장부이다. 그러므로 공부는 지난날의 학교교육활동의 결과를 기록해 놓은 것으로서, 앞으로의 학교교육에 필요한 자료와 정보를 제공할 뿐만 아니라 반성과 개선의 근거도 된다. 따라서 공정성과 정확성은 공부의 생명이다.

공부의 종류는 공부를 분류하는 기준에 따라 다양하다. 공부의 수용내용을 기준으로 하면 법규, 인사, 기록통계, 편재, 교재 및 재료, 교원의 복무, 진학지도, 졸업 등의 공부가 있고, 비중에 따라서는 특류, 갑류, 을류, 병류, 정류 등의 공부가 있으며, 보존연한에 따라서 영구, 준영구, 10년, 5년, 3년 그리고 1년 등으로 구분한다.

기존의 사무관리규정을 전부 개정한 행정업무의효율적운영에관한규정(대통령령 제23521호, 2012.1.20, 타법개정) 및 행정업무의효율정운영에관한규정시행규칙(행정안전부령 제264호, 2011.12.21, 전부개정)에 의하여 문서가 작성되고, 각각의 문서들이 정해진 기간 동안 공부로서 보관되는 것이다. 이를테면, 3년 보존문서로 분류되고 있는 출석부는 학생이 등교하고 있는지 또는 학습에 참여하고 있는지 등을 기록하는 중요한 교육자료이다. 그러므로 누가 봐도 알 수 있도록 정확히 기록해야 한다. 출석부 정리에서의 유의점은 학생의 성명은 정자로 기록하되, 일련번호 순으로 기입하고 출석, 결석, 지각, 조퇴, 상고 등을 해당 기호로 정확히 표시하며, 교칙에 의거하여 출·결석을 처리한다.

한편, 문서는 시간적·공간적인 제약을 넘어서 문자, 기호, 도표 등으로 의사를 전달하기 위하여 기록해 놓은 것(강경식·최기만, 2003)인데, 학교경영에서 논의하는 문서는 공문서로서 공무를 집행하기 위하여 전달되는 문서를 의미한다. 김명한 외 3인(1988)은 문서란 글로써 일정한 사상을 기록하여 표시한 것을 총망라하여 일컬으며, 문자 또는 기호 및 상징에 의하여 일정한 명의인(名義人)이 연속성 있는 물체 위에 의사 또는 감정을 표시한 것을 말한다고 하였다.

일반적으로 문서는 공문서와 사문서로 구분되며, 법률과 행정상의 문서로도 구분된다. 법률상의 공문서와 사문서의 구분은 주로 그 작성자에 의하여 구분되고 있는데, 형법에서 공문서라고 함은 공기관 또는 공무원이 직무상 작성한 문서를 칭하며, 사문서는 권리나 의무 또는 사실증명에 관한 사인의 작성명의의 문서를 칭한다. 정부공문서규정에서는 행정상의 공문서를 행정기관 내부 또는 상호간이나 대외적으로 공무상 작성, 시행된 문서와 행정기관이 접수한 모든 문서로 보고 있다. 따라서 행정상 공무원이 직무상으로 작성한 문서뿐만 아니라, 사인명의의 문서라고 할지라도 행정기관에 제출된 문서 즉 허가신청서, 계출서(屆出書), 진정서, 증명서 등은 전부 공문서로 취급된다.

이상에서 공부와 문서의 의미에 대하여 살펴보았다. 이러한 제 문서들이 효력을 발생하려면 나름대로의 요건을 갖추어야 하는데, 이에 관한 사항은 행정업무의효율적운영에관한규정 제6조(문서의 성립 및 효력발생)에 명시되어 있으며, 그 내용은 다음과 같다.

제6조(문서의 성립 및 효력발생) ① 문서는 결재권자가 해당문서에 서명(전자이미지서명, 전자문자서명 및 행정전자서명을 포함한다. 이하 같다)의 방식으로 결재함으로써 성립한다.

② 문서는 수신자에게 도달(전자문서의 경우는 수신자가 관리하거나 지정한 전자적 시스템 등에 입력되는 것을 말한다)됨으로써 효력을 발생한다.

③ 제2항에도 불구하고 공고문서는 그 문서에서 효력발생 시기를 구체적으로 밝히고 있지 않으면 그 고시 또는 공고 등이 있은 날부터 5일이 경과한 때에 효력이 발생한다.

*자료 ; 대통령령 제23521호 [2012.1.20, 타법개정] 제6조.

2. 문서의 종류와 작성원칙

1) 문서의 종류

문서를 제대로 관리하려면 문서의 종류를 알아야 하고, 각 문서의 작성에서 지켜야 할 기준과 원칙을 준수해야 한다. 그 이유는 문서관리의 궁극적인 목적이 사무의 간소화·표준화·과학화·정보화를 통한 행정능률의 제고이며, 이러한 목적달성을 위해서는 일정한 틀 속에서 나름대로 정형화되어야 하기 때문이다.

문서의 종류를 설명할 때에는 작성주체, 유통대상 여부 그리고 문서의 성격으로 구분하여 논의한다. 작성주체에 의한 구분은 공문서인지 사문서인지로 구분하는 경우를 말하고, 유통대상 여부에 의한 구분은 내부결재문서, 대내문서 그리고 대외문서로 구별한다. 그러나 일반적으로 문서를 구분할 때에는 작성주체나 유통대상 여부에 의한 분류보다는 문서의 성격에 의한 분류를 더 자세히 취급한다. 왜냐하면 학교경영과 관련한

<표 7-1> 공문서의 종류

종 류	내 용
법규문서	헌법·법률·대통령령·총리령·부령·조례·규칙(이하 "법령")등에 관한 문서
지시문서	훈령·지시·예규·일일명령 등 행정기관이 그 하급기관이나 소속 공무원에 대하여 일정한 사항을 지시하는 문서
공고문서	고시·공고 등 행정기관이 일정한 사항을 일반인에게 알리는 문서
비치문서	행정기관이 일정한 사항을 기록하여 행정기관 내부에 비치하면서 업무에 활용하는 대장, 카드 등의 문서
민원문서	민원인이 행정기관에 대하여 허가·인가·그 밖의 처분 등 특정한 행위를 요구하는 문서와 그에 대한 처리문서
일반문서	이상의 종류에 속하지 아니하는 모든 문서

*자료 ; 대통령령 제23521호(2012.1.20, 타법개정) 제4조.

공문서의 경우에 그것이 어떤 성격을 띠는지가 매우 중요한 분류기준이 되기 때문이다. 그렇기 때문에 행정업무의효율적운영에관한규정 제4조(공문서의 종류)에서도 문서의 성격에 의한 분류를 적시하고 있는데, 그 내용은 <표 7-1>에 제시되어 있다.

첫째, 법규문서는 헌법, 법률, 대통령령, 총리령, 부령, 조례 및 규칙에 관한 문서로서, 조문형식에 의하여 누가적으로 작성한다.

둘째, 지시문서는 훈령, 지시, 예규, 일일명령 등 행정기관이 하급기관 또는 소속 공무원에 대하여 일정한 사항을 지시하는 문서로서, 이전에는 영달문서라고 부르기도 하였다.

'훈령'은 상급기관이 하급기관에 대하여 장기간에 걸쳐서 그 권한행사를 일반적으로 지시하기 위하여 발하는 명령이며, 조문형식 또는 공문서식에 의하여 작성한다. '지시'는 상급기관이 하급기관에 대하여 개별적·구체적으로 발하는 명령을 말하는데, 공문서식에 의하여 작성하고 분류기호 및 연도별 일련번호를 사용한다. '예규'는 법규문서 이외의 문서로서 반복적인 행정사무의 기준을 제시하는 문서로서, 공문서식에 의하여 작성하고 연도별 일련번호를 사용한다. '일일명령'은 당직, 출장, 특근 및 각종 휴가 등 일일업무에 관한 명령을 말하며, 공문서식에 의하여 작성하고 연도별 일련번호를 사용한다.

셋째, 공고문서는 고시, 공고 등 행정기관이 일정한 사항을 일반인에게 알리기 위한 문서로서, 공고 후 5일이 경과된 날부터 효력이 발생한다.

'고시'는 법령이 정한 바에 따라 일정한 사항을 일반에게 알리는 문서를 말하며, 연도별 일련번호를 사용한다. '공고'는 행정기관이 일정한 사항을 일반에게 알리기 위한 문서를 말한다.

넷째, 비치문서는 비치대장이나 비치카드 등 행정기관이 일정한 사항을 기록하여 행정기관 내부에 비치하면서 업무에 활용하는 문서이다.

다섯째, 민원문서는 민원인이 행정기관에 대하여 인·허가 및 기타처분 등 특정한 행위를 요구하는 문서와 그에 대한 처리문서를 말한다.

여섯째, 일반문서는 이상의 종류에 속하지 아니하는 모든 문서를 말한다.

2) 문서의 작성원칙

문서작성의 일반적인 원칙은 행정업무의효율적운영에관한규정 제7조(문서작성의 일반원칙)에 명시되어 있는데, 관련 규정과 이철웅(2011)의 논의를 근간으로 설명하고자 한다.

제7조(문서작성의 일반원칙) ① 문서는 『국어기본법』 제3조 제3호에 따른 어문규범에 맞게 한글로 작성하되, 뜻을 정확하게 전달하기 위하여 필요한 경우에는 괄호 안에 한자나 그 밖의 외국어를 함께 적을 수 있으며, 특별한 사유가 없으면 가로로 쓴다.

② 문서의 내용은 간결하고 명확하게 표현하고, 일반화되지 않은 약어와 전문용어 등의 사용을 피하여 이해하기 쉽게 작성하여야 한다.

③ 문서에는 음성정보나 영상정보 등이 수록되거나 연계된 바코드 등을 표기할 수 있다.

④ 문서에 쓰는 숫자는 특별한 사유가 없으면 아라비아 숫자를 쓴다.

⑤ 문서에 쓰는 날짜는 숫자로 표기하되, 연·월·일의 글자는 생략하고 그 자리에 온점을 찍어 표시하며, 시·분은 24시각제에 따라 숫자로 표기하되, 시·분의 글자는 생략하고 그 사이에 쌍점을 찍어 구분한다. 다만, 특별한 사유가 있으면 다른 방법으로 표시할 수 있다.

⑥ 문서작성에 사용하는 용지는 특별한 사유가 없으면 가로 210밀리미터, 세로 297밀리미터의 직사각형 용지로 한다.

⑦ 제1항부터 제6항까지에서 규정한 사항 외에 문서작성에 필요한 사항은 행정안전부령으로 정한다.

*자료 ; 대통령령 제23521호 [2012.1.20, 타법개정] 제7조.

(1) 용지의 규격

용지의 기본규격은 도면, 증표류, 기타 특별한 형식의 문서를 제외하고는 가로 210mm, 세로 297mm인 A4용지를 사용한다. 문서의 여백은 편철 위치와 용도에 따라서 달리할 수 있으나, 일반적으로는 위 3cm, 왼쪽 2cm, 오른쪽과 아래를 각각 1.5cm로 한다.

(2) 문서의 용어

문서는 국어기본법 제11조에 따른 어문규정에 맞도록 한글로 작성하되, 쉽고 간명하게 표현하여야 한다. 뜻을 정확하게 전달하기 위하여 필요한 경우에는 괄호 안에 한자나 그 밖의 외국어를 넣어서 쓸 수 있으며, 특별한 사유가 있는 경우를 제외하고는 가로로 쓴다.

숫자는 아라비아 숫자(1, 2, 3 등)로 쓰며, 연호는 서기연호를 쓰되 서기의 글자는 표시하지 않는다. 날짜는 숫자로 표기하되, 년·월·일의 글자는 생략하고 그 자리에 온점(.)을 찍어서 표시한다. 예를 들면, 2012. 7. 20과 같이 표시한다. 시·분은 24시각제에 따라 숫자로 표시하되, 시·분의 글자는 생략하고 그 사이에 쌍점(:)을 찍어서 표시한다. 예를 들면, 오후 3시 30분은 15 : 30으로 표시한다.

유가증권 및 문서에 금액을 표시할 때에는 '금12,500원(금일만이천오백원)'으로 표시한다.

(3) 문서의 수정

문서의 일부분을 삭제 또는 수정하는 경우에는 삭제 또는 수정하는 글자의 중앙에 가로로 두 줄(특수기호 사용가능)을 그어 원안의 글자를 알아볼 수 있도록 수정하고, 그 곳에 수장한 자가 서명 또는 날인을 한다. 문서의 중요한 내용을 삭제 또는 수정하는 경우에는 문서의 여백에 삭제 또는 수정한 자수를 표시하고, 서명 또는 날인한다(예 : 3자 수정(삭제) (서명 또는 날인)). 전자문서를 수정하는 경우에는 수정한 내용대로 재작성하여 시행하되, 수정 전의 문서를 기안자·검토자 또는 결재권자가 보존할 필요가 있다고 인정되는 경우에는 이를 보존하여야 한다.

(4) 항목의 구분

문서의 내용을 둘 이상의 항목으로 구분하여 작성하고자 할 때에는 다음 <표 7-2>와 같이 나누어서 표시한다.

<표 7-2> 공문서 작성 시의 항목구분

구 분	항 목 부 호
첫째 항목	1., 2., 3., 4., ……
둘째 항목	가., 나., 다., 라., ……
셋째 항목	1), 2), 3), 4), ……
넷째 항목	가), 나), 다), 라), ……
다섯째 항목	(1), (2), (3), (4), ……
여섯째 항목	(가), (나), (다), (라), ……
일곱째 항목	①, ②, ③, ④, ……
여덟째 항목	㉮, ㉯, ㉰, ㉱, ……

*자료 ; 이철웅(2011). 교직실무 이론과 실제. 파주 : 서현사. p.360. 재인용.

필요한 경우에는 항목 구분의 본질적인 내용을 벗어나지 않은 범위 내에서 ㅁ, ㅇ, -, • 등과 같은 특수한 기호를 쓸 수 있는데, 각 항목의 표시위치 및 띄우기는 다음과 같다.

- 첫째 항목부호는 제목의 첫 글자와 같은 위치에서 시작한다.
- 첫째 항목 다음 항목부터는 바로 앞 항목의 위치로부터 1자(2타)씩 오른쪽에서 시작한다.
- 항목부호와 그 항목 사이에는 1타를 띄운다.

수신자∨○○○장관(○○○과장)
제　목∨문서작성 요령

1.*첫째 항목 ○○○○○
∨가.*둘째 항목 ○○○○○
∨∨1)*셋째 항목 ○○○○○
∨∨∨∨가)*넷째 항목 ○○○○○
∨∨∨∨∨∨(1)*다섯째 항목 ○○○○○
∨∨∨∨∨∨∨∨(가)*여섯째 항목 ○○○○○
∨∨∨∨∨∨∨∨∨∨①*일곱째 항목 ○○○○○
∨∨∨∨∨∨∨∨∨∨∨∨㉮*여덟째 항목 ○○○○○

※ ∨표시는 한글 1자(2타), *표시는 숫자 1자(1타)를 띄운다.

하나의 본문 아래 항목의 순서는 다음 예시와 같이 첫째 항목(1, 2, 3, …)부터 시작한다.

수신자∨○○○장관(○○○과장)
제　목∨문서관리 교육실시

∨∨∨∨문서관리 교육을 다음과 같이 실시하오니, 대상자는 전원 참석하여 주시기 바랍니다.
∨∨∨∨1.*일시 : 2012. 7. 20(금). 15:30
∨∨∨∨2.*장소 : ○○○○○○○
∨∨∨∨3.*참석대상 : ○○○○○○.∨끝.

※ ∨표시는 한글 1자(2타), *표시는 숫자 1자(1타)를 띄운다.

본문이 끝난 다음 줄에는 붙임의 표시는 하되, 붙임물이 두 가지 이상일 경우에는 항목을 구분하여 표시한다.

(본문)………하시기 바랍니다.
붙임∨1.*일시 : 2012. 7. 20(금). 15:30
2.*증빙서류 1부.∨끝.

본문이 끝났을 경우에는 1자(2타)를 띄우고, '끝'자를 쓴다.

………………하시기 바랍니다.∨끝.

붙임물이 있을 경우에는 "붙임" 표시를 한 다음에 1자(2타)를 띄우고, '끝'자를 쓴다.

붙임∨1.*문서관리교육계획(안) 1부.
2.*교육대상자 명단 1부.∨끝.

본문 또는 뭍임의 표시문이 오른쪽 한계선에서 끝났을 경우에는 다음 줄의 왼쪽 기본선에서 1자(2타)를 띄우고 '끝'자를 표시한다.

붙임……………………………………………………………………… 1부.
∨끝.

또한 연명부 등의 서식을 작성하는 경우에는 다음과 같이 작성한다.

첫째, 기재사항이 서식의 중간에서 끝나는 경우에는 기재사항의 마지막 다음 줄에 '이하 빈칸'이라고 표시한다.

순	성명	성별	주 소	비고
1	○○○			
2	□□□			
3	◇◇◇			
			이 하 빈 칸	

둘째, 기재사항이 서식의 마지막 칸에서 작성되는 경우에는 서식의 칸 밖 다음 줄의 왼쪽 기본선에서 1자를 띄우고 '끝'자를 표시한다.

순	성명	성별	주 소	비고
1	○○○			
2	□□□			
3	◇◇◇			

∨끝.

3. 문서작성의 실제

문서작성은 행정업무의효율적운영에관한규정시행규칙(행정안전부령 제264호, 2011.12.21, 전부개정)의 [별지 제1호 서식]을 따르기 마련이다.

① 발신명의

합의제 행정기관 또는 행정기관의 장의 명의를 기재하고, 보조기관 또는 보좌기관 상호간에 발신하는 문서에는 그 보조기관의 명의를 기재하도록 되어 있다. 학교에서는 '○○초등학교장'이라고만 기재한다.

행 정 기 관 명

수 신
(경유)
제 목

발 신 명 의 직인

기안자 직위(직급) 서명　　검토자 직위(직급) 서명　　결재권자 직위(직급) 서명
협조자
시행　처리과명-연도별 일련번호(시행일)　　접수　처리과명-연도별 일련번호(접수일)
우　도로명 주소　　/ 홈페이지 주소
전화번호(　)　　팩스번호(　)　　/ 공무원의 전자우편 주소　　/ 공개구분

210mm×297mm(백상지 80g/㎡)

비고 (이 난은 서식에 포함하지 아니한다)
- 문서를 작성할 때 "행정기관명", "발신명", "기안자", "검토자", "결재권자", "직위(직급) 서명", "처리과명-연도별 일련번호(시행일)", "도로명 주소", "홈페이지 주소", "공무원의 전자우편 주소", "공개구분"의 용어는 표시하지 아니하고 그 내용을 적는다.

[그림 7-1] 행정업무의효율적운영에관한규정시행규칙 [별지 제1호 서식]

② 기안자, 검토자, 협조자 및 결재권자의 직위/직급

직위가 있는 경우에는 직위를 온전하게 쓰고, 직위가 없는 경우에는 직급을 온전하게 쓴다. 다만, 기관장과 부기관장의 직위는 간략하게 쓴

다. 학교의 경우에 검토자는 부장교사와 교감이 되고, 결재권자는 학교장이 된다. 줄을 달리하여 쓰는 협조자는 행정실장이나 업무관련 부서의 부장교사 혹은 동료교사가 된다.

- 기안자, 검토자 및 결재권자(직위/직급) : '기안자, 검토자 및 결재권자'라는 용어는 표시하지 아니하고 기안자, 검토자 및 결재권자의 직위/직급을 쓰고 서명한다.
- 협조자(직위/직급) : '협조자'의 용어를 표시한 다음에 이어서 직위/직급을 쓰고 서명한다.
- 전결 및 서명표시 위치 : 사무관리규정 제16조 제2항 및 동 규정 시행규칙 제19조 제1항의 규정에 의하여 결재권이 위임된 사항을 전결하는 경우에는 행정기관의 장의 결재란을 설치하지 아니하고, 전결하는 자의 서명란에 '전결'표시를 한 후에 서명한다. 이에 관하여는 본서의 '④ 전결/대결 표시방법'에서 재논의한다.

③ 보좌기관/총괄책임자의 부재사유 명문화

출장 등의 사유로 검토를 받을 수 없는 경우에는 검토생략이 가능하며, 이 경우에 부재사유(출장, 휴가 등)를 검토자의 서명란에 표기하도록 한다.

④ 전결/대결 표시방법

사무관리규정 제16조 제3항 및 동 규정 시행규칙 제19조 제2항의 규정에 의하여 위임전결 사항을 대결하는 경우에는 행정기관의 장의 결재란을 설치하지 아니하고, 전결하는 자의 서명란에 '전결'표시를 한 후에 대결하는 자의 서명란에 '대결'표시를 하고 서명한다. 또한 위임전결 사항이 아닌 사항을 대결한 경우에는 행정기관의 장의 결재란을 설치하지 아니하고, 대결하는 자의 서명란에 '대결'표시를 하고 서명한다.

기안문을 작성할 때에는 검토자의 결재권자의 결재를 받을 수 있는 상황인지를 먼저 파악해야 한다. 이때 출장 등의 사유로 결재나 검토가 불가능하다면 사전에 기안문의 결재란에 아래와 같이 입력하여 결재를 받도록 하되, 내용이 중요한 문서에 대하여는 사후에 보고하여야 한다. 전결사항은 각 학교마다 다르므로 학교의 위임전결규정을 참고한다.

- 학교장이 결재할 경우 : 교사 ○○○ → 교무부장 □□□ → 교감 ◇◇◇ → 학교장 ◎◎◎
- 교감이 결재할 경우 : 교사 ○○○ → 교무부장 □□□ → 교감 전결 ◇◇◇(공란)
- 학교장 결재사항을 교감이 대결할 경우 : 교사 ○○○ → 교무부장 □□□ → 교감 대결 ◇◇◇(공란)

⑤ 시행처리과명-일련번호(시행일자), 접수처리과명-일련번호(접수일자)

처리과명(처리과가 없는 행정기관은 10자 이내의 행정기관명의 약칭)을 기재하고, 일련번호는 연도별 일련번호를 기재하며, 시행일자란과 접수일자란에는 연·월·일을 각각 온점(.)을 찍고 숫자로 기재한다. 다만, 민원문서인 경우로서 필요한 경우에는 시행일자란과 접수일자란에 시·분까지 기재한다. 일련번호는 행정실에서 문서를 발송하고 등록하는 과정에 부여되므로 기안자인 교사는 기입하지 않는다.

⑥ (우편번호)주소

우편번호를 기재한 다음에 학교가 위치한 주소를 기재한다. 학교의 공문서 양식에는 이미 입력되어 있으므로 그대로 사용하면 된다.

⑦ 홈페이지 주소

학교의 홈페이지 주소를 기재한다.

⑧ 전화(　　) 전송(　　)

전화번호와 팩스번호를 각각 기재하되, 괄호 안에는 지역번호를 기재하며, 기관 내부문서의 경우에는 구내 전화번호를 기재한다. 전화번호는 행정실의 번호가 아니라 기안자가 직접 받을 수 있는 번호여야 하는데, 개인별 전화번호가 없으면 교무실의 대표 전화번호를 기재한다.

⑨ 기안자의 공식 전자우편 주소

행정기관에서 공무원에게 부여된 전자우편 주소를 기재한다.

⑩ 공개구분

공개 부분공개 또는 비공개로 구분하여 표시한다. 부분공개나 비공개인 경우에는 공공기관의기록물관리에관한법률시행규칙 제16조에 의한 공개여부 구분번호를 선택하여 괄호 안에 표시한다. 학교에서 교사가 작성하는 공문서는 대부분이 공개문서에 해당한다.

⑪ 관인생략 등 표시

발신명의의 오른쪽에 관인생략 또는 서명생략을 표시한다.

4. 문서의 처리

1) 접수 및 배포

문서를 접수하고 나면, 공람을 비롯하여 학교 내의 관계부서나 구성원들에게 알리는 작업이 필요하다.

제18조(문서의 접수·처리) ① 문서는 처리과에서 접수하여야 하며, 접수한 문서에는 접수일시와 『공공기록물관리에관한법률시행령』 제20조에 따른 접수등록번호(이하 "접수등록번호"라 한다)를 전자적으로 표시하되, 종이문서인 경우에는 행정안전부령으로 정하는 접수인을 찍고 접수일시와 접수등록번호를 적는다.
② 제1항에도 불구하고 문서과에서 받은 문서는 문서과에서 접수일시를 전자적으로 표시하거나 적고, 지체 없이 처리과에 배부하여야 한다. 이 경우 처리과는 배부 받은 문서에 접수등록번호를 표시하거나 적는다.
③ 행정기관은 문서의 접수 및 배부경로에 관한 정보를 『공공기록물관리에관한법률시행령』 제20조에 따른 등록정보로 관리하여야 한다.
④ 처리과에서 문서수신·발신 업무를 담당하는 사람은 접수한 문서를 처리담당자에게 인계하여야 하고, 처리담당자는 행정안전부령으로 정하는 문서의 경우에는 공람할 자의 범위를 정하여 그 문서를 공람하게 할 수 있다. 이 경우 전자문서를 공람하였다는 기록이 업무관리시스템 또는 전자문서시스템상에서 자동으로 표시되도록 하여야 한다.
⑤ 제4항에 따라 공람을 하는 결재권자는 문서의 처리기한과 처리방법을 지시할 수 있으며, 필요하면 조직관계법령 또는 제60조에 따라 업무분장된 담당자 외에 그 문서의 처리담당자를 따로 지정할 수 있다.
⑥ 행정기관의 홈페이지나 행정기관이 부여한 공무원의 전자우편 주소 등 정보통신망을 이용하여 행정기관이 아닌 자로부터 받은 문서는 제1항부터 제5항까지의 규정에 따라 처리한다. 이 경우 해당문서에 대한 위조·변조 방지조치 등으로 인하여 접수일시와 접수등록번호를 표시할 수 없으면 그 문서에 표시하지 아니할 수 있고, 발신자의 주소와 성명 등이 불분명할 때에는 접수하지 아니할 수 있다.

*자료 ; 대통령령 제23521호 [2012.1.20, 타법개정] 제18조.

행정업무의효율적운영에관한규정 제18조와 김명한 외 3인(1988)을 중심으로 문서의 접수 및 배포에 관한 내용을 논의하면 다음과 같다.

문서의 접수란 우송 혹은 편송 등에 의하여 학교에 도착한 문서를 행정실에서 수령하여 접수인을 그 문서에 날인하고, 문서접수대장에 기재하여 문서의 도착을 확인하는 것을 말한다. 문서의 배포는 접수문서를 그의 내용에 의하여 문서주관과인 서무과에서 해당 주무부서로 송부하거나 또는 문서관리부서까지 와서 각각 영수하고 수령인을 날인하게 하는 절차를 일컫는다.

문서주무과에서 접수처리가 끝난 문서는 수령원이 직접 해당과로 전달하는 방법, 전임의 문서집배원이 일정 시간에 일정한 코스로 조직 내를 순회하면서 문서를 배포하는 방법 그리고 선진국에서 채택하고 있는 Belt Conveyer System 등을 이용하여 배포할 수 있다. 배포된 문서는 담당실무자에게 바로 배부하여 그 실무자가 처리할 수 있는 것은 직접 처리토록 함으로써 상사에게 상달하는 방법, 각 부서의 책임자에게 먼저 열람시킨 후에 부서장의 지시를 받아 처리하게 하는 방법 그리고 배부된 문서의 내용에 따라 결재권자에게 먼저 열람시킨 후에 결재권자의 지시를 받아 처리하는 방법 등을 생각해 볼 수 있다.

접수된 문서는 소정의 문서처리인에 날인하고 해당 주무부서의 문서처리 담당관에게 이송한다. 문서처리 담당관은 관계란에 전결권자, 분류자, 결재권자란을 만들고 문서처리 담당관용 문서대장에 소요사항을 기입하여 각 결재권자에게 회부한다. 결재권자는 그 문서에 결재표시를 하고 문서처리인의 수령자, 처리기한, 지시사항란에 필요사항을 기입한다. 여기에서 수령자는 문서처리 지시를 받아서 직접 책임지고 처리할 담당자를 말하며, 해당 직명을 문서에 명시한다.

처리기한에는 처리담당자가 문서를 처리한 기한을 기입하고, 지시사항란에는 문서의 처리에 관하여 필요한 지식, 즉 처리요령 및 처리상의 유의사항 등을 기입한다. 결재권자로부터 문서처리를 지시받은 수령자는 그 지시사항에 의거하여 처리기한 내에 당해문서를 처리하여야 한다.

2) 기안

기관의 의사를 결정하기 위하여 문서로써 구체적인 원안을 준비하는 과정을 기안이라고 한다(김명한 외 3, 1988). 기안은 배부된 문서를 받아서 문서에 명시되어 있는 업무를 처리하기 위한 것일 수도 있지만, 다른 한편으로는 기관의 발의에 의하여 최초로 행하게 되는 경우도 있는데, 이에 대한 사항은 행정업무의효율적운영에관한규정(대통령령 제23521호) 제8조(문서의 기안)와 동 규정 시행규칙(행정안전부령 제264호) 제3조(문서의 기안) 및 제4조(기안문의 구성)에 명시되어 있다.

제8조(문서의 기안) ① 문서의 기안은 전자문서로 하는 것을 원칙으로 한다. 다만, 업무의 성질상 전자문서로 기안하기 곤란하거나 그 밖의 특별한 사정이 있으면 그러하지 아니하다.

② 문서의 기안은 행정안전부령으로 정하는 기안문으로 하여야 한다. 다만, 관계서식이 따로 있는 경우에는 그 내용을 관계서식에 기입하는 방법으로 할 수 있다.

③ 둘 이상의 행정기관의 장의 결재가 필요한 문서는 그 문서처리를 주관하는 행정기관에서 기안하여야 한다.

④ 기안문에는 행정안전부령으로 정하는 바에 따라 발의자(기안하도록 지시하거나 스스로 기안한 사람을 말한다)와 보고자를 알 수 있도록 표시하여야 한다. 다만, 다음 각 호의 문서에는 발의자와 보고자의 표시를 생략할 수 있다.

1. 검토나 결정이 필요하지 아니한 문서
2. 각종 증명발급, 회의록, 그 밖의 단순사실을 기록한 문서
3. 일상적·반복적인 업무로서 경미한 사항에 관한 문서

*자료 ; 대통령령 제23521호 [2012.1.20, 타법개정] 제8조.

제3조(문서의 기안) ① 영 제8조 제2항에 따른 기안문은 별지 제1호 서식이나 별지 제2호 서식에 따라 작성한다.

② 제1항에도 불구하고, 대통령 또는 국무총리의 결재를 받아야 하는 문서의 기안은 별지 제3호 서식이나 별지 제4호 서식에 따른 기안문으로 하되, 특별한 결재절차에 사용하는 기안문은 따로 정하여 사용할 수 있다.

③ 제1항과 제2항에 따른 별지 제2호 서식과 별지 제4호 서식은 보고서, 계획서, 검토서 등 발신할 필요가 없는 내부결재 문서에만 사용한다.

제4조(기안문의 구성) ① 제3조 제1에 따라 기안문을 별지 제1호 서식으로 작성하는 경우 기안문은 두문, 본문 및 결문으로 구성한다.

② 제1항에 따른 두문(이하 "두문이라 한다)은 행정기관명과 수신란으로 구성하되, 다음 각 호의 구분에 따라 표시한다. 이 경우 두문의 여백에는 행정기관의 로고·상징·마크·홍보문구 또는 바코드 등을 표시할 수 있다.

1. 행정기관명에는 그 문서를 기안한 부서가 속하는 행정기관명을 표시하되, 다른 행정기관명과 동일한 경우에는 바로 위 상급기관명을 함께 표시할 수 있다.
2. 수신란에는 다음 각 목과 같이 표시한다.
   가. 수신자가 없는 내부결재 문서인 경우에는 "내부결재"로 표시한다.
   나. 수신자가 있는 경우에는 수신자명을 표시하고, 그 다음에 이어서 괄호 안에 업무를 처리할 보조기관이나 보좌기관을 표시하되, 보조기관이나 보좌기관이 분명하지 아니한 경우에는 ○○업무담당과장 등으로 쓸 수 있다. 다만, 수신자가 여럿인 경우에는 두문의 수신란에 "수신자 참조"라고 표시하고, 제1항에 따른 결문(이하 "결문"이라 한다)의 발신명의 다음 줄에 수신자란을 따로 설치하여 수신자명을 표시할 수 있다.

③ 제1항에 따른 본문("이하 본문"이라 한다)은 제목, 내용 및 붙임(문서에 다른 서식 등이 첨부되는 경우에만 해당한다)으로 구성한다.

④ 문서에 다른 서식에 첨부되는 경우에는 본문의 내용이 끝난 줄 다음에 "붙임"표시를 하고 첨부물의 명칭과 수량을 적되, 첨부물이 두 가지 이상인 경우에는 제2조 제1항에 따라 항목을 구분하여 표시하여야 한다.

⑤ 본문의 마지막에는 다음과 같이 "끝" 표시 등을 한다.

1. 본문의 내용(본문이 붙임이 있는 경우에는 붙임을 말한다)의 마지막 글자에서 한 글자를 띄우고, "끝" 표시를 한다.
2. 제1호에도 불구하고, 본문의 내용이 표 형식으로 끝나는 경우에는 표의 마지막 칸까지 작성되면 표 아래 왼쪽 한계선에서 한 글자를 띄운 후 "끝" 표시를 하고, 표의 중간까지만 작성된 경우에는 "끝" 표시를 하지 않고 마지막으로 작성된 칸의 다음 칸에 "이하 빈칸"으로 표시한다.
⑥ 결문은 다음 각 호의 사항으로 구성한다.
1. 발신명의
2. 기안자·검토자·협조자·결재권자의 직위나 직급(각급 행정기관이 6급 이하 공무원의 직급을 대신하여 대외적으로 사용할 수 있도록 정한 대외직명을 포함한다. 이하 제6조에서 같다) 및 서명(전자이미지서명과 전자문자서명을 포함한다. 이하 같다)
3. 『공공기록물관리에관한법률시행령』 제20조에 따른 생산등록번호(이하 "생산등록번호"라 한다) 및 접수등록번호(이하 "접수등록번호"라 한다), 시행일 및 접수일
4. 행정기관의 우편번호·주소·홈페이지 주소·전화번호·팩스번호·공무원의 전자우편 주소와 공개구분

*자료 ; 행정안전부령 제264호 [2011.12.21, 전부개정] 제3조, 제4조.

3) 결재

문서는 기안한 후에 결재과정을 밟아야 한다. 문서의 결재란 기안문서에 관하여 기관의 의사를 결정할 수 있는 권한이 있는 자가 승인·인정 등을 부여하여 기안문을 확정하고, 문서에 의한 기관의 의사를 결정짓는 것을 일컫는다. 그러므로 기관의 장 또는 기관의 위임전결규정에 의하여 결재권을 위임받은 자의 의사결정을 받기 위하여 각급 보조기관을 거치는 것은 결재가 아니라 공람이라고 한다. 그러나 일반적으로 널리 통용되는 결재의 개념 속에는 이러한 공람도 포함된다.

결재에는 전결, 대결 및 후결이 있다. 전결이란 사안의 내용에 따라서

각급 보조기관에게 위임하여 기관의 장을 대신하여 결재할 것을 인정하는 것이다. 대결이란 최종 결정자가 출장 중이거나 휴가·병가 등으로 부재 중일 때에 그 결재권자의 직무를 대리할 수 있는 자가 일시적으로 결재권자를 대신하여 결재하는 제도를 말한다. 후결은 긴급한 안건으로서 최종 결재권자가 일시적으로 부재 중이거나 또는 이석(離席) 중에 사무의 형편상 그가 돌아올 때까지 기다릴 수 없을 때에 최종 결재권자의 차하위자의 결재로서 우선 시행케 하고, 사후에 최종 결재권자의 결재를 받는 제도이다.

후결과 대결의 차이점은 전자의 경우에는 정규 결재권자의 결재를 사후에 얻는다는 조건부로 대체한다는 점이다. 후결문서의 시행 후에도 만일 후결자가 결재를 할 때에 내용에 수정을 가하는 경우에는 수정사항이 효력을 발생하는 것이므로 그 수정된 내용을 관계자에게 지체 없이 통지해 주어야 한다.

이상에서 전결, 대결 그리고 후결을 포함한 결재에 대하여 설명하였는데, 이러한 일련의 결재에 대한 사항의 규정은 행정업무의효율적운영에관한규정(대통령령 제23521호, 2012.1.20) 제10조(문서의 결재)와 동 규정 시행규칙(행정안전부령 제264호, 2011.12.21) 제6조(문서의 결재)에 명시되어 있다.

제10조(문서의 결재) ① 문서는 해당 행정기관의 장의 결재를 받아야 한다. 다만, 보조기관 또는 보좌기관의 명의로 발신하는 문서는 그 보조기관 또는 보좌기관의 결재를 받아야 한다.

② 행정기관의 장은 업무의 내용에 따라 보조기관 또는 보좌기관이나 해당업무를 담당하는 공무원으로 하여금 위임전결하게 할 수 있으며, 그 위임전결사항은 해당기관의 장이 훈령이나 지방자치단체의 규칙으로 정한다.

③ 제1항이나 제2항에 따라 결재할 수 있는 사람이 휴가, 출장, 그 밖의 사유로 결재할 수 없을 때에는 그 직무를 대리하는 사람이 대결하고 내용이 중요한 문서는 사후에 보고하여야 한다.

*자료 ; 대통령령 제23521호 [2012.1.20, 타법개정] 제10조.

제7조(문서의 결재) ① 결재권자의 서명란에는 서명날짜를 함께 표시한다.
② 영 제10조 제2항에 따라 위임전결하는 경우에는 전결하는 사람의 서명란에 "전결"표시를 한 후 서명하여야 한다.
③ 영 제10조 제3항에 따라 대결(代決)하는 경우에는 대결하는 사람의 서명란에 "대결"표시를 하고 서명하되, 위임전결 사항을 대결하는 경우에는 전결하는 사람의 서명란에 "전결"표시를 한 후 대결하는 사람의 서명란에 "대결"표시를 하고 서명하여야 한다.
④ 제2항과 제3항의 경우에는 서명 또는 "전결"표시를 하지 아니하는 사람의 서명란은 만들지 아니한다.

*자료 ; 행정안전부령 제264호 [2011.12.21, 전부개정] 제7조.

4) 발송

결재가 끝났더라도 결재된 문서가 시행되기까지는 성문(成文) 또는 발송의 단계를 순차적으로 밟아야 한다. 성문이란 결재된 문서를 정식문서로 하기 위하여 정서(整書)하는 것을 말한다. 정서의 방법에는 타자, 인쇄, 등사, 복사 및 필기 등이 있는데, 시행될 문서의 내용이나 성질 및 발송부수의 다소에 따라서 합당한 것으로 하여야 한다. 정서가 끝나면 결재문서와 대조하여 잘못이 있으면 수정을 하고, 대조가 끝난 후에 대조한 자가 결재문서의 적당한 여백에 확인인(確認印)을 날인하여야 한다. 그러고 나서 문서를 수신처에 발송하게 되는데, 발송인을 붉은 색 도장으로 찍고 발신번호와 발신 연·월·일을 기입하며 문서발송부에 기록한다.

외부에 발송할 때에는 조직의 장의 명의로 하되, 공문서의 경우에는 관인을 찍으며, 청 내에 발송되는 문서는 발신자가 서명한다. 또 인쇄된 것이나 경미한 내용의 경우에는 관인생략을 할 수도 있는데, 이때 발송문서 기관명 위 여백에 "관인생략"이라는 표시의 날인을 한다.

문서의 발송과 관련한 사항도 행정업무의효율적운영에관한규정(대통령령 제23521호, 2012.1.20) 제15조(문서의 발신)와 제16조(문서의 발신방법 등) 및 동 규정 시행규칙 제12조(문서의 발신)와 제13조(문서의 발신방법 등)에 명시되어 있는데, 그 내용은 다음과 같다.

제15조(문서의 발신) ① 문서는 직접 처리하여야 할 행정기관에 발신한다. 다만, 필요한 경우에는 행정조직상의 계통에 따라 발신한다.

② 하급기관이 바로 위 상급기관 외의 상급기관(바로 위 상급기관에 대한 지휘·감독권을 가지는 상급기관을 말한다)에 발신하는 문서 중에서 필요하다고 인정되는 문서는 그 바로 위 상급기관을 거쳐 발신하여야 한다.

③ 상급기관이 바로 아래 하급기관 외의 하급기관(바로 아래 하급기관의 지휘·감독을 받는 하급기관을 말한다)에 발신하는 문서 중에서 필요하다고 인정되는 문서는 그 바로 아래 하급기관을 거쳐서 발신하여야 한다.

④ 다음 각 호의 어느 하나에 해당하는 경우에는 해당문서를 생산한 처리과의 장의 승인을 받아 이미 발신한 문서의 수신자를 변경하거나 추가하여 다시 발신할 수 있다.

1. 결재권자나 해당문서를 생산한 처리과의 장의 지시가 있는 경우
2. 수신자의 명칭이 변경된 경우
3. 착오로 인하여 수신자를 누락하였거나 잘못 지정한 경우
4. 해당업무와 관련된 기관의 요청이 있는 경우

제16조(문서의 발신방법 등) ① 문서는 정보통신망을 이용하여 발신하는 것을 원칙으로 한다.

② 제1항에도 불구하고 업무의 성질상 제1항에 따른 발신방법이 적절하지 아니하거나 그 밖의 특별한 사정이 있으면 우편·팩스 등의 방법으로 문서를 발신할 수 있으며, 내용이 중요한 문서는 등기우편이나 그 밖에 발신 사실을 증명할 수 있는 특수한 방법으로 발신하여야 한다.

③ 행정기관이 아닌 자에게는 행정기관의 홈페이지나 행정기관이 공무원에게 부여한 전자우편 주소를 이용하여 문서를 발신할 수 있다.

④ 행정기관의 장은 문서를 수신·발신하는 경우에 문서의 보안유지와 위조, 변조, 분실, 훼손 및 도난방지를 위한 적절한 조치를 마련하여야 한다.

⑤ 결재권자는 비밀사항이거나 누설되면 국가안전보장, 질서유지, 경제안정, 그 밖의 국가이익을 해칠 우려가 있는 내용의 문서를 결재할 때에는 그 문서내용의 암호화 등 보안유지가 가능한 발신방법을 지정하여야 한다.

*자료 ; 대통령령 제23521호 [2012.1.20, 타법개정] 제15조, 제16조.

제12조(문서의 발신) ① 문서는 처리과에서 발신하되, 영 제14조에 따라 관인을 찍는 문서인 경우로서 전자문서의 경우에는 처리과의 기안자나 문서의 수신·발신업무를 담당하는 사람이 전자이미지 관인을 찍고, 종이문서인 경우에는 관인을 관리하는 사람이 관인을 찍는다.

② 영 제15조 제4항에 따라 수신자의 변경이나 추가를 승인한 처리과의 장은 승인날짜를 업무관리시스템 또는 전자문서시스템으로 관리하여야 한다. 다만, 종이문서인 경우에는 기안문의 결재권자 서명란 오른쪽 여백에 서명을 하고, 승인날짜를 적는 방법으로 표시하여야 한다.

제13조(문서의 발신방법 등) ① 영 제16조 제1항에 따라 업무관리시스템 또는 전자문서시스템 등을 이용하여 정보통신망으로 문서를 발신하거나 수신하였을 때에는 그 발신 또는 수신기록을 전자적으로 관리하여야 한다.

② 영 제16조 제2항에 따라 우편·팩스 등의 방법으로 문서를 발신한 때에는 그 발신기록을 증명할 수 있는 관계서류 등을 기안문과 함께 보존하여야 한다.

③ 결재권자가 영 제16조 제5항에 따라 암호화 등의 발신방법을 지정한 경우에는 문서본문의 마지막에 “암호” 등으로 발신할 방법을 표시하여야 한다.

④ 영 제16조 제5항에 따른 문서 중 비밀로 분류된 문서는 수신자의 응답이 있는 경우에만 발신하여야 하며, 문서의 제목 다음이나 본문의 “끝” 표시 또는 “이하 빈칸” 표시 다음에 따옴표(“”)를 하고, 그 안에 비밀등급을 표시하여 발신하여야 한다.

*자료 ; 행정안전부령 제264호 [2011.12.21, 전부개정] 제12조, 제13조.

5. 업무관리시스템의 사용

업무관리시스템은 행정기관이 업무처리의 전 과정을 과제관리카드 및 문서관리카드 등을 이용하여 전자적으로 관리하는 시스템을 말한다. 이 시스템은 [그림 7-2]에서 보는 바와 같이 업무추진, 일정관리, 업무지원 분야로 구성되어 있으며, 업무추진 분야는 문서관리, 메모관리, 과제관리, 지시요구의 기능을 제공한다.

문서관리	메모관리	과제관리	알림판
• 기안	• 메모작성	• 나의 과제	• 알림판
• 결재	• 처리할 메모	• 학교과제	• 개인 월간일정
• 공람	• 보고받은 메모	• 과제카드 관리	• 학교 월간일정
• 내문서함	• 보고한 메모	• 기능분류 체계	• 홍보관리
• 발송함	• 임시저장 메모	• 기록물 이관	• 공유설비 예약
• 접수함	• 메모서식 관리		
• 문서함	• 관리자 주요메모		
	• 삭제한 메모		

*자료 ; 김승희 외 3(2010). 알기쉬운 교직실무. 고양 : 공동체. p.235. 재인용.

[그림 7-2] 업무관리시스템의 구조도

업무관리시스템의 중요 구성요소인 문서관리카드란 공문서를 작성하거나 보고·협조 등을 처리하고, 처리과정에서 제기된 의견이나 관련자료, 의사결정 내용 등을 모두 기록해서 관리하는 카드를 말한다. 업무담당자가 보고서나 각종 문서를 작성하기 위하여는 업무관리시스템에서 문서관리카드(결재정보와 본문)를 작성해야 한다. 공문서를 작성한다는 의미는 업무관리시스템에서 문서관리카드를 작성한다는 말과 동일한 것이다. 업무담당자는 업무관리시스템을 이용하여 기안과 결재는 물론, 문서의 발송을 처리할 수 있다. 따라서 예전처럼 문서를 출력하거나 출력물을 편철

하여 보관할 필요가 없어졌는데, 업무처리의 변화에 대한 내용은 <표 7-3>과 같다. 또한 이 시스템을 이용하여 보안결재한 문서를 제외하고는 다른 사람이 접수하거나 기안한 기관 내의 대부분의 문서를 열람할 수 있다.

<표 7-3> 업무처리의 변화

구 분	내 용
과제관리	• 업무의 묶음단위를 개인주관에 따라 만들었던 기록물철 대신에 학교의 기능을 체계화한 기능별 분류체계에서 선택하여 관리 • 이에 따라 기존에 사용하던 개념 및 용어는 다음과 같이 변경 -단위업무 ⇨ 단위과제 -기록물철 ⇨ 단위과제카드
문서관리	• 전자문서시스템, 나이스, 에듀파인에서 각각 처리하던 결재업무를 업무관리시스템에서 일원화하여 결재처리
메모관리	• 관리자에게 구두나 수기로 보고했던 사항을 전자적으로 보고함으로써 보고 대기시간이 감축되고, 보고내용이 기록물로 관리
공문게시	• 담당업무의 연관성과 관계없이 접수하던 단순 홍보성 공문들은 공문게시판을 통해서 개인별로 관심 있는 분야에 대해서만 선택적으로 열람 가능

*자료 ; 이철웅(2011). 교직실무 이론과 실제. 파주 : 서현사. p.369. 재인용.

업무관리시스템에 접속하기 위해서는 우선 학교 정보담당교사에게 문의하여 NIES 인증서를 발급받아야 한다. NIES 인증서를 발급받은 다음에 해당교육청 전자문서시스템에 접속해서 본인 아이디와 비밀번호를 입력하고 로그인을 하면 업무관리시스템 접속이 가능하다. 이상에서 업무관리시스템에 대하여 간략하게 안내했지만, 이러한 업무처리 방법의 변화는 업무관리시스템의 구축·운영을 규정한 행정업무의효율적운영에관한규정(대통령령 제23521호, 2012.1.20) 제21호(업무관리시스템) 내지 제25조(정부전자문서유통지원센터) 및 동 규정 시행규칙(행정안전부령 제264호, 2011.12.21) 제19조(업무관리시스템 구축·운영지원) 내지 제22조(정부전자문서유통지원센터의 운영 등)에 근거한다.

제2절 업무관리시스템의 구축 · 운영

제21조(업무관리시스템) ① 행정기관의 장은 업무처리의 모든 과정을 효율적으로 관리하기 위하여 업무관리시스템을 구축·운영하여야 한다. 다만, 업무의 성질상 업무관리시스템의 구축·운영이 곤란하거나 그 밖의 특별한 사유가 있는 경우에는 그러하지 아니하다.

② 중앙행정기관, 지방자치단체 또는 지방교육행정기관의 장은 제1항 본문에 따라 업무관리시스템을 구축·운영하는 경우에 그 소속기관 등을 포함하여 구축·운영할 수 있다.

③ 행정안전부장관은 제1항과 제2항에 따른 업무관리시스템의 구축·운영을 지원하기 위한 계획을 수립·시행할 수 있다.

제22조(업무관리시스템의 구성 및 운영) ① 업무관리시스템에는 행정기관 업무의 기능별 단위과제인 담당자·내용·추진실적 등을 기록·관리하기 위한 카드(이하 "과제관리카드"라 한다)와 문서의 작성·검토·결재·등록·공개 등 문서처리의 모든 과정을 기록·관리하는 카드(이하 "문서관리카드"라 한다) 등이 포함되어야 한다. 이 경우 문서관리카드는 다음 각 호의 사항을 포함하여야 한다.

1. 기안내용
2. 의사결정 과정에서 제기된 의견, 수정내용과 지시사항
3. 의사결정 내용

② 제1항과 제2항에 규정한 사항 외에 업무관리시스템의 구성 및 운영 등에 필요한 세부사항은 행정안전부령으로 정한다.

제23조(업무관리시스템 등과 행정정보시스템 간의 연계·운영) ① 행정기관의 장은 효율적인 업무수행을 위하여 업무관리시스템 또는 전자문서시스템을 기능분류시스템(행정기관의 업무를 기능별로 분류하고 관련 행정정보를 연계하여 전자적으로 관리하는 시스템을 말한다. 이하 같다) 등 행정정보시스템과 연계하여 운영하여야 한다. 다만, 업무의 성질상 연계하여 운영하는 것이 적합하지 아니하거나 그 밖의 특별한 사유가 있는 경우에는 그러하지 아니하다.

② 행정기관의 장은 업무관리시스템으로 관리한 업무실적 등을 효과적으로 활용하도록 노력하여야 한다.

제24조(업무관리시스템 등의 표준고시) ① 행정안전부장관은 다음 각 호의 표준을 정하여야 한다. 다만, 『산업표준화법』에 따른 한국 산업표준이 제정되어 있는 사항은 그 표준을 따른다.

1. 업무관리시스템의 규격에 관한 표준과 업무관리시스템을 이용한 전자문서 등의 유통에 관한 표준
2. 전자문서시스템의 규격에 관한 표준과 전자문서시스템을 이용한 전자문서 등의 유통에 관한 표준
3. 업무관리시스템 또는 전자문서시스템과 행정정보시스템 간 연계를 위한 표준

② 행정안전부장관은 제1항에 따른 규격·유통 및 연계에 관한 표준을 정하였으면, 그 내용을 관보에 고시하고 인터넷에 게시하여야 한다. 그 표준을 변경하는 경우에도 또한 같다.

③ 행정기관의 장은 특별한 사유가 없으면 제2항에 따라 고시된 표준과 『공공기록물관리에관한법률』 제39조에 따른 표준에 적합한 업무관리시스템이나 전자문서시스템을 구축·운영하여야 한다.

제25조(정부전자문서유통지원센터) ① 행정안전부장관은 전자문서의 원활한 유통을 지원하기 위하여 행정안전부에 정부전자문서유통지원센터(이하 이 조에서 "센터"라 한다)를 둔다.

② 센터는 다음 각 호의 업무를 수행한다.

1. 전자문서의 원활한 유통을 위한 지원과 유통 및 연계에 관한 표준 등의 운영
2. 전자문서의 효율적인 유통을 위한 프로그램의 개발 및 보급
3. 전자문서의 유통 시 발생하는 장애를 복구하기 위한 지원
4. 유통되는 전자문서의 위조·변조·훼손 또는 유출을 방지하기 위한 보호대책 마련

③ 제1항 및 제2항에서 규정한 사항 외에 센터의 운영에 필요한 세부사항은 행정안전부령으로 정한다.

*자료 ; 대통령령 제23521호 [2012.1.20, 타법개정] 제21조 내지 제25조.

제2절 업무관리시스템의 구축·운영

제19조(업무관리시스템 구축·운영지원) ① 행정안전부장관은 영 제21조 제3항에 따라 업무관리시스템의 구축·운영을 지원하기 위한 계획을 수립·시행하기 위하여 관계 행정기관의 장에게 관련자료 및 필요한 의견의 제출을 요청할 수 있다.

제20조(업무관리시스템의 구성) ① 과제관리카드에는 표제, 실적관리, 접수관리, 계획관리, 품질관리, 홍보관리, 고객관리 부분과 그 밖에 필요한 사항이 포함되어야 한다.

② 문서관리카드는 문서정보, 보고경로, 시행정보, 관리정보 부분과 그 밖에 필요한 사항이 포함되어야 한다.

③ 행정기관의 장이 특별한 사유가 있다고 인정하면 제1항과 제2항에 따른 과제관리카드와 문서관리카드의 일부사항을 제외할 수 있다.

제21조(업무관리시스템에 의한 기안 및 시행) ① 문서의 기안은 제3조에도 불구하고 별지 제6호 서식의 문서관리카드로 할 수 있다.

② 문서관리카드로 기안을 하는 경우에 검토자·협조자 및 결재권자는 제4조 제5항에도 불구하고 "끝" 표시 등을 생략할 수 있고, 제6조 제3항 및 제4항에도 불구하고 보고경로 부분의 의견·지시란에 의견을 표시할 수 있으며, 제7조에도 불구하고 "전결", "대결"의 표시를 생략할 수 있다.

제22조(정부전자문서유통지원센터의 운영 등) ① 행정안전부장관은 전자문서유통상의 장애가 발생하거나 업무관리시스템 또는 전자문서시스템 간의 문제가 발생한 경우에는 영 제25조 제1항에 따른 정부전자문서유통지원센터(이하 "센터"라 한다) 이용자에게 업무관리시스템 또는 전자문서시스템 등의 관련정보를 요청할 수 있다.

② 제1항에서 정한 사항 외에 센터운영에 필요한 세부사항은 행정안전부장관이 따로 정한다.

*자료 ; 행정안전부령 제264호 [2011.12.21, 전부개정] 제19조 내지 제22조.

제8장

학교경영의 평가

급변하는 현대사회 속에서 세계 각국이 자국의 국가경쟁력을 제고하기 위해 심혈을 기울이고 있는 분야가 학교교육이다. 교육을 통한 인재양성이 국가의 백년대계를 도모하는 것이기 때문에 교육을 통해 국력을 신장코자 하는 노력은 결과가 확실히 보장되는 투자이다. 이러한 당위성에도 불구하고 어떻게 교육활동을 전개하는 것이 좋은가에 대한 공감대는 객관적인 근거에 의해서만 가능한데, 이러한 객관적인 증거를 제시하는 방법 중의 하나가 학교경영에 대한 평가이다.

이에, 본 장에서는 교육의 질과 학교평가의 관계 고찰에 이어서 학교경영 평가의 영역과 내용, 학교경영 평가의 접근 모형, 학교경영 평가의 과정, 학교경영 평가와 학교의 행정위계 밖에서 도움을 주려는 의도로 시행하고 있는 학교컨설팅의 관계 그리고 학교경영 평가결과의 활용에 관하여 고찰하고자 한다.

1. 교육의 질과 학교평가

질(質 : quality)은 전통적으로 제일 좋은 것, 잘 구성된 것, 오래 쓸 수 있는 것 그리고 최상의 이미지 등으로 전달되는 것(강경석 · 최기만, 2003)으로 여겨진다. 그러므로 교육에 있어서의 질은 학습자들의 제품 및 서비스에 대한 기대 · 만족여부를 강조하고 있는 개념이라고 할 수 있다(Crosby, 1979 ; Juran, 1989 ; Deming, 1993. 재인용). 최근 들어서 교육의 질적 수월성 제고라는 말을 자주 듣게 되는데, 이는 질을 위한 교육이 학습자의 요구를 충족시키는 학습으로서 과거의 질은 현재의 질이 될 수 없고, 현재의 질은 미래의 질을 만족시키지 못하기 때문에 사용되는 것이다. 그러나 요구에 대한 기초적인 기대는 계속적으로 유지되고 있어서 학교는 학습자를 충족시켜야 한다.

질에 대한 이러한 정의는 학습자의 욕구충족이라는 전략적이며 조작적인 정의에 중심을 두고 있다고 볼 수 있다. 따라서 질이란 내면적 · 외면적인 학습자의 기대와 욕구를 완전히 만족시킬 뿐만 아니라, 학교조직 구성원의 모든 학습자 마음까지 흡족하게 하는 서비스를 제공하는 조직 전략이라고 정의할 수 있다. 여기에는 반드시 학습자에 대한 배려가 포함되어 있고, 조직은 다양한 학습자를 만족시켜야 함을 내포하고 있는 것이다.

한편, 학교의 경영이 궁극적으로 학생들에게 바람직한 행동을 유발시키는 것이라고 보면, 학교경영을 평가하는 것은 교육의 질적 수월성을 점검하는 것이라고 할 수 있다. 평가를 통해서 학교가 추진하고 있는 제반활동들이 어떠한 교육적인 가치를 창출하고 있는지 또한 학교에 부여된 본연의 책무성을 어떻게 수행하고 있는지를 점검함으로써 학교교육 전반에 걸쳐서 추진한 성과를 분석하게 된다. 그리고 달성목표의 확인과 발전을 위한 전략수립의 역할까지 담당(강경석 · 최기만, 2003)하게 되는 것이다.

학교경영의 평가와 관련하여 그 의의를 김봉수(1983)도 다음과 같이 설명하고 있다.

> 학교교육의 특색 중의 하나가 계획적인 교육이라는 점이다. 모든 계획은 실천하기에 앞서 필요한 제반 교육실천을 예상하여 작성된다. 그러므로 그 계획의 잘잘못은 작성된 계획을 실행함으로써 나타난 성과여하에 따라서 평가된다. 또 나타난 결과는 다음 교육계획을 작성하는 데에 보다 소중한 자료가 된다.
>
> 학교를 운영하기 위해서도 마찬가지이다. 모든 학교 운영계획은 학교전체가 하나의 교육목표 달성을 위하여 집중된다. 물론, 그 계획은 실천활동을 예견하고 보다 효율적인 학교운영을 기하기 위하여 작성되는 것이다. 그러나 학교운영이 처음 생각했던 것만큼 만족한 교육성과를 올렸다면 다행이지만, 모든 면이 모두 다 만족한 성과를 가져오기란 그리 쉬운 일이 아니다. 따라서 실천한 성과에서 예상했던 대로 성과를 올리지 못하였다면 그 원인과 이유를 밝혀야 하고, 다음 계획과 실천에서 실패가 반복되지 않도록 시정 또는 노력해야 할 것이다. 또한 높은 성과를 가져왔다고 하면, 그것도 그 원인과 이유를 밝혀서 그 나름대로 다음 운영의 기초로 삼아야 한다.
>
> 이렇게 학교운영의 결과에서 얻어지는 자료는 차기 운영계획을 작성하고 실천해 나가는데 있어서 없어서는 안 될 귀중한 자료가 된다. 평가는 이와 같은 자료를 얻게 하는 가장 좋은 방법이요 수단이다. 그러므로 학교경영의 계속적인 개선과 향상은 충실한 평가에서 더욱 기대할 수 있는 것이다.

한편, 교육현장의 지속적인 개선과 향상을 도모하게 되는 학교평가는 학생지도의 자료수집, 교사의 반성자료 수집 그리고 학교경영과 관리에 대한 자료를 수집하는 목적이 있다(김봉수, 1983)고 하였다. 강경석・최기만(2003)은 학교경영의 평가를 좀 더 구체적으로 설명하고 있다.

첫째, 학생의 교육목적 달성도를 파악한다. 설정된 교육목적은 학생이 어느 정도 달성되었는가를 알기 위해서이다. 즉 바람직한 행동변화가 어느 정도 일어났는가를 교사와 학생이 알아야 하는 것이다.

둘째, 교사의 교육활동에 대한 효과를 파악한다. 설정된 교육목표, 채택된 교육과정, 사용된 교과서 및 교수법 등 학습을 지도하는 교사가 자기반성을 하는 자료를 얻기 위해서 행하여지는 것이다.

셋째, 교육의 향상을 위한 교육전반에 관한 자료를 수집한다. 교육향상을 위한 교사의 질, 그 배치, 학교의 시설, 학교제도 그리고 교육행정 등 경영전반에 걸쳐서 가치판단을 하기 위해서이다.

넷째, 학생의 진로지도에 관한 자료를 수집한다. 이는 학생의 장래에 대한 진로지도를 하기 위한 자료를 얻기 위함이다.

평가는 어떤 준거에 비추어 어떤 자료와 방법이 주어진 목적에 대하여 얼마만큼의 가치를 갖느냐를 판단하는 것이다. 즉 학교경영의 질적 수준을 판단하도록 해 주며, 학교경영자의 경영개선에 도움을 주는 것이라고 할 수 있다.

학교경영의 평가는 학교교육의 수월성을 달성할 수 있도록 촉진하여 주고, 학교경영의 끊임없는 개선을 조장하며, 합리화를 도모해 준다. 학교의 책무성을 증대시켜 주고 자율성도 신장시켜 준다. 뿐만 아니라 학교경영 과정의 마지막 단계로서 그 동안의 학교경영 활동과 그 결과를 체계적으로 분석·검토함으로써 앞으로의 학교경영을 위한 개선자료로 활용하는 것을 목적으로 한다. 학교경영 평가는 학교교육의 실제를 반성하고 개선하기 위한 수단으로 볼 수 있다. 그러므로 획일적이기보다는 학교실정을 감안하고 목적에 따라서 다양한 평가방식을 적용하되, 보다 통합적이고 과학적인 이론에 근거를 둔 평가가 이루어져야 한다.

2. 학교경영 평가의 영역과 내용

학교경영 평가의 영역을 강경석·최기만(2003)은 학생의 평가, 교사의 평가 그리고 학교경영 체제의 평가로 구분하여 설명하고 있다. 학생의 평가에는 학력평가, 지능평가, 적성평가, 행동평가, 신체 및 체력건강, 위생평가 등이 있고, 교사의 평가에는 교수평가의 평가, 교재의 활용평가, 교육과정의 평가 등이 있다. 학교경영 체제의 평가에는 학교 운영계획, 인사경영, 시설경영, 환경경영 및 교육행정·재정 평가 등이 있다.

학교경영 평가의 영역은 영역별 접근, 기능별 접근, 체제적 접근 등이 있는데, 영역별 접근에서는 인사, 교육, 재정 및 시설 등이 포함된다. 기능별 접근에는 교육과정의 경영, 학생지도, 인사경영, 재무경영 그리고 시설·설비경영 등이 있으며, 체제적 접근에는 교육목표 경영, 교육조직 경영, 교육과정 경영, 교육조건 경영 및 교육성과 경영 등이 포함된다. 학교가 교육과정을 위하여 얼마나 그리고 어떻게 노력하였는지는 학교경영 평가를 통하여 밝혀질 수 있다. 교육체제의 산출만이 학교평가의 대상이 되는 것이 아니라, 교육체제의 투입 및 과정 등도 그 대상이 된다.

한편, 학교경영 평가의 내용은 전체 경영활동을 중심으로 영역을 나눌 수 있고, 학교경영 계층별로도 나눌 수 있다고 보아지는데, 여기에서는 박종렬 외 8인(2010)이 논의한 바 있는 학교기관의 평가와 교직원의 평가로 영역화하고, 이 두 종류의 평가내용에 대한 이해를 도모하고자 한다.

1) 학교 기관평가

학교 기관평가의 목적은 '학교의 가치를 판단하는 것'처럼 직접적인 목적이 있을 수 있다. 이러한 학교 기관평가의 직접적인 목적에는 여러 가지가 있지만, 대표적인 것으로는 학교의 목적 및 성취수준 확인, 학교 기능의 확인 그리고 학교혁신 노력의 효과 확인 등을 들 수 있다.

한편, 학교 기관평가의 목적이 '의사결정에 필요한 정보를 제공하는 것'으로 규정할 경우에는 평가결과가 기여하는 역할에 초점을 두는 것인데, 이를 궁극적인 목적이라고 한다. 학교 기관평가의 궁극적인 목적은 수집된 정보, 즉 가치판단의 결과를 활용하는 용도에 관련되는 일이다. 이 경우에도 대체로 교육의 질 개선과 책무성 이행을 촉진하는 것을 목적으로 하는데, 이를테면 학교의 질 개선, 학교의 통제, 재정부담자 납득 그리고 학교들 간의 균형적인 발전 등이 대표적인 예이다.

학교 기관평가가 우리나라에서 공식적으로 실시된 것은 1995년 교육개혁위원회가 교육개혁 과제 중의 하나로 "학교 기관평가 시행방안"을 발표한 후의 일이다. 1996년부터 당시의 교육부에서는 교육청 평가를 실시하고, 각 시·도교육청은 관할 학교에 대한 평가를 실시하였는데, 이는 학교 기관평가의 효시라고 할 수 있다(김신복, 1998. 재인용). 이러한 학교 기관평가의 법적인 근거는 다음과 같다.

- 국가는 국민의 학습성과 등이 공정하게 평가되어 사회적으로 통용될 수 있도록 학력평가와 능력인증에 관한 제도를 수립·실시할 수 있다(교육기본법 제26조 제1항).
- 교육과학기술부장관은 교육행정의 효율적 수행을 위하여 필요한 경우에는 지방자치단체의 교육·과학·기술·체육·기타 학예에 관한 사무를 관리하는 지방교육행정기관과 학교에 대하여 평가를 실시할 수 있다(초·중등교육법 제9조 제2항).
- 제2항의 규정에 의한 평가의 대상·기준 및 절차와 평가결과의 공개 등에 관하여 필요한 사항은 대통령령으로 정한다(초·중등교육법 제9조 제3항).
- 법 제9조 제2항에 따른 지방 교육행정 기관에 대한 평가(이하 "기관평가"라 한다)는 특별시·광역시·도·특별자치도(이하 "시·도"라 한다) 교육청과 하급 교육행정 기관을 대상으로 한다(초·중등교육법시행령 제11조 제1항).

오늘날 학교 기관평가는 이러한 법적인 근거 하에 교육청 주관의 학교

기관평가, 한국교육개발원 주관의 학교 기관평가 그리고 교육과학기술부 주관의 학교 기관평가 등 세 가지 형태로 시행되고 있다.

교육청 주관의 학교 기관평가는 교육청에서 관할하고 있는 학교들을 대상으로 실시하는 평가이다. 평가준거는 교육과학기술부에서 실시하는 교육청 평가의 평가준거들 중에서 학교교육과 직접 관련된 내용을 중심으로 하고, 지역별 특색사업이나 학교경영에 관련된 내용을 포함하고 있다. 학교 기관평가는 광범위한 평가준거들을 포함하고 있지만, 학교의 모든 측면을 종합적으로 평가하는 것은 아니다. 대부분의 교육청은 모든 학교들을 대상으로 평가하고 있으나, 일부 교육청에서는 현지 방문평가의 경우에 표집을 하여 실시하기도 한다.

한국교육개발원 주관의 학교 기관평가는 한국교육개발원이 교육과학기술부의 위탁을 받아서 학교 기관평가를 실시하는 경우이다. 평가단의 심층관찰 및 면담을 통하여 학교의 장점과 단점을 확인하고 개선방안을 제언하는 데에 초점을 두고 있으며, 평가결과는 한국교육개발원 홈페이지에 게재하고 공개한다.

교육과학기술부 주관의 학교 기관평가는 2년마다 실시하는 교육과학기술부의 시·도교육청 평가를 실시하는 과정에서 관할하고 있는 학교들을 대상으로 학교 기관평가를 실시하는 경우이다. 교육과학기술부가 평가기준을 제시하면, 교육청은 자체적으로 학교를 선정하여 평가하고, 교육과학기술부에 평가결과 보고서를 제출한다. 그 다음에 교육과학기술부의 평가단이 서면평가와 현지 방문평가를 실시하여 평정을 한다.

학교 기관평가는 본질적으로 학교기관이 성공하고 있는지 여부를 확인하고, 교육목적을 더 효과적으로 성취할 수 있는 방법을 경영자가 이해하도록 돕는 방법이다. 그러므로 학교 기관평가는 학교가 가지고 있는 질의 가치를 판단하는 과정이라고 할 수 있다. 과정으로서의 학교 기관평가는 다음과 같은 일련의 단계들로 이루어지는데, 각 단계의 활동들은 상호 독립된 것이라기보다 평가목적이 평가준거의 선정에 영향을 미치듯이 각각 후속단계들의 활동에 영향을 미친다.

첫째 단계는 평가목적의 설정 단계이다. 평가목적은 평가를 실시하여 얻고자 하는 결과와 평가결과를 사용하여 추구하는 효과에 대한 진술이다. 따라서 동일한 대상을 평가하더라도 평가목적이 다르면 평가준거 및 평가결과가 달라질 수 있다.

둘째 단계는 평가준거의 선정 단계이다. 평가준거는 평가내용의 구체적인 사상이며, 평가준거의 선정은 평가대상인 학교기관 체제에서 어떤 영역을 평가할 것인가를 결정하고, 영역별로 구체적인 평가부문 및 평가항목을 결정하게 된다.

셋째 단계는 평가기준의 설정 단계이다. 평가기준은 평가준거별로 가치를 판단하는 잣대를 의미하며, 가치를 판단하는데 표준이 될 상태에 대한 진술이다. 평가에는 평가기준이 반드시 제시되어야만 객관적인 가치의 판단이 가능하다.

넷째 단계는 자료수집 및 분석의 단계이다. 수집될 자료는 대체로 평가준거 자체의 특성에 근거하여 결정되고, 자료의 수집방법은 자료의 본질에 의해 결정될 수 있다. 자료의 분석은 자료의 특성과 평가목적을 고려하여 실시된다.

다섯째 단계는 가치판단의 단계이다. 가치판단은 수집된 자료들의 분석결과를 평가기준에 비교하여 가치를 판단하는 활동이다. 그리고 다양한 가치들 중에서 하나를 선택하거나 가치의 정도를 판단하는 행위로서 일종의 의사결정이다.

다음으로, 학교 기관평가의 목적은 평가를 통하여 달성하고자 하는 결과 및 효과에 대한 진술이다. 평가활동 자체가 효과적이고 효율적이기 위해서는 평가활동을 통해 성취되어야 할 평가목적이 합리적으로 명확하게 설정되어야 한다. 그리고 평가목적은 명료하게 진술되어야 한다. 또한 평가결과를 활용하려는 사가 평가를 통하여 얻고자 하는 것, 평가업무를 관리하고 운영하는 자들이 평가를 실시하는 의도 그리고 평가자가 지각하는 평가목적 등이 동일하게 될 수 있도록 진술되어야 한다.

학교 기관평가의 목적은 '학교의 가치를 판단하는 것'이나 '의사결정에 필요한 정보를 제공하는 것' 등 다양하게 제시될 수 있다. 평가목적은 전자와 같이 평가결과 그 자체에 초점을 둔 "직접적 목적"과 후자와 같이 평가결과가 기여하는 역할에 초점을 둔 "궁극적 목적"으로 구분된다.

학교 기관평가의 직접적인 목적에는 다양한 것들이 있지만, 대표적인 것을 나열하면 다음과 같다.

- 학교목적 성취수준의 확인 : 학교목적이 성취된 정도를 파악하는데 초점을 둔다. 그러나 목적을 성취하고 있는 수준이나 성취할 수 있는 수준을 평가하기도 한다.
- 학교기능의 확인 : 학교체제의 기능영역별로 관련된 평가준거들을 선정하여 측정하고, 가치를 판단함으로써 영역별로 기능의 상태를 파악할 수 있다.
- 학교혁신 노력의 효과 확인 : 학교가 자체적으로 변화하기 위한 노력을 실시한 후에 그 결과 또는 성과를 파악하는데 초점을 둔다.

학교 기관평가의 궁극적인 목적은 수집된 정보, 즉 가치판단의 결과를 활용하는 용도와 관련된 것이다. 즉 평가결과가 기여하는 역할에 초점을 두는 것으로서 대체로 교육의 질 개선과 책무성 이행을 촉진하는 것을 목적으로 하는데, 궁극적인 목적에는 대표적으로 다음의 것들이 있다.

- 학교의 질 개선 : 이 평가목적은 구체적으로 개선하고자 하는 대상영역을 명시하고 있지 않기 때문에 막연한 의미를 가지는 경향이 있다. 그러나 일반적으로 학교체제의 전체 영역들을 대상으로 강점과 문제점을 확인하고 질을 개선하는 것이다.
- 학교의 통제 : 학교의 자율성이 증가할수록 통제와 관리적인 성격을 지니는 학교 기관평가의 필요성이 증가하게 된다. 이러한 목적의 학교 기관평가는 국가차원에서 전국의 학교들이 질적 수월성을 유지하면서 교육목적을 더 효과적으로 성취할 수 있고, 공공기관으로서의

기능을 효율적으로 수행하고 있는지를 규명하며, 보상이나 제재를 하는데 유용하다.

- 재정부담자 납득 : 학교 기관평가는 학교가 효율적·효과적으로 운영되고 있으며, 학교의 질을 개선하기 위해 노력하고 있음을 보여줌으로써 재정부담자들로 하여금 재정적인 지원과 협력을 계속적으로 유지하도록 하는 데에 초점을 둔다.
- 학교들 간의 균형적인 발전 : 국가차원에서도 학교의 공공성과 질적인 기회균등을 보장하기 위하여 전국의 학교들 간의 실태를 파악하고, 전체 학교들의 균형 있는 발전을 지원한다. 잘 하는 학교는 계속 잘하도록 하면서, 그렇지 못한 학교는 개선하도록 하는 데에 초점을 둔다.

2) 교직원 평가

국·공립학교의 교직원은 국가의 공무원이다. 공무원에 대한 근무평정 제도가 법제화되어 시행된 것은 1961년 10월의 근무성적평정규정이 마련되고, 이듬해에 그 시행세칙 요강이 각 부처에 전달되면서부터이다. 국가공무원법 제51조 제1항에서는 각 기관의 장은 정기 또는 수시로 소속 공무원의 근무성적을 평정하여 객관적이고 엄정하게 평정하여 인사관리에 반영하여야 한다고 규정되어 있다. 또한 1969년에는 교육공무원승진규정이 제정·공포되었는데, 교육공무원의 근무성적평정은 바로 이 규정에 의하도록 명시하고 있다.

현행 교육공무원에 대한 평가는 교육공무원승진규정(대통령령 제23324호, 2011.11.30, 일부개정)에 근거하여 실시하고 있다. 교육공무원법 제42조 제1항에서는 교육기관, 교육 행정기관 및 교육 연구기관의 장은 정기적으로 또는 수시로 그 소속 교육공무원의 재교육 및 연수실적과 근무성적을 평정하여 인사관리에 반영하여야 한다고 규정하고 있다.

평가결과를 인사에 반영하는 교직원평가는 교직원을 대상으로 한다. 교직원은 행정가, 교사, 직원을 의미하는데, 교직원평가에는 교장 및 교감을 대상으로 하는 행정가평가, 교사를 대상으로 하는 교사평가 그리고 직원을 대상으로 하는 직원평가가 있다. 교직원평가는 교직원 개인의 활동이 미친 영향이나 개인이 지닌 가치에 대한 판단(Dressel, 1976. 재인용)이며, 의사결정에 필요한 정보를 확인·획득·제공하는 일련의 과정(Lunenbueg & Ornstein, 2008. 재인용)이다.

이와 같이 교직원평가는 교직원에 대한 가치판단과 가치를 판단하는 일련의 과정이다. 교직원평가에서 가치판단에 이르는 일련의 과정은 일반적으로 평가목적의 설정, 평가준거의 선정, 평가기준의 설정, 자료의 수집과 분석 그리고 가치판단 등과 같은 순서로 이루어진다.

교직원평가는 여러 가지 목적을 성취하기 위하여 실시된다. 그리고 교직원의 직무수행 능력과 업적을 판정하는 행위로서 일차적으로 교직원의 능력개발에 기본 취지가 있다. 아울러 승진, 전직, 전보나 상벌과 같은 인사관리의 근거를 제공하는데 그 목적이 있다. 전자의 경우에는 현재 담당하고 있는 직책이 요구하는 능력과 비교하여 전문성 향상을 위하여 교육과 훈련의 필요성 여부를 평가하는 미래지향적이고 적극적인 의미를 가지고 있다. 후자의 경우에는 실적과 능력을 파악하여 이에 따른 논공행상을 하기 위한 객관적인 정보를 확보하는데 주안점을 두고 있다.

교직원평가의 목적을 더 구체화하여 살펴보면 다음과 같다.

첫째, 직무에서 성취를 확인하여 교직원 선발장치의 효과성을 점검한다.

둘째, 보상, 승진, 이직 및 인사조치 등에 대한 결정을 하는데 필요한 정보를 제공한다.

셋째, 전문 교직원 개발 프로그램의 운영에 필요한 요구를 확인한다.

넷째, 교직원들이 직무를 잘 성취하도록 피드백을 제공하고 그들을 동기화한다.

교직원평가는 학교 교직원들의 통제 및 관리에 필요한 자료를 제공한다. 이와 관련된 구체적인 평가목적들은 인사결정에 관련된 것과 성취개선에 관련된 것으로 구분된다. 교직원 개인을 위한 평가목적들은 교직원의 성취와 진보에 대한 정보를 제공하여 교직원 개발을 도모할 수 있게 하며, 현재 업무부담의 적절성을 확인하고, 업무의 적절한 배정을 도모할 수 있도록 한다. 그리고 교직원의 포부와 직업계획을 검토하며, 과업성취에서 갖는 문제와 행정가와의 관계를 검토할 수 있는 기회를 제공한다.

3. 학교경영 평가의 접근모형

전술한 바와 같이, 학교경영 평가의 영역과 내용에서는 학교 기관평가와 교직원원평가로 구분할 수 있다. 그 중에서 학교경영 평가의 접근모형과 관련하여 논의할 때에는 학교 기관평가만을 국한하여 설명하게 된다.

학교 기관평가의 평가모형을 이영만 외 6인(2004)은 고전적 평가모형과 대안적 평가모형으로 대별하였는데, 고전적 평가모형에는 인정 평가모형(Accreditation Model)과 목표 중심 평가모형이 있다. 그리고 대안적 평가모형에는 의사결정 중심 평가모형, 판단 중심 평가모형, 전문성 중심 평가모형, 참여반응 중심 평가모형, 수혜자 중심 평가모형 그리고 대화모형이 있다고 하였는데, 여기에서는 후자의 대안적 평가모형에 대한 이해의 폭을 넓히도록 한다.

1) 의사결정 중심 평가모형

의사결정 중심 모형은 의사결정자가 의사결정을 촉진할 수 있도록 다양한 정보를 제공해 주는 데에 평가목적을 두는 접근방법이다. 따라서 관리자 지향 평가접근이라고도 불리는데, Stufflebeam의 CIPP모형, Alkin

의 CSE 평가모형 그리고 Provus의 불일치 평가모형으로 대별할 수 있다.

(1) Stufflebeam의 CIPP모형

1965년 초·중등교육법(ESEA : The Elementary and Secondary Education Act)을 제정한 이래로 미국은 교육개선을 위하여 연방정부 차원에서 막대한 예산을 투입하고 되었고, 그와 동시에 정부예산으로 지원받는 프로그램에 대한 평가를 의무화하였다. 따라서 교육자들을 포함한 관련 인사들은 예산을 지원받기 위하여 프로그램 개발과 그에 대한 평가계획을 실시하게 되었다. 그러나 다양한 교육 프로그램에 대한 평가를 기획하고 실시할 전문가가 부족함을 느끼게 되었고, 당시 D. L. Stufflebeam이 재직하고 있던 Ohio주립대학이 중심이 되어 그러한 요구에 부응하고자 평가센터를 설립하게 되었다.

Stufflebeam은 프로젝트를 평가하는 과정에서 연구원들이 R. W. Tyler의 목표 중심 평가모형 방법에만 지나치게 의존하는 것을 보고 새로운 평가방안을 구안하게 되었다. 그는 평가를 "의사결정자에게 필요한 적절한 정보를 설계(delineating), 획득(obtaining), 제공(providing)하는 과정"으로 정의하고, 네 가지 다른 의사결정에 직면한 행정가에게 정보를 제공하는 틀을 개발하였는데, 그가 제시한 네 가지 의사결정은 다음과 같다.

첫째, 의도한 목적 혹은 목표를 선정·결정하는 데에 관련된 계획적인 의사결정

둘째, 설정한 목표를 달성하기 위한 적절한 전략과 절차에 대해 설계하는 구조적인 의사결정

셋째, 설정된 설계, 방법, 전략을 실행에 옮기는 수행적인 의사결정

넷째, 실제로 달성된 목표를 판단·반영하고, 그 활동 혹은 프로그램 전체를 계속할 것인지, 변경할 것인지 아니면 그만 둘 것인지를 결정하는 재순환 의사결정

그리고 Stufflebeam는 이러한 의사결정의 유형에 따라 상황평가(Context Evaluation), 투입평가(Input Evaluation), 과정평가(Process Evaluation), 산출평가(Product Evaluation)로 구분하였는데, 각 평가의 첫 문자를 따서 CIPP모형이라고 부른다.

① **상황평가**(Context Evaluation)

의사결정을 계획하는데 필요한 평가로서, 프로그램을 위하여 어떤 요구가 제기되는가를 결정하는 것이 프로그램의 목표를 정의하는데 도움이 된다.

② **투입평가**(Input Evaluation)

의사결정을 구조화하는데 필요한 평가로서, 어떤 자원이 이용 가능하고 어떤 대안적인 전략이 고려되어야 하며 어떤 계획이 요구를 충족시키는 가장 좋은 잠재성을 갖고 있는가를 결정하는 것이다.

③ **과정평가**(Process Evaluation)

의사결정을 실천하는데 필요한 평가이다. 계획이 어떻게 잘 실천되는지, 어떤 장애가 성공을 위협하는지 그리고 어떤 수정・보완이 필요한지 등의 질문에 대한 답이 얻어진다면, 절차가 모니터링되고 조정되며 정교화된다.

④ **산출평가**(Product Evaluation)

재투입을 결정하기 위하여 필요한 평가이다. 어떤 결과가 얻어졌는지, 요구는 어떻게 잘 축소되었는지, 프로그램이 코스를 실행한 후에 무엇이 이루어져야 하는지 등의 항목들은 프로그램 달성을 판단하는데 있어서 중요한 질문이다.

이 모형에서는 교육평가의 목적을 의사결정자에게 필요한 정보를 제공하여 의사결정을 촉진시키는 데에 두고 있다. 그러므로 프로그램의 계획, 시행 및 결과의 모든 단계를 평가함으로써 각 국면에 따라 의사결정자의 합리적인 의사결정을 돕는 유용한 정보를 제공한다는 장점이 있다. 반면에, 평가자는 정해진 정보와 자료만을 수집할 뿐, 자료에 의한 프로그램의 가치판단 및 프로그램의 결정권은 의사결정자에게 있다. 따라서 많은 평가자료가 사장될 우려가 있고, 현장개선이나 혁신을 위한 평가에 초점을 두기보다는 현상유지를 위한 평가, 의사결정자의 결정을 합리화하는 평가가 되기 쉽다는 단점이 있다.

(2) Alkin의 CSE 평가모형

1965년 초·중등교육법(ESEA)을 제정으로 미국 연방정부의 예산은 지방교육자치단체 및 학교현장 중심의 다양한 프로그램 개발 및 실시에 투입되었다. 그리고 그 예산의 지원을 받아서 실시되는 교육 프로그램에게는 예산지원을 요청하는 계획서 작성을 요구하는 동시에, 그 실천과정 및 예산 집행결과를 포함한 프로그램 실시결과에 대한 평가결과를 의무적으로 보고하도록 하였다. 이에 따라 프로그램에 대한 평가를 위하여 의사결정을 보조하고 지원하는 데에 초점을 두고 평가모형을 구안하게 되었는데, UCLA대학의 CSE(Center for the Study Evaluation)소장으로 재직중이던 Marvin C. Alkin이 구안한 것이 바로 CSE 평가모형이다.

Alkin은 평가를 의사결정자들이 여러 대안 중에서 적절한 것을 선택할 수 있도록 유용한 자료를 보고하기 위하여 관심사인 의사결정 영역을 확인하고 적절한 정보를 선택하며 정보를 수집·분석하는 과정으로 정의하였다. 그의 평가모형에 대한 기본가정은 다음과 같다.

첫째, 평가는 정보수집의 과정이다.

둘째, 평가에서 얻어진 정보는 대안적인 조치에 대한 의사결정을 위하여 사용되어질 수 있다.

셋째, 평가정보는 의사결정자가 효과적으로 사용할 수 있는 방식으로 표현되어야 하고, 의사결정자에게 도움을 줄 수 있도록 설계되어야 한다.

넷째, 다른 종류의 의사결정은 다른 종류의 평가절차를 요구한다.

이 평가모형의 주요체제는 체제사정, 프로그램 기획, 프로그램 실천, 프로그램 개선 그리고 프로그램 승인 등으로 이루어져 있다.

① 체제사정

목표와 현 상태 간의 간격을 나타내는 학생, 지역사회 및 국가사회의 요구에 관련된 체제의 현 상태에 관한 정보를 제공하는 역할을 한다. 체제의 현 상황에 대한 정보의 상세화, 수집 및 보고를 위해서는 체제에 관하여 역사적, 기술적 그리고 비교적이어야 한다. 이 단계에서는 어떤 문제를 선정해야 하는가에 관한 의사결정에 관심을 두는데, CIPP모형에서 상황평가와 유사하다.

② 프로그램 기획

의사결정자에게 계획수립을 결정하는데 도움이 되는 정보를 제공하는 역할을 한다. 평가자는 요구를 해결하기 위한 가능한 수단을 강구해야 하고, 프로그램 개시 이전에 그 목표달성 가능성과 여타 방법을 비교하여 상대적인 잠재성을 예측해야만 한다. 이 단계에서의 평가적 접근은 CIPP모형의 투입평가와 유사하다고 할 수 있다.

③ 프로그램 실천

이 단계에서의 평가는 의사결정자가 결정한 프로그램이 기획했던 바와 같이 실천되고 있는가를 중시하며, 프로그램의 개선을 위한 의사결정에 도움이 되는 정보를 제공하는데 주목적을 두고 이루어진다.

④ 프로그램 개선

프로그램 실천과정에서 목표달성 정도를 정확히 파악하고, 그와 관련하여 문제를 확인하며, 프로그램 작동과정을 개선하기 위하여 즉각적으로 의사결정권자에게 정보를 제공하고, 그에 입각한 변화를 조치하도록 작용함으로써 프로그램에 대한 평가자의 개입이 이루어진다. 바로 이러한 점이 CIPP모형과 두드러지게 다른 점이라고 할 수 있는데, 프로그램의 실천단계와 개선단계는 CIPP모형의 과정평가와 유사한 기능을 가진다.

⑤ 프로그램 승인

프로그램 종료 후에 프로그램의 산출결과를 파악하고 이를 바탕으로 프로그램의 장점과 가치에 관한 정보를 의사결정권자에게 제공하는데 중점을 두는 평가형태이다. 평가자는 목표달성의 정도를 중심으로 프로그램의 장점과 가치에 관한 정보를 제공하여 의사결정권자가 다른 상황에서 프로그램의 전체적이며 잠재적인 일반화 가능성에 대한 결정을 하고, 프로그램의 제거・수정・유지・보급에 관한 결정을 내릴 수 있도록 조언한다.

이 평가모형은 Stufflebeam의 CIPP모형과 유사한 체제 및 기능을 가지고 있으며, 위의 다섯 가지 영역에 관한 의사결정을 중시하여 그에 부응하기 위한 다섯 종류의 평가를 상정하고 있다. 그리고 이들 평가들 간에는 일반적으로 계열성이 있는 것으로 인정되고 있다. 진행과정의 어느 국면에서도 필요한 경우에 평가가 가능하도록 평가체제를 구성하고 있다는 점과 체제적인 접근을 중시하여 총괄적인 평가가 가능하다는 특징이 있다. 그러나 평가접근에서 가치의 역할이 모호하다는 점, 즉 가치판단에 대한 안내와 준거 및 기준에 관한 언급이 없다는 점과 의사결정의 보조기능으로서 활동이 이루어지는 활동을 과연 평가활동으로 볼 수 있는가

하는 문제점이 있다.

(3) Provus의 불일치 평가모형

이 모형은 M. M. Provus가 Fitchburg공립학교연구소장으로 재직하면서 실질적인 학교 프로그램을 평가하기 위하여 개발한 모형으로서 Fitchburg 평가모형이라고도 불린다.

이 모형에서는 평가를 ① 프로그램의 기준에 관하여 동의하고 ② 프로그램의 성취결과와 기준의 불일치를 파악하며 ③ 그 불일치에 관한 정보를 사용하여 프로그램을 개선할 것인지, 유지할 것인지 아니면 종료할 것인지를 결정하는 과정이라고 정의하고 있다. 여기에서 불일치가 발견되면, 프로그램 담당자와 평가자 간에 협동적인 문제해결을 하도록 하는 과정이 있어야 한다. 그 과정은 왜 불일치가 존재하는가, 어떤 교정이 가능한가 그리고 어떤 교정이 최선인가를 묻는 것이다. 이러한 과정을 통해서 추가정보가 수집되고 교정을 하기 위한 합리적이고 정당화할 수 있는 의사결정 준거를 개발하게 된다.

이러한 문제해결 활동은 전통적인 목표지향평가 접근에 추가된 사항으로서, 기준의 설정 및 활용에서는 Stake의 안모모형의 영향을, 개선해 나아가는 형성평가의 기능은 Scriven의 평가이론으로부터 그리고 프로그램에 관한 의사결정에의 보조기능은 Stufflebeam과 Alkin의 평가이론으로부터 영향을 받은 것으로 파악된다.

2) 판단 중심 평가모형 : Stake의 안모모형

판단 중심 평가모형은 기관의 프로그램을 설정한 기준에 의거하여 판단하는 판단기능을 평가의 중심으로 보는 입장으로서, R. E. Stake의 안모 평가모형(Countenance Evaluation Model)이 여기에 속한다. Stake는 Tyler의 평가모형과 L. J. Cronbach으로부터 의도한 바를 기술하는 평가기능을 그리고 M. Scriven으로부터는 평가의 판단기능이 강조될 필요성이 있다는 점을 영향 받아서 평가대상 교육과정에 대한 기술 및 판단을 강조하는 평가적 접근방법을 개발하게 되었다. 그의 논문이 『교육평가의 안모(顔貌)』(The Countenance of Educational Evaluation, 1973)였기 때문에 '안모모형'이라는 명칭으로 불리고 있다.

Stake는 평가모형을 공식적으로 발표하지 않고, 평가에 대한 전반적인 견해 또는 평가의 얼굴이라는 견해를 밝히는 데에만 관심을 두었는데, 그의 주장은 다음과 같다.

첫째, 평가는 평가의뢰인 중심으로 이루어짐으로써 의뢰인의 요구에 답하는 데에 중점을 두어야 한다.

둘째, 평가대상 프로그램에 관련된 선행조건, 진행과정 및 산출결과를 기술해야 한다.

셋째, 의도한 결과뿐만 아니라 부수적인 효과나 우발적인 결과에도 관심을 가져야 한다.

넷째, 평가자는 최종적인 결론을 독자적으로 내리지 말고 평가대상 프로그램 관련자들의 판단을 수집, 분석, 반영하는데 더욱 비중을 두어야 한다.

다섯째, 간혹 실험법이나 표준화검사의 사용이 부적절할 경우가 있을 수 있으므로, 주관적이고 기술 묘사한 자료를 활용할 필요가 있다.

그의 이러한 주장은 교육평가 또는 교육과정 평가에 적지 않은 영향을 미치게 되었다. 특히, 교육자들에게 평가의 전반적인 용모를 충분히 검사할 것과 형식적인 평가의 부실함과 무용성을 보완하기 위해서는 교사들이 비형식적인 평가에도 관심을 두어야 한다고 주장하였다. 또한 평가 자체가 평가를 요구하고 의뢰한 자의 입장을 중시함으로써 그에 대한 실질적인 답변에 중점을 두어야 하는데, 이를 위해서는 평가의뢰자에게 민감하게 반응하는 평가가 필요하다고 하였다.

뿐만 아니라 Stake는 1975년에 발표한 논문 『Evaluating the Arts in

Education : A Responsive Approach』에서 프로그램 평가가 반응적 평가(Responsive Evaluation)를 지향해야 한다고 주장하였는데, 이에 따라 그의 모형은 반응적 평가모형으로도 불리게 되었다.

그에 의하면 평가의 얼굴을 구성하는 가장 중요한 요소는 기술과 판단이므로, 특정 프로그램에 적합한 평가를 위해서는 프로그램에 대하여 충분히 기술하고 판단할 필요가 있다는 것이다. 충분한 기술과 판단을 위해서는 다양한 평가자료의 자료원이 필요하고, 이를 체계화하기 위해서 자료행렬(data matrix)을 활용할 것을 제안하고 있다. 이 자료행렬은 평가얼굴의 중요한 부분을 차지하고 있으며, 평가모형을 독특하게 특징짓고 있다. 자료행렬은 크게 기술행렬(description matrix)과 판단행렬(judgement matrix)로 구분되며, 각 행렬은 세 가지 국면인 선행조건(antecedent : 투입변수, 출발점 상태), 진행과정(transactions : 상호작용, 교류) 그리고 산출결과(out comes : 성과, 성취업적, 효과)로 분류된다. 동시에 기술행렬에 관련된 자료는 다수가 동의하는 기준과 판단에 관련 자료로 구분된다.

3) 전문성 중심 평가모형

전문성 지향 평가접근(Expertise-Oriented Evaluation)은 특정 분야의 전문가의 전문성을 중시하고, 그 전문적인 식견을 바탕으로 평가대상의 장점이나 가치를 감정, 감상 및 판단하는 평가방법을 말한다. 이는 원래 인정평가모형에 뿌리를 두고, 그 유용성을 발전시킨 것이다. 아무리 체계화된 평가준거나 기준이 있다고 해도 그 분야에 전문적인 식견 없이는 그 장점이나 가치를 판단하기 어려우므로 전문성을 인정받는 전문가의 주관적인 판단활동이 필수적으로 요청되었고, 그에 부응하기 위하여 공식적·비공식적인 전문적 심의체제, 특별전문가 심의모형, 특별전담 개인적 심의모형과 교육적 감식안 및 비평모형이 고안되어 활용되기 시작하였다.

전문성 중심 평가모형으로는 인정 평가모형, Eisner의 감식안 및 문예

비평 모형(Connoisseurship & Art Criticism Model), 전문가 심의모형(Professional Review) 등이 있다.

(1) Eisner의 감식안 및 문예비평 모형

Elliot W. Eisner는 자신의 전공분야인 미술교육을 바탕으로 종래의 교육평가에 대하여 비판적인 견해를 취하고 있다. 특히, 교육목표를 행동목표로 진술하는 접근과 목표를 중심으로 한 교육활동 및 평가적 접근에 대하여 비판적인 견해를 밝히고, 과학적인 패러다임에 근거한 목표 중심의 교육평가에 대한 새로운 대안적인 평가방법을 제안한다.

그는 예술 비평가들처럼 경험 있는 전문가들은 자기 전문분야의 프로그램의 질을 평가하는데 있어서 그들의 전문성을 집중할 수 있다고 하면서, 과학적인 패러다임이 아니라 예술가적인 패러다임을 제안하였다. 이 예술가적인 패러다임은 전통적인 조사방법에 중요한 질적·인간적·비과학적인 보충을 가하려는 것으로서, 그는 이러한 접근법이 감식안과 비평을 요구한다고 말해 왔다.

감식안(connoisseurship)은 평가하는 기술을 일컫는데, 관찰되는 대상을 좋아할 필요는 없으나 대상물 사이의 관계성과 질을 인식하는 것은 필수적이다. 또한 비평(criticism)은 감식안이 포착한 사건이나 사상(事象)의 질을 드러내는 기술이다. 부정적인 면을 평가하는 것이 아니라, 개개인이 포착하지 못하고 평가하지 못했을 특질과 특성들을 개개인이 인식할 수 있도록 해 주는 교육적인 과정인 것이다.

주로 사용하는 도구로는 은유, 유추, 시사, 암시 등의 방법이 있으며, 비평이 이루어지지 위한 일반적인 평가절차와 방법에는 관찰한 것에 대한 기술, 해석, 평가활동을 필요로 한다. 교육적인 환경에서의 비평이란 감식안의 공적인 측면이고, 따라서 결국 프로그램 평가는 프로그램 비평이 되는 것이다(배호순, 1994. 재인용).

(2) 전문가 심의모형

대부분의 전문적인 심의는 부정기적으로 상황에 따라 필요한 경우에만 비공식적으로 전개된다. 그리고 일반적으로 제도화되었거나 사전에 미리 결정된 기준을 적용하지 않는다. 대체로 특정한 시간에 평가정보를 요구하는 일회성 평가가 되는데, 제도화된 심의체제가 아니라 특정 협회가 많은 특별전문위원회로 하여금 비슷한 기능을 수행하도록 권한을 부여할 수도 있다.

전문가 심의모형에는 공식적인 전문적 심의체제 모형, 비공식적인 전문적 심의체제 모형 그리고 특별전문위원회 심의모형으로 구분된다.

공식적인 전문적 심의체제 모형은 앞서 언급한 인정평가제도인데, 대표적인 예로는 학교인정협회라는 심의체제가 교육기관을 승인하는 과정이다.

비공식적인 전문적 심의체제 모형은 전문적인 심의체제가 공식적인 기준이나 절차 등을 밟지 않고 심의에만 임하는 경우이다. 여기에는 다음해의 재정지원 여부를 결정하기 위한 주(州)교육부의 관리영역 내의 프로그램 진단심의 등이 속한다. 또한 교수의 승진이나 종신재직권의 결정, 대학원생의 평가를 위한 장학위원회 등을 들 수 있다.

특별전문위원회 심의모형은 권위자들로 구성된 특별전문위원회에서 어느 특정의 구체적인 상황을 심의·검토하고, 이를 문서화하여 제언 및 권고사항을 제시하는 것이다. 많은 연구자금 지원기관들은 경쟁력 있는 연구계획서를 심의하기 위하여 필요에 따라서는 동료 연구자들로 구성된 전담심의위원회를 활용하기도 한다.

심의검토자들은 각 연구계획서의 제안을 읽고 자신의 의사를 표명하며, 심의자들 간에 견해차가 있을 경우에는 이를 해소하기 위한 회의를 소집하여 의논한다. 미국의 '교육의 수월성에 관한 국가위원회(National Commission on Excellence in Education)'의 Blue-Ribbon Panels와 같이 최고 권위자들로 구성된 특별전문위원회가 그 예라고 할 수 있다.

4) 참여반응 중심 평가모형

1967년 이후에 평가계에서는 전통적인 평가모형에 대한 비판이 일기 시작하였다. 그것은 평가대상의 기계적인 기술과 분류, 평가방안의 정교한 설계, 객관적인 도구의 개발 그리고 기계적인 보고서 작성 등 일에 지나치게 매달림으로써 교육현장에서 실제 일어나고 있는 사상(事象)을 간과하고 있다는 것이었다. 이러한 결함을 극복하기 위한 대안은 교육활동에 관련된 다양한 관심, 문제 및 결과들을 총체적으로 밝히는 일에 초점을 둔다. 그리고 평가활동에 평가핵심 관련자들을 참여시키며, 연구를 수행하는 방법으로 자연주의적인 방법을 선호한다. 평가관련자들이 평가에 자연스럽게 참여하고 반응한다는 점을 중시하여 참여-반응적 평가접근(Participant-Responsive Oriented Evaluation)이라고 칭하기도 한다.

참여반응 중심의 평가모형에는 Stake의 반응적 평가모형(Responsive Model), Parlett와 Hamilton의 조명적 평가모형(Illuminative Model), Ripapey의 수행과정 평가모형(Transactional Model), Guba와 Lincoln의 제4세대 평가모형(The Fourth Generation Evaluation model) 등이 포함된다.

(1) Stake의 반응적 평가모형

Robert E. Stake는 자신의 안모모형을 보다 확장하여 자연주의적인 참여 중심의 평가모형을 개발하였는데, 이것이 바로 반응적 평가모형(Responsive Model)이다. 그가 1970년대에 들어서면서 주장한 반응적 평가의 주요 아이디어는 프로그램의 사회적 다원성과 독특성 그리고 활동에 초점을 두며, 평가핵심 관련자들이 인식하고 있는 핵심문제에 반응 및 대응하는 것이 본 평가접근법의 본질적인 특징이다.

반응적 평가의 목적과 틀, 초점은 사전에 결정되어지는 것이 아니라,

구성요소와의 상호작용을 통해서 파악되고 등장한다. 그 상호작용과 관찰을 통해서만 핵심문제에 진보적으로 초점을 맞추게 되므로, 평가자는 다양한 이해관계자 집단의 구성원들이 원하는 정보가 무엇인지, 그러한 정보를 어떤 형태로 보고 받기를 원하는지를 확인하기 위하여 핵심관련자 집단과 부단히 상호작용을 한다.

Stake는 프로그램의 선입견, 형식적인 계획과 목적에 의존하는 평가계획에 미리 예정된 것보다는 프로그램의 현실과 참여자의 반응·관심·문제에 반응하는 것이 중요하다고 강조하였다. 평가자는 평가대상 프로그램의 핵심문제를 평가하고 친숙해지기 위하여 그 활동을 관찰하고 핵심관련자들과 면담하며 적절한 기록물들을 검토할 필요가 있다. 이러한 활동이 초기에 평가를 계획하는 단계에서 요청되고, 본격적인 단계에서는 다양한 질적·양적인 자료를 수집하는 일에 몰두하게 된다.

<표 8-1> 예정된 평가접근과 반응적 평가접근의 소비시간 비중의 비교

(단위 : 시간비율)

구 분	예정된 평가접근	반응적 평가접근
문제의 목적 발견	10	10
도구의 준비	30	15
프로그램의 관찰	5	30
검사의 실시	10	-
판단수집	-	15
고객의 요구학습	-	5
형식적인 데이터 처리	25	5
비형식적인 보고서 준비	-	10
형식적인 보고서 준비	20	10

*자료 ; 이영만 외 6(2004). 학교·교육 기관평가. 서울 : 한국문화사. p.22. 재인용.

따라서 반응적 평가에서 중심이 되는 개념은 관찰과 판단이라는 방법론, 주관주의와 다원주의라는 기본 가정 그리고 조직하기와 보고하기라는 평가산물이다. Stake는 이 모형이 기존의 예정된 평가접근에 비하여 각 과제에 소비되는 시간의 비중을 <표 8-1>과 같이 분석하였다. 교육평가가 프로그램의 의도보다는 프로그램의 활동에 지향하고 고객의 요구에 반응하며 다른 가치관이 프로그램의 성공과 실패를 보고하는데 참고가 된다면, 그 평가는 반응적 평가이다.

(2) 조명적 평가모형

M. Parlett와 D. Hamilton은 조명적 평가모형(Illuminative Model)을 제안하였는데, 이 모형은 학교상황에서 하나의 교육 프로그램의 근거, 발달과정, 운용, 성격, 문제점 등을 총체적으로 심도 있게 파악해 내는 데에 주 목적을 두고 있다.

소규모 프로그램에 적용될 수 있는 이 평가모형의 목적은 문제점과 논쟁점 그리고 의미 있는 프로그램의 측면을 조명하려는 것이다. 객관성을 강조하고 수량화를 지향하는 전통적인 실험연구적 패러다임에 대한 회의로 생성된 조명적 평가는 사회·인류학적인 패러다임에 기초한다. 이 평가는 기본적으로 측정과 예측방법보다는 기술과 해석방법에 의존하고 있으며, 관련변수들을 통제하거나 조종하려는 시도 대신에 복잡한 교육상황을 있는 그대로 수용하고, 사실 그대로 이해하는데 중점을 둔다.

Parlett와 Hamilton에 의하면, 조명적 평가는 교육 프로그램의 광범위한 맥락을 중시하고, 그 역사적·문화적·사회적인 영향을 고려하는 것이 주된 특징이다. 프로그램의 맥락을 연구하는 중요성은 그 맥락의 다양한 요소들이 어떤 평가에서든지 프로그램에 영향을 준다는 것이다. 따라서 평가자의 임무는 프로그램을 둘러싸고 있는 복잡한 현실을 종합적으로 이해하도록 도와주는 것이다. 조명적 평가모형은 의사결정이 아니라 정보수집에 중점을 두고 있다. 또한 판단이 아니라 프로그램이 무엇을 포함하는지와 그 프로그램에서의 참여자가 되는 것이 무엇을 의미하는지를 발견하고 문서화하며 토론하려고 시도한다.

이들에 의해서 제안된 평가모형은 다음의 세 단계를 거치게 되는데, 이와 같은 체제에서 진보적인 초점방법을 사용하도록 하고 있다.

- 관찰단계 : 일상생활 속에서 연구대상이 보여주는 실재를 탐색하고 친숙해지기 위하여 관찰한다.
- 탐구단계 : 선별된 문제에 대해서 보다 체계적으로 탐구한다.
- 설명단계 : 관찰된 패턴을 설명하고 인과관계를 찾아낸다.

이 방법은 연구를 재초점화하고 좁힘으로써 나타나는 문제에 더 집중할 수 있도록 하는 기법이다. 과정, 주관적인 정보 그리고 자연주의적인 탐색을 강조하는 조명적 평가모형은 관찰, 인터뷰, 질문지와 검사, 기록물과 배경자원이라는 네 가지 영역의 자료를 수집하게 되며, 그 자료를 중심으로 현실을 정확하게 기술하고 설명하는데 중점을 둔다.

이 모형은 정보를 수집하는 일에 치중하지만, 직접 의사결정은 하지 않으며 다양한 시각을 가진 사람들이 자기 나름대로 의사결정을 하도록 도와주는 일을 주된 임무로 삼는다. 자료의 삼각형 통합(triangulative combination)은 현실에 대하여 좀 더 정확하게 묘사하도록 제안되었다. 따라서 조명적 평가자는 현장에서 실질적인 기간을 소비할 것을 요구하고 있다.

(3) 제4세대 평가모형(자연주의적 평가모형)

Egon G. Guba와 Y. S. Lincoln은 자연주의 참여-반응 중심의 평가 접근방법을 지지하고, 자신들 나름대로 체계화하여 제4세대 평가(The Fourth Generation Evaluation Model)라고 명명하고 있다. 제4세대란 기존의 과학적인 패러다임에 입각하여 이루어진 전통적 평가방법인 1, 2, 3세대 평가를

대체할만한 새로운 평가 접근방법을 의미한다.[1)]

3세대까지의 평가모형들은 다음과 같은 성격을 지니고 있다.

첫째, 지나치게 관리자 중심으로 이루어진다.

둘째, 비현실적인 가치중립적 입장을 취하고 있다.

셋째, 평가맥락을 경시하고 도구 중심의 양적인 측정에 지나치게 의존한다.

넷째, 과학적인 산물이라는 이유로 평가결과에 대한 논의를 거절한다.

다섯째, 여타의 대안적인 사고를 용납하지 않고, 가치중립이라는 미명 아래 평가자의 도덕적인 책임을 면제해 준다.

이러한 여러 가지 문제점을 해결하기 위하여 새로운 대안적인 평가적 접근이 요청되었는데, 이에 부응하기 위하여 제4세대 평가모형이 등장하게 된 것이다.

제4세대 평가는 반응적 구성주의라고도 할 수 있다. 이는 Stake가 주장한 반응적 평가논리와 구성주의 방법론을 결합한 새로운 평가 접근방법을 의미한다. 반응적 평가의 논리는 평가대상을 사전에 미리 결정하는 과학주의에 입각한 종래의 목표 중심의 평가논리와는 달리, 새롭게 등장하는 요구와 상황에 대응하여 평가자와 평가의뢰자가 협상을 통하여 평가근거 및 평가영역을 설정하는 융통성 있는 평가 설계방안에 초점을 두

---

1) 1세대 평가란 1990년대 초반부터 1930년대까지의 측정 중심의 평가를 칭하는데, 학교에서 전통적으로 사용해 오던 학업성취도 측정방법을 포함한 심리측정운동의 영향을 받아서 표준화검사를 주로 활용하여 학생들의 상대적인 순위를 보여주는데 초점을 둔 평가이다. 2세대(1930~1967) 평가란 기술(記述)이라는 개념으로 특징지을 수 있으며, 정의된 목적과 관련하여 강점과 약점을 기술해 주는 평가방법을 말한다. Smith & Tyler의 연구를 기점으로 하여 측정과 평가가 분리되기 시작하였다. 3세대 평가란 프로그램에 관한 기술을 바탕으로 한 판단을 중시하는 평가적 접근을 말하며, 특히 Stake의 안모모형을 비롯하여 1967년 이후에 등장한 대부분의 평가모형들은 판단기능을 중시하는 평가적 접근으로 분류할 수 있다. E. G. Guba & Y. S. Lincoln(1989). Fourth generation evaluation. Thousand Oacks. C.A. : Sage. pp.21-31. ; 이영만 외 6(2004). 학교·교육 기관평가. 서울 : 한국문화사. p.24. 재인용.

는 것을 의미한다.

구성주의 방법론이란 기존의 특정방법을 미리 정하는 것이 아니라, 평가수행 중에 필요한 적합한 방법을 결정하여 융통성 있게 구성한다는 것을 의미한다. 이는 종래의 과학적인 패러다임의 대안인 참여-관찰 중심의 자연주의적·조명적·기술적 접근방법에 근거하고 있는데, 해석학적인 변증법적 방법에 의거하여 협상하고 합의점을 도출해 내는 방법이 그 중심을 이루고 있다.

Guba와 Lincoln은 평가관련 당사자들을 나름대로 의미세계를 구축하고 있는 주체로 보고, 그들 간에 협상을 통해서 구성(construction)이 이루어지면 별도의 평가가 필요하지 않으며, 그들 간에 구성이 이루어지지 못한 안건에 대해서 평가자가 개입할 필요가 있다고 보았다. 4세대 평가의 특징을 보여주는 평가방법과 절차는 [그림 4-1]과 같다.

단 계	
1 - 계약	• 평가의뢰인/후원자와 접촉한다.
2 - 조직	• 평가자 팀을 선택하고 훈련한다. • 처음 준비를 한다. • 논리적인 준비를 한다. • 사회, 정치적인 요인을 평가한다.
3 - 평가핵심 관련자 확인	• 대리인, 수익자, 희생자를 확인한다. • 계속되는 탐색전략을 세운다. • 교환과 처벌을 평가한다. • '조건'동의를 형식화한다.
4 - 집단 내 협력체 구성	• 변증법적인 순환과정을 그린다. • 순환과정을 만든다. • 협력체 구성을 한다. • 신뢰성을 체크한다.

5 - 새로운 정보와 정교화를 통한 평가핵심 관련자 협력체 확장	• 문서정보, 인터뷰와 관찰의 상호작용, 문서어록, 평가자의 윤리적 구성 등을 활용하여 순환과정을 만든다.
6 - 해결된 주장, 관심, 쟁점 선별	• 사례보고서로서 제쳐놓은 합의에 의해 해결된 주장, 관심, 쟁점을 확인한다.
7 - 미해결 문제에 대한 우선순위 결정	• 참여적인 우선순위 과정을 결정한다. • 우선순위 항목을 넣고 신뢰성을 체크한다.
8 - 정보수집, 정교화 추가	• 변증법적인 순환과정을 활용하여 현존하는 정보를 수집하고, 새로운 수단을 사용하여 특별한 정보를 수집하며, 협상자를 훈련시킨다.
9 - 협상안 준비	• 미해결 항목을 정의하고 설명한다. • 경쟁적인 구성을 설명한다. • 항목을 명백히 하고 지지하며 반박한다. • 정교화 훈련을 한다. • 의사일정을 테스트한다.
10 - 협상 준비	• 대표적인 순환과정을 선택한다. • 순환과정을 만든다. • 협력체를 구성한다. • 신뢰성을 체크한다. • 행동을 결정한다.
11 - 보고서 작성	• 사례보고서 및 평가핵심 관련자 집단보고서를 만든다.
12 - 재순환	• 처음 과정으로 재순환한다.

*자료 ; 이영만 외 6(2004). 학교・교육 기관평가. 서울 : 한국문화사. p.26. 재인용.

[그림 8-1] 4세대 평가의 평가방법과 절차

그러나 이들 절차는 순차적인 것은 아니며, 모든 절차를 필수적으로 이행해야 하는 것도 아니라는 점을 유념할 필요가 있다.

5) 수혜자 중심 평가모형 : Scriven의 체크리스트

미국에서는 1960년대 중반부터 국방차원에 입각한 교육투자가 활발하게 이루어졌다. 다양한 교육 프로그램, 장비 및 서비스들이 개발되고 현장에 투입됨으로써 이른 바 교육산업이 크게 발전한 것이다. 그러나 사용자나 수혜자의 입장을 중시하거나 권익을 옹호하는 입장을 취하지는 않았기 때문에, 수혜자의 입장을 보고할 필요성을 느끼게 되었다.

이러한 상황에서 평가계에서는 교육관련 제품제작에 직접 관여하여 그에 관련된 의사결정을 보조하거나 프로그램 제작과정에 참여하거나 생산 혹은 제공된 교육제품이나 프로그램의 활용자 및 수혜자의 입장에서 그 가치나 장점 및 효과를 평가하고 그의 개선에 초점을 둔 활동을 전개하였는데, 이 후자가 수혜자 중심의 평가모형이다.

M. Scriven은 평가를 “사물의 가치나 장점을 체계적으로 사정(査定)하는 일”이라고 정의하고, 평가자는 사물에 대한 가치판단을 할 수 있어야 한다고 주장하였다. 프로그램을 포함한 교육제품의 목적을 그 개발자가 제시하는 대로 받아들이기보다는 그 목적달성이 수혜자 즉 사용자들의 복지향상에 기여할 것인지 여부를 판단해야 하고, 프로그램 및 제품의 목적과는 관계없이 수혜자의 요구에 의해서 그 실제적인 산물과 가치를 사정해야 한다는 것이다. 그렇게 하기 위하여 전문적인 평가자는 ‘선각적인 수혜자 대리인(enlightened surrogate consumer)’으로서의 역할을 해야 하며, 수혜자의 요구를 고려한 프로그램 및 제품들을 파악하고, 소비자 보고서에서 실시하는 것처럼 그들의 서열을 판정해 줄 필요가 있다고 주장한다.

교육평가 내용의 지침이 될 만한 주요 평가준거는 다음과 같다.

- 중요한 교육목표의 성취증거
- 교육 이외의 주요목표 성취증거
- 프로그램 실시 후의 추수효과
- 제2차적이며 의도하지 않은 효과(교사, 교사의 동료, 다른 학생, 행정가, 학부모, 학교, 납세자에 대한 효과와 다른 우연적인 긍정적 또는 부정적인 효과 포함)
- 유용성의 범위(예 : 누구에게 유연한가)
- 도덕적인 고려사항(벌의 불공정한 사용 또는 논쟁적인 내용)
- 비용

Scriven은 위의 준거체제를 보완하여 교육관련 제품개발자들이 지켜야 할 필수사항으로 18개 항목으로 구성된 체크리스트를 출간하였다. 이후 그는 자신의 평가에 관한 견해를 종합하여 핵심적인 평가점검표(Key Evaluation Checklist)를 제시하였다. 이 체크리스트는 Scriven이 여러 평가모형을 종합한 것처럼 종합적인 관점에서 바람직한 평가를 구현시키기 위한 지침이며 평가준거라고 할 수 있다. 그가 제시한 18개 핵심 평가점검 항목은 다음과 같다.

- 평가대상의 기술
- 평가의뢰자 및 발주자 확인
- 평가와 평가대상의 배경 및 상황파악 : 평가핵심 관련자 확인, 평가대상의 성격, 평가에 대한 기대, 바라는 평가형태 확인 등
- 자원의 파악 : 평가대상 및 평가자와 관련되거나 가용 가능한 인적·물적 자원으로 비용, 전문성, 경험, 기술, 융통성 등
- 기능 : 평가의뢰인 또는 수혜자에 대한 평가대상의 의도한 기능이나 실질적인 기능의 기술·묘사
- 실행체제 : 평가대상인 교육상품의 판매 및 유지관리, 갱신, 수혜자(사용자) 훈련, 실행의 성취 및 확인점검과 개선, 담당자 등에 관한 파악

- 수혜자 : 평가대상의 사용자 확인, 표적으로 삼는 대상 전체 집단과 참된 수혜자 구분
- 수혜자 집단의 요구와 가치 확인
- 평가기준 : 적용한 장점 및 가치에 관한 기존의 객관적이고 타당한 기준설정
- 과정 : 평가대상 프로그램 및 제품의 실천과정의 제한점·비용·이점 등을 법적, 윤리적, 도덕적, 정치적, 관리적, 심미적, 과학적, 쾌락적인 관점에서 고찰
- 산출결과 : 의도적·비의도적인 효과를 포함하여 매트릭스를 활용한 탐색 : 집단·효과의 형태(인지적, 정의적, 심리운동적, 보건, 사회, 환경) × 시간차원(즉각적, 종료시, 추후) × 기간 × 요소 및 측면
- 일반화 가능성 : 대상자·장소·시간·버전을 초월한 적용 가능성, 실천 가능성, 판매 가능성, 수출 가능성, 지속 가능성, 수정 가능성 등
- 비용 : 금전적 대 심리적 대 인적 경비 : 직접적·간접적 대 즉각적, 유예적, 미산정 비용 : 초기 대 반복된 준비, 유지, 개선 중심
- 비교 : 비용과 효과 면에서 대안적인 프로그램과 비교
- 중요성 : 상기한 항목 전반에 걸친 종합
- 제언 : 자원이 허락하는 한도에서 실현 가능한 적절한 제언 여부
- 보고서 : 용어, 길이, 형태, 매체, 시간, 위치, 보고대상자 등을 조심스럽게 고려하는 동시에 보호·사생활·공개적인 면과 사전점검 및 배포문제 고려
- 메타평가 : 평가실시 전과 최종적인 보급 이전에 평가할 필요성

이 접근은 교사들로 하여금 교육 프로그램을 포함한 관련상품에 대한 평가결과를 쉽게 접할 수 있고, 그를 활용하여 효과를 증대시킬 수 있다. 또한 교육 프로그램에 대한 심의목적의 체크리스트는 일반적으로 교수·학습자료들에 대한 간편하고 유용한 평가도구로 활용될 수가 있다. 그러나 사전 심의·평가를 위해서 투입된 시간과 비용이 결국 사용자, 즉 수

혜자의 비용부담으로 전도될 수 있으며, 엄격한 기준에 의한 심의는 창의성을 감소시킬 수가 있다.

6) Nevo의 평가자와 피평가자 간의 대화모형

기존의 기관평가 모형 및 접근은 피평가자를 상호작용의 대상으로 보기보다는 실험이나 연구대상으로 보고 있다는 점에서 동일하다. 대화모형은 평가받는 사람 스스로가 평가의 한 주체로 참여하여 학교 개선활동에 주체가 되게 하고자 하는 의도에서 만들어진 접근법이다.

David Nevo는 교육평가를 "교육적 대상의 본질과 질에 대한 체계적인 정보를 수집하는 활동"이라고 정의하고, "평가활동의 결과는 그 대상의 질을 드러낼 수 있는 여러 측면에 대하여 포괄적으로 기술하는 것과 함께 그에 대한 종합적인 가치판단으로 나타난다"라고 하였다. 그리고 평가는 평가자의 일방적인 판단이 아니라, 평가자와 피평가자와의 대화에 의한 판단이어야 한다고 주장하고 있다.

또한 그는 평가는 판단보다 이해의 방법으로 인식되어야 하는데, 평가는 질과 관련되어 있고 학교의 전반적인 질을 단일기준이나 어떤 정당화된 기준들의 조합으로 판단할 수 있는 의미 있는 방법은 없다고 하였다. 따라서 평가는 조심스러워야 하며, 평가행위의 한계를 인정하는 것이어야 한다. 그리고 학교와 학교교육에 대한 복합적인 기준들에 기반을 두고 판단적인 진술을 제시하여야 하지만, 학생·프로그램·학교 등에 대한 전반적인 평가는 피하여야 한다고 주장한다.

Nevo는 학교평가의 원칙으로 다음의 5가지를 제시하고 있다.

첫째, 학생과 학생성취도가 학교를 평가하는 유일한 대상이 되어서는 안 되며, 학교의 모든 측면이 학교평가의 대상이 되어야 한다.

둘째, 학교 내의 프로그램, 프로젝트, 다른 대상을 평가할 때에 산출물이나 효과에만 집착해서는 안 되며, 학교교육의 과정도 포함시켜야 한다.

셋째, 학교평가는 선발, 인증, 책무성 등을 위한 총괄적인 기능뿐만 아니라 계획과 개선을 위한 정보를 제공하는 형성적인 기능을 위하여 사용되어져야 한다.

넷째, 학교의 내부적인 평가는 교사 및 교직원들의 협력과 외부로부터의 기술적인 자문 및 적절한 연수가 뒷받침될 때에 가장 잘 이루어질 수 있다.

다섯째, 학교평가는 내부와 외부의 혼합형태로 실시하되, 내부평가가 우선되어야 한다.

그러므로 Nevo는 내부평가와 외부평가가 결합된 형태의 학교 중심 평가제도가 이루어져야 한다고 주장한다. 이는 곧 학교단위의 평가(School-Based Evaluation)가 학생평가, 교수·학습자료의 평가, 교육사업 및 프로그램 평가, 교사평가, 전체로서의 학교평가 등 5개 영역에 대한 평가로 이루어져야 한다는 의미이다. 또한 전체로서의 학교평가에는 학교의 교육적·행정적인 활동과 교육소비자에 대한 학교의 책무성도 포함되어야 한다고 하였다.

Nevo는 평가를 학교현장에 유용한 도구로 사용하려면 판단적인 방식이 아니라 대화를 통한 방식으로 전환해야 하며, 이러한 전환을 위해서는 평가에 대한 시각을 전환해야 한다고 보았다. 그것은 바로 평가자와 피평가자의 관계가 쌍방적이어야 한다는 것이다. 외부평가자와 내부평가자는 서로 존중하고 신뢰해야 하며, 교육평가 영역에서 자기영역의 한계를 인정해야 한다. 그리고 평가는 일회성이 아닌 지속적인 과정으로 볼 것을 강조한다.

4. 학교경영 평가의 과정

교육활동과 관련한 각종 평가가 수행결과만을 확인하는 것으로 끝난다면, 그 활용도는 반감되고 만다. 결과확인 이후에는 교육활동의 수행과정을 반성하고 그 개선방향을 모색하는 노력까지 곁들여야 하는 것이다. 이때 최종단계에서 개선을 도모하게 되려면, 학교경영 평가의 과정이 원만하게 이루어져야 함을 전제조건으로 한다.

학교경영 평가의 과정과 관련하여 강경석·최기만(2003)은 평가의 목적과 대상을 확립하고, 평가의 준거(criteria)와 기준(standard)을 설정하며, 준거관련 자료를 수집하고, 수집된 자료를 기준에 비추어 사정(assessment)하며, 평가대상의 가치를 판정하는 단계로 이루어진다고 하였다. 결국, 학교경영 평가의 일차적인 목적은 학교운영이 적절하게 잘 이루어졌는지 여부를 판단하는 절차라고 할 수 있는데, 그 과정을 평가위원회 구성, 평가계획의 수립, 평가영역의 설정, 평가도구의 작성 및 평가기준의 설정, 자체평가, 외부평가 그리고 판정 순으로 제시하고 있다.

첫째, 평가위원회를 구성한다.

학교 자체평가를 하기 위해서는 개별학교마다 일종의 학교경영평가위원회를 설치하여 평가를 기획하고 자료를 수집하며 평가결과에 따른 보고서를 작성하는 등의 업무를 담당하는 방식이 효율적이다. 외부평가단을 구성하여 운영하는 경우에 매일의 학교운영에 대한 깊은 이해를 토대로 평가하기는 어렵겠지만, 이해관계를 초월하여 객관적인 준거에 의하여 전문성에 기초한 평가를 실시할 수 있다는 장점이 있다.

둘째, 평가계획을 수립한다.

평가계획에는 평가목적의 확정, 평가조직의 구성, 평가기간과 절차의 구체화, 소요예산의 확정 등이 포함되는데, 구체적인 평가계획을 세워서 평가를 받을 수 있도록 해야 한다.

셋째, 평가영역을 설정한다.

이때 평가영역에 따라 평가항목을 선정하여 합의하고, 평가항목별로 가중치를 정하기도 한다. 학교경영 평가의 영역은 배경변인, 투입변인, 과정변인 그리고 산출변인으로 구분해 볼 수 있는데, 배경변인으로는 학교의 상황, 인적 상황, 재정적 상황, 시설·설비현황, 기타 외곽시설 현황 등을 들 수 있다. 투입변인의 요인으로 학교 교육계획을 세워야 하고, 과정변인의 요인에는 교과과정의 관리, 교직원 관리, 조직관리, 대외관계의 관리 그리고 학부모 및 지역사회와의 관계 등이 포함된다. 그리고 산출변인으로는 학생의 성취와 학교의 성취를 들 수 있다.

넷째, 평가도구를 작성하고 평가기준을 설정하여야 한다.

평가도구를 작성하기 위해서는 우선 평가준거와 기준을 설정하여야 하는데, 평가의 준거는 가치판단의 개념으로서 평가대상이 함유하고 있는 속성 혹은 질을 의미한다. 평가도구는 학교의 교육목표가 평가준거의 원천이 될 수 있도록 작성되어야 한다. 도구작성을 위해서는 이미 설정된 준거와 기준에 관련된 양적 및 질적 자료를 수집하여야 하며, 평가에 필요한 자료는 주로 측정을 통하여 얻을 수 있다.

평가기준에 따라 절대평가를 한다면 그 절대기준을 정해야 하고, 상대평가를 한다면 점수화를 위한 급간을 정하기도 한다. 평가의 기준은 가치의 수준을 결정하는 척도로서, 평가대상의 가치는 준거로 확인된 속성을 기준에 비추어 결과로 사정하게 된다.

다섯째, 자체평가를 실시한다.

이때 평가기관에서 제시한 평가영역과 항목에 대하여 깊이 있는 분석을 통하여 정확하게 해석해야 한다. 학교자체 평가단은 평가영역이나 항목별 객관적인 자료수집, 문제점 및 개선방향을 중심으로 기술함으로써 신뢰성 있는 평가보고서를 작성한다. 평가유형별 실시시기는 투입평가의 경우에 3월 말, 과정평가는 7월 말에 그리고 산출평가는 익년 2월 중순 정도에 실시한다.

여섯째, 외부평가를 실시한다.

학교 밖의 전문가집단으로 구성하여 자체평가보고서를 면밀하게 분석하고, 현장에 가서 자료의 신빙성과 객관성을 토대로 지도 및 조언한다.

일곱째, 판정한다.

각 평가영역별로 장점과 문제점 및 개선방향을 제시하고, 상대적인 평가를 할 때에는 점수화하여 총점을 내거나 평가영역별 점수를 공개하기도 한다.

5. 학교경영 평가와 학교컨설팅

학교의 교육활동에 컨설팅 개념을 도입해야 할 필요성에 대하여 이영만 외 6인(2004)은 다음과 같이 주장하고 있다.

세계화, 정보화, 지식사회화로 대변되는 사회의 변화와 학교를 둘러싼 내・외적인 환경들은 학교의 총체적인 변화를 요구하고 있다. 즉, 미래사회를 대비한 학교교육의 다양화와 특성화 요구, 학교교육의 책무성 강화, 학교의 재구조화, 교육 프로그램의 시행과 정착을 위한 체계적인 지원활동, 학교장의 전문적인 학교경영 능력 그리고 교사의 전문성 신장 등을 위하여 학교는 근본적인 변화를 요구받고 있다. 그러나 학교는 이러한 변화를 받아들일 만한 자세와 능력이 아직 미비한 것 같다.

따라서 지식기반사회의 새로운 환경에서 책무성 강화를 통한 교육의 질적 수월성을 확보하고, 국가 경쟁력을 확보하기 위하여 현행 학교교육에 대한 심층적인 평가분석과 사회변화에 대처할 능력을 갖추기 위한 전문적인 도움이 필요하다고 하겠다.

1) 한국의 학교컨설팅 개념

우리나라 기업들이 조직의 생산성과 효율성을 높이기 위하여 컨설팅을 도입한 것은 1980년대이다(이영만 외 6, 2004). 그러나 본격적으로 활성화되기 시작한 것은 IMF를 계기로 기업의 구조조정이 이루어지면서부터이다. 컨설팅은 오늘날 지식서비스 분야의 하나로 자리 잡고 있으나, 여전히 그 대상은 일반기업의 경영진단과 분석 및 처방에 머물러 있다. 초·중등학교를 대상으로 한 컨설팅은 이제 겨우 도입단계에 있다.

대학의 경우에는 고등교육 환경의 변화 즉 고등교육의 질 제고에 대한 사회적 요구와 정부의 고등교육 개혁정책, 대학 간의 경쟁심화, 기업경영 체제의 도입(대학조직 운영의 획일성·경직성·운영의 비효율성 탈피), 학생의 교육과정 선택권 존중과 종합적인 학교 발전계획을 수립하기 위하여 많은 대학들이 국내외 기관들로부터 경영진단을 받았거나 받고 있다. 그러나 공립 초·중등학교의 경우에는 책무성 약화, 교직원의 순환근무제, 동일한 국가수준의 교육과정 운영, 학생들의 학교선택권 부재 등으로 인하여 학교컨설팅의 전제조건이 되는 학교평가의 필요성을 대학보다는 상대적으로 적게 느끼고 있다.

초·중등학교를 대상으로 하는 학교컨설팅이라는 용어는 한국교육개발원에서 연구한『학교 교육개혁 지원을 위한 학교컨설팅 사업(Ⅰ)』에서 처음 사용된 것으로 보인다. 이 보고서는 Milan Kubr의 논의를 토대로 학교컨설팅의 개념을 "학교의 문제들을 진단하는 것을 도와주고, 학교가 그 목적을 달성할 수 있는 방향에서 문제를 해결할 수 있도록 해결책을 제안해 주며, 학교가 그 해결책의 실행에 대하여 도움을 요청할 때에 도와주는 전문적인 조언활동"이라고 정의하고 있다. 이러한 정의는 학교에 대한 진단내용과 절차를 정교화하는데 중점을 두고 있다.

그러나『학교 교육개혁 지원을 위한 학교컨설팅 사업(Ⅱ)』에서는 학교컨설팅의 개념을 "특별한 훈련을 통하여 전문적인 자격을 갖춘 사람들이 학교 운영책임자와의 계약에 따라서 독립적이고 객관적인 태도로 학교의 교육활동과 교육지원 활동상황을 진단하여 장점과 문제점을 확인·분석하고, 문제에 대한 해결안을 추천해 주며, 해결안의 실행에 대한 도움이 요청될 때에 도움을 제공하는 활동"이라고 정의하였다. 이때의 학교컨설팅은 진단과 조언을 강조한 것으로서, 단위학교의 개선노력을 지원하는 데에 그 목적이 있는 학교평가와 밀접하게 관련이 있다.

학교평가에서 학교의 장점과 문제점을 확인·분석하는 일은 학교컨설팅에서 학교에 대한 진단활동으로서의 위상을 지닌다. 『학교 교육개혁 지원을 위한 학교컨설팅 사업(Ⅱ)』에서 정의한 학교컨설팅은 학교 내부자가 개선 지원활동에서 주체적인 역량을 발휘하는 것을 강조하고 있다.

한국교육개발원에서는 종래 학교평가의 문제점을 극복하고 학교개선에 실제적인 도움을 주는 학교평가의 방안으로 컨설팅 모형을 모색하면서, 이러한 학교컨설팅의 특징을 다음과 같이 다섯 가지로 제시하고 있다.

첫째, 컨설턴트와 고객조직의 관계는 상호 독립적이다. 이에 따라 학교컨설팅은 학교 행정위계 밖에서 도움을 주는 활동으로 규정된다.

둘째, 컨설턴트가 독립된 평가와 유용한 방안을 제시할 수 있으려면, 그 일에 합당하고 충분한 자질을 갖추어야 한다. 이러한 자질은 단순히 훈련이나 경험에서 비롯되는 것이 아니라, 고도의 전문적인 역량을 필요로 하며, 다른 전문가들로부터 인정받을 수 있는 수준이어야 한다.

셋째, 컨설턴트가 하는 일은 고객조직에게 도움을 주는 것이지, 직접 고객조직의 업무를 수행하거나 경영을 대행하는 것이 아니다.

넷째, 컨설턴트는 항상 문제의식을 가져야 한다. 고객의 관심을 불러일으키기 위해서 현재 처한 여건이 타당한가에서부터 겉으로 드러나지 않은 원인을 규명하는 일에 이르기까지 항상 분석적이어야 한다.

다섯째, 컨설팅에서 중요한 것은 문제에 대한 해결책을 제시하고, 필요한 경우에 고객으로 하여금 해결책을 실천할 수 있도록 도움을 주는데 있다.

또한 학교컨설팅의 목적으로 다음의 세 가지를 제시하고 있다.

첫째, 단위학교의 개선노력을 지원한다. 학교컨설팅의 일차적인 목적은 학교교육의 질이 일정한 수준으로 유지되도록 통제하는 데에 있는 것이 아니라, 단위학교가 현재보다 나은 상태로 개선하도록 도움을 제공하는 데에 있다.

둘째, 학교 내외의 정보교류를 지원한다. 학교컨설팅은 개별화 성향이 강한 학교 구성원들로 하여금 서로에 관하여 구체적인 정보를 나눌 수 있는 기회를 제공한다.

셋째, 국가 및 지역수준의 학교교육 정책개발을 위한 기초자료를 제공하는 것이다.

결국, 학교컨설팅은 개별학교가 변화를 시도하거나 특정 프로그램의 교육적인 효과를 제고하고자 노력하는 학교에 대하여 외부전문가들이 보다 객관적인 의견을 제시해 줌으로써 교직원들 스스로 문제의 원인을 찾아서 개선전략을 모색하는 과정이라고 할 수 있다. 따라서 초·중등학교에 도입되기 시작한 컨설팅 활동은 학교교육의 주요 문제점을 학교 스스로 정확하게 진단한 후에 개선안에 대한 외부의 도움을 받아서 약점을 적극적으로 변화시키려는 개별학교의 실천의지가 무엇보다도 중요하다고 하겠다.

2) 학교컨설팅의 내용

우리나라에서는 한국교육개발원이 2000년 학교컨설팅 시범사업을 운영하기 시작하여 2002년까지 보다 발전적인 방향으로 진행되었다. 한국교육개발원에서는 학교교육에 대한 기존 논의들이 학교교육의 총체적인 위기상황을 지적하기만 할 뿐, 문제를 직접 해결하려는 적극적인 노력을 하고 있지 않다는 인식 하에 학교교육의 가치와 문제를 보다 적극적으로 발견하고, 함께 해결하려는 노력의 일환으로 이 사업을 추진하였다. 따라서 이를 중심으로 학교컨설팅의 내용을 살펴보고자 한다.

학교컨설팅은 컨설팅의 중심에 학교 교육활동을 두고, 그 밖의 모든 학교운영이 교육활동의 질을 높이기 위한 차원에서 움직이기를 요구하는 방향에서 학교를 분석함으로써 궁극적으로는 학교컨설팅의 결과가 학교

교육활동의 질 제고에 직·간접적으로 영향을 미칠 수 있기를 기대하고 있다. 이러한 측면에서 상호 정보제공형의 학교평가 모형을 통하여 학교컨설팅의 대상영역을 다음과 같이 제시하고 있다.

학교컨설팅에서는 컨설팅의 영역을 ① 교육활동 ② 교육지원 활동 ③ 학교 교육목표 및 계획 등 세 영역으로 구분한다. 일반 중학교를 대상으로 한 학교컨설팅의 교육활동은 교과 교육활동과 교과 외 교육활동으로, 교육지원 활동은 학교 교육과정 편성과 인적 자원의 활용 및 물적 자원의 활용으로, 또한 학교 교육목표 및 계획은 학교 교육목표 및 계획과 특성화 노력으로 구분된다. 교육활동을 둘러싼 제반 교육운영 활동은 교육활동과의 관계에서 평가해야 한다는 점을 강조하기 위하여 교육지원 활동으로 명명하고, 평가기준 역시 교육활동과 관련되어 있다. 학교 교육목표 및 계획을 교육지원 활동과 구분하여 별도의 영역으로 다룬 것은 학교 교육목표 및 계획이 학교에서 이루어지는 전체 교육활동과 교육지원 활동을 이끄는 방향역할을 한다는 점 때문이다.

교육활동에서의 평가기준은 '학생들에게 의미 있는 학습경험이 제공되는가'이고, 교육지원 활동에 대한 평가기준은 '학생들에게 의미 있는 학습경험을 제공하기 위하여 교육활동을 지원하는가'이며, 학교 교육목표 및 계획에 대한 평가기준은 '학생들에게 의미 있는 학습경험을 제공하기 위하여 교육활동과 교육지원 활동을 이끄는 역할을 하는가' 등으로 설정되어 있다. 결국, 학교컨설팅은 이 세 영역들을 전체적으로 상호 연계시켜서 평가하는 가운데 최종적으로는 학교가 학생들에게 의미 있는 학습경험을 제공하기 위한 방향으로 움직이는데 있어서 단위학교가 갖고 있는 문제점 중에서 가장 시급히 해결하였으면 하는 영역을 선정하여 컨설팅을 의뢰하고 있는 것이다.

6. 학교경영 평가결과의 활용

학교경영의 평가는 평가 그 자체를 목적으로 하지 않는다. 궁극적으로는 당해 학교교육의 질 향상을 위한 개선자료로 활용해야만 비로소 그 가치가 있는 것이다. 그러므로 평가를 위하여 수집한 자료들의 분석이 완료되면, 분석결과가 평가기준에 비교하여 볼 때에 어느 정도의 수준을 점하고 있는지의 가치를 판단해야 한다. 이때의 가치판단은 사실확인의 결과를 평가기준에 비교하여 가치를 부여하는 것인데, 판단의 권한이 부여된 자에 의하여 이루어져야 하고, 판단은 정확한 과학이 아니고 숙련된 식별(박종렬 외 8, 2010)이라는 점을 간과해서는 안 된다.

학교경영에 대한 가치판단이 전문가에 의하여 식별되었다면, 그 결과는 활용되어야 한다. 위에서 언급한 바와 같이 학교 기관평가는 본질적으로 그 자체가 목적이 아니라, 다른 어떤 것을 성취하기 위한 수단이다. 수단으로서의 학교 기관평가는 그 결과가 활용될 때에만 가치를 갖게 된다. 평가결과의 활용은 어떤 목적의 성취를 위하여 평가결과를 사용하는 의도적인 행위이다. 평가의 영향은 평가결과의 의도적인 활용은 물론, 사용자의 의도나 계획된 관여 없이 평가활동 자체가 미치는 영향을 의미한다. 따라서 평가결과의 활용은 평가영향의 하위개념으로 볼 수 있다.

평가결과의 활용에서 중요한 것은 평가결과의 기계적인 활용이 아니라, 그것의 적절한 활용이다. 합리적이고 체계적으로 실시되지 못한 평가결과의 정보를 사용한다면, 그 결과도 바람직하지 못할 것이다. 평가결과의 정보를 바람직하게 활용하기 위해서는 활용하려는 상황과 정보의 적절성을 검토하는 등 새로운 도전이 있어야 한다. 평가결과의 활용에 있어서 대표적인 방법은 다음과 같다.

첫째, 학교의 변화이다.

학교 기관평가는 학교를 변화·개선시키는 데에 필요한 정보를 제공한다. 그리고 학교의 문제를 해결할 수 있게 해 주는 만병통치의 기제는 아니지만, 학교의 발전에 많은 영향을 미칠 수 있다. 평가결과가 학교내부의 사회적인 변화를 자극하고 사회적인 환경을 개선하는데 큰 힘이 될 수 있는 것이다. 오늘날 학교가 갖는 책무성의 이행이 강조되면서 학교 기관평가는 학교의 변화를 위한 전략으로 활용되고 있다.

둘째, 학교에 보상한다.

국가나 지방교육청 차원에서 실시한 학교 기관평가인 경우에는 그 결과를 보상이나 제재에 활용할 수 있다. 평가를 받는 학교의 노고와 고충은 다른 어떤 이점으로 상쇄되어야 한다. 보상의 대상은 학생, 기관, 시간과 노력을 제공하는 교직원이다. 학교의 경우에 평가인정이나 행·재정지원이라는 보상을 제공받고, 교직원은 직업적인 발달을 도모하는데 유익하여야 한다. 정부는 재정을 계속적으로 지원받을 수 있는 자격과 운영의 허가를 유지하기 위한 근거로 평가결과를 활용할 수도 있다.

셋째, 평가결과의 공개이다.

학교 기관평가의 결과는 공개되는 것이 공공기관의 책무성 이행 차원에서도 바람직하다. 그러나 공개는 학교의 내부적인 갈등과 같은 새로운 문제들을 야기할 수 있다. 공개에 관련된 정책은 일반적으로 학교내부의 자체평가 결과를 학교의 구성원들 전체에게 가능한 한 모두 공개하는 방향으로 설정되어야 한다. 평가를 주관하는 기관은 학교와의 상호 신뢰를 유지하기 위하여 공개해야 할 것과 하지 않아야 할 것에 대한 정책을 명료하게 설정하고, 이를 사전에 평가받는 학교들에게 통지하여야 한다.

평가결과는 평가인정의 지위나 보상의 결정에 관련된 것과 학교의 질 개선에 관련된 것으로 구분되어야 하는데, 일반적으로 후자는 학교외부로 공개하지 않는 것이 바람직하다. 평가결과를 공개할 때에는 평가영역, 평가기준, 평가절차, 평가인정이 이루어진 과정 및 평가의 결론 등을 정확하게 공개하여야 한다.

제3부

학급경영의 실제

제9장

학급경영의 계획수립

학급은 교사와 학생이 공동의 목표를 달성하기 위하여 과업을 분담하고 상호 관계를 유지해 나아가는 소집단으로서 학교 교육조직의 최소 단위(김봉수, 1983)이다. 특히 학교교육의 양축이라고 할 수 있는 학습지도와 생활지도의 대부분이 이루어지는 유의한 사회조직의 한 단위라는 측면에서 그 중요성은 아무리 강조해도 지나치지 않다. 학급경영 활동은 근본적으로 보다 나은 교수활동을 뒷받침하는 봉사활동이며, 그 임무는 학급 내의 사회적·물적 환경을 바람직하게 정비하고 운영하는 것이라고 할 수 있다.

이에, 봉사활동으로서의 학급경영 활동을 효율적으로 수행하기 위해서 계획을 수립하는 것은 당연한 작업이라는 전제 하에 학급경영의 이해를 바탕으로 학급경영 계획의 수립은 어떻게 이루어져야 하는지를 고찰한 후에, 담임교사가 학급과 가정 및 지역사회와의 관계를 어떻게 설정할 것인지에 관하여 논의하고자 한다.

1. 학급경영의 이해[1)]

1) 학급경영의 개념

일반적으로 학급 내에서 학급교사의 활동은 교수를 주로 하는 활동(teaching active)과 경영을 주로 하는 활동(management active)으로 나누어 볼 수 있다. 그 중에서 학급경영은 학급교사가 하는 교수활동을 제외한 학급 내의 모든 활동을 의미하는 말이다. 따라서 학급경영이란 학급에서 교육의 기능을 보다 충실하게, 보다 능률적으로, 그리고 보다 바람직하게 발휘시키기 위해서 여러 가지 조건을 정비하는 작용이라고 정의할 수 있다. 환언하면, 학급경영 활동은 근본적으로 보다 나은 교수활동을 뒷받침하는 봉사적인 활동이며, 그 임무는 학습효과를 높이기 위해서 학급 내의 사회적 또는 물적 환경을 바람직하게 정비하고 운영하는 것(김봉수, 1983)이라고 하겠다.

위에서 학급경영의 일반적인 의의를 살펴보았으나, 학급경영에 대한 개념이나 방향은 학급을 어떻게 정의하느냐에 따라서도 크게 좌우된다(윤종건·전하찬, 1985). 좀 더 자세히 말하면, 첫째는 학급을 단순한 학습의 단위로 생각하는 관점이고 둘째는 학급을 역동적인 사회체제로 생각하는 관점인데, 학급경영에 대한 개념이나 방향이 각각 다르다는 것이다.

학급을 단순한 학습의 단위로 보는 관점에서는 학급이란 교사의 지도하에 공통적으로 학습과업을 수행하는 학생집단을 일컫는데, 여기에서의 인간관계는 교사와 학생의 종적인 관계가 중심이 된다. 그러나 사회구조가 복잡해지고 집단의 기능도 다양하게 분화됨에 따라서 학교나 학습사회는 단순한 조직의 단위라기보다는 교사와 학생, 학생과 학생, 교사와 학부모 등이 교육목표와 지도내용, 환경 등의 요소를 바탕으로 상호작용함으로써 교육의 효과를 산출하는 체제적인 성격을 띠게 되었다. 이에

---

1) 배장오(1996). 교사론. 서울 : 생각하는백성. pp.289~297의 내용을 재구성하여 전제함.

따라서 학습의 단위로만 생각하던 종래의 학급에 대한 관점도 변화함으로써 체제적인 관점에서 학급을 보게 된 것이다.

학급을 하나의 사회체제로 여기는 체제적인 관점에서는 학교를 국가나 사회의 종속체제로 보고, 다시 학급을 학교의 하위체제로 생각한다. 그리고 [그림 9-1]에서 보는 바와 같이, 학급은 교사와 학생, 학생과 학생 그리고 교사와 학부모가 교육목표, 교육내용 및 학교환경 등을 체제요소로 하는 역동적인 상호작용을 통하여 교육을 생산하는 학교의 하위체제로 정의할 수 있다. 이와 같이 학급을 하나의 역동적인 체제로 볼 때에 학급경영에 대한 개념 역시 체제적인 사고에 의하여 정의되어야 한다.

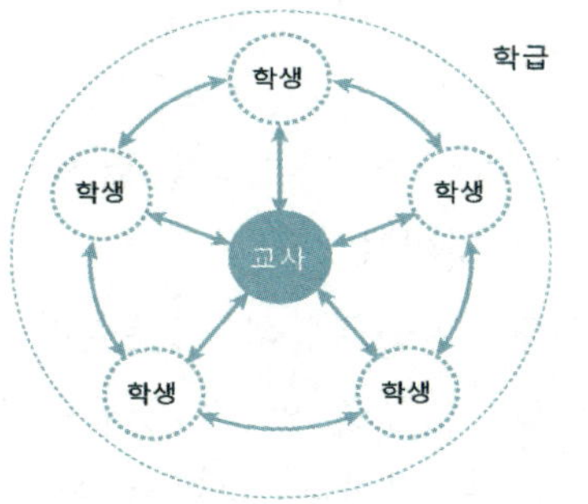

*자료 ; 윤종건 · 전하찬(1985). 교사론. 서울 : 정민사. p.244. 재인용.

[그림 9-1] 학급 속의 상호작용

학급경영의 개념정의를 위하여 또 한 가지 생각하여야 할 것은 학급의 경영적인 성격에 대한 비판으로서 학급경영이라는 용어의 적합성 문제이다.

학급이라는 단위조직을 교육행정의 상황에서 볼 때에 인사나 재물 등에 독립성이 없고, 목표설정이나 운영도 극히 제한된 입장에 있기 때문에 자율적이며 창의적인 경영관리 기능의 발휘가 불가능하며, 이에 따라 학급에는 경영이라는 용어보다 운영이라는 용어가 적합하다고 생각하는 관점이다. 그러나 이상에서 고찰한 바와 같이 학급을 여러 가지 요소들의 역동적인 상호작용에 의하여 학생지도라는 목표를 달성하는 학교체제의 하위체제로 생각할 때에는 경영원리의 적용이 불가피하게 된다. 그러므로 경영이라는 용어가 운영이라는 용어보다 학급체제에 더 적합하다는 것이 일반적인 견해가 되고 있다.

2) 학급경영의 개념

(1) 학급경영의 원리

학급경영은 학교경영의 방침을 실현시키는 한편 그 개성화를 꾀하면서 이루어져야 하는데, 담임교사는 다음과 같은 몇 가지 원리가 지켜질 수 있도록 학급경영에 힘써야 한다고 김봉수(1983)는 지적하였다.

첫째, 자유의 원리이다. 현대 민주교육의 기본적인 특징 중의 하나는 학습자의 인격을 존중하고 그들의 개성을 발전시킬 수 있도록 생활조건을 확보해 주어야 한다는 것이다.

둘째, 협동의 원리이다. 민주생활의 기본원리의 하나로서 학급집단의 안전과 이익을 위하여 협동생활을 할 수 있도록 생활환경적인 조건을 마련해 주고 지도해야 한다는 것이다. 따라서 학습자 상호 간의 불필요한 경쟁의식이나 대립 또는 분파적인 생활의식과 행동이 일어나지 않도록 해야 한다. 교사는 학생들에게 일상의 학급생활 중에서 혼자의 활동보다는 두 사람 이상 여러 사람이 협동하여 활동함으로써 보다 유익한 성과가 나타나는 경험의 기회를 많이 제공해 주어야 한다.

셋째, 창조의 원리이다. 창조는 왕성한 사고력에서만 기대할 수 있는 것이다. 그러므로 학급 내·외의 생활에서 언제나 과학하는 마음, 즉 자료의 수집과 분석·통합·정리·활용하는 방법을 지도하고, 이러한 활동이 실제 이루어질 수 있도록 기회를 제공해 주어야 한다. 또 항상 관찰하고 실험·실습·현장학습 등을 통하여 과학적인 태도와 행동이 이루어지도록 하며, 공작활동의 기회를 자주 가질 수 있도록 강구해야 한다.

넷째, 노작의 원리이다. 노작활동은 자기활동인 동시에 자기표현이기도 한데, 그 이유는 정신적·신체적인 활동을 통해서만 유형무형의 창작물이 나올 수 있기 때문이다. 따라서 학급교사는 학습활동이나 창의적 체험활동 등에서 학생 스스로가 각자의 목표를 세우고 그것을 실현하도록 이끌어주고, 또 그러한 기회를 자주 마련해 주어야 한다.

다섯째, 흥미의 원리이다. 흥미는 학습활동의 동기를 부여해 주는 동시에 학습활동의 원동력이 된다. 따라서 평소 학급생활에서 학습자들이 흥미를 가질 수 있도록 생활환경을 조성해 주고, 가능한 한 그들의 생활주변의 환경조건을 새롭게 해 주어야 한다. 또한 학습자가 성공감과 자신감을 가지게 하는 과업을 제시함으로써 그들 스스로가 자율적인 활동을 왕성하게 할 수 있도록 각 조건을 조정 또는 제공해 주어야 한다.

여섯째, 요구의 원리이다. 학교교육은 당면한 사회적 요구나 과제, 학습자 및 가정의 요구 등을 발견하여 교육적인 가치가 있다고 인정되는 내용을 가급적 학생들에게 충족시켜 주어야 한다. 따라서 학급교사는 여러 가지 방법을 활용하여 학습자, 가정 및 지역사회가 필요로 하는 사항을 파악하기 위하여 노력해야 한다.

일곱째, 접근의 원리이다. 이는 친밀의 원리라고도 하는데, 교사와 학생 간에 거리감이 없이 가장 친근할 때에 참된 교육의 성과는 더욱 커지게 된다. 이러한 점에서 볼 때에 학급은 교사와 학습자가 서로 접근하며 친근해 질 수 있는 생활의 장이 되어야 한다. 교사와 학습자, 학생과 학생이 서로 존경·존중하고 신뢰하며 인격적으로 대할 때에 학급은 부드러워지고 학급 구성원 전체의 발전 및 향상을 기할 수 있게 된다.

여덟째, 발전의 원리이다. 학급교사는 꾸준한 자기반성 및 평가를 비롯하여 일상의 학습자의 생활실태, 학급의 교육적인 제 환경조건을 관찰·평가·반성함으로써 보다 나은 방향으로 변화될 수 있도록 노력하여야 한다.

(2) 학급경영의 기본방향

학급경영 활동은 학생지도를 목표로 하는 하나의 조직행위이다. 따라서 그 기본방향을 알아보기 위하여 윤종건·전하찬(1985)은 다음과 같은 두 가지 질문에서 출발해야 한다고 하였다.

- 국가나 사회는 학교교육에서 무엇을 기대하고 있는가?
- 학급의 사회적인 풍토는 학생들의 성장에 어떤 영향을 끼치고 있는가?

우선, 학교교육에 대한 국가나 사회의 기대를 생각해 볼 때에 오늘의 학교교육과 관련하여서는 칭찬보다 비판이 더 많다. 학교는 있으나 교육이 없다는 교육부재론이 있는가 하면, 학교는 사회를 바르게 이끌어가는 구실을 하고 있는 것이 아니라 모순의 핵심부를 이루고 있으며, 학문을 연구하는 곳임에도 불구하고 학생들로부터 학문에 대한 호기심과 탐구심을 박탈한다는 학교유해론까지 대두되는 경우도 있다. 이러한 비판은 학교교육의 전모를 보고 하는 말들이 아니라, 장님 코끼리 만지는 격으로 학교교육의 일부만을 보고 하는 비판임에 틀림없다.

그러나 이 말은 오늘날의 학교교육이 교육의 이상인 학문의 탐구와 인간교육에 성공하지 못하고 있음을 지적하는 것이기도 하다. 동시에 이와 같은 비판에는 학교교육이 국가와 사회발전에 원동력이 되는 인재를 기르고, 인간을 인간답게 기르는 인간교육에 충실하기를 바라는 국가사회의 기대가 암시되어 있다고 하겠다. 이렇게 생각할 때에, 학교교육의 현장이 되는 학급은 학문의 탐구와 인간교육이 효율적으로 이루어질 수 있도록 경영되어야 한다.

다음으로, 학급의 사회적인 풍토가 학생의 성장에 어떠한 영향을 미치는가를 살펴보기로 한다. 학급에 대한 전통적인 견해는 학급의 물리적인 환경과 교사의 특성만이 학생의 성장에 영향을 미칠 뿐, 인간관계를 포함한 학급의 사회적인 풍토는 학생의 성장에 아무런 영향이 없는 것으로 간주되었다. 그러나 학급을 단순한 학습집단이 아니라, 구성원들이 상호작용을 하는 하나의 사회체제로 생각하는 관점에서는 학급을 목적지향적인 수업집단으로만 여기지 않는다. 학급을 인간관계 지향적인 심리집단으로 이해하고 있기 때문에 학급의 사회적인 풍토는 학생의 학습이나 생활에 절대적인 영향을 끼친다고 파악하는 것이다.

그러므로 학급의 사회적인 풍토를 고려한 학급경영의 기본방향은 다음과 같아야 한다.

첫째, 사랑의 풍토가 이루어져야 한다.

사회의 산업화로 인간보다는 특질을, 인정보다는 개인의 이익을 더욱 중요시하게 되었다. 또한 가정은 전통문화의 전승기능과 애정의 교환기능을 상실하고, 경쟁적인 평가체제는 오늘날 자라나는 학생들에게 인간애의 실조현상을 초래하고 있다. 지식이나 기술교육은 교육과정과 교육의 매체만으로 가능할지 모르나, 참다운 인간교육은 인간애의 교환 없이는 불가능하다. 부모나 형제, 교사 등과 같은 주위 사람들이 자기를 사랑하고 있다는 것을 느낄 때에 그 어린이는 바람직한 인간으로 성장할 수 있다는 사실은 교육심리학자들의 여러 연구를 통해서도 밝혀지고 있다. 그러므로 학생들을 바람직한 인간으로 성장하게 하려면, 학교나 학급에서 학생들이 사랑을 느낄 수 있는 인간애적인 풍토가 형성되어야 한다.

학급사회는 담임교사와 동년배 집단인 학생들로 구성된다. 따라서 종적으로는 교사와 학생 간, 횡적으로는 학생 상호간의 인간관계 속에서 사회화의 과정을 겪으면서 학생들은 성장한다. 교사는 학생을 조건 없이 사랑하고 신뢰하며, 학생은 교사를 무조건 존경하며. 학생 상호간에 서로 이해하고 신뢰하는 풍토가 형성된 곳에서 자라는 어린이들은 남을 사랑하고 신뢰하며 인격을 존중할 줄 아는 인간으로 성장할 수 있다. 반대로 교사가 학생을 신뢰하지 않고, 학생 상호간에 서로 경쟁적이고 불신적인 학급풍토가 형성될 때에는 어린이들이 개인주의적이고 이기적인 비인격인으로 성장하게 될 것이다.

교육의 인간화를 위한 인간애의 풍토가 학급경영에서만의 관심사는 아니다. 그러나 학생들의 사회적인 과정에 시·공간적으로 가장 많은 영향을 미치고 있는 것이 학급생활이므로, 교육의 인간화를 위해서 가장 긴급히 요청되는 것은 학급의 인간애적인 풍토조성이라고 할 수 있다.

둘째, 민주적인 풍토가 이루어져야 한다.

Kurt Lewin과 그의 동료들은 학급의 사회적인 풍토가 학생들의 행동에 미치는 영향에 관한 연구에서 실험적으로 조작한 민주적인 풍토의 학급과 전제적인 풍토의 학급을 비교한 결과, 다음과 같은 결론을 얻었다. 즉, 전제적인 학급의 학생들은 지나치게 개인 중심적이고 경쟁적이며 서로 적대시하는 태도를 갖게 되지만, 반면에 민주적인 학급의 학생들은 서로 협동적이며 강한 인내심을 형성하게 된다는 것이다.

이러한 학급의 사회적인 풍토는 학생들의 인간관계뿐만 아니라 교사와 학생과의 관계까지도 결정한다. 전제적인 학급의 학생들은 동료들 간에는 비협조적이나 교사에게는 복종하려고 들지만, 교사와 학생 간에는 심리적인 감정의 장벽이 가로놓여 있다. 이에 반하여 민주적인 학급의 학생들은 각자가 높은 자주성과 개성을 보이면서 협조하려고 한다. 또한 전제적인 학급의 학생들은 교사에게 반문하지 못하는 감정을 가지고 있는 어린이들끼리 소집단을 형성하여 특정한 학생에게 그 감정을 해소하기도 한다. 뿐만 아니라 자기의 우월성을 보이기 위하여서는 경쟁하고 질투하기 때문에 누구나 서로 적이 될 수 있는 가능성을 갖게 된다.

이상과 같은 두 가지 풍토의 학급을 비교해서 볼 때에, 전제적인 학급 풍토는 인간교육의 적이 되므로 교육의 인간화를 위한 가장 적합한 학급 풍토는 민주적인 풍토라야 한다는 것을 명백히 알 수 있다. 따라서 학급 경영에서 가장 중요한 것 중의 하나는 참다운 인간교육을 위한 민주적인 학급풍토의 형성이라고 할 수 있다.

셋째, 공동체적인 협력풍토를 이루어야 한다.

인간은 사회적인 동물이므로 사회화를 통해서 인간이 된다. 그러므로 교육은 자연적인 하나의 개체로 출생한 어린이를 사회의 성원으로 인도하여 사회화시킴으로써 인간다운 인간을 만드는 작업이며 과정이라고 할 수 있다. 그러나 학생들이 생활하는 오늘날의 사회는 고도로 산업화됨에 따라 인간소외 현상이 일어나서 인간의 개성, 자발성, 적응성 등이 상실되고, 극도로 개인주의화되고 있다. 또한 통제를 위주로 한 제도로 말미암아 인간은 자율성과 창조성을 잃은 규격인간이 되어가고 있다.

이는 학교와 학급에서도 마찬가지로 자율성이 통제되는 전제적인 풍토로 경직되고 있어서 여기에서 성장하는 학생들을 비인간화 경향으로 이끌고 있다. 그러므로 이와 같은 전제화 및 개인주의화로 인한 비인간화 경향을 극복하고, 자율성과 창조성 및 협동성이 발휘되는 자아실현적인 풍토로 이끌려면 학교학급은 공동체적인 협력풍토로 개선되어야 한다.

학급이 공동체적인 협력풍토가 형성되어 개인주의가 극복되고 학생들의 자율성과 개성 및 창조성이 발휘됨으로써 자아실현이 이루어질 때에 비로소 바람직한 인간교육이 이루어질 것이다.

넷째, 학문적인 탐구풍토가 이루어져야 한다.

학급경영의 궁극적인 목적은 학생들을 학문과 인격이 조화된 전인으로 기르는데 있기 때문에 학급의 사회적인 풍토는 사랑과 협력이 바탕이 되는 민주적인 풍토가 이루어져야 한다. 그리고 이와 동시에 학생들에게 학문에 대한 호기심이나 지적 탐구심을 자극하고 유도할 수 있는 학문적인 탐구분위기가 조성되어야 한다.

학생의 학문적인 성취가 학교 또는 학급의 분위기와 깊은 관계가 있다는 사실에 대해서는 여러 학자들이 밝히고 있다. 특히, C. R. Pace(정범모·이성호, 1983. 재인용)는 미국의 여러 대학을 대상으로 학교분위기를 조사하여 다음과 같은 다섯 가지 형태의 분위기를 발견하였다.

- 인문주의, 사색, 직관 등을 강조하는 인문적인 분위기
- 과학주의, 변화, 불확정성, 경쟁 등을 강조하는 과학적인 분위기
- 실용성, 지배, 복종, 유희 등을 강조하는 실제적인 분위기
- 친애, 인간관계, 보호 등을 강조하는 복지적인 분위기

• 공격과 충동 등을 강조하는 반항적인 분위기

이 중에서 대학의 인문적·과학적인 분위기와 같은 지적인 분위기를 가진 대학일수록 학생들의 학업성취도가 높고, 대학원에 진학하는 비율이 높으며, 학생 1인당 도서관의 장서 수도 많고, 교수 중에서 박사학위 소지자의 비율 또한 높다고 보고하였다.

3) 학급경영의 영역

박종렬 외 8인(2010)은 박남기(2008)가 학급경영 관련 국내외 단행본을 분석하여 제시한 자료를 인용하여 학급경영의 영역을 제시하고 있다. 분석한 자료에 의하면, 학급경영의 영역을 총 16개 영역으로 구분하고 있는데, 그 내용은 <표 9-1>과 같다.

학급경영 관련 분석 단행본은 11개의 국내자료와 5개의 미국자료인데, 학급경영의 영역과 관련한 양국의 연구자들 시각에는 상이한 점이 발견되고 있다. 즉, 한국 단행본에서는 학급경영의 제반 영역을 다양하게 포함하고 있는 반면에, 미국 단행본 중에서 수업경영이나 행동경영에 초점을 둔 단행본의 경우는 해당 분야만을 주로 다루고 있음을 알 수 있다.

각 단행본을 토대로 학급경영 영역을 최대한 열거하고, 유사한 것은 동일한 영역으로 묶는 과정을 통해서 기존 단행본에 나타난 학급경영의 영역을 총 16개 영역으로 구분하였다. 이 16개 영역을 다시 크게 묶으면 학급경영 계획(목표수립, 계획수립), 학급조직, 교실환경 경영, 행동경영(규칙과 수칙 경영, 생활지도, 문제행동 지도, 특수아 경영, 놀이경영), 수업경영(수업경영, 클럽활동 지도, 시간별 경영), 시기별 경영, 외부와의 관계, 사무관리, 학급경영 평가 등 9개 대영역으로 나뉜다.

<표 9-1> 학급경영의 영역 구분

대영역	중영역	1)	2)	3)	4)	5)	6)	7	8)	9)	10)	11)	12)	13)	14)	15)	16)	17)	18)	19)
계획수립	목표수립	■		■				■				■								
	계획수립	■		■	■	■	■	■	■	■		■								
학급조직	학급조직	■	■		■	■		■	■	■			■		■				■	
환경경영	교실환경	■	■		■	■	■	■	■	■	■	■	■		■		■	■		
행동경영	규칙·수칙							■	■	■			■			■	■		■	■
	생활지도	■	■	■	■	■	■	■		■	■	■	■	■			■	■	■	■
	문제행동 지도		■		■			■	■	■		■	■	■		■		■	■	■
	특수아 지도	■			■								■				■			■
	놀이경영 (여가)		■		■			■	■											
수업경영	수업경영	■	■	■	■		■	■		■	■	■	■		■	■	■	■	■	
	클럽활동 지도		■		■		■			■		■								
	시간별 경영							■	■											
시기별 경영	시기별 경영			■				■	■						■					
외부관계	학부모·지역관계	■	■	■	■	■	■	■				■			■		■	■	■	■
사무관리	사무관리	■	■	■	■	■	■	■				■								
경영평가	학급경영 평가			■		■	■	■	■	■		■								■

주) 1) 김영돈(1957), 2) 정석영(1964), 3) 윤형모(1965), 4) 학교와학급경영편집위원회(1988), 5) 문낙진(1993), 6) 조성일 · 김영출(1997), 7) 박남기 외(2006), 8) 박남기(2003), 9) 박병량(2003), 10) 권기욱(1996), 11) 김종철 · 진동섭 · 허병기(1991), 12) Everston, Emmer & Worsham(2006), 13) Henley(1987), 14) Lemlech(1999), 15) Smith(2004), 16) Weinstein & Mignano(1993), 17) Epanchin, Townsend & Stoddard(1994), 18) Jones & Jones(1998), 19) Landau(2004).

*자료 ; 박종렬 외 8(2010). 학교경영론. 파주 : 교육과학사. p.129. 재인용.

학급경영 계획수립은 연간 학급경영을 위한 영역별 구체적인 계획을 수립하는 활동이다. 이를 위해서는 먼저 목표수립 활동이 필요한데, 다시 말해서 학급경영의 출발은 학급경영 목표와 경영목표를 달성하기 위한 계획수립인 것이다. 계획수립 활동은 새 학년이 시작되기 전에 주로 이루어지는 활동이지만, 학기 중에도 월별 및 주별로 지속적인 계획수정 · 변경활동을 하게 되므로 학급경영과 관련한 교사의 별도의 활동영역으로 간주된다.

학급 구성원과 함께 학급경영 목표를 달성하기 위해서는 구성원을 조직화하는 학급조직 활동이 필요하다. 학급담임은 학급조직의 현황 및 특성을 파악하고 학급조직 방법을 습득함으로써 학급경영자로서의 조직능력을 구비하여야 한다.

학급경영의 또 다른 영역은 교실환경이다. 그러므로 학급 담임교사는 안락하고 안전하며 학습의 효과를 고려한 교실환경을 구성하는 교실환경 경영능력까지 갖추어야 한다. 이와 함께 심리적인 환경을 경영할 수 있는 능력도 필요하다.

교사의 교육활동은 일반적으로 생활지도와 교과지도로 구분되어 왔다. 그 중에서도 생활지도를 포함하여 학급이라는 조직체의 법을 만드는 활동인 규칙과 수칙제정 활동, 바람직한 행동을 하도록 유도하기 위한 생활지도, 문제행동 지도, 특수아 지도, 놀이경영(여가지도) 등을 모두 포괄하여 행동경영으로 구분할 수 있다.

학급경영에서 다루는 행동경영은 심리학적인 배경을 가지고 지도되는 생활지도와는 차원을 달리한다. 즉, 생활지도의 관점에서뿐만 아니라 다양한 관점에서 학생들을 지도하는 행동경영적인 관점에서도 접근해야 하는 것이다. 특수아 지도를 별도의 학급경영 활동영역으로 구분하고 있는 이유는 특수 통합학급 교육이 보편화되면서 학급에 특수아가 포함되어 있는 경우가 있기 때문이다. 학급담임에게 특수아는 별도의 독립적인 학급경영 활동업무로 간주될 만큼 부담이 크고 많은 시간과 노력을 필요로 한다. 특수아가 포함되어 있는 상황에서 특수아 지도를 교사의 별개 학급경영 활동으로 간주하지 않을 경우에 특수 통합교육은 그 성과를 거두기 어렵다.

학급경영에서 중요하며 핵심적인 영역은 바로 수업경영이다. 수업경영은 각과교육학에서 다루는 교과내용 지도 혹은 교육과정학적인 접근에 의거한 수업기술과는 별도로 학급경영의 목표를 염두에 두고 수업활동을 통하여 원하는 목표로 학생들을 이끌어 나가기 위한 제반 지도활동을 의미한다. 시간별 학급경영은 아침 자습시간부터 시작하여 중간의 놀이시간이나 쉬는 시간, 급식, 청소 및 오후 하교시간까지 하루 동안 수업시간 이외에 교사가 실제 하고 있는 다양한 학급경영 활동을 의미한다. 현행 교육과정에서는 주로 창의적 체험활동의 범주에 포함되지만, 현재 창의적 체험활동은 주당 일정시간에만 하는 것처럼 되어 있어서 시간별 학급경영 활동을 교사의 별도 활동으로 구분하지 않을 경우에 교사의 학급경영 활동이 제대로 파악되지 못하게 된다.

시기별 경영은 국내와 미국 일부 단행본에서 별도의 영역으로 구분하여 제시되고 있다. 시기별 경영에는 학년 초, 학기 말, 방학 중, 학년 말 등 특별한 계획과 행동을 필요로 하는 시기의 경영활동과 함께 이전의 제7차 교육과정에서 행사활동으로 구분하고 있는 활동이 포함된다. 이를 별도의 학급경영 활동으로 인정하고, 이를 수행하기 위하여 필요한 시간이나 인적·물적 자원의 지원이 충분하게 제공될 때에 기본적인 교과과정 운영활동이 침해받지 않게 될 것이다. 이상의 분석에서 본 것처럼 국내 학급경영 교재에는 아직까지 현행 교육과정의 창의적 체험활동 영역 구분이 반영되고 있지 않다.[2)]

---

2) 2009 개정 교육과정에서는 비교과 활동의 성격을 분명히 하기 위해서 특별활동을 창의적 재량활동과 묶어서 '창의적 체험활동'으로 명명함(자율활동, 진로활동, 봉사활동, 동아리활동) ; 박종렬 외 8(2010). 학교경영론. 서울 : 교육과학사. p.131. 재구성.

담임교사가 학급경영을 성공적으로 하기 위하여 해야 하는 중요한 활동 중의 하나는 외부인, 특히 학부모와의 관계 정립이다. 학급 구성원이 아닌 외부인 중에서 교육조직 내의 인사로는 동료교사와 상급자 및 교육청 관계자가 포함되고, 교육조직이 아닌 외부인사에는 학부모와 지역사회 인사가 있다. 이들과의 관계정립의 성패는 학급경영의 결과에 큰 영향을 미친다. 따라서 교사와 학부모 관계의 중요성과 그 의의, 교사와 학부모 관계의 일반적인 성격과 학생의 성장·발달을 지원할 수 있는 교사와 학부모 관계를 이해하여야 한다. 또 학부모의 특성, 교사와 학부모 관계에 영향을 미치는 제 요인을 파악하고, 학부모와의 긍정적인 교육적 관계정립을 위한 다양한 기법 등을 갖추어야 할 것이다.

이상의 이러한 제반 활동과정 중에, 그리고 그 결과로 필요한 것이 학급 사무경영이다. 이는 하나의 조직을 경영하기 위한 기초 활동으로서, 담임교사가 학급을 경영하는 과정에서 발생·작성·처리하는 각종 문서와 전자정보들을 관리하는 활동을 말한다. 담임교사는 학급 사무경영의 개념과 원리를 이해하고, 관련 법규들을 알아야 한다. 그리고 각종 문서의 처리절차와 주요 학급문서의 실제 작성요령 등을 터득하고 있어야 학급경영 업무를 성공적으로 수행할 수 있다.

학급경영의 마지막 영역은 학급경영 평가이다. 이는 학급경영의 목표 달성도를 높이기 위해서 매우 중요한 활동이다. 학급경영 평가는 학급경영 제반 영역별로 이루어질 수도 있고, 시점에 따라서 연말평가, 학기말평가, 월말평가, 주말평가 그리고 일일평가로 나뉠 수도 있다.

2. 학급경영 계획의 수립

1) 학급경영관의 정립

학급을 맡아서 지도하는 담임교사의 영향은 지대하다. 중등학교에서도 그러하지만, 초등학교의 경우에는 교과 전담교사가 지도하는 한두 과목을 제외하고는 학습활동까지 담임교사가 맡기 때문에 그 영향력은 매우 크다. 그러므로 담임교사는 투철한 사명감과 확고한 교육관으로 학생들의 지도에 임하여야 할 것은 당연한데, 이와 관련하여 김명한 외 3인(1988)은 이들이 학급경영관을 지녀야 한다고 주장하고 있다. 즉, 학급경영을 계획하고 실천하며 평가하는데 있어서 학급을 어떠한 원칙에서 어떠한 방향으로 운영하겠다는 담임교사의 학급경영관이 필요한 것이다.

학급 담임교사의 학급경영관에는 교사의 교육과 교육경영에 관한 이념, 사상, 이론 및 전문적인 지식 등이 반영되어 결정되어야 하며, 이러한 경영관은 학급운영의 원칙과 방침 역할을 하게 된다. 따라서 올바른 교육관을 바탕으로 하여 세워진 학급경영관은 학급을 올바른 방향으로 이끌어가는 선도적인 역할을 한다. 여기에서는 학급경영의 원리로서 교육적인 경영, 민주적인 경영 그리고 효율적인 경영의 세 가지 경영방침을 소개한다.

첫째, 교육적인 학급경영이다. 이는 모든 학급경영 활동이 교육의 본질과 목적에 부합되도록 운영하는 것이다. 교육은 인간성향의 가변성을 믿고, 개인이 지닌 잠재적인 가능성을 최대로 발전시키고자 하는 노력이다. 따라서 인간이 교육을 통해서 성장·발전한다는 신념 아래, 학생 개개인의 흥미, 적성, 능력과 창의성을 최대한으로 발전시킴으로써 자아실현의 인간에 도달할 수 있도록 학급을 경영하여야 한다.

특히, 오늘날에는 잠재적인 교육과정이 강조되고 있다. 이는 학급경영의 조건과 방식이 형식적인 교육과정의 내용과 관계없이 학생들에게 교육적으로 긍정적 또는 부정적인 영향을 미치게 된다는 사실을 지적한 것으로서, 학급경영 방식 자체가 교육적인 본질과 목적에 벗어나지 않아야 한다는 점을 강력히 시사하고 있다.

둘째, 민주적인 학급경영이다. 이는 민주주의의 원칙에 입각하여 학급을 경영하는 것을 일컫는다. 인간존엄, 자유, 평등 및 참여적인 합의 등은 민주주의를 특징짓는 이상과 원칙이며, 따라서 민주적인 학급경영은 이러한 민주주의의 기본원칙에 의하여 학급활동의 목적, 내용, 방법 및 조직이 운영되는 것이다. 민주적으로 운영되는 학급에서는 구성원 개개인의 인격이 존중되고, 자유로운 학급분위기가 조성되며, 학생 스스로 결정할 수 있고 책임질 수 있는 자율적인 행동이 조장된다. 그리고 평등하고 공정한 처사에 의하여 학급이 운영되고, 구성원이 학급운영에 참여할 수 있는 절차와 과정이 마련되고 존중된다.

셋째, 효율적인 학급경영이다. 이는 학급을 효과적이고 능률적으로 운영함을 말한다. 학급경영의 효과성은 학급의 목표가 성공적으로 달성되는 것을 뜻하고, 학급의 능률성은 학급의 자원을 경제적으로 사용하여 최대의 성과를 얻는 것을 의미한다. 일반적으로 효율성은 효과성과 능률성이 동시에 나타나는 상태를 지칭하며, 집단 구성원의 심리적인 만족을 의미하기도 한다. 그래서 효율성이 지니는 의미를 포괄하여 효율적인 학급경영을 논의하면, 학급의 자원을 경제적으로 사용하여 학급목표를 달성함과 아울러 학급 구성원의 심리적인 만족을 충족시키는 학급운영이라고 할 수 있다. 뿐만 아니라 효율성은 모든 경영활동이 지향하는 목표로서 경영활동을 평가하는 중요한 준거가 된다.

2) 학급경영 계획의 내용

학급경영 계획의 수립절차는 연이어서 논의하게 될 것이지만, 우선은 학급경영 계획에 어떠한 내용을 포함해야 하는지가 매우 중요하다.

강경석・최기만(2003)은 남한식(1991)의 논의를 빌어서 학급경영 계획에 담을 내용으로 ① 학교경영 목표체계 ② 학년경영 목표체계 ③ 학급경영 목표

체계 ④ 학급경영 실천체계도 ⑤ 교육과정 운영체계 ⑥ 학급 환경경영 ⑦ 담임교사의 활동계획 ⑧ 수업계획과 행사계획 ⑨ 학급 사무경영 ⑩ 학부모와의 관계 ⑪ 학급경영의 평가 그리고 ⑫ 기타로 구분된다고 하였다. 그리고 김봉수(1983)의 논의를 빌어서 학급경영안의 내용으로 ① 학급경영의 목표와 방침 ② 필요한 기초자료 ③ 필요한 조직 ④ 학급 환경구성의 계획과 정비 ⑤ 제반 지도방향의 구체적인 작성 ⑥ 학급경영의 평가와 반성계획의 작성 및 실시 등을 들고 있다. 또한 대학교직과교재편찬위원회(1986)에서는 학급경영의 대용으로 ① 학급집단의 지도방침 ② 환경의 경영 ③ 학습지도의 경영 ④ 생활지도의 경영 ⑤ 가정과의 연락 등을 제시하고 있다.

이상에서 학급경영 계획의 내용은 결정할 때에는 다음(강경석·최기만, 2003)과 같은 점을 유념하여야 한다.

첫째, 학급경영의 목표결정은 바람직한 학급경영을 위하여 분명한 계획이 있어야 하며, 그 계획은 뚜렷한 목표를 전체로 해야 한다.

학급 교육목표는 학급 교육활동의 방향을 제시하는 지향점이 되며, 교육목표를 달성하기 위하여 수행되어야 할 경영상의 기본방향이 제시된다. 경영목표는 교육목표에 비하여 구체적·분절적·연차적인 성격을 띤다고 할 수 있다. 학급의 교육목표나 경영목표를 수립하기 위해서는 그 자원이 필요한데, 자원에는 학교의 교육목표, 학급학생의 발달특성, 일반적인 경영방침, 학급학생의 실태 그리고 지역사회의 실정 등이 포함된다.

학교 교육목표는 학급 교육목표의 중요한 기반이 되며, 학교 경영목표의 실현은 학급교육을 통하여 이루어진다. 학급 경영목표와 관련된 것으로는 급훈이 있는데, 이 급훈은 학급의 모든 학생이 지키고 실천해야 할 핵심적인 덕목을 간결하게 표현한 표어의 형식으로 제시된다.

둘째, 학급경영의 방침은 경영목표가 더욱 구체화된 경영활동의 지침 즉 행동의 기본적인 지침 또는 활동원칙을 말한다.

다시 말하면, 학급 경영방침은 경영목표를 달성하기 위한 지침이요, 수단 혹은 방법인 것이다. 경영에 따른 경영목표를 달성하기 위해서 제시되는 경영방침은 구체적으로 계량화할 필요가 있다. 특히, 초등학교나 중학교에서는 경영목표 및 방침 설정에 학생을 참여시킴으로써 그 실천이 보다 효과적일 수도 있다.

셋째, 영역별 계획은 학급 경영목표를 달성하고 경영방침을 실현하기 위한 학급경영 영역의 구체적인 활동계획이다.

각 영역별 경영계획은 교과경영, 창의적 체험활동 경영, 생활지도 계획, 환경계획, 학부모교사협의회(PAT : Parent Teacher Association)의 경영 및 사무경영 등에 걸쳐서 작성되어야 한다.

이상과 같이 일반적으로 학급경영 계획의 내용에는 학급 교육목표의 설정, 학급 경영목표 및 경영방침 설정 그리고 활동계획 등이 포함된다.

(1) 학급 교육목표의 설정

학급의 교육목표는 학교 교육목표와 학년 교육목표를 근간으로 하여 학교-학년-학급으로 이어지는 교육목표의 연계체제 속에서 학급을 단위로 하여 전개되는 교육활동의 목표이다. 즉, 학급 교육목표는 학급단위의 교육과정 운영, 학생실태 및 경영실태를 고려하여 학급에서 성취할 수 있는 목표, 학생들이 성취할 수 있는 목표 그리고 학생들이 성취해야 할 행동 및 행동특성으로서 구체적으로 진술하여야 한다.

(2) 학급 경영목표 및 경영방침 설정

학급 경영목표는 교육목표를 효과적으로 달성하기 위하여 전개되어야 할 경영상의 목표이며, 경영상의 목표는 학급의 조직과 운영의 경영활동 목표이다. 학급 경영목표는 학급경영의 전 영역에 걸쳐서 설정하여야 하는데, 여기에는 수업조직, 집단조직, 교과지도, 창의적 체험활동의 지도, 생활지도, 사무경영, 환경정비, 학부모 및 지역사회와의 관계 등이 포함된다. 또한 학급 경영방침은 학급 경영목표를 달성하는 행동전략이다. 이

행동전략은 경영목표를 달성하기 위한 수단적인 활동으로서 구체적인 경영활동 또는 행동노선으로 진술된다.

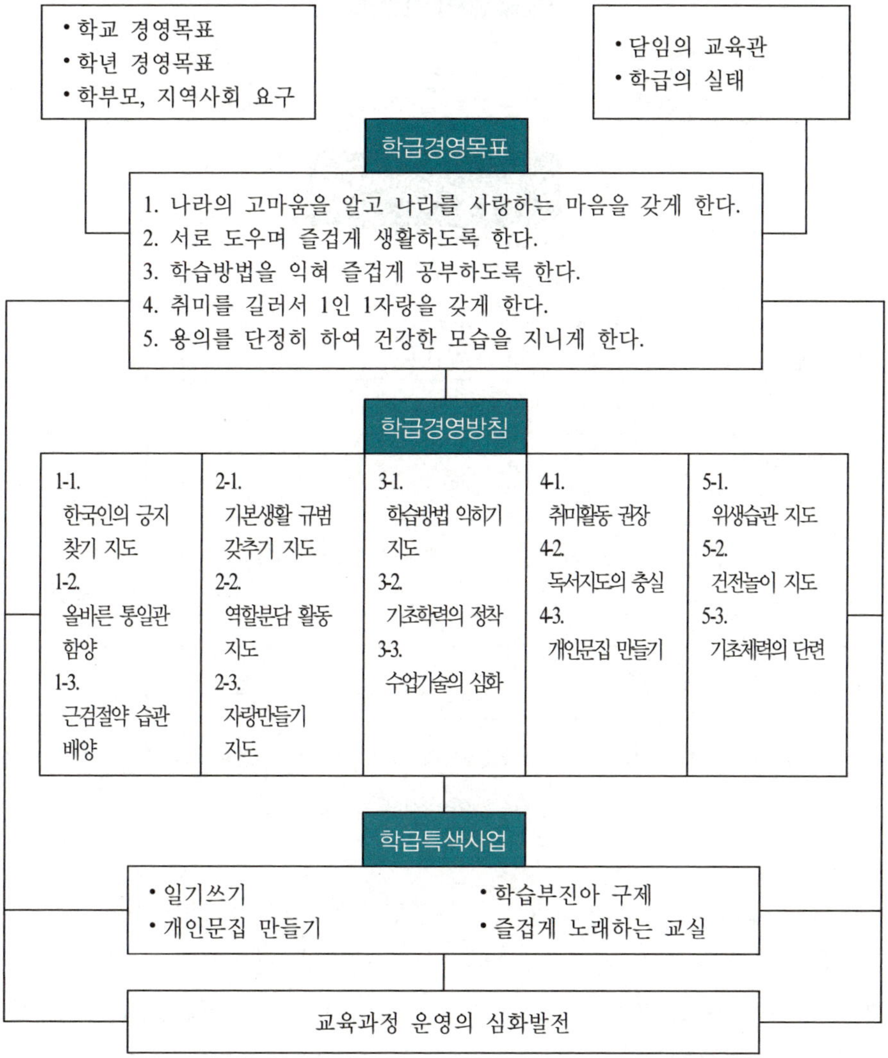

*자료 ; 강경석 · 최기만(2003). 학교 · 학급경영의 실제. 서울 : 도서출판 원미사. p.376. 재인용.

[그림 9-2] 학급 경영목표의 체계도

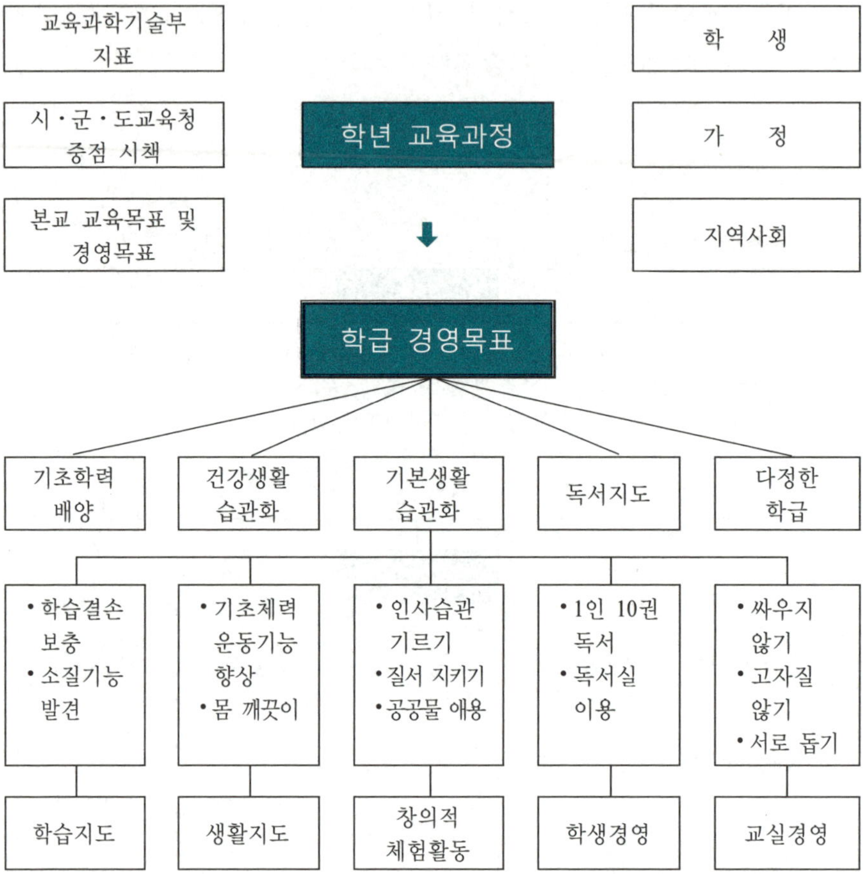

*자료 ; 강경석·최기만(2003). 학교·학급경영의 실제. 서울 : 도서출판 원미사. p.377. 재인용.

[그림 9-3] 학급경영의 체계도

학급의 교육목표, 경영목표 및 경영방침의 설정을 포함하여 학급경영의 계획을 수립하는 데에는 여러 가지 자료가 필요하다. 이는 학교 및 학년의 교육목표, 경영목표, 경영방침과 장학지침, 학교특성, 학생실태, 지역사회의 특성에 관한 자료들로서, 학급경영 계획의 기저를 이루는 것들이다.

뿐만 아니라 학급의 학생실태를 다각적으로 조사하여 그들에 관한 개인적·집단적인 제반 실정을 정확하게 파악해야 한다. 즉 학생 개개인의 필요나 요구, 능력, 소질, 취미, 학력수준, 신체적인 발달, 사회성, 정서적인 경향, 가정환경 및 학부모의 의견과 기대 등을 파악할 수 있는 자료가 확보되어야 하는 것이다. 학급의 담임교사는 이러한 여러 자료를 수집하기 위하여 필요한 제반 기초조사를 실시함은 물론, 학년 담임교사가 보유하고 있는 학생이해에 관한 자료와 의견 등도 가능한 광범위하게 수집해야 한다.

(3) 활동계획

활동계획은 경영방침을 실천하기 위한 세부 실천계획이다. 학급경영의 세부 실천계획은 어떻게 수행할 것인가를 6하 원칙에 따라 정확하고 상세하게 기술해야 한다. 세부 실천사항에 포함되는 주요사항으로는 활동의 대상, 실시시기와 같은 시간계획, 담당부서와 그들의 권한 그리고 의사소통과 같은 운영체제 등이 있다. 그리고 이와 같은 활동계획에 따라서 학기별, 월별, 주별 또는 일별 학급경영 계획을 구체적으로 작성하여 실천한다.

3) 학급경영 계획의 수립절차

학교 및 학년경영의 목표체계를 토대로 하여 학급경영 목표를 체계화한 이후에는 설정한 목표를 달성하기 위한 학급경영의 구체적인 계획이 수립되어야 한다. 그러나 경영계획에 담을 내용은 앞에서 논의하였으므로 여기에서는 계획수립의 절차에 대하여 설명하고자 한다. 학급경영 계획의 수립절차에 대하여 강경석·최기만(2003)은 네 단계로 구분하여 제시하고 있는데, 구체적인 내용은 다음과 같다.

첫째 단계는 교육목표의 확인 단계이다.

학교경영상의 교육목표를 재확인해 보고, 학교경영 목표에 따른 학급경영 방침을 세우는 단계이다. 전술한 바 있듯이, 학급경영 목표는 학교교육목표와 학년 교육목표를 근거로 하여 학교-학년-학급으로 이어지는 교육활동의 목표이다. 그러므로 학급 교육목표는 지적·정의적·사회적 영역 등 학생들이 성취해야 할 행동이나 영역에서 학생들이 성취해야 할 행동 및 행동특성을 진술한다.

둘째 단계는 지도계획의 단계이다.

지도계획은 학교 교육목표 중에서 교육과정의 운영, 학생실태 및 경영실태를 고려하여 단위학급에서 성취할 수 있는 교육목표로 구체화하는 것이다. 따라서 학급의 교육목표를 달성하기 위한 구체적인 제 지도계획을 수립하여야 한다.

셋째 단계는 실천의 단계이다.

활동계획은 경영방침을 실현하기 위한 세부 실천계획인데, 이는 학급활동 영역별로 작성하여 구체화하여야 한다. 그 주요사항에는 활동의 대상, 동원될 사람, 필요한 물적 자원, 소요비용 등의 투입될 자원, 실시시기와 같은 시간계획, 담당자의 권한 그리고 의사소통의 운영체제 등이 포함된다.

넷째 단계는 평가와 반성의 단계이다.

이는 학급경영에 대한 평가 및 반성을 하는 단계이다. 학급경영의 평가계획은 학급경영의 성과를 진단, 평가할 수 있는 평가방법을 구체화하는 것인데, 계획과 실천은 연속적인 순환과정으로서 상호 보완적인 관계에 있다. 따라서 경영평가 자료는 계획의 수정과 보완 및 자기의 학급경영 계획에 활용되어야 한다. 학급경영의 평가계획은 학급경영의 영역별 또는 활동별로 작성하여 구체화되어야 한다.

이와 같은 단계별 계획을 세우는데 있어서 조사가 잘못되고 목표설정이 올바르지 못하면 경영의 실제를 그르치게 되므로, 담임교사는 확고한 학급경영을 세우도록 노력하여야 한다. 계획을 세울 때에 유의해야 할 점은 학급경영의 참뜻을 확실히 인식하는 일인데, 학생 기초조사가 잘 되어 있는지, 목표설정이 목적에 어긋나지는 않는지, 학생 및 사회의 요구를 충족시키는지, 사회발전에 도움이 되는지 등을 검토하여야 한다.

이 밖에도 초·중등학교에서 학급을 어떻게 편성하는가에 대한 원칙 논의가 활발하게 이루어지고 있다. 이 원칙은 등질편성과 이질편성이라는 상반되는 개념에 의한 것이다. 일반적으로 이질편성의 방법으로는 ① 등록순서에 의한 기계적인 편성 ② 학업성적이나 학업 성취검사의 결과에 따른 편성 ③ 성별, 거주지별, 출신학교별, 신장, 기타 원칙에 따른 안배에 의한 편성 등이 있다. 등질편성의 방법으로는 ① 학력별 편성 ② 남녀별 편성 ③ 경력에 의한 편성 ④ 진로 및 특수능력에 의한 편성 등이 있다. 학급편성에 있어서는 이질편성의 방법보다 등질편성의 방법으로 하되, 그 운영에 있어서는 창의적 체험활동 중심의 등질집단의 성격이 부각되도록 편성한다.

그러나 학생집단을 편성함에 있어서는 학교경영상의 경영 측면과 교육지도 측면에서 학생 개개인의 성장·발달을 충분히 고려한 조직편성을 목표로 하거나, 학부모들의 의견을 수렴한 학습자 중심으로 편성하는 것이 가장 바람직한 방법이라고 하겠다.

(1) 학급경영 계획단계

효율적인 학급경영을 위해서는 학급경영을 위한 계획이 필요한데, 그 이유는 학급경영이 유목적적인 활동이기 때문이다. 학급경영 계획은 학급의 경영목표를 효율적으로 달성하기 위한 학급의 교육활동에 관한 지적인 준비과정이라고 할 수 있다.

- 학급경영의 목표와 방침 수립 : 학급 경영목표는 학교 및 학년목표와의 일관성을 갖되, 학급 구성원의 특성과 교사의 창의적인 발상에 의하여 융통성을 가지고 설정되어야 한다.

- 필요한 기초자료의 수립 : 효율적인 학급경영의 계획을 수립하기 위해서는 학급 경영목표를 정하고, 여러 가지 지도 및 조성활동을 준비할 수 있는 기초자료를 준비하여야 한다.
- 필요한 조직구성 : 학급의 기능적인 활동을 통해서 학급 경영목표를 체계적·효과적으로 달성하기 위하여 필요한 조직 즉 분단조직, 자치회나 H.R.조직, 창의적 체험활동 조직, 생활지도 조직 및 봉사활동 조직 등을 구성한다.
- 학급 환경구성의 계획 : 학생들의 생활을 즐겁고 명랑하게 하며, 학습동기를 유발하는데 도움이 되도록 학급환경을 조성한다.
- 제반 지도방안 작성 : 학급의 담임교사는 교과지도 계획, 창의적 체험활동 계획, 생활지도 계획, 학교 행사지도 계획 및 기타 제반활동에 대한 지도계획을 수립하여야 한다.
- 학급경영의 평가와 반성에 대한 계획수립 : 학급 담임교사는 학급경영의 전반에 걸친 평가를 실시함으로써 자신의 경영활동을 반성하고 보다 나은 학급경영을 기약하여야 하는데, 그렇게 하기 위해서는 사전에 평가 및 반성에 대한 체계적인 계획이 수립되어야 한다.

(2) 학급경영 계획체제

학급경영 계획의 체제는 학급실태, 학급경영의 기본방향, 학급경영 조직, 교육과정 운영, 창의적 체험활동 운영, 학생 생활지도, 재능아·부진아·신체이상아 지도, 학급시설 및 환경경영 그리고 학급경영의 평가 등으로 구성된다.

(3) 기초조사

학급의 담임교사가 학급경영을 계획하고 실행하는 데에 요구되는 정보는 매우 많다. 그러한 정보를 얻기 위해서는 여러 측면에 대하여 다양한 방법으로 기초조사를 수행하여야 한다.

- 학생개인에 대한 조사 : 가정환경 및 배경, 과거와 현재의 교과별 성적, 신체·건강·체력, 기능·적성·성격·흥미·태도, 개인적·사회적·정서적 제 특성, 교내외의 활동범위 및 경험(교우관계), 취미·특기·특별부서, 장래의 희망 및 계획 그리고 통학 등 기타 영역에 대하여 조사한다.
- 학급에 관련된 제 영역 조사 : 학급의 교육목표 방침 등의 조사, 학급의 일반적인 특성으로 지적·정의적·신체적 영역 그리고 기타 영역 등이 포함된다.
- 학급전체의 실태조사 : 학급 기초조사, 학급 경영목표 수립, 학생의견의 수렴, 학급경영 계획의 수립, 경영실천 및 평가, 환경정비 그리고 학급 사무처리 등이 이에 해당한다.
- 가정 및 지역사회의 실태조사 : 학교의 교육활동에 도움을 줄 수 있는 지역사회의 인적·물적 자원을 자세히 분석하는 작업은 매우 유용한 활동이다. 교육에 영향을 주는 직접적인 도움 외에도 그러한 지원을 통하여 학교와 지역사회 간에 유대가 강화될 수 있는 부수적인 효과도 얻게 된다.
- 교육청의 교육지도 중점조사 : 21세기는 창의성과 다양성을 요구하는 지식기반사회로서 개개인의 지력과 창의력, 국가의 지적 재산의 양과 질이 국민의 삶의 질과 국력을 결정하게 된다. 따라서 교육청이 추진하는 주요 정책이 학교현장에 구현되도록 노력하여야 한다.

이상과 같이 학급특성을 위한 각종 기초조사를 할 때에는 학생이나 집단의 특성이 객관적이고 과학적인 방법으로 조사되어야 한다. 실태조사의 경우에는 학년 초에 한 번으로 그치는 것이 아니라, 계속적인 교육활동 과정에서 수시로 수집하고 분석해야 한다. 또한 학급경영의 효과를 높이기 위해서는 학급의 특성을 개인성과 집단성의 측면에서 파악하여야 한다.

(4) 학급경영안 작성

학급경영안은 일정한 양식이 있는 것이 아니라, 학교와 교사들 나름대로 작성할 수 있지만, 학교에 따라서는 일정한 양식을 정해서 사용하는 경우도 있다.

- 학급 경영목표와 구현방안 : 학급 경영목표는 실효성 있는 기본지침이 가능하도록 설정되어야 한다.
- 교과지도 계획 : 교과지도의 방침과 실천방안, 각 교과의 지도중점과 교과 간의 연계, 집단지도 및 개별지도 계획, 교과 지도교사의 협조방안 그리고 교구활용 방안 등이 이에 포함된다.
- 환경조성 계획 : 환경경영의 방침, 학급시설 계획, 게시 및 전시계획, 학급 화단가꾸기 등이 해당한다.
- 학급집단 지도계획 : 건전한 학급풍토 조성방안과 학급조직의 경영 등이 이에 속한다.
- 창의적 체험활동 지도계획 : 학생의 특기 및 취미개발 방안, 창의적 체험활동의 조직과 운영 그리고 각급학교·학년·학급 행사계획 등이 포함된다.
- 생활지도 계획 : 생활지도의 방침과 중점사항, 각종 행사와의 연계, 과외지도 및 여가지도 계획, 우수아·지진아·장애아들의 교육상담 계획, 건강 및 안전지도 계획 등이 이에 속한다.
- 학부모 및 지역사회와의 관계 : 가정연락 관계, 학부모회 운영관계, 가정방문 관계, 지역사회와의 상호 협조관계 등이 해당한다.

(5) 학급환경의 구성

교실은 학생을 위하여 인위적으로 만든 환경이며, 학생들은 그 환경 속에서 생활하고 학습함으로써 바람직한 성장·발달을 하게 된다. 그러므로 담임교사는 정서적인 안정과 학습효과를 높이는 학급환경을 구성하여 학생들이 즐겁고 편리하게 생활을 할 수 있도록 도와주고, 사고력과 창의력을 신장시키며 건전한 성장·발달을 이룰 수 있도록 노력하여야 한다.

교실은 학생의 학습의 장인 동시에 생활의 장이기도 하여서 크게 묶으면 인간성장의 장이라고도 할 수 있다. 학습사회에는 학습풍토인 교실환경과 교실문화가 서로 달리 존재하고 있기 때문에 학급목표가 교실문화와 환경에만 국한되는 것이 결코 아니다. 환경이 인간을 만든다는 평범한 진리를 염두에 두고, 교실환경의 목표를 ① 밝고 건강한 교실 ② 학습을 하고 싶게 만드는 교실 ③ 마음이 가라앉는 교실 ④ 스스로 꾸며가는 교실이 되도록 실현하는 데에 힘써야 한다.

따라서 담임교사는 학생을 직접 지도하는 일뿐만 아니라, 학생에게 긍정적인 영향을 미칠 수 있는 학급환경을 정비하고 조성하는 일에 특별한 관심을 가져야 할 것이다. 인적 환경으로는 학습분위기 조성, 학생과 교사 간의 원만한 인간관계 형성, 공동체 의식의 고취, 불필요한 경쟁의식이나 대립행동의 사전 예방지도 등이 포함된다. 물적 환경에는 좌석과 책·걸상의 배열, 실내온도와 환기, 게시 및 청결 등이 속한다.

(6) 가정과의 연락

학교, 가정 그리고 지역사회의 관계는 여러 가지 형태의 교류를 통해서 이루어지는데, 자율적인 교류를 위해서는 먼저 교사와 학부모 간의 협력관계가 구축되어야 한다.

- 학부모회는 매 학기 초와 학기 말에 개최하고, 개별면담도 실시한다.
- 학부모회는 학교 및 학급 교육목표와 학급경영 계획 등을 중점적으로 협의하고 학교와 가정의 지도가 일체화되도록 한다.
- 수업참관 계획을 세워서 학부모가 담임교사를 신뢰할 수 있도록 하고, 참관 후에는 집단면담이나 개별면담을 실시한다.

• 학급통신을 매월 실시하고, 필요가 있을 경우에는 학급통신으로 그 때 그때 연락을 취할 수 있도록 실시한다.

3. 가정 및 지역사회와의 관계

학생의 교육활동이 바람직한 방향으로 이루어지려면 학교는 말할 것도 없고, 가정과 지역사회의 긴밀한 협조가 뒷받침이 되어야 한다. 학부모가 담임교사를 신뢰하지 못하거나 교사가 학부모 개개인이 자녀교육과 관련하여 가지는 교육적인 관심에 부정적인 시각을 갖게 된다면, 그 피해는 고스란히 학생에게 돌아간다는 것은 주지의 사실이다. 따라서 학급 담임교사와 학부모와의 관계는 개별 학생의 교육을 위해서만이 아니라 학교와 지역사회의 관계를 위해서도 중요하다.

이에, 학급과 가정 및 지역사회 관계의 의의, 교사와 학부모의 바람직한 협력관계, 가정 및 지역사회와의 교류방안 등에 대하여 박병량·주철안(2011)의 설명을 중심으로 고찰하고자 한다.

1) 학급과 가정 및 지역사회 관계의 의의

학급과 지역사회의 관계는 학부모와 지역주민들에게 학교와 학급에서 하는 일을 알리고, 그들로부터 협조를 구하는데 있다. 학부모와 주민들에게 학교와 학급의 교육방침, 교육내용과 방법 및 결과 등을 알려서 이해를 공유하고, 학교운영에의 참여기회를 제공하며, 가정과 지역사회로부터 지원과 협조를 구하는 일은 학급담임의 임무를 효과적으로 수행하는 방안이다.

학급과 지역사회 관계의 초점은 무엇보다도 학생교육에 모아져야 한다. 학생의 인격형성은 학교교육의 힘만이 아니라 가정교육 및 지역사회의 교육력을 통하여 완성된다. 따라서 학교, 가정 그리고 지역사회가 서로 긴밀하게 연계되고, 유기적으로 각각의 교육력을 발휘하여 상호 보완적이고 협동적인 관계에서 학생의 교육에 임하여야 한다. 학교와 지역사회 관계의 의의는 학교가 가정과 지역사회가 갖는 교육력을 이끌어 냄으로써 학생교육에 활용하는 데에 있다고 하겠다.

2) 바람직한 교사-학부모 협력관계

학교와 가정 및 지역사회의 관계는 여러 가지 형태의 교류를 통해서 이루어진다. 효율적인 교류를 위해서는 교사와 학부모 간의 협력관계가 구축되어야 하고, 이를 위해서는 학부모와 교사 상호 간의 바람직한 태도가 형성되어야 한다.

학부모에 대한 교사의 바람직한 태도로 박연호(1984)는 다음과 같은 사항을 들고 있다.

첫째, 학부모의 의견이나 보호자로서의 권리를 존중한다. 학부모는 자기 자녀를 양육하고 교육할 의무와 권리를 가지고 있기 때문에 교사가 아무리 전문적인 지식과 기술을 가지고 있다고 해도 학부모의 의견을 경시해서는 안 된다.

둘째, 학부모가 부담 없이 학교를 방문하고 자유롭게 대담할 수 있는 분위기를 조성한다. 교사는 학부모의 자발적인 학교방문을 고무하고 자유로운 분위기에서 교사와 학생 그리고 학부모 간에 대화를 나눌 수 있는 기회를 제공하도록 힘쓴다.

셋째, 자녀교육을 학교에만 의존하려는 학부모의 태도를 학생의 교수·학습활동에 필요한 전문적인 내용과 교수방법을 계속적으로 발전시켜 나아가야 한다.

한편, 교사에 대한 학부모의 바람직한 태도는 다음과 같다.

첫째, 교사에 대하여 긍정적인 태도를 가진다. 학부모가 교사의 인격과 자질을 부정적으로 생각하게 되면, 그러한 태도가 학생에게 전달되어 교육의 효과를 저해한다.

둘째, 수용적·참여적인 태도를 가진다. 학부모는 학교의 후원자라는 입장에서 교사의 의견을 수용하는 자세를 가지고 보다 적극적으로 참여함으로써 교사의 교육활동을 도와야 한다.

셋째, 부모의 교육에 대한 일치된 의견수립이 필요하다. 아버지와 어머니는 자녀지도에 상호 일치된 의견을 수립하여 자녀를 교육하여야 한다.

넷째, 학교와 상이한 견해를 줄이려는 노력을 한다. 가정과 학교에서 요구하는 행동양식이나 규범이 상이할 경우에 학생은 갈등을 겪게 되는데, 이때에 학부모는 학교와 보조를 맞추려고 노력하여야 한다.

다섯째, 자녀의 학교생활과 가정생활이 연속적인 생활과정이 되도록 노력한다. 학교생활과 가정생활이 유리되지 않도록 교사와 유기적인 연락을 통하여 학습활동이나 놀이 및 정서활동에 관한 정보를 교환하여야 한다.

여섯째, 교사에 대한 부정적인 사례를 하지 않는다. 학부모는 자기 자녀의 바람직하지 못한 이익을 위하여 교사에게 금품을 건네주는 일을 해서는 안 된다.

3) 가정 및 지역사회와의 교류

학교와 가정 및 지역사회와의 연계방안은 가정과 지역사회와의 정보교류, 학부모와 지역주민과의 직접적인 교류 등으로 구분할 수 있다.

(1) 가정 및 지역사회와의 정보교류

학교와 가정 및 지역사회와의 연계는 이해로부터 시작되고, 그 이해는 정보의 교류로부터 시작된다. 즉, 학교에서는 학부모가 필요로 하는 자녀의 학교생활에 대한 정보를 제공하고, 학교에서 필요한 정보는 학생의 가정으로부터 얻어서 학생교육에 활용하는 것이다. 따라서 학교는 학부모의 여러 가지 궁금증을 풀어 주는 것을 교류의 기본으로 삼아야 한다.

Charles & Senter(1995)는 학부모가 학교에 대해서 알고 싶어 하는 내용들에는 다음과 같은 것들이 있으며, 이는 곧 교사가 학부모에게 알려 주어야 하는 사항이 된다고 하였다.

- 교육 프로그램 : 교육과정 및 창의적 체험활동 등 학급에서 제공되는 교육 프로그램을 요약하여 알려준다. 이를 한꺼번에 전달할 필요는 없고, 학기 동안에 나누어 알려 주면 된다.
- 학생에 대한 기대 : 교사가 학급활동, 행동, 숙제, 보충활동 등을 포함하여 학생에게 기대하는 내용을 알려 준다.
- 기대 구현방안 : 학생에 대한 기대를 교사가 어떻게 실행할 것인가에 대하여 훈육방법을 포함하여 학부모에게 알려 준다.
- 학생의 학교생활 : 학생이 학교에서 어떻게 생활하는지에 대해서 일반적인 학교생활과 구체적인 교과활동을 포함하여 알려 준다. 학부모 역시 그들 자녀가 가지고 있는 문제가 무엇인지를 알 필요가 있기 때문이다.
- 협조방안 : 학생의 진보를 위해서 학부모가 도울 수 있는 것이 무엇인지를 알려준다.
- 창의적 체험활동 및 행사 : 학교에서 계획하고 있는 창의적 체험활동이나 행사 등에 관하여 알려준다.

이러한 여러 가지 정보에 대한 교류방법으로는 학습소식지, 학교행사안내지, 통지표, 연락장 및 전화 등이 있다.

한편, 학교와 가정 간의 정보교류에서 유의할 점으로 永剛順·奧田眞文(1995)은 다음과 제시하고 있다.

첫째, 담임교사는 학교에서 보내는 정보가 한 개인의 정보가 아니라, 학교 전체의 질을 담고 있는 정보라는 사실을 알아야 한다.

둘째, 학교에서 보내는 정보는 교육활동에 관한 정보이며, 학부모에 대한 협조의뢰이다.

셋째, 학생의 학교생활을 생기 있게 그린 통신문이 유용한 것이다.

넷째, 가정과 지역사회에서 많은 정보를 얻는 것은 훌륭한 교육실천을 위한 필요조건이다.

(2) 학부모 및 지역주민과의 교류

학부모 및 지역주민과의 교류는 학급교사가 주체가 되어 직접적으로 학부모와 교류하는 것이다. 이러한 교류에는 학급협의회, 수업참관, 가정방문, 지역주민과의 교류 그리고 지역의 교재화와 인재활동 등이 있다. 서신이나 기록을 통한 정보교류가 비인격적인 교류하고 한다면, 직접적인 교류는 대면적이고 인격적인 교류이다. 따라서 교사는 직접적인 교류에 임하는 자세와 방법에 각별히 신경을 써야 하는데, 학부모 및 지역주민과의 교류방법을 좀 더 자세히 안내하면 다음과 같다.

① 학부모협의회

학부모협의회(class conference)는 학교에서 학부모와 교사가 서로 만나서 상호 이해를 도모하는 교류방법이다. 학급협의는 개별적 또는 집단적으로 이루어지는데, 어떤 형태로 협의가 이루어지든지 간에 잘 조직된 학급협의는 학부모와 교사 간의 의사소통을 위한 최선의 기회가 된다. 학부모협의회는 비형식적이고 자연스러운 것이 바람직하다. 그러나 학급협의가 성공적으로 이루어지기 위해서는 사전계획과 준비가 필요하다.

② 수업참관

수업참관은 학부모를 초청하여 실제 수업을 참관하도록 하는 것인데, 보호자의 수업참관의 의미는 다음과 같다.

첫째, 보호자에게는 자신의 자녀가 단체 속에서 생활하는 모습을 관찰함으로써 보다 자세하게 자녀를 이해하는 기회가 되며, 교사에게는 학생의 특성을 확인할 수 있는 기회가 된다.

둘째, 직접 수업을 통해서 학교 교육목표와 지도의 중점 또는 교과영역의 목적과 지도내용, 더 나아가서는 현재의 학교교육 전체를 보호자에게 이해받는 기회가 된다.

셋째, 학생집단의 실태를 정확하게 파악하여 그것을 보다 발전시킬 수 있도록 한다. 따라서 있는 그대로의 일상적인 모습을 보여 주는 것이 필요하며, 학습목표나 지도안 등과 같이 필요한 내용을 사전에 보호자에게 배부하도록 한다.

③ 가정방문

가정방문은 가정과 학급 사이에 연계를 갖게 하고, 부모와 교사의 계속적이고 체계적인 관계를 형성케 하는 본질적인 요소이다. 학생의 생활환경, 특별한 배려를 요하는 학생, 보호자의 교육에 대한 자세 등에 대한 이해를 목적으로 가정방문이 이루어지는 것이다. 교사는 이러한 가정방문을 통해서 학생 가정의 학습환경을 직접 확인할 수 있고, 부모와 함께 상호 이해와 신뢰를 돈독히 할 수 있다.

이 외에도 학교에서 학생교육과 관련하여 수행되고 있는 것을 부모에게 전달하고, 가정에서 하고 있는 것을 교사에게 알려 주며, 특정 문제에 대하여 부모의 협력을 구할 수 있다.

가정방문시의 유의점으로는 다음과 같은 내용들이 있다. 이들은 보호자의 신뢰를 얻기 위한 필요조건이며, 이 신뢰야말로 가정과 학급 간의 연계의 기본이 된다.

- 계획을 무리없이 세워 시간을 정확하게 지킨다.
- 복장을 단정하게 한다.
- 다과접대는 미리 거절한다.
- 보호자의 요망에 진지하게 귀기울인다.
- 남겨진 과제에 대해서는 후일의 창구를 열어둔다.

• 절도 있는 태도와 말씨로 임한다.

④ 학급과 지역주민과의 교류

학급과 지역주민과의 교류를 위해서는 학교 및 학급행사 소개와 학생들의 모습, 학교교육의 현황과 과제에 대한 설명, 지역주민과 함께 학교 및 학급행사 하기, 경로의 날에 지역사회의 노인들에게 편지쓰기 또는 연극이나 노래하기, 지역행사에 학교 및 학급 개방하기 그리고 여러 지역행사에 참여하기 등의 활동을 할 수 있다.

⑤ 지역의 교재화와 인재활용

지역에는 학교교육에 도움이 되는 물적 조건과 사람 및 장소가 많이 있다. 지역사회의 활용방안은 학교의 교육목표, 교육과정의 내용, 학생의 연령과 필요 등을 고려하여 구체적인 내용을 결정하여야 한다.

학급에서는 학교의 지역사회의 교육적인 활용방안에 따라서 학급학생들에게 교육적으로 적합한 활동내용을 결정하는데, 지역의 교재화 방안과 지역인재의 활용 방안이 포함된다. 지역의 교재화는 학생이 생활 속에서 스스로 학급과제를 체험하게 하여 의욕을 가지고 학습할 수 있도록 유도함으로써 지역사회에서 살아갈 자질을 키우고 자기실현을 도모할 능력과 태도를 기르고자 하는 방안이다. 그리고 이렇게 하여 발굴된 교재에 대해서 지역주민을 각 분야의 교사로 초청하여 지역사람의 지혜, 지식 및 기능 등을 활용하는 것이 지역인재의 활용방안이다.

제10장

학습지도와 생활지도[1)]

가르치는 활동은 철저히 과학이면서 다른 한편으로는 창의적이고 독창적인 예술활동과도 같은 것이라고 말한다. 교수활동이나 생활지도가 과학적인 활동이 되려면 원리나 이론에 충실해야 하고, 창의적·독창적인 활동이 되려면 교사의 직관과 천부적인 자질을 발휘해야만 소기의 성과를 달성할 수 있다는 얘기가 되는 것이다.

이에, 학습지도와 관련하여 교수와 학습의 관계 및 학습과 관련한 기본 문제가 어떤 것인지에 대한 접근을 통하여 교수와 학습을 이해하고, 그 바탕 위에서 교과와 학습지도에 관한 몇 가지를 숙고할 필요가 있다. 다음으로, 생활지도의 경우에 생활지도라는 용어가 함의하고 있는 개념과 이를 충실히 수행하기 위해서 필요로 하는 원리를 이해하는 작업이 선행된 후에, 학업적·직업적·인성적인 문제에 대한 지도방안을 숙지하고, 교육 상담활동의 효과적인 방안에 대한 이해의 폭을 넓히고자 한다.

1) 제10장 '학습지도와 생활지도'는 저자가 1996년에 출간한『교사론』pp.241~279의 내용을 재구성한 것임.

1. 교수·학습활동의 이해

1) 교수와 학습의 관계

(1) 교수의 개념

교육활동은 학교에서 뿐만 아니라 학생을 에워싸고 있는 모든 환경 속에서 이루어지는 것이다. 그러나 학교는 여러 조직과 형태의 환경 속에서 행하여지는 교육 중에서 가장 의도적으로 구안된 것임에 분명하다. 의도적으로 구안된 학교교육이 주로 교수라는 통로를 거쳐서 행해지고 있으므로 교수행위는 학교교육에서 가장 중요한 부분이며 또한 기본 요소가 되고 있다.

일반적으로 교수라는 말은 '가르쳐 주는 것'을 뜻하는데, 우리나라에서는 교수 또는 교수법, 학습지도 등으로 불리고, 외국어로는 teaching 또는 instruction, unterricht로 불린다(김학수, 1981). 즉 교사의 가르침을 받아들이는 학생들에게 필요한 지식과 기능을 되도록 많이 가르치는 것이다. 그리고 교수는 개인의 학습을 촉진할 때 더욱 효과적이다.

그러나 교수활동이 '가르쳐 주는 것'이라고 해서 그리 용이한 것은 아니다. 단편적인 지식을 전달하여 기억시킬 때도 있고, 여러 자료를 소개하여 전달할 때도 있으며, 설명과 토의 및 다양한 자료를 동원하여 이해를 시키는 등 여러 가지 방법이 있다. 이때 어떤 방법이 동원되었더라도 교수활동은 명백한 목적과 정연한 조직성을 가지고 합리적인 방법으로 구사되어야 한다. 따라서 교수활동은 일정한 기간 동안 어떤 목표를 향하여 계획된 방법이 체계적으로 전개되어져야 하므로 목적과 장면에 대하여 중다적인 성질을 갖는다.

오늘날 효과적인 여러 교수방법이 개발되고 있으나 과거에는 지식 기능의 전달만이 주된 목적이었다. 따라서 많은 연습과 노력만이 중요한 방법이며 학생들은 교사에 의하여 사전에 예정된 일정한 목적과 계획에 따라 일방적으로 지도되었고, 학생들을 잘 알게 하는 데에는 교사가 잘만 가르치면 된다고 보았다.

그러나 이와 같은 교사 중심의 교수활동에서는 학습자의 개성이 중시되지 않았기 때문에 학생 개개인에게는 불합리한 교육결과를 가져오기가 쉽다. 즉 교사의 일방적·타율적인 지도와 학습자의 개인차를 무시한 획일적인 집단지도에는 사실상 많은 불합리성이 내재되어 있는 것이다. 따라서 학습자 개개인의 개성과 특성을 존중하고 그들의 요구·흥미·능력 등의 개인차에 기초하여 자발적인 학습을 중시하는 학습자 중심의 지도가 요청되었다.

(2) 학습의 개념

학습은 새로운 것을 알게 되거나 보다 나은 행동을 하도록 배우는 것을 말하는 것으로서, 경험이나 연습의 결과로써 일어나는 비교적 영속적인 행동의 변화로 볼 수 있다(Morgan & King, 1971). 학습을 영속적인 변화로 볼 때에 인간의 행동이 반드시 학습에 의해서만 변화하는지 의문을 갖게 된다.

원래 인간의 행동은 성숙(maturation)과 학습(learning)에 의하여 변화되어진다. 성숙에 대해서는 여러 가지로 설명될 수 있으나, 경험 또는 훈련 없이 이루어지는 행동, 즉 배우지 않고도 시간의 경과에 따라 자연적으로 나타나는 행동을 말한다. 인간은 많은 새로운 지식이나 기술이 필요하며 더욱이 현대사회는 지식산업의 사회라고 말할 정도로 새로운 것이 폭발적으로 증가하고 있으므로 더욱 많은 것을 학습해야만 생활을 할 수 있게 되는 것이다(김학수, 1981). 따라서 학습은 교육의 핵심이 되며, 학습활동을 통하여 학생들은 현대에 필요한 많은 것을 익히게 되고 또 훌륭한 하나의 인간으로 성장·발달하게 되는 것이다.

인간으로 하여금 훌륭한 성장과 발달을 가져오게 하는 학습의 개념을 보다 명확히 하기 위하여 몇몇 학자들이 주장한 정의를 살펴보기로 한다.

Gates는 학습을 경험과 훈련에 의한 행동의 진보적인 변화라고 하였고, E. R. Hilgard(1987)는 주어진 사태에 반응함으로써 어떤 행동이 발생하거나 변화하는 과정을 말하는 것으로서 다만 이러한 행동변화의 성격은 생득적인 반응경향, 성숙한 유기체의 일시적인 상태에 의거하여 설명될 수 없는 것이어야 한다고 하였다. 뿐만 아니라 이용걸(1977)은 학습을 개인이 환경과 상호작용하는 과정에서 일어나는 여러 가지 형태의 비교적 지속적인 변화들이며, 선천적으로 이미 형성되어 있는 행동과 신경계통의 성숙으로 말미암아 거의 자연적으로 일어나는 변화나 피로·약물 등의 일시적인 변화들은 학습에서 제외된다고 하였다.

이상에서 몇몇 학자들의 견해를 종합하면 그 공통점은 변화라는 것이다. 그런데 변화를 학습으로 볼 때에 이해하기 곤란한 점이 있다. 앞의 예에서와 같이 기어 다니지 못하던 어린이가 기어 다니게 되고, 걷지 못하는 어린이가 걷게 될 때 이는 분명히 변화인 것만은 사실이다. 그러나 이러한 일들은 학습이 아니라고 하였다. 그리고 알코올을 먹고 한 행위, 신경안정제 등을 먹고 난 뒤의 변화 또는 피로 때문에 일어난 일시적인 변화 등도 학습이라고 할 수 있는가 하는 것이다. 이러한 일들은 시간이 경과됨에 따라 원상태로 되돌아가게 된다. 이와 같이 신장·체중·흉위·골격·신경조직 등과 같은 신체적·생리적·양적인 증대, 구조와 기능의 복잡화와 일시적인 변화는 학습에서 제외되어야 하는 것이다.

이에, 김호권(1974)도 학습의 정의를 [그림 10-1]과 같이 표시하여 설명하고 있다(고영희, 1979. 재인용). 결국, 학습이란 개인에게 일어나는 변화 중에서 생득적인 반응경향, 성숙에 의한 변화 및 일시적 변화 등을 제외한 것으로 볼 수 있다.

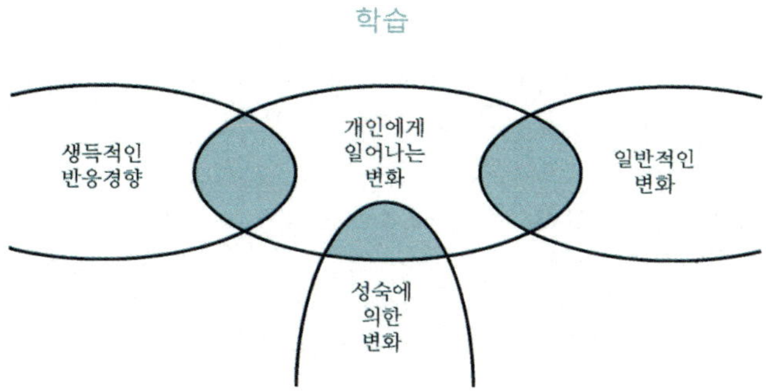

*자료 ; 고영희(1979). 수업기술. 서울 : 교육과학사. p.13. 재인용.

[그림 10-1] 학습의 개념 정의 구조도

(3) 교수 · 학습활동의 원리

학습지도에서는 교사의 능동적인 작용으로서의 교수와 학생, 학생의 능동적인 작용인 학습활동을 전체 학습과정에서 통일적으로 이해하려는 접근을 시도하게 되는데, 이를 교수 · 학습활동이라고 한다. '교수'와 '학습'의 서로 상반되면서도 보완적인 활동이 갖는 개념적인 차이가 있듯이 원리에 있어서도 나름대로의 특징을 비교해 볼 수 있다. 교수와 학습의 원리를 비교한 내용은 <표 10-1>과 같다.

<표 10-1> 교수 · 학습활동의 원리 비교

구 분	교수 원리	학습 원리
준 비	교수효과는 학습자의 준비성을 미리 알고 또 관찰을 통해서 학습경험을 준비하였을 때에 이루어진다. 만약 이루어지지 않았을 때에는 새로이 조정하며, 이 경우에는 개별적인 지도가 효과적이다.	학습자가 새로운 학습경험을 얻기 위해서는 충분히 성숙되고 기능화되어 있어야 한다.
개인차	교수효과는 개인차를 나게 하는 과오반응의 원인을 찾아서 이를 교정하고, 한편으로는 개인차를 나게 하는 정반응을 더욱 길러줌으로써 향상된다.	같은 학습범위 내에서도 개인차에 따라 학습속도가 다르며, 경우에 따라서는 매우 큰 차이가 있다.

동 기	교수효과는 학습자가 자기 능력에 맞는 학습목표를 설정하고, 또 이를 해결함으로써 만족을 얻을 수 있다고 생각해야 향상된다.	어떤 학습이 학습자 자신에게 의의 있게 느껴졌을 때에 그 학습은 잘 이루어진다.
효 과	교수효과는 학습자의 행동에 만족을 주면 증진된다. 적극적인 반응은 소극적인 것에 비하여 더욱 좋고, 소극적이라고 할지라도 아무런 반응을 하지 않은 것보다 낫다.	어떤 반응을 일으킬 때에 만족감이 수반되면 이러한 반응은 잘 형성된다.
복잡과 다양한 결과	어떤 교수활동에 대한 집중적인 학습을 수반하여 그 성과를 조정하는 방법이 택해졌을 때에 교수효과는 증가된다.	한 가지 학습은 다른 여러 학습 결과를 가져오게 된다.
안전성	교수효과는 문제해결을 통하여 긴장감을 해소시키고 성공감을 주며 생활에 대한 의심을 없애고 자기의 가능성을 확신하게 함으로써 증가된다.	학습은 그 안전성과 소속감의 분위기가 있을 때에 효과적이다.
활동과 경험	교수효과는 학습자의 요구와 흥미에 따라 상승되며, 필요에 따라서는 활동을 변화시키고 이와 같은 모든 것을 경험하게 함으로써 증진된다.	학습은 학습자 자신의 목적적·의도적 혹은 정신적·신체적인 활동을 통한 경험에 의하여 이루어진다.
의미와 이해	교수효과는 교사가 학습자에게 주고자 하는 내용을 밑받침할 경험을 줌으로써 향상되며, 이는 의사교환에도 효과적이다.	목적적이고 효과적이며 기능적인 학습은 직접적 혹은 대리적 경험을 통하여 의미와 이해를 충분히 얻게 해준다.
제감각 기관의 활동	교수효과는 여러 감각기관을 동원하여 인상을 깊게 함으로써 향상된다.	학습경험은 여러 감각기관을 조화롭게 활용함으로써 개선되고 또 효과적이다.

*자료 ; 김학수(1981). 현대 교수·학습론. 서울 : 교육과학사. pp.27~28. 재인용.

2) 학습과 관련한 기본문제

(1) 학생의 학습능력

학습능력 또는 학습력(learning capabilities)은 학생이 학습해서 획득한 능력으로서 실제적인 문제상황에 전이되는 힘을 지닌 능력이라고 정의된다. 이 경우에 학습된 능력으로서의 학습력은 선천적인 의미가 강한 지능이나 적성만을 지칭하는 것은 아닌데, 가끔 학생의 지능지수나 적성검사의 결과만으로 학생의 학습능력을 섣불리 결정지으려는 우를 범하는 사례가 있다.

학생의 학습력은 내용관련 학습력, 일반적인 학습력, 기초적인 학습력 등 세 가지로 구분된다(서울대학교 사범대학 교육연구소, 1981).

첫째, 내용관련 학습력은 새로 학습하려는 학습과제에 직접적으로 관련되는 선행학습력을 말한다.

둘째, 일반적인 학습력은 일반 지능, 적성 그리고 창의력과 같이 학생들이 학습해야 할 특정과제에 직접적으로 연관되어 있지는 않지만, 학습해야 할 과제의 학습 가능성을 결정하는데 간접적인 작용을 하는 능력이라고 할 수 있다.

셋째, 기초적인 학습력은 독서력이나 성취동기와 같이 학교학습을 촉진하는 힘을 지니지만, 이것이 어떤 특정한 학습과제의 학습을 그대로 보장해 주는 것은 아니다.

일반적인 학습력이 용량(capacity)의 의미를 가지는데 반하여 기초적인 학습력은 일반적인 학습력 바탕 위에서 후천적으로 형성된 학습능력이라는 점에서 구분되어져야 하는 것이다. 그런데 학습능력에 대해 이와 같은 구분된 시각을 갖지 않고 대부분의 교사와 학부모에게는 학생의 "지능=학습능력"이라는 등식화를 고정관념으로 가지고 있음을 발견된다. 따지고 보면 지능계수(IQ : intelligence quotient)의 개념 자체가 논의의 대상이 되는 경우는 드물고, 지능검사로 쓰는 문항이 달라지면 IQ도 얼마든지 달라질 수 있다는 점을 간과해서는 안 된다.

다만, 관심을 가져야 할 것은 적용하여 검사한 특정 지능검사가 어떠한 지능관에 의하여 제작되었는가 하는 점이다. 실제 학급사회에서 상대적으로 낮은 지능지수를 가진 학생이 높은 수준의 학업 성취를 나타내는 경우가 오히려 더 많고 보면, 학생에게 잠재해 있는 학습능력은 무한한데 비하여 그것을 발굴하고 계발해 가는 어른들의 방법이 아직도 미숙한 단계를 벗어나지 못하고 있다는 지적이 차라리 옳다.

(2) 학습과 동기유발

'학습행동은 동기유발에서 시작된다.'고 할 만큼 학습과 동기는 불가분의 관계에 있다. 동기(motive, motivation)는 어떤 행동을 계속해서 하도록 하거나 새롭게 시작하는 준비에 영향을 미치는 유기체의 조건을 말하는데, 이러한 동기가 발생하거나 발동하는 상태를 동기유발 또는 동기형성이라고 말한다.

굳이 학습과 관련한 학습동기만을 논의해 본다면, 학습동기는 인간의 여러 동기 중의 하나라고 할 수 있다. 여기에서 중요한 사실은 학습에 대한 의욕, 원망, 결심 및 의지 등이 없다는 표현을 동기 자체가 없다는 뜻으로 받아들이면 오해라는 점이다. 학습동기가 없다는 것은 다른 동기들과의 경쟁에서 학습 쪽이 패배했다는 것을 의미(이용걸, 1977)한다. 그러므로 가정이나 학교에서의 학습동기 유발은 항상 경쟁동기의 성질을 파악하여 그것들을 억제하는 방법도 강구하는 것이 바람직한 것으로 지적되고 있다.

학습동기에 국한하여 생각할 경우에 학습결과에 대한 상이 벌보다는 효과적이라는 주장을 하고 있으나, 이는 단기적인 동기의 목표로 외발적인 동기(extrinsic motives)밖에 되지 못한다. 그런데 학생이 어떤 장난이나 놀이에 열중하여 신이 났을 때에는 밥 한 끼를 예사로 거르거나 부모로부터 꾸중 따위를 염두에 두지 않는 것을 볼 수 있다. 이와 같이 외부로부터 주어지는 상찬에 의존하지 않고 자기의 노력결과에 의해 나타난 학습의 작은 성취들이 모여서 성공적인 완수 그 자체가 자신에게 보상으로 주어질 때에 나타나는 내발적인 동기(intrinsic motives)로 옮아가는 지도가 있어야 한다. 가정과 학교에서 해야 할 일은 학생이 학습과정에서 될수록 실패를 덜 경험하도록 과제를 구성할 필요성이 있는 것이다.

(3) 연습과 학습곡선

연습이라는 말이 일상용어로서 그 의미가 명백하다고 생각되지만, 학습과 관련시켜 개념을 정의하는 일은 그렇게 간단한 것이 아니다. 구구단을 암기하듯이 같은 행동의 기계적 반복인지, 아니면 산수에 있어서의 연습처럼 어떤 공식의 응용문제들을 풀어가는 위계적인 성취로 볼 것인지 등은 심리학에서조차 쟁점이 되고 있는 실정이다. 그러나 연습을 "학습을 위한 반복적인 활동"이라고 규정하려는 것이 저자의 견해이다.

그런데 이러한 개념규정의 연습이 학습이론에서는 반드시 학습곡선(learning curve)과 함께 논의된다는 것에 주목할 필요가 있다. 왜냐하면 학습 곡선 자체가 연습의 결과를 토대로 하여 일어나는 행동의 변화현상을 도식화한 것이기 때문이다. [그림 10-2]에서 보는 바와 같이 연습의 연습단위 또는 시행은 일반적으로 소요시간 또는 소요시행의 수로써 가로축에 표시되고, 정답률·오답률·재생률 및 오답의 수와 같은 진보정도는 세로축에 표시하게 된다.

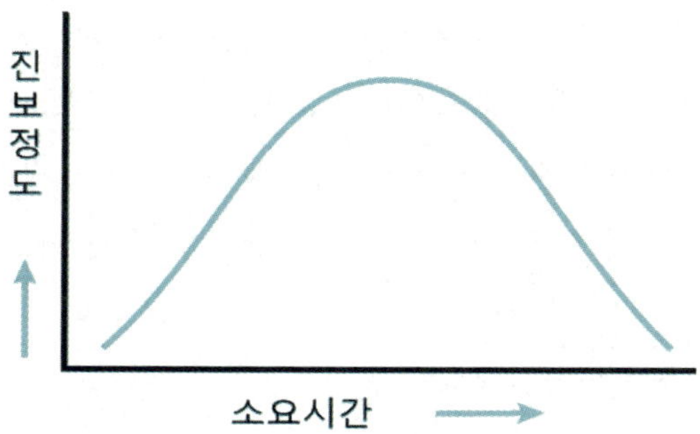

*자료 ; 이용걸(1977). 학습의 기초. 신교육학전서 제7권. 서울 : 배영사. p.164. 재구성.

[그림 10-2] 대표적인 학습곡선과 망각곡선

기계적인 학습과 기억측정의 실험방법을 개척한 독일의 심리학자인 H. Ebbinghaus는 1880년대부터 학습에 대한 실험적인 연구를 시작하여 왔다. 그의 망각곡선은 이미 잘 알려진 연구결과로서, 학습이론에서 일종의 고전적인 위치를 차지하고 있다. 그러나 여기에서 주로 논의되고 있는 연습과 학습곡선과의 관계는 연습의 초기에는 증가율이 높지만, 연습이 반복됨에 따라 증가율은 낮아지기 시작하여 마침내는 상한점에 도달케 되는 것이다. 더러는 이 상한점을 더 성숙한 단계로 진입하기 전의 잠정적인 답보상태(踏步狀態)라고도 하지만, 학습결과에 대한 일차적인 성과인 것만은 사실이다. 따라서 학교나 가정에서 학생의 자율적인 학습에 조력할 때에는 연습의 효용성을 따져 볼 필요성이 제기된다.

동일한 학습제재일지라도 학생 개인의 능력이나 학습속도 등을 감안한 연습이 이루어져야 하는 것이다. 이를테면, 2회 정도의 연습으로 학습곡선의 상한점에 이를 능력이 있는 학생에게 5, 6회의 반복연습을 강요한다면, 가깝게는 학습시간을 낭비하는 것이며 멀게는 학습활동에 대한 학생의 흥미를 잃게 할 것임이 자명하다.

(4) 이해와 파지

학습자의 특성과 관련하여 빼놓을 수 없는 요소는 이해와 파지의 문제를 들 수 있다. 이해 또는 이해력(comprehension)은 자료의 의미를 파악, 적용, 분석 그리고 관련지우는 능력 등을 의미하는데, 경험을 개념화한 지식을 단순히 교과서에 나온 말이나 교사가 가르쳐준 대로 기억하는데 머물지 않고 그것을 개인의 기능 속에 체계화하는 것을 말한다.

다음으로 파지(把持 : retention)는 우선 기억과 함께 논의되어야 한다. 기억이란 유기체가 의식한 인지적인 내용이든 그렇지 않은 내용이든지 간에 그가 경험에 의해 얻은 내용을 저장하는 것을 일컫는다. 그런데 이때 기억하고 있는 것이 전부 재생되는 것은 아닌데, 기억하고 있는 것 중에서 재생되는 것을 파지라고 한다. 이 분야를 보다 깊이 연구한 이론가들은 비록 재생되지는 않더라도 동일한 내용을 다시 학습할 때에 기억해 둔 잠재적인 효과가 나타나서 후속학습을 용이하게 하는 현상도 파지에 포함할 것을 주장하고 있다.

기억된 내용이 파지되려면 무의미한 자료보다는 유의미한 자료로 기억된 내용이 더 도움이 된다는 것은 이미 주지의 사실로 증명이 되었다. 또 P. B. Ballard, L. B. Ward, C. I. Hovland 등에 의하여 일정한 조건하에서는 연습이 끝나고 일정한 시간이 지난 후에 오히려 재생률이 높다는 현상도 발견되었음은 괄목할 만한 일이다.

결국 학교나 가정에서 학생의 자율학습을 보조하고 안내한다는 차원에서 이해와 파지를 논의해 보면, 파지에 영향을 주는 요인은 원학습의 정도와 기억방법의 문제로 집약된다. 즉, 학생들로 하여금 단순히 기계적인 기억을 요구하기보다는 학습경험이나 그 내용을 충분히 이해하게 하는 학습활동이 선행되어야 하고, 이러한 충분한 이해를 바탕으로 한 적절한 수준의 학습량이 뒷받침 될 때에 학교나 가정에서 요구하는 수준의 파지를 기대해 볼 수 있는 것이다.

(5) 학습결과의 구조적인 전이

일반적으로 전이(轉移 : transfer)는 한 상황에서의 학습이 다른 상황에서의 학습이나 문제해결에 미치는 효과라고 일컬어진다. 여기에서 효과라고 할 때에 우리는 좋은 방향의 긍정적인 효과만을 생각하기 쉽다. 그러나 학습에 있어서의 전이효과는 반드시 좋은 방향으로만 이루어지는 것이 아니라 좋지 못한 결과를 초래하는 경우도 있음을 알아야 한다.

이 경우에 선행학습이 후속학습을 촉진시켜 주는 좋은 방향으로의 전이를 정적 전이(positive transfer)라고 하고, 그 다음의 학습에 장애를 주는 경우를 부적 전이(negative transfer)라고 한다. 예를 들어서, 외국어 학습에서 영어를 잘하는 학생이 독어를 학습할 때에는 그 효과를 얻을 수 있으나, 영어학습을 하는 등 마는 둥하여 잘 모르는 학생이 독어학습을 할 때에는 오히려 영어를 전혀 모르는 학생보다 더욱 힘들어 하는 경우가 있다.

결국, 학생의 학습활동에서 학교나 가정이 요구하는 기대치는 높은 수준의 정적 전이인데, 그렇게 될 수 있게 하려면 다음과 같은 몇 가지 점에 유의하여 학습활동을 조력해야 한다(함종규, 1984).

첫째, 학습은 서로 비슷해야 전이가 잘 이루어진다. 즉, 유사교과 사이라야 한다.

둘째, 학습의 방법적인 문제로서, 한 교과의 학습순서에 대한 방법이나 요령을 잘 알게 되면 다른 교과를 학습할 때 도움이 된다.

셋째, 학습의 태도로서, 어떤 학습을 통하여 세밀하게 주의하고, 침착하게 다루며, 참을성 있게 노력하는 등의 기대되는 학습태도가 이루어지면 기타의 학습을 할 때에도 그와 같은 학습태도가 전이된다.

그러므로 선수학습의 내용, 방법 및 학습에 임하는 태도 등이 후속학습에 전이되는 점을 감안하면, 학교나 가정에서 학생의 학습활동을 어떻게 지도하느냐에 따라서 전이의 성질과 방향 또한 크게 달라질 수 있다고 보는 것이다. 구조적 전이를 촉진할 수 있는 지도방법에 있어서 "왕도"란 있을 수 없지만, 한 가지 분명한 것은 지도에 임하는 사람 자신이 구조적 전이의 성질을 모르고 있으면 지도가 불가능해지거나 잘못 지도할 수 있다. 이를 뒷받침하는 주장도 있는데, J. S. Bruner는 이와 관련하여 다음과 같이 주장하였다.

> "근본적으로 원리와 태도의 전이는 어떠한 기능이 아니라, 새로운 문제들을 그것의 특수예로 알아볼 수 있는 일반적인 지식을 학습함으로써 이루어진다. 근본적이고 일반적인 개념들에 의하여 지식을 계속 확대하고 심화하는 이러한 종류의 전이는 교육과정의 핵심이 된다. 그리고 원리의 전이

로 말미암아 이룩되는 학습의 계속성은 지식의 구조를 파악하여야만 가능해진다."

끝으로, 학습결과의 전이가 함축하고 있는 개념 속에는 학습의 계속성을 전제로 한다. 즉 선수학습의 내용, 방법 그리고 태도 등이 후속학습에 영향을 주는 현상이라고 할 때에, 이는 학습목적과 태도의 계속성이기도 하다. 성공적인 학습을 통하여 얻어지는 만족과 자신이 장기적인 학습목적의 확립을 촉진하고, 지엽적인 사실이 아니라 보다 포괄적인 구조를 발견하려는 태도가 우세해짐에 따라서 학생은 외적 상벌에 의존하지 않고 스스로의 학습을 계속하게 된다. 그리하여 학생 스스로 자기학습을 할 수 있을 만큼 성숙하게 되는 것이다.

스스로 자기학습을 전개해 나갈 수 있는 자율학습의 높은 수준, 그것이 학교나 가정이 학생의 학습활동에 거는 최종 목표치이자 전이의 궁극적인 목표라고 한다면, 이를 위한 노력은 경주해 볼 만한 가치가 있다.

2. 교과와 학습지도

1) 교과의 유형과 학습지도의 형태

학습지도의 실제에 관한 구체적인 접근은 특정교과의 특정단원에 대한 교수·학습과정을 안내할 수도 있고, 특정교과의 성질을 분류하여 유형별로 묶은 다음에 그 유형에 따른 지도형태를 제시함으로써 비교적 포괄적이고 특정영역에 치우치지 않는 자료를 제시할 수도 있다. 여기에서는 후자의 입장을 택하여 학교교육에서 전개되는 교과의 유형과 그 유형별 지도형태를 간략히 안내(함종규, 1984)하기로 한다.

(1) 교과의 유형

학습지도에 대한 형태의 변화를 초래하는 요인 중에는 시대적인 변천에서 오는 것 못지않게 중요한 영향을 미치는 요인이 있다. 그것은 바로 계획된 학습내용으로서의 교과나 교재의 성격이 학습지도의 유형이나 형태에 미치는 변화라고 할 수 있다. 그 이유는 학습지도의 구체적인 형태는 교재의 성질에 따라서 달라지게 마련이기 때문이다. 여기에서 학교교육에서 전개되는 교과의 유형은 다음과 같이 나누어 생각할 수 있다.

첫째, 형식교과 또는 도구교과로서 국어, 수학, 외국어 등과 같이 모든 학생에게 필수로 과해지며 공통된 지식·기능의 습득을 목적으로 한다.

둘째, 실질교과 또는 내용교과로서 역사, 지리, 물리, 화학 등이 이에 해당하며, 일정한 계통적인 지식을 내용으로 한다.

셋째, 지능교과 또는 음악, 미술, 기술 등과 같이 감상·표현·제작 등에 관한 교과이다.

넷째, 생활교과로서 보건, 실업, 가정, 사회와 같은 교과이다. 이들은 계통적인 교과와 밀접한 관계를 갖고 있으나, 건강생활·직업생활·가정생활 및 시민생활에 적응할 수 있는 교육을 강조함에 따라서 특히 생활영역과 관계가 깊은 분야만을 추려서 하나의 교과로 독립시킨 것이다.

(2) 학습지도 형태의 유형

교과는 단지 그 교과가 가지고 있는 특유한 지식이나 기능을 전달하는 것으로서만 그치는 것이 아니라, 그 배경을 이루고 있는 각 생활영역의 개선을 목표로 하고 그에 적응할 수 있는 자질을 육성하는 것을 궁극적인 목적으로 하고 있다. 이러한 의미에서 이들 교과를 한 마디로 표현하면 생활교과라고도 할 수 있는데, 이와 같은 교과의 성격에 따라서 학습지도 방법의 형태를 다음과 같은 세 가지 유형으로 나누어 고찰할 수도 있다.

① 기초교재형의 학습지도

앞에서 논의한 형식교과나 기능교과와 같이 일정한 지식·기능의 습득을 중심으로 하는 교과의 학습지도를 기초교재형의 학습지도라고 할 수 있는데, 그 특징은 다음과 같이 살펴볼 수 있다.

- 매시간 같은 일이 반복하여 되풀이 된다.
- 학생이 학습에 보람을 느끼고 있느냐의 문제보다 교재를 확실히 습득하였는가의 여부를 중시한다.
- 학습지도 과정에서 교사가 주도적인 역할을 하고 학습을 통제한다.

이 유형의 학습지도는 일반적으로 지도계획의 작성, 학습의 지도 그리고 평가의 3단계로 실시된다. 학습의 지도는 교사의 설명으로 진행되기도 하고, 학생의 자습을 감독하면서 학생들의 학습진행 상황을 살펴주며 조력하는 경우도 있다. 그리고 이들 학습의 목표는 공히 일정한 지식이나 기능을 습득시키는 데에 있다.

이 학습의 형태는 Platon 이래의 오랜 전통을 가지고 있는 것으로서 7자유과(seven liberal arts), 즉 3학(문법, 수사, 변증법)과 4과(산술, 기하, 천문, 음악)에 의하여 정신적인 능력을 단련하려고 한 것이다. 이는 19세기에 이르기까지 교육계를 지배해 오던 학습의 형태이다.

또한 오늘날에 있어서도 일정한 사실, 관념, 습관, 기능 등 인간생활에서 필히 갖추어야 할 최저의 요구기준(minimum essentials)을 학습시킬 때에는 일정한 교재를 단시간에 교수할 방법으로 받아들이지 않을 수 없게 된다. 이런 의미에서 보면. 특히 도구교과와 기능교과가 이에 관련되는 것이라고 볼 수 있다. 뿐만 아니라 사회과나 과학 등의 내용교과에서도 지식·기능의 최저 필요량을 생각할 수 있으므로 기초교재형의 학습지도는 아직도 그 존재 의의가 많다.

② 교과단원형의 학습지도

이것은 주로 역사, 지리, 물리 및 화학 등 내용교과의 학습과 관련이 깊은데, 교과단원형에 의한 학습지도 형태의 특징은 다음과 같다.

- 일정한 학습주제로서의 교과단원은 한 묶음의 지식·기능을 유기적으로 통합하고 있다. 이 학습주제는 학생이 선택하는 것이 아니고 교사가 선정한다는 점에서 경험단원과 다르다.
- 학생의 능력, 요구, 관심의 차이에 응할 수 있음과 더불어 학생들에게 사회적인 기능의 발달을 촉구할 기회를 마련해 주기 위해서 각양각색의 학생활동을 포함시킨 단원이 마련된다.
- 앞에서 말한 학습능력이 높은 학생을 위하여 특별한 지도계획을 세울 수 있고, 능력이 낮은 자에게는 그에 따라 낮은 정도의 학습을 과할 수 있다.

이 유형의 학습지도는 대체로 도입, 전개, 종합 및 정리 그리고 평가의 4단계로 진행된다. 또한 교과단원형의 학습지도는 다음과 같은 점을 시정할 수 있다.

첫째, 기초교재형의 학습지도에서 습득된 지식·기능이 분과적이며 단편적인 성격을 띠게 된다.

둘째, 모든 학생에게 동일한 지식·기능을 습득시키게 되는 것으로서 지나친 획일주의를 결과한다.

이 학습지도의 성립에 가장 중요한 영향을 미친 것은 Herbart파의 상관의 원리인데, 교과내용을 단원형식으로 제시하는 방안은 교수의 개별화를 기도하는 여러 종류의 새로운 교수형태와 결부되어 크게 발전을 보게 되었다. 또 학교를 사회의 축소판으로 보고 학교에서 사회적인 경험을 쌓게 하는 것이 교육이라는 Dewey의 교육론에 의해 지지를 받아 더욱 발전하게 되었다. 이렇게 본다면 교과단원형의 학습지도는 단원법의 채택, 학습의 개별화 그리고 학습의 사회화라는 3원리를 구체화한 것으로 볼 수 있다.

③ 경험단원형의 학습 지도

전술한 바와 같이 교과단원형의 학습지도가 ① 단원법의 채택 ② 학습의 개별화 ③ 학습의 사회화와 결부되면서 특히 ①과 ②에 중점을 두고 있는 것임에 반하여, 경험단원형의 학습지도는 ③의 사회화를 특히 강조하고 있는 지도방식이라고 할 수 있다. 즉 경험단원은 학생에게 민주적인 사회의 의의를 이해시키고, 민주적으로 생활하는 능력을 발달시키기 위한 기회를 부여하려는 것을 주된 안목으로 삼고 있다.

이 유형은 구안법(project method)에 의하여 더욱 촉진되었는데, 학교란 학생이 지식이나 기능을 습득하는 장소라기보다 훌륭한 생활을 영위할 수 있는 생활경험을 쌓는 곳이어야 한다는 교육론의 지지를 받게 되면서 구안법은 학습활동에서 중심적인 위치를 차지하게 되었다. 이렇듯 교과의 테두리를 떠난 지도방법으로서의 구안법은 전통적인 교과내용을 학교교육에서 부차적인 위치에 놓이게 하였다.

경험단원형에 의한 학습지도 형태의 특징은 다음과 같다.

- 경험단원의 내용이나 교과서나 course of study 등에 구속받지 않고 학생 자신의 흥미 또는 요구에 따라서 정해진다.
- 정해진 학습시간의 할당, 즉 매 시간 40분 또는 50분 등의 수업시간으로 인한 구속을 받지 않고 자유롭게 시간을 활용할 수 있다.
- 정규교실 안에서 이루어지는 학습활동에 그치는 것이 아니고, 교실 밖의 실험·실습, 교외의 견학·작업 등도 경험단원 학습활동의 장에 포함된다.

이와 같이 전통적인 학습활동에 비하여 많은 구속과 통제에서 해방되어 자유롭게 영위할 수 있는 이 유형의 학습은 ① 계획 ② 전개 ③ 종합 및 평가의 3단계로 진행된다. 따라서 경험단원형의 학습지도는 학생이 습득해야 할 일정한 지식이나 기능, 태도 습관 등이 마련되어 있지 않다.

학생의 진보·발달이란 학습계획을 합리적으로 세우는 능력, 타인과 협동하는 태도, 학습결과를 학습목표에 비추어 평가하는 능력, 나아가서는 자연적인 자원이나 사회적인 자원을 활용하는 능력 등 제반 능력이 어느 정도로 익숙해지고 발달하였는지를 기준으로 영위되어 가는 것이다. 경험단원의 학습지도에서는 학생의 활동이 중심을 이루게 되므로 교사는 학습활동에 참가하는 것이지 전통적인 학습에서와 같이 학습활동에 대한 주도적인 위치에 서는 것은 아니다.

이상에서 학습지도 형태의 유형에 대하여 고찰하였는데, 간략하게 논의하면 다음과 같다.

첫째, 국어, 수학, 외국어 및 공작 등의 형식교과나 기능교과는 기초적인 지식·기능의 습득이 주요한 위치를 차지하게 된다. 그러므로 학습에 있어서는 반복연습을 주로 하는 기초교재형의 학습지도가 큰 역할을 하게 된다.

둘째, 역사, 지리, 물리 및 화학 등의 내용교과는 단원학습이 많이 받아들여지는데, 이 경우의 단원은 교과의 테두리 속에서 계통적인 지식을 기반으로 구성된다. 그러므로 이 학습에서는 주로 교과단원형의 학습지도를 전개하게 된다.

셋째, 보건, 실업, 가정 및 사회 등의 생활교과는 전통적인 교과의 테두리를 떠나서 경험단원형의 학습지도를 따르는 경우가 많다.

물론, 형식교과나 기능교과에서도 교과단원형의 학습지도를 해야 할 부분이 있다. 또 내용교과에서도 기초교재형의 학습지도를 해야 할 부분이 있는가 하면, 나아가서는 경험단원형의 학습지도가 가능한 분야도 있을 것이다. 바꾸어 말하면 역사, 지리, 물리 및 화학 등의 교과에도 경험단원형의 학습지도 방법을 택할 수 있는 분야가 많은 것이다.

그러나 이들 내용교과에는 계통적인 학습이 중심적인 위치를 차지하며, 문제해결을 목표로 하는 경험단원형의 학습지도는 부차적인 위치를 차지하게 되는 것임에 불과하다. 이에 대하여 보건, 직업, 가정 및 사회 등에서는 반복 연습적인 학습 또는 계통적인 학습에 의하여 습득한 지식이나 기능을 구사하여, 보다 차원 높은 문제해결 학습으로 발전해가는 경험단원형의 학습이 가능해진다.

그러나 학습지도는 반드시 교과단원 학습에서 경험단원 학습으로 발전하는 것만은 아니다. 경험단원형의 학습으로 시작해서 교과단원형의 학습으로 전개시켜 나아갈 수도 있고, 이 두 가지를 병행으로 다룰 수도 있다. 요는 각기 교과의 성격에 따라 학습지도의 형태가 다르게 되는 것을 알고 이를 잘 활용하여야 한다는 것이다. 이와 같이 학습지도의 형태는 학습할 교재나 교과의 성질에 따라서 학습지도에 적용할 전개방법도 달리하게 된다.

2) 자율학습 태도의 정착

우리는 "한 마리의 물고기를 주면 하루를 살아갈 수 있으나, 물고기를 잡는 방법을 가르쳐 주면 평생을 살아갈 수 있다."라는 이스라엘의 격언을 잘 안다. 이 말은 학습하는 방법을 익혀야 한다는 자율학습 태도형성을 빗대어 표현한 것일 수도 있다. 그러나 이 '물고기를 잡는 방법'과 같은 자율학습 태도형성이 그렇게 쉽게 형성되지는 않는다는 점이 교육에 관심을 가지고 있는 사람들에게 문젯거리로 대두되고 있다. 자율학습 태도가 형성되어 학생이 스스로 학습에 임하게 되면, 이는 학생으로서 '다 이루었다'는 표현을 할 수도 있다고 본다.

(1) 학습하는 방법의 학습지도

교육현장에서 쉽게 발견할 수 있는 사례 중의 하나는 교사가 제시하는 학습과제 이외에는 학생 자신이 스스로 하고 싶은 학습과제를 찾아서 해결해 가는 자율학습이 잘 이루어지지 않고 있다는 점이다. 학생들은 대체로 교사나 부모에 대한 의존적·수동적인 학습을 하려는 경향이 짙다.

그러나 지식이 폭발적으로 증가하고 있는 현대사회에서 교사나 부모가 제시하는 과제를 마지못해 해결해 가는 수동적인 학습태도를 지닌 학생들은 사회에 적응하기가 어렵게 되었으므로 학교의 역할도 변화하기에 이르렀다. 즉 평생교육의 개념이 도입되어 학생 스스로가 평생을 통해서 자신이 스스로 가르치고 배워가는 유능한 학습인으로 탈바꿈하기를 요구하게 된 것이다. 스스로 배우고 익혀 가는 유능한 학습인은 바로 "학습하는 방법"을 학습할 때에만 길러진다.

학습하는 방법의 학습이라는 말을 최초로 사용한 사람은 J. S. Bruner인 듯하다. 그는 그의 저서 『교육의 과정』(The Process of Education, 1960)에서 사실상 잘 학습하면 굉장한 전이효과가 생긴다는 것은 어김없는 사실이며, 심지어 알맞은 조건 하에서 잘 학습하면 "학습하는 방법을 학습할"(learning how to learn) 수도 있다고 하였다. 우리가 학습할 때의 특수한 학습내용뿐만 아니라 학습하는 방법도 학습한다는 것이다.

실제로 교육과정을 분석해 보면, 하나의 교과에 유사한 교재군이 있으면 이들 유사교재군은 학습하는 방법과 해결방법이 거의 공통적이다. 이 공통방법, 즉 어떤 과제해결에 필요한 지적 행위의 객관적 순서나 방법이 이른바 학습하는 방법인 것이다. 이것을 보다 일반화하여 논의해 보면, 학습하는 방법의 학습이란 학습자가 현재 또는 학교를 졸업한 후에 평생을 살아가면서 교재습득이나 어떠한 문제에 부딪쳤을 때에 그것을 회피·포기하거나 타에 의존하지 않고, 그 문제에 주체적·능동적으로 대결하여 그의 기유지식(既有知識)·기능의 레퍼토리 중에서 해당 문제에 관련되는 지식·기능을 조작하여 사고하고 행동하여 문제를 해결하는 지적 조작력을 배우는 과정이다.

지적 행위의 객관적 순서 및 방법으로 지칭되는 학습하는 방법에는 어떤 노력을 경주하여 기를 수 있는지에 대한 접근이 요구된다. 학습하는 방법의 학습지도법을 교과나 단원특성별로 일일이 열거할 수는 없지만, 교재의 유형에 따라서 학습하는 방법의 학습을 어떻게 지도해야 하는지를 나타내면 <표 10-2>와 같다.

<표 10-2> 학습하는 방법의 학습을 위한 교재유형별 학습과정

교재유형	학습과정(순서)	학년 관련					
		1	2	3	4	5	6
(1) 실험학습	① 문제파악 → ② 예상 → ③ 실험계획 → ④ 실험 → ⑤ 결과해석 → ⑥ 토의 → ⑦ 발전(적용)		○	○	○	○	○
(2) 현장관찰학습	① 문제파악 → ② 관찰계획 → ③ 관찰 → ④ 관찰내용의 발표와 토의 → ⑤ 발전(적용)				○	○	○
(3) 생활중심 교재학습	① 문제파악 → ② 경험 쌓기 → ③ 경험정리·해석 → ④ 발표와 토의 → ⑤ 발전(적용)	○	○	○	○	○	○
(4) 제작학습	① 문제파악 → ② 제작계획 → ③ 제작 → ④ (실험) → ⑤ 결과토의 → ⑥ 발전(적용)			○	○	○	○
(5) 측정학습	① 문제파악 → ② 측정준비 → ③ 측정 → ④ 측정결과 해석 → ⑤ 발표와 토의		○	○	○	○	○
(6) 분류학습	① 문제파악 → ② 분류 → ③ 발표	○					
(7) 채집학습	① 문제파악 → ② 채집계획 → ③ 채집 → ④ 발표 및 토의		○	○	○		
(8) 사육재배학습	① 문제파악 → ② 사육·재배계획 → ③ 사육·재배 → ④ 발표와 토의 → ⑤ 발전(적용)	○	○	○	○	○	○
(9) 지식이해학습	① 문제파악 → ② 조사계획 → ③ 정보수집과 정리 → ④ 발표와 토의 → ⑤ 발전(적용)					○	○
(10) 조작학습	① 문제파악 → ② 조작계획 → ③ 활동 → ④ 발표와 토의				○	○	○

*자료 ; 고영희(1979). 수업기술. 서울 : 교육출판사. p.300. 재인용.

(2) 가정에서의 자율학습

학습기능이란 학습에 필요한 자료나 정보를 수집, 기록, 조직, 분석, 종합, 기억하며 나아가서 이를 활용하는 능력이다. 이러한 능력들은 학생들이 학습활동을 할 때에 요구되는 의도적이며 의식적인 정신기능이다. 자율학습은 바로 이와 같은 학습기능들을 의도적으로 활용하면서, 교사나 부모의 도움 없이 학생이 스스로 하는 학습행위인 것이다. 또 이러한 학습기능은 학생의 학업성취와 높은 상관관계를 이룬다는 증거가 있고, 이 기능은 지도를 가함으로써 길러질 수 있다는 신념이 자율학습 태도형성에 대한 동경을 갖게 한다.

자율학습 태도형성이 이루어지고 나면, 실제 학습은 학생 스스로가 이행하는 것이기 때문에 가정에서의 자율학습 태도 역시 매우 중요한 관심의 대상이다. 가정에서의 자율학습 태도형성에 있어서는 가정의 학습환경이 중요시 되고 있다. R. H. Dave(1967)는 학습에 영향을 끼치는 가정환경의 변인을 6가지로 지적하고 있는데, 가정에서의 성취압력, 언어모형, 학습조력, 탐색경험의 제공, 지적 흥미와 활동 그리고 강조되는 학습습관 등이 그것이다. 그러나 이 제한된 지면에 위의 6가지 요소를 모두 나열할 수는 없으므로 한두 문제만을 제기해 본다. 물론, 이 경우는 학생이 가정에서 심리적으로 편안한 상태를 유지하고, 학습하는 공간의 조명도 120Lux 정도로 유지되는 등 제반 여건이 갖춰진 것을 전제로 한다.

첫째, 가정에서의 학습조력이 지나친 성취압력이어서는 안 된다.

인간의 행동은 자신의 욕구(need)와 주변으로부터 오는 압력(press)의 상호 절충하는 가운데 이루어진다. 그러나 극히 일부 학생을 제외하고는 학생들이 자발적으로 학습욕구를 지속시켜 나가지 않는다는 것이 유력한 주장이다. 그러므로 학습의 결과는 욕구보다는 압력이 더 크게 작용할 수 있다는 논리가 성립된다. 그러면서도 한편으로는 학생에게 가해지는 가정에서의 압력은 학생의 능력 정도, 학생의 욕구수준 정도 등을 고려한 압력이어야만 한다.

둘째, 가정에서의 자율학습 조력은 지시적이기보다 허용적이어야 한다.

'이것이다', '저것이다' 또는 '맞다', '틀리다'보다는 함께 찾아보자며 가급적 사전이나 참고도서 등을 함께 들추어 메모용지나 독서카드 등에 깨끗하고 완전한 글로 제시하고 읽어 주는 것이 효과적이다.

셋째, 자율학습 내용 속에는 학교에서 배운 내용의 복습과 예습이 언제나 중요 항목으로 포함되도록 하여야 한다.

고학년을 기준으로 할 때에, 학교에서 배운 내용을 그날 중으로 1시간 정도의 시간 동안에 정리해 보도록 하는 것이다. 학습지도를 철저히 하는 교사들은 예습은 가끔 생략하더라도 복습은 매일매일 빠짐없이 해야 한다고 강조한다.

3) 학습결과에 대한 평가

(1) 불완전 자(尺)

인간의 성장은 변화의 연속이다. 그 변화란 결국 선천적인 유전과 후천적인 환경에 영향을 받기 때문에 교육이 후천적인 환경요인으로 중요시 되고 있다. 그리고 후천적인 환경요인인 교육의 결과를 일부분이나마 계수화한 것이 교육평가에 지나지 않는데, 이 결과가 완전에 가까운 것이기를 바라는 경향이 짙다.

여기에서 말하는 완전의 준거틀만 해도 그렇다. 현장교사에 의해서 만들어진 문항이나 교육평가 전문가에 의해서 만들어진 표준화 검사문항일지라도 그것이 교육목표나 학생의 성장·발달의 과정을 완벽하게 재는 것으로는 기대하지 않는다. 즉 학생의 학습결과를 재는 자(尺) 자체가 완전무결한 것이 못되는데, 그 자로 잰 점수가 100점이 나왔다고 해서 자랑할 것은 결코 못 된다는 것이 의미 있는 교육평가관이다.

따라서 교육평가의 모순을 극복하려는 의지는 변화된 인간관과 평가관을 확립할 때에만 빛을 발할 수 있는 것이다. 서열·경쟁주의, 점수교육이 학생의 성장과 인격형성에 미치는 비교육적인 측면을 명확히 이해함으로써 새로운 인간관과 평가관을 확립해야 한다.

(2) 3자(者) 평정

학력을 재는 자의 내용과 그 자의 적용방법에 따라서 다양한 모습으로 도출되는 것이 학생의 학력이다. 이 학력을 학교만이 그 전유물처럼 꼭 쥐고 있을 필요는 없다는 시각에서 학생, 학부모 및 교사가 학생의 학력을 재어 볼 필요가 있다. 더러는 평가에 대해 고정관념을 가지고 있어서 괜한 시간낭비라고 여길지는 모르나, 결과는 그렇지 않다. 저자가 지도한 결과로는 초등학교의 경우에도 고학년으로 갈수록 학생과 학부모가 주는 점수는 교사의 평정치보다 더 인색하고 서술하는 문장에도 날카로운 시각들의 일면을 많이 발견할 수 있었다.

(3) 합리적인 평가관

서열을 매기고 높은 점수 따기만을 강요하는 교육이 학생들의 원만한 교우관계를 해치고, 전인교육에 얼마나 역행하는지를 이미 잘 아는 바, 합리적인 평가관으로의 인식전환이 절실히 요구된다. 그래서 종전에 일반적으로 가지고 있는 관념으로서의 '수'에 해당되는 평정은 'A', '우'에 해당하는 발달상황 정도는 'B'에, 나머지 '미', '양', '가'에 대한 평정은 'C'로 정할 수 있다. 따라서 학생에게 '매우 잘함', '잘 하는 편임', '다소 모자라니 노력하기 바람'이라는 세 가지 유형의 지도면 족할 뿐, 그 이상의 어떤 표현으로 어린 마음 마음에 상처를 주지 않겠다는 의지가 담겨 있는 것이다.

현실적인 문제에 부딪쳐 보면, 지필평가에서 높은 점수를 얻어서 초·중등교육을 마치고 남들이 부러워하는 대학으로 진학했으면 하고 바라지 않는 부모가 어디 있겠는가. 그러나 반드시 그런 행운과 노력의 결과가 내가 기르는 자녀에게서만 있기를 바란다면 그러한 성취수준 도달과정에서 빚어질 각종 부작용을 어떻게 감당할 것인가를 생각하면서, 한 순간 돌려서 생각하는 예지도 오늘을 사는 교사와 학부모가 가질 평가관이라고 사료된다.

3. 생활지도의 개념과 원리

1) 생활지도의 개념

생활지도라는 용어는 본래 영어의 guidance를 우리말로 옮긴 것이다. guidance의 동사형 guide는 '안내하다', '이끌어주다', '지도하다' 등의 뜻을 지니는 것으로서, 학생들이 학교 내에서 당면하고 있는 여러 가지 적응상의 문제를 과학적으로 분석하고 이에 알맞은 치료방법을 모색하는 계획적인 활동이다(배장오, 1995).

학생 개개인의 바른 성장을 돕는 교육활동으로서의 생활지도에 대한 개념을 보다 명확히 규명하기 위하여 몇몇 학자들이 내린 생활지도의 의미를 살펴보면 다음과 같다.

R. Strange(1949)은 생활지도란 그것에 의하여 개개인이 가능성을 발견하고, 그 자신의 노력을 통하여 그의 개인적인 행복 및 사회적 유용성을 목표로 하고, 그것을 발달시키는 과정이라고 하였다. A. E. Traxler(1957)는 이상적으로 생각하면 생활지도란 개인에게 자기의 능력과 흥미를 이해시켜서 그것을 가능한 한 발달시키고, 이를 생활의 목표에 결부시켜서 궁극적으로는 민주적인 사회의 바람직한 시민으로서 완전하고 성숙한 자기지도(self-guidance)의 상태에 도달시키는 것이라고 하였다.

A. J. Jones(1951)는 생활지도란 어떠한 사람에 의하여 주어지는 개인적인 조력을 의미한다. 그것은 어느 사람이 가고자 하는 곳이나 하고자 하는 것을 결정짓게 도와주든지, 어떻게 하면 그 목적을 제일 잘 달성할 수 있는가를 도와 줄 계획을 하든지 또는 그의 생활에 야기되는 문제의 해결을 돕는 것이다. 그것은 개인의 문제를 해결해 주는 것이 아니라 문제를 해결하는 데 있어서 그 개인을 돕는 것이라고 하였다. B. Shertzer와 S. C. Stone(1974)은 생활지도를 개인으로 하여금 자기자신과 환경을 이해하도록 돕는 과정이라고 정의하였다.

이상에서 생활지도의 개념을 서술한 몇 가지 견해를 고찰하였는데, 이러한 견해들을 종합하여 김충기(1980)는 생활지도란 "학생 개개인이 특이하게 지니고 있는 발달의 가능성을 찾아내서 이를 최대한으로 발달할 수 있도록 도와서 개인으로서는 인생을 행복하게 개척하고 또한 사회인으로서 성실하게 사회에 적응할 수 있도록 올바른 가치판단의 능력과 자기지도가 가능한 인간으로 지도하는 활동"이라고 하였다.

학생들로 하여금 올바른 가치판단 능력을 가지면서 자기지도가 가능한 인간으로 자랄 수 있도록 조력하는 활동으로서의 생활지도가 내포하고 있는 개념상의 특징은 다음과 같이 네 가지로 요약할 수 있다(황응연, 1977).

첫째, 생활지도는 하나의 과정(過程 : process)이다. 여기에서 과정이라고 한 것은 계속적인 변화현상을 의미하는 것으로서, 생활지도를 단일한 사건으로 보는 것이 아니라 구체적인 목표로 지향하는 일련의 활동 또는 단계로 보는 것이다.

둘째, 생활지도는 조력(助力 : helping)이다. 조력이란 '도와주다', '보조하다'는 뜻은 지니고 있어서 정신의학이나 사회사업과 같은 조력활동과 마찬가지로 전문적인 조력을 함으로써 학생들이 당면하는 문제를 예방하고 교정하며 개선한다는 목표를 달성하려고 하는 것이다.

셋째, 생활지도는 개인(individual)에 관심을 갖는다. 여기에서 개인이라고 하는 것은 학교의 경우에 재학하고 있는 학생 하나하나를 가리키는 것으로서, 어떤 특정한 문제를 가진 학생뿐만이 아니라 정상적인 발달과정 속에 있는 학생들 모두가 관심의 대상이 되는 것이다.

넷째, 생활지도는 자기자신과 외계환경의 이해(understand himself and his world)를 돕는다. 이는 한 개인으로서 자기자신을 이해하고 자아정체감(自我正體感)을 형성하는 한편, 자기주변의 인적·물적 환경을 보다 깊이 있게 이해함으로써 마침내 자기통합을 유지하고 발전시키려는 것이다.

2) 생활지도의 원리

생활지도의 원리는 생활지도의 궁극적인 목표를 달성하기 위하여 고려해야 할 기본방향과 원리라고 할 수 있는데, 황응연과 윤희준(1983)은 이를 다음과 같이 설명하고 있다.

(1) 생활지도는 모든 학생을 대상으로 한다.

교육이 모든 학생을 대상으로 하듯이 생활지도 역시 그 대상은 모든 학생이다. 지능이 낮고 공부를 못하는 학생이나 신체적인 결함이 있어서 사회적으로 고립된 학생만이 생활지도의 대상이 되는 것이 아니라, 지능이 높고 공부를 잘하고 신체적으로 정상이며 사회적으로 잘 수용되어 있는 학생도 생활지도의 대상이 되는 것이다. 이와 같은 견해는 생활지도가 모든 학생의 건전한 심신의 성장·발달을 도모하기 위한 것이라는 생활지도의 기본개념과 목표에 비추어 볼 때에 너무나도 당연한 것이다.

더욱이 우리나라의 현실적인 여건을 보더라도 소수의 문제 학생만을 대상으로 하는 지도보다는 정상적인 대다수의 학생을 대상으로 하여 그들의 개인적인 특기를 발견하고 신장시키려는 적극적인 지도가 요청되고 있다. 따라서 생활지도는 종래의 문제학생 중심의 일부 학생을 대상으로 하는 편협한 입장에서 탈피하여 모든 학생의 필요와 요구를 충족시킬 수 있는 활동으로 발전되어야 한다.

(2) 생활지도는 자율적인 지도능력의 함양을 기본으로 삼는다.

민주사회에서 요구하는 공민적인 자질 중의 하나는 바로 자율성이다. 모든 사람이 스스로를 다스릴 때에 진정한 의미의 민주사회가 이룩될 수 있는 것이다. 그 이유는 민주교육이 교육현장의 구석구석에서 타율보다 자율을 강조하기 때문이다.

생활지도 역시 민주교육의 테두리를 벗어날 수는 없다. 그럼에도 불구하고 종래의 생활지도는 자율을 거의 찾아볼 수 없는 타율일변도의 지도였음을 솔직하게 시인하지 않을 수 없다. 일반적으로 청소년들은 자율적인 사고를 하거나 자율적인 행동을 하기에는 미숙하고 유치하므로 그들에게 그러한 사고와 행동을 기대하는 것은 무리라고 한다. 그러나 중요한 것은 결과가 아니다. 결과보다는 과정이 중요한 것이며, 자율적으로 생각하고 행동해 보는 경험이 더욱 귀중한 것이다. 그러므로 앞으로의 생활지도는 보다 자율적인 방향을 강조해야 할 것이다.

이러한 관점에서 볼 때에 생활지도는 단순히 학생들이 당면한 문제를 어른이 대신 해결해 주는 것이 아니라, 도리어 학생 스스로가 문제를 해결할 수 있는 기회를 마련해 주는 데 역점을 두어야 한다.

(3) 생활지도는 처벌보다 선도나 지도를 앞세운다.

과거의 전통적인 생활지도는 그 실제에 있어서 처벌이 위주였는데 반하여, 앞으로의 생활지도는 선도와 지도와 이해에 역점을 두는 방향으로 전환되어야 한다. 처벌·위협·억제 등은 인간의 행동을 일시적으로 중단시킬 수는 있으나 결코 근본적인 변화를 가져오기는 어렵다는 것이 여러 연구 결과에서 밝혀지고 있다. 그러므로 처벌이나 억압적인 방법이 교사나 학부모가 내세우는 어떤 규범 속으로 끌어들이는 손쉬운 방법이기는 하지만, 진정한 의미의 지도를 위한 최선의 방법은 되지 못한다는 것을 알아야 한다.

설령, 처벌이 학교 내의 일시적인 질서와 바람직하지 못한 개인행동의 중단을 가져온다고 해도 거기에는 여러 가지 심리적인 부작용이 따르기 쉽다는 것을 간과해서는 안 된다. 학교의 생활지도는 옳지 못한 학생들의 행동을 찾아내어서 처벌하는데 역점을 두는 것이 아니라, 보다 적극적인 의미에서 그들의 옳고 바람직한 행동을 찾아내어서 그것을 북돋워 주고 이끌어 나가는 것이 되어야 한다.

(4) 생활지도는 치료나 교정보다 예방에 역점을 두고 있다.

현대의학이 초기에 있어서는 발생된 여러 가지 질환의 치료에 치중하였으나 근래에 와서는 질병의 치료는 물론이고 그보다 한 걸음 더 나아가 질병이 발생하지 않도록 하는 예방의학이 중요한 위치를 차지하게 되었다. 이러한 사실과 마찬가지로 생활지도 역시 그 출발은 문제행동의 치료나 교정에 있었으나, 앞으로의 새로운 방향은 한 걸음 더 나아가 문제가 일어나지 않도록 하는 예방적인 지도에 치중해야 할 것이다.

학교에서 일어나는 학생들의 문제행동이나 사건 등을 살펴보면, 학교에서 예방적인 지도를 조금만 더 일찍 하였어도 그러한 사건이나 문제는 일어나지 않았을 것이라고 판단된 사례가 많다. 이것은 앞으로의 생활지도에 있어서 치료보다는 예방적인 지도가 앞서야 한다는 필요를 더욱 일깨워 주는 증거라고 하겠다.

생활지도의 효율적인 실시와 많은 학생을 한 명의 교사가 다루어야 할 우리나라의 현실에서 보더라도 예방지도의 필요성은 자못 크다. 치료나 교정보다는 예방적인 지도가 보다 손쉽고 노력이 덜 소요되기 때문이다. 사실 어떤 문제가 발생한 연후에 그것을 치료하고 교정한다는 것은 그리 쉬운 일이 아닐 뿐만 아니라 많은 노력과 시간이 필요하다. 이에 비하여 예방적인 지도는 시간과 노력을 절약할 수 있는 장점을 가지고 있다.

(5) 생활지도는 임상적인 판단뿐만 아니라 과학적인 근거에 기초한 판단에 역점을 두고 있다.

학생들의 생활지도상의 문제를 찾아내어 그 원인을 규명하고 문제해결을 위한 방안을 강구하는 일련의 과정은 임상적인 판단에 기초를 둔 것일 뿐만 아니라, 더 나아가서는 과학적인 판단에 기초를 둔 것이어야 한다. 종래와 같이 상식적인 판단에만 의존하게 되면 간혹 큰 착오를 가져올 가능성이 있다.

생활지도는 보다 정확한 판단을 얻기 위하여 객관적이고 과학적인 자료에 터하는 일에도 관심을 돌려야 한다. 다행히 우리에게도 생활지도상의 문제해결에 직접적인 자료를 제공해 주는 과학적인 도구가 마련되어 있다. 지능·학력·적성·성격·흥미 그리고 가정환경 등을 측정할 수 있는 각종 표준화 심리검사가 바로 그것이다. 비록 이러한 검사들이 완전한 것은 되지 못한다고 해도 종래와 같은 상식적인 판단이나 주관적인 판단에서 오는 여러 가지 오류를 시정해 주는 중요한 역할을 담당하고 있다. 그러나 과학적인 방법과 수단을 지나치게 절대시하거나 맹신하는 태도는 삼가야 한다. 그것은 어디까지나 어떤 판단과 해석을 내리는 과정에서 참고할 수 있는 자료에 불과한 것이지, 그것이 그대로 결과를 판단하는 것이 될 수는 없기 때문이다.

(6) 생활지도는 인지적인 학습보다 정의적인 학습에 더 역점을 두고 있다.

지적인 특성은 한 개인이 무엇을 얼마만큼 할 수 있는가를 나타내 주는데 반해서, 정의적인 특성은 한 개인이 어떠한 방향으로 가고 있느냐를 결정해 준다. 동시에 정의적인 특성은 주체와 객체와의 관계, 즉 개인과 그를 둘러싸고 있는 사물이나 사상, 사실 그리고 추상적인 개념이나 이념 등이 환경으로 일컬어지는 객체와의 관계를 나타내는 것이다. 그러나 이러한 정의적인 관계는 어린이가 태어나기 이전부터 지니고 나오는 것이 아니다. 이는 어디까지나 환경의 자극에 대하여 반응하고 해석하는 방법이기 때문에 생득적이라기보다는 환경과의 접촉을 통해서 학습되고 습득되는 특성이다.

우리 주변에서 발견할 수 있는 정의적인 특성에는 흥미·동기·태도·가치 및 가치관·자아개념 그리고 인성 등이 포함된다. 생활지도 분야에서 강조하고 있는 것은 이러한 정의적인 특성을 함양시키려는 것이므로,

학교의 생활지도 담당자는 학생 개개인의 이러한 여러 특성을 객관적으로 파악하고 계발하고 지도하는데 있어서 만전을 기하여야 할 것이다.

4. 생활지도의 실제

1) 학업상의 문제해결을 위한 지도

오늘날 학교현장에서 학생들의 학업과 관련한 생활지도의 문제는 날로 그 심각성을 더해 간다고 할 수 있다. 개인의 능력에 다른 원인이 있을 수 있으나, 대부분의 학습부진아(under achiever) 또는 학습지진아(slow learner)는 지능을 비롯한 개인의 능력보다 그 이외의 요인에서 원인을 발견할 수 있게 된다. 학습부진이나 학습지진의 단적인 예를 제시하였지만 학업상의 문제는 다양하기 때문에 지도를 위한 접근도 다각도로 시도되어야 한다고 본다. 따라서 학업상의 문제를 좀 더 세분하여 새로운 학교에의 적응 문제, 교육과정의 선택에 관한 문제, 학업성적 부진의 문제 그리고 상급학교의 진학에 관한 문제 등으로 나누어 살펴보기로 한다(이영덕 · 정원식, 1994).

(1) 새로운 학교에서의 적응 문제

새로 입학하여 온 학생을 새로운 학교환경에 보다 순조롭게 적응할 수 있도록 돕는 지도활동으로서 오리엔테이션으로 표현하기도 한다. 오리엔테이션에서 신입생들은 각각 담임교사의 지도 하에 활동에 참가하는 경우가 많지만, 카운슬러도 최소한 한 번씩은 각 학급을 방문하여 학교의 생활지도 프로그램과 상담봉사의 성격 및 이용방법에 관한 자세한 정보를 학생들에게 제공하여 줄 필요가 있다. 유능한 카운슬러는 이와 같은 오리엔테이션 활동을 통하여 생활지도 프로그램을 소개함으로써 많은 학생들에게 생활지도 봉사의 혜택을 받을 수 있는 계기를 마련하여 준다.

(2) 교육과정 선택을 위한 지도

학생들의 교육과정 선택의 문제는 교과나 창의적 체험활동의 선택에 그치는 것이 아니다. 어느 한 교과 학습활동에 있어서도 여러 가지 분단 작업을 하게 되는 경우에 어떤 종류나 어느 정도의 학습활동을 하는 분단에 참여하느냐의 문제를 아울러 생각할 수 있는 것이다.

학생들의 지능검사 결과나 각종 표준화 학업성취 검사 그리고 흥미적성 검사 및 가정환경 조사 등의 결과와 학생들의 희망이나 현재 그가 가지고 있는 학습의욕 및 학교성적을 참작하여 그 학생이 가장 행복한 성장을 하도록 한다. 또, 학생의 장래진로에 알맞은 선택교과를 이수하도록 지도하는 일은 학급 담임교사와 카운슬러의 특별한 노력이 요구되는 영역이다. 장래에 선택할 진로를 위한 선택과정으로서 어떠한 선택을 하여야 하겠는가를 학생들에게 쉽게 이해시키기 위하여 각 교과의 직업적인 가치를 분석하여 학생들에게 연구케 하는 일이 바람직하다.

(3) 학업부진의 문제해결을 위한 지도

학업부진의 문제로 고민하는 많은 학생들의 경우를 보면 부적당하고 비효과적인 학습방법을 따르고 있음이 발견된다. 학업부진의 원인이 학생의 비효과적인 학습방법이나 좋지 못한 학습습관에 있다고 발견될 때에는 효과적인 학습습관의 형성을 위해서 필요한 지도가 가해져야 한다.

바람직한 학습의 습관형성은 어렸을 때부터 올바르게 지도되어야 한다. 초등학교 때부터 효과적인 독서방법이나 공부를 위한 시간의 조절은 물론, 교사의 설명을 올바르게 듣고 중요한 사실을 필기하는 일이나 도서관 이용방법 등에 관하여 적절한 지도가 있어야 한다. 특히, 초등학교에서의 학습습관이나 기초학력이 후속학습에 미치는 영향을 고려할 때에 초등학교 교사들은 바람직한 독서방법과 정확한 계산방법 등에 관한 지도의 중요성을 인식하고, 이에 대한 연구를 철저히 하여 둘 필요가 있는 것이다.

(4) 상급학교 진학에 관한 지도

학생의 적성·흥미 및 능력에 적합한 상급학교로 진학함으로써 개인이 지니는 성장가능성을 최대한으로 발전시킨다. 아울러 행복한 개인생활을 영위하면서 한편으로는 사회발전에 공헌할 수 있도록 조력하는 일은 생활지도나 하급학교의 교육 프로그램에 있어서 중요한 사명의 하나이다. 학생들의 상급학교 진학을 위해서는 전교직원이 수시로 학생들의 학습활동을 통하여 지도하는 일이 필요하고, 잘 짜인 정보활동을 통하여 적절한 지도가 가해져야 하며, 조직적인 상담활동을 통하여 진학에 관한 개별적인 지도를 원하는 학생들의 요구에 응할 수 있어야 한다.

2) 직업의 문제에 대한 지도

인간은 저마다 자기의 이상(理想)에 맞는 직업을 찾으려고 하고, 또한 그 직업생활을 통해 경제적인 안정은 물론 한 인생의 의미와 자아를 실현코자 한다. 이른바 진로선택의 과제는 일생을 두고 계속되는 중요한 과정이라고 하겠다. 향후 진로를 어떠한 방향으로 어떻게 선택할 것인가의 문제는 한 개인의 사회적인 존재로서의 의의와 행복에 직접적으로 관계되기 때문이다. 이러한 의미에서 진로선택의 과제는 인간생활에 있어서 가장 중요한 의사결정의 하나이기도 하다.

우리 주변에는 일정한 직업을 갖지 못하거나 또는 만족치 못한 직업생활을 하게 됨으로써 한 사회의 구성원으로서의 생계나 혹은 자아실현을 충족시키지 못하는 불행한 사례들이 있다. 이는 사회적·직업적인 존재로서의 역할과 기능을 상실한 경우로서, 진로선택의 결정적인 결함을 지니고 있는 사람들이라고 할 수 있다(황응연, 1977).

학교를 진학하여 졸업하고 취직을 앞둔 학생들이 자기의 진로선택에 관한 아무런 지도나 계획 없이 결정하고 마는 경우도 마찬가지이다. 진로선택이 단순한 동기, 이를테면 그 직업은 남들이 좋다고 하니까 또는 부모님이 권하고 있으니까 아니면 보수가 많다는 이유 등으로 자신의 일생을 좌우하는 진로를 쉽게 선택하는 경향은 결코 바람직하지 못하다.

체계적인 계획성과 전문성이 고려된 진로지도를 하더라도 원만한 직업적인 적응을 위하여 올바른 직업을 선택하는 과정은 그리 간단하지는 않다. 그러므로 현실적이고 건전한 직업선택을 하고 적응을 하기 위하여는 먼저 개인의 적성을 충분히 이해하여야 할 뿐만 아니라, 직업의 세계에 대해서도 광범위하고 구체적인 이해가 필요한데, 이를 위해서는 적절한 직업정보의 활용이 요망된다. 그러므로 교사나 카운슬러는 직업정보를 어떻게 수집하며 또 그것을 어떻게 처리·보관하였다가 적절히 사용하는가에 대한 충분한 이해와 기술을 습득하여야 할 것이다(이영덕·정원식, 1994).

직업적인 문제해결의 요체는 개인에게 적합한 직업과 그에 해당하는 직업이 어떻게 조화로운 통합을 이루느냐에 달려 있다. 이와 같은 통합 과정으로서의 직업지도를 위해서는 집단활동과 직업상담을 생각해 볼 수 있다. 집단활동을 효과적으로 전개하는 데에는 많은 지도적인 의미를 내포하고 있을 뿐만 아니라 학생들의 자기이해와 직업세계에 대한 이해를 도우며 또한 개인상담의 기초가 되기도 한다. 직업상담에서는 특히 각종 검사결과의 효율적인 이용과 직업정보의 적절한 활용이 필요하다.

3) 인성적 문제에 대한 지도

인성적인 문제는 여러 가지 심리적인 요인이 복합된 것이어서 복잡성을 띠고 있다. 특히 그 원인 역시 다양하고 개인적이어서 한마디로 표현할 수가 없다. 따라서 어떤 각도에서 문제의 성질에 접근하느냐 하는 것이 해결의 실마리를 찾는 관건이 된다. 학생의 인성적인 문제가 초기에 발견되거나 인지되어서 치료·교정을 거칠 경우에는 별 문제가 되지 않지만, 시간이 많이 경과하면 일탈행동이 나타나게 되고 이 경우에 대체로 부정적인 방향으로 전개되기 쉽다.

일탈행동으로까지 발전하게 되는 인성적인 문제는 그 발생원인을 사회학적인 요인과 심리학적 요인으로 구분해 볼 수 있다. 이를테면 가치관의 동요, 사회적 통제, 규범과 요구의 불일치, 직업구조의 폐쇄성 그리고 가정의 붕괴 등은 전자인 사회학적인 요인이다. 후자인 심리학적 요인으로는 소망과 현실 간의 격리, 욕구불만과 적개심, 초자아 결손의 고무 그리고 현실을 부정확하게 지각하고 있는 자아기능의 비효능성 등이다.

이상에서 열거한 인성적인 문제의 해결은 교사나 카운슬러의 가장 어렵고 복잡한 임무 중의 하나이다. 이와 같은 어려운 문제해결을 위하여 교사나 카운슬러는 인성적인 문제해결의 기본개념을 항시 염두에 두어야 하는데, 이는 다음과 같다.

- 행동에는 원인이 있다.
- 인성적인 문제에는 항상 정서적인 면이 있다.
- 문제해결의 관건은 본인 자신이 가지고 있다.
- 인성적인 문제는 복잡하다.
- 임상적인 판단이 필요하다.

한편, 인성적인 문제의 해결을 위한 실제방법으로서 가장 중심이 되는 것은 개인상담이다. 개인상담의 원리를 실제로 적용하기 위해서는 먼저 인성상담의 본질을 정확히 파악해야 함은 물론, 효과적인 상담관계를 조성하고 개인에게 적합한 상담방법을 결정해야 할 것이다. 특히, 인성상담에서는 상담방법의 적합성과 상담자와 내담자 간의 친밀감 형성이 중요하게 작용한다.

개인상담 방법을 적용할 수 없는 초등학교·중학교 이하의 어린이와 지능 정도가 낮은 학생에 대하여는 유희요법을 실시하여 지도할 수 있다. 유희요법은 정서나 사회성에 깊은 영향을 끼치는 놀이에 치료적인 가치를 이용한 것으로서, 놀이에 의한 감정의 자유로운 표현을 촉진시킴으로써 정서적인 안정감과 사회성에 기여하는 바가 크다. 앞으로 이 방면에 대한 많은 연구가 요구된다.

4) 상담활동

(1) 상담의 개념

상담이란 상담을 받으려는 사람과 상담을 해 주려는 사람 사이에 성립하는 하나의 인간관계를 의미한다. 개인이 당면한 문제를 해결하는데 어려움을 느끼는 사람(내담자 : 來談者)과 그 사람의 문제해결을 돕거나 그 사람의 건전한 성격발달을 도와주려고 하는 전문가인 카운슬러(counselor) 사이에 전개되는 일종의 인간관계를 의미하는 것이다(황응연, 1977). 오늘날 상담이란 용어가 일상화되어 있고 상담자가 무엇을 하는지에 관해서도 널리 알려진 것이 사실이지만 사전적인 정의에 의한다면 '조력'(advice), '생각의 교환'이라는 말에 강조를 두고 있다고 장혁표(1995)는 밝힌 바 있다.

상담이라는 용어는 라틴어의 counsulere라는 말에 그 유래를 두고 있다. 그 뜻은 원래 고려하다(to consider), 상의하다(to consult), 조언을 구하다(to ask counsel of)의 뜻을 가지고 있다. 상담자(counselor)라는 말은 처음에는 법률·종교·경제계에서 변호사·조언자·고문이라는 의미로 사용하였으나, 20 C에 들어와서 1908년 조직적인 가이던스가 시작되면서 직업지도에서 이 용어를 널리 사용하기에 이르렀다. 상담이란 말이 현재 우리가 사용하고 있는 뜻으로 사용된 것은 E. G. Williamson이 1939년에 저술한 『How to Counsel Student』에서 상담을 학생봉사 활동의 한 단계로 다룬 것에서 비롯되었다.

농경시대의 사람들은 그 생활양식이 단순하여 환경에 적응하는데 있어서 감정적·행동적인 장애가 많이 생기지 않았지만, 환경과 생활조건이 급속히 변화하고 있는 현대사회에 적응하기 위해서는 감정이나 행동상의 문제도 점점 증가되고 전문가만이 제공할 수 있는 정보와 조언이 더욱 필요하게 되었다. 요컨대 현대인의 문제는 복잡하고 다양해졌을 뿐만 아니라 혼자 또는 주위의 일반 사람들과의 대화로 간단히 해결할 수 있는 것도 아니다.

오늘날의 상담은 여러 가지 복잡한 생활과정상의 문제를 전문적으로 다루는 것이 되었다. 다시 말해서 정보와 조언을 제공할 뿐만 아니라 경우에 따라서는 심리문제 및 행동장애를 줄이고 생활과제에 보다 효과적으로 대처하도록 지도와 훈련을 하게 된 것이다.

이러한 측면을 종합해서 이장호(1983)는 상담의 정의를 "도움이 필요한 사람이 전문적인 훈련을 받은 사람과의 관계에서 자기의 생활과정상의 문제를 해결하고, 사고·감정·행동측면의 인간적인 성장을 위해 노력하는 학습과정이다"라고 규정하고 있다.

(2) 상담의 과정

① 상담의 계기

상담의 계기가 마련되는 것은 세 가지 경우이다. 첫째는 내담자 자신이 원해서 상담자를 찾아오는 경우이고, 둘째는 상담자가 상담을 필요로 하는 학생을 발견하여 그 학생을 상담에 응하도록 하는 경우이며, 셋째는 제3자, 이를테면 학교교사나 학부모 등이 학생을 상담자에게 보내옴으로써 상담의 계기가 되는 경우이다. 어떤 경우이든 간에 상담을 받는 내담자가 상담을 받을 마음의 태세가 갖추어진 뒤에 비로소 효과적인 상담이 이루어진다는 것을 이해하여야 한다.

② 상담의 제 단계

첫째, 면접 전 활동은 상담면접(counseling interview)의 보다 효과적인 운영을 위한 준비 단계이다. 상담자는 누가기록부의 분석과 추가적인 자료수집을 통하여 면접할 학생에 관한 구체적이고 종합적인 정보를 파악하고 있을 필요가 있다. 대다수의 학생을 대상으로 하는 집단적인 학생 조사활동에서 간과되었던 특수한 개인적인 자료를 학급교사나 부모를 통해서 수집함으로써 상담에 응할 학생과 그의 문제에 대해서 상담자가 사전에 깊은 이해를 한다는 것은 효과적인 상담면접을 위해서 매우 중요한 일이다.

둘째, 면접 중 활동은 면접에 있어서는 관찰하고, 학생의 이야기를 들으며, 질문하고 말하는 활동을 통하여 정보를 수집·제공하고, 문제를 분석·진단·해석하여 실제 학생이 필요로 하는 학습을 돕고 필요한 치료를 가하는 단계이다.

셋째, 면접 후 활동에는 면접에서 상담자가 얻은 정보나 혹은 면접과정에서 나타난 특기할 만한 사항이나 앞으로의 지도를 위한 시사 및 면접과정의 전반적인 상황을 기술하여 계속적인 지도를 위한 기초자료를 만드는 일과, 면접 후에 그 학생이 건전한 적응을 하고 있는가를 알아보고 평가하는 추수활동(追隨活動 : follow up service)이 포함된다. 상담면접이 완결된 이후에 학생의 성장과 적응상태를 조사하고 평가하는 방법과 기술은 학생 조사활동의 그것과 별 다를 바가 없다.

③ 상담 절차

학교상담의 기본절차는 다음과 같이 나누어 볼 수 있다(장혁표, 1995).

- 면담을 위한 준비 : 상담은 상담자가 학생에 관한 자료를 준비하지 않는 한 그 효과를 기대할 수 없다. 상담자는 학생에 관한 각종 자료를 검토하여 사전에 필요한 정보를 가지고 있어야 하며, 학생은

시간을 유용하게 사용할 수 있도록 준비하여야 한다.

- 최초 구조발전 : 학생은 자기와 면접할 상담자가 누구이며 상담을 통하여 어떤 도움을 얻을 수 있는지 알아야 하는데, 이는 짧은 시간 내에 파악될 수 있다. 유능한 상담자라면 효율적인 의사소통의 방법을 알고 있어야 한다.
- 목표설정 : 상담자는 훈련과 경험으로 상담의 목표를 인식한다. 이러한 목표는 상담자가 자신의 전문적인 가치체계와 인간발달을 어떻게 규정짓는가에 따라 설정된다.
- 관계형성 : 상담자는 면담을 진행함으로써 설정해 놓은 관계를 계속 유지하여야 한다. 학생에게는 정직성, 관심의 표현, 인간성 그리고 지각성이 허용되어야 하며, 상담자는 때때로 부드러운 미소나 학생을 이해하고 있다는 표시로 고개를 끄덕이는 등의 반응을 보임으로써 내담자와의 관계형성에 노력하여야 한다.
- 학생의 말을 돕기 : 상담자는 학생들이 자기의 감정을 표현하도록 돕고, 학생이 경험하고 있는 곤란성을 이해하며, 인식하지 못하고 있는 감정과 수락된 곤란성을 돕는데 있어서 자발성과 감수성을 활용하여야 한다.
- 면접의 종료 : 그 다음의 상담을 위한 계획을 세운다. 언제, 어디서, 타 전문가에 위촉할 것인지, 검사가 필요한지, 다른 정보가 부가되어야 하는지 등에 대한 검토를 한다.
- 사후지도 계획 : 상담자는 상담의 내용을 기록하고 상담 이후에도 내담자를 계속 관찰·지도할 계획을 수립한다.

④ 면접의 종결

한 번의 상담으로 성공적인 결과를 기대하기란 어렵다. 물론 간단한 정보제공만으로 끝나는 경우도 있겠지만, 어느 경우이든지 내담자에게 좋은 경험이 되는 것은 사실이다. 상담자가 내담자와의 대화에서 내담자 자신이 이제는 자기 혼자서도 해결할 수 있겠다는 느낌이 든다면, 이는 면접의 종결의 좋은 징표가 될 수 있다. 그리고 종결의 결정도 내담자에게 양보해야 하며 종결이 너무 성급하게 이루어져서도 안 된다.

⑤ 전문가에의 위탁

좋은 훈련과 경험을 가진 상담자라도 그 능력에는 한계가 있기 때문에 전문가에의 위탁은 상담자의 윤리에 관계되는 문제이기도 하다. 학생의 문제가 상담자로서는 능력이 미치지 못하는 경우라면, 학교의 책임자와 학생의 보호자와 상의하여 심리학자・전문적인 사회사업가・정신과 의사에게 위탁하여 전문적인 치료나 지도를 받도록 도와주어야 한다. 위탁할 때에도 상담자가 수집한 문제의 성격과 그 학생에 관한 자세한 정보를 일괄하여 위탁되는 전문가에게 제공하여야 한다.

제11장

창의적 체험활동[1])의 지도

2009년의 부분개정 교육과정 이전에는 특별활동과 창의적 재량활동으로 구분하던 것을 통폐합하여 창의적 체험활동으로 명명하게 되었다. 결국, 제11장 "창의적 체험활동의 지도"는 종전 개념으로 정리하면 "특별활동의 지도"에 갈음하는 것이다. 특별활동이든지 창의적 체험활동으로 명명하든지를 무론하고, 궁극적인 목표는 학생을 조화로운 인간으로 성장할 수 있도록 돕기 위해 설정된 교육과정의 한 영역으로서 학생 개개인의 자율적이고 협동적인 참여 하에 자유로운 자기표현의 기회를 가지게 하고, 개성과 소질의 발견 및 신장뿐만 아니라 더 나아가 민주시민으로서의 자질과 능력을 기르는 활동이라는 데에는 이견이 있을 수 없다.

이에, 창의적 체험활동의 교육적 의의, 창의적 체험활동의 배경, 창의적 체험활동의 '체험'과 '체험학습' 그리고 창의적 체험활동의 교육과정에 대하여 탐구하기로 한다.

---

1) 제11장의 제목은 "특별활동의 지도" 를 염두에 두고 기획하였으나, 장제(章題)를 현행 교육과정에서 사용하는 용어로 통일하는 것이 적절하다는 판단아래, 2009년의 부분개정 교육과정에서 특별활동과 창의적 재량활동을 통합하여 '창의적 체험활동' 으로 개칭한 용어를 따르기로 하였음.

1. 창의적 체험활동의 교육적 의의

창의적 체험활동은 2009년에 단행된 부분개정 교육과정에서 특별활동과 창의적 재량활동을 통합하여 만든 새로운 용어이다. 종전의 특별활동에서 구분한 5대 영역인 자치활동, 적응활동, 계발활동, 봉사활동, 행사활동을 통합하고, 단위학교에서 학교의 특성에 맞게 추진해 오던 창의적 재량활동의 성격을 보완하여 자율활동, 동아리활동, 봉사활동 그리고 진로활동 등 4개 영역으로 재편한 것이다. 이런 맥락에서 보면, 창의적 체험활동은 교과활동과 상호 보완적인 활동의 성격을 띤 특별활동(extracurriculum activities)이라고 할 수 있다.

남억우 외 7인(1988)의 교육학 대사전에서는 이러한 특별활동에 대하여 다음과 같이 설명하고 있다.

특별활동은 종전에 과외활동으로 통칭되어 오던 교육 이외의 모든 학생활동을 지칭하던 것인데, 오늘날의 교육과정에서는 그 교육적 의의가 크게 인정되어 교과활동과 더불어 교육과정의 전체 구조를 이루고 있다. 오늘날의 교육에서 전인적인 인간형성의 입장이 강조됨에 따라 학생들의 유효한 모든 경험과 활동을 교육과정이라고 생각하게 된 것이다. 우리나라 교육과정에서는 1954년에 교육과정시간배당기준령이 공포된 후에 교육과정 속에 포함되었는데, 초기에는 학급활동, 학생회활동, 클럽활동, 학교행사의 4영역으로 구성되어 있었다.

이러한 종전의 과외활동이라는 용어가 특별활동으로 바뀌고 초·중·고등학교에서 정규과정으로 다루어지게 되었고, 특별활동으로 호칭하게 된 것은 관례적인 용어이지 별다른 이유는 없었다. 특별활동에서 기대하는 활동은 학생들의 자발성 및 자율성과 더불어 자주적으로 전개되는 것을 특징으로 한다. 그러므로 특별활동은 교과활동과 상보 보완적인 관계를 이루고 있는데, 교과활동과 비교할 때에 다음과 같은 특징을 열거할 수 있다.

첫째, 교과학습이 개인적이고 이기적인 활동이 지배적임에 반하여 특별활동은 일반적으로 자유로운 집단활동을 특징으로 한다.

둘째, 특별활동의 운영은 객관적인 교재의 테두리가 없다. 또한 교재는 교사가 일방적으로 계획하고 교사의 사전계획에 의하여 학습이 통제되는 데 비해서 특별활동은 교사와 학생과의 개인적인 접촉을 통하여 같이 추억할 활동의 내용을 공동으로 계획한다.

셋째, 교과내용의 조직은 체계적으로 배열된 지식이나 기능으로 성립되는데, 이에 반하여 특별활동은 언제나 생활실천의 흐름 속에서 공동생활의 건설과 추진을 위한 활동이다.

넷째, 특별활동은 사회의 변동이나 문화의 동향을 민감하게 반영시키는 특징이 있다. 이는 교과내용이 전통적으로 이와 고정화된 경향을 띠고 있음에 대비되는 것이다.

이와 같이 특별활동의 운영을 통한 교육적인 특징은 역사적으로 볼 때에, 교과의 학습활동과 대조적인 형태로 나타난다. 그러나 교과지도의 방법이 진보된 오늘날에 있어서 특별활동과 교과활동은 각각 교육적인 특징을 상대적으로 보완하면서 상호 매개적으로 작용하게 된다. 즉, 교과에서 학습한 지식이나 기능은 교과 외의 영역에서 자유로운 생활실천 속에서 종합적으로 구사함으로써 몸에 배는 학력이 되고, 교과에서 싹튼 흥미는 교과 외에서 자유로운 발전의 장을 발견하여야 한다. 또 반대로 교과 외의 자유로운 집단생활에서 생긴 생활의욕이나 문제의식을 토대로 교과학습에 대한 동기가 유발되고, 교과활동 외의 교사와 학생 간의 자유로운 접촉을 통해 서로 친밀해진 인간관계를 교과학습의 장에 도입하는 것은 바람직한 학습의 진행을 가능케 하는 것이다.

2. 창의적 체험활동의 배경[2)]

1) 교육과정에 대한 이해

교육과정은 학교교육을 통해서 학생들에게 어떠한 교육목표를, 어떠한 교내용과 방법 및 평가를 통하여 성취시킬 것인가를 정해 놓는 공통적·일반적인 기준이다. 따라서 교육과정을 개정한다는 것은 학교교육의 기본 설계도를 구안하는 기준을 바꾸는 일로서 교육과정 운영을 위한 요소인 교과서와 교원, 시설 등 초·중등교육 관련 정책들도 동반해서 변화해야 한다. 교육과정은 교육의 일부로서 교육목적을 구체적으로 구현하는 수단이며, 교육내용과 활동의 계획이며, 계획의 반성적인 실천이다. 삶과 학습이 서로 긴밀하게 연결되어 있고 삶은 학습을, 학습은 삶을 밀고 끄는 관계가 바람직하지만, 사실상 삶을 위한 학습은 옳고 학습을 위한 삶은 바람직하지 않다. 학교교육을 중심으로 교육과정의 위치를 그림으로 나타내면 다음과 같다.

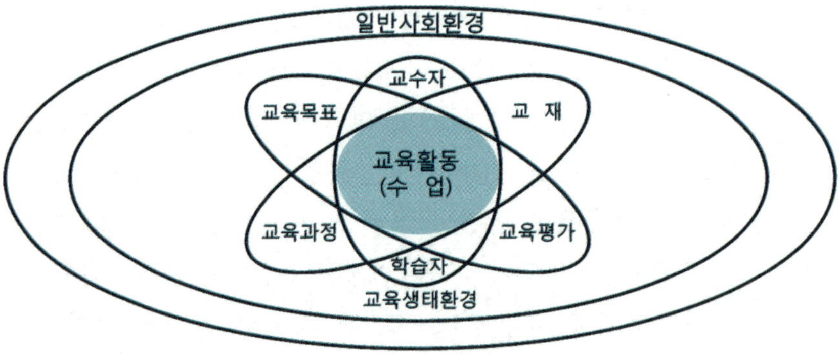

*자료 ; 이현주(2010). "2009 개정 교육과정과 창의적 체험활동." 『손에 잡히는 창의적 체험활동』 전국워크숍자료. 부산교육 2010-240호. p.2. 재인용.

[그림 11-1] 교육과 교육과정

---

2) 2010.11.12(금) 부산교육대학교에서 개최한 『손에 잡히는 창의적 체험활동』 전국워크숍에서 이현주가 발표한 '2009 개정 교육과정과 창의적 체험활동'에서 인용한 내용임.

'무엇을 가르치고 배울 것인가?'하는 질문이 중요한 이유는 현재 가르치고 있는 교육내용과 활동에 대한 반성적인 사고를 촉구하는 것이기 때문이다. 학문탐구 분야로서 교육과정학은 교육기관의 교육상황에서 가르치고 배울 만한 것이 무엇인가를 찾는 일이다. 즉, 현재 가르치고 있는 것 중에서 혹시 가르치지 않아도 될 만한 것은 없는가, 현재 가르치지 않아도 될 만한 것들 때문에 마땅히 가르칠 만한 것을 빠뜨리고 있지 않은가 등을 묻고 답하는 것이다.

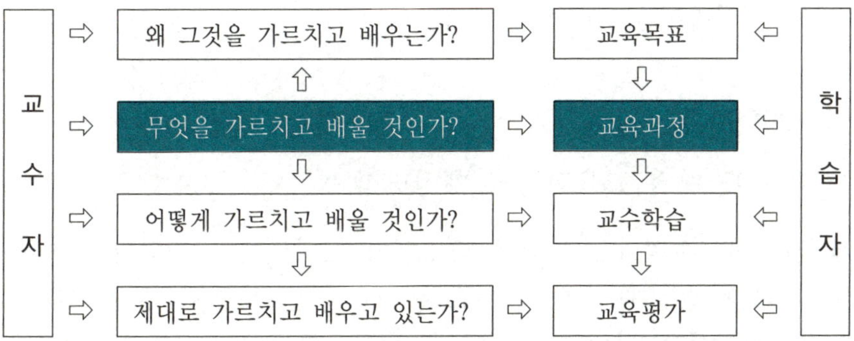

*자료 ; 이현주(2010). "2009 개정 교육과정과 창의적 체험활동." 『손에 잡히는 창의적 체험활동』 전국워크숍자료. 부산교육 2010-240호. p.3. 재인용.

[그림 11-2] 교육의 진행 과정을 기초로 한 기본질문

지식과 정보가 폭발적으로 늘어남에 따라 가르칠 만한 것을 포함시키고 가르칠 필요가 적은 것을 배제하는 선택적인 활동을 꾸준히 해야 한다. 12년 또는 16년간의 학교교육을 통해 무엇을 가르치고 배우느냐에 대한 대답의 하나는 크게 기본교양, 주요소양 및 핵심역량을 가르치고 배운다는 것이다. 즉, 초·중·고등교육을 통해서 학업세계와 직업세계의 전모를 학습자들에게 보여줄 수 있어야 그들의 학업 및 진로의 인식과 결정에 도움이 될 수 있다.

'기본교양'은 사람이라면 누구나 갖추어야 할 지식, 기능, 태도, 행동양

식을 말한다. 이는 사회성원들로 하여금 사회적인 상식을 형성하게 하는 일이다. '주요소양'은 특정 분야에 요구되는 지식, 기능, 태도 및 행동양식을 말한다. 예컨대, 학생들을 가르치는 교사들에게는 학습자에 대한 이해와 배려가 중요한 소양이다. '핵심역량'은 특정 분야에서 요청되는 전문적이고 창의적인 지식과 기능 등이라고 할 수 있다. 그 직무를 수행하는 특정인에게만 체화되어 있어서 타인과 대체 불가능한 고도의 전문적이고 창의적인 수행이 돋보이는 역량이라고 할 수 있다. 초등교육은 주로 기본교양을, 중등교육은 주로 주요소양을 그리고 고등교육 이상에서는 주로 핵심역량을 기르려고 노력한다.

2) 2009 개정 교육과정

(1) 2009 개정 교육과정의 개정방향

교육과정은 시대적인 변화를 반영해서 끊임없이 진화되어야 하며, 때로는 시대를 앞서거나 변화를 이끄는 선도적인 역할도 해야 한다. 세계화·국제화 시대를 맞이하여 지식경쟁이 국가경쟁력을 좌우하는 상황에서 초·중등 교육과정은 글로벌 창의인재 육성이 가능한 구조로 개편되어야 할 것이다. 그리고 엄청난 지식이 쏟아지고 그 많은 지식이 순식간에 처리되는 지식·정보화 시대에서는 학습경험의 '양'보다는 '질'을 강조하는 교육과정으로 전환되어야 한다. 또한 전문화되고 다변화되는 사회 그리고 다양한 교육수요자들의 요구 등을 감안하여 단위학교 교유과정 편성·운영에 탄력성과 자율성을 부여함으로써 교육과정의 다양화와 특성화를 유도해야 할 것이다.

지금까지의 국가 교육과정은 기준은 별다른 노력 없이도 어느 학교에서나 시간표를 짤 수 있는 기준으로 작용하였고, 이 시간표대로 운영하면 무탈한 교육과정이었다. 또한 배우는 학생 입장보다는 확보된 교사 위주의 교육과정이었으며, 최소수준이지만 대부분 최대수준으로 작용하였고, 교육청 장학활동의 표준으로 작용하여 교육의 질 향상을 지속적으로 유인하지 못하였다. 따라서 우리나라 교육과정은 그 양과 질에서 시급한 개선시점에 있어서 초등학교 고학년의 경우에 10개 교과이수, 중학교에서는 13~15개 과목이수, 고등학교에서는 적성과 진로에 맞는 학습기회의 부족으로 결과적으로 교사의 교수부담, 학생의 학습부담과 학습흥미 저하 등으로 낮은 수업의 질과 저조한 교육의 성과를 초래하였다.

현행 교육과정은 모든 학교가 국가가 정해준 동일한 교과목과 내용으로 운영되고 있어서 학교의 자율성과 다양성이 부족하고, 교과학습 위주의 교육으로 다양한 체험, 봉사, 진로교육 등 창의인재 육성을 위한 교육이 부족하다는 비판이 제기되어 왔다.

이에, 국가교육과학기술자문회의에서는 '교육과정특별위원회'를 구성하여, 학생의 지나친 학습부담을 감축하여 학습흥미를 유발시키고, 단편적인 지식·이해교육이 아닌 학습하는 능력과 폭넓은 인성을 기르는 '하고 싶은 공부, 즐거운 학교'로의 변화를 추구하기 위한 '미래형 교육과정 구상안'을 제안(2009. 9월)하였다. 이를 바탕으로 교육과학기술부는 의견수렴, 현장적합성 검토 등을 거쳐서 '2009 개정 교육과정'의 개정을 추진하였으며, 2011년 단위학교 적용 시의 안정적인 운영을 위하여 홍보와 연수 등 다양한 방법으로 시·도교육청 및 학교를 지원하고 있다.

(2) 2009 개정 교육과정의 특징

2009 개정 교육과정의 가장 중요한 특징은 그동안 국가나 교육청의 기준 및 지침에 의거하여 운영되던 경직성에서 탈피하여 교육과정의 탄력적인 현장운영을 지향하는 것이다. 이를 위해서 교과군과 학년군, 집중이수제 등을 도입하고, 학교에 교과(군)별 수업시수 증감을 허용하여 교과 이수시기와 수업시수(단위)를 자율적으로 결정할 수 있는 권한을 부여하였다. 또한 단위학교의 교육과정 자율성 확대와 더불어 학생의 학습부담

을 덜어 주고, 진로에 적합한 교육과정 운영 강조, 다양한 체험활동을 통한 학습강화 등도 주요한 특징이라고 할 수 있다.

① 공통교육과정과 선택교육과정의 재설정

초등학교 1학년부터 고등학교 1학년까지 10년간의 '국민공통기본교육과정'을 중학교 3학년까지의 9년으로 기간을 단축하여 의무교육기관과 일치시키면서 명칭을 '공통교육과정'으로 바꾸었다. 이에 따라 고등학교 2학년부터 3학년까지 2년간 이루어졌던 선택중심 교육과정은 고등학교 전학년으로 확대 적용하도록 하면서 그 명칭도 '선택교육과정'으로 바뀌었다.

이러한 변화의 결과로 학생들이 자신의 진로에 적합한 교과목을 선택하여 배울 수 있는 기회의 폭이 넓어졌고, 고등학교 교육과정 운영의 자율성도 대폭 확대되었다. 선택교육과정이 고등학교 1학년부터 적용됨에 따라 중학교 단계에서 진로교육의 중요성이 커지게 되었는데, 이에 따라 중학교 선택과목에 '진로와 직업' 과목을 신설하였다. 그리고 중학교에 직업 및 진로에 대한 탐색과 선택을 돕기 위하여 진로교육을 강화한 교육과정을 편성·운영하도록 명시하고 있다.

② 교과별 수업시수 20% 증감 허용

학교에서 교육과정 편성·운영의 자율성을 부여한 핵심적인 사항 중의 하나가 교과목별로 20% 범위 내에서 수업시수를 자율적으로 증감할 수 있도록 허용한 것이다. 개설된 각 교과의 수업시수를 최대한 존중하되, 학교의 여건과 학생의 진로, 과정 등을 감안하여 배당 시수의 일정 비율(20% 범위 내에서)을 증감하여 타 교과로 전환하여 사용할 수 있게 한 것이다. 예를 들어서, 국어에 비해 수학의 학업성취도가 떨어지는 학교에서는 국어 수업시간을 주당 1시간씩 줄이고, 수학시간을 주당 1시간씩 늘려서 운영할 수 있다.

과목별 수업시수 증감 운영 허용과 관련하여 2009 개정 교육과정에서는 기존의 '최소수업시수' 개념 대신에 '기준수업시수'를 사용하고 있다. 이는 학교단위에서 각 교과목의 이수시간을 최종적으로 결정하도록 운영함으로써 학생의 진로, 흥미, 수준에 부합하는 교육과정을 제공할 수 있게 함은 물론, 학교 입장에서는 집중이수나 블록타임제, 교과교실제 등을 원활하게 실시할 수 있는 여지를 주었다.

교과(군)별 수업시수를 증감하여 운영할 경우에 교과 교육과정 재구성의 노력이 병행되어야 한다. 교과(군)별 수업시수를 20% 범위 내에서 감축하여 운영하고자 할 때에는 단원과 교육과정의 재구성이 이루어져야 한다. 즉, 교과 교육과정 기준의 일부를 생략하여 운영할 수 있는 것이 아니므로, 수업시수를 감축하더라도 해당 교과 교육과정 기준을 성취해야 한다. 이는 모든 교과의 기준 수업시수를 80% 이상 확보하는 범위 안에서 지역별·학교별로 다양한 여건과 필요에 맞게 조정하여 운영할 수 있도록 단위학교에 자율성을 부여한 것이다. 따라서 지나친 학업성취도 경쟁을 목적으로 학생들의 전인적인 성장 측면에서 중요한 예술·체육과목을 감축하여 운영하는 일은 지양해야 한다.

이에 관하여 2009 개정 교육과정 적용에 따른 2011학년도 학교급별 교육과정 확정·편성 시에는, 특히 초·중학교에서 체육, 예술(음악/미술) 교과의 기준 수업시수가 감축되지 않도록 철저히 지도할 것을 시·도교육청에 공문(2010.9.30)을 시행한 바가 있다.

③ 학년군, 교과군 도입을 통한 집중이수로 학기당 이수 교과목수 축소

현행 교육과정에서는 고교생들이 평균적으로 학기당 11~13개 과목을 이수하고 있는 것으로 나타났다. 이와 같이 일시에 배우는 과목수가 많다보니 학습자의 부담이 과다하게 되고, 학생이 과제에 몰두할 수 있는 시간이 적어져서 결국에는 학습결손으로 이어지게 된다. 교사의 입장에서 보면 담당해야 하는 학생이 과다하여 학생의 관찰 및 파악이 어렵게 되고, 이는 내실 있는 수행평가의 적용을 기피하게 만드는 요인이 된다. 또한 수업이 단순 반복형으로 이어지게 됨으로써 교사의 전문성 신장을 저해하고, 소규모 학교의 경우에는 교사수급을 어렵게 만드는 요인으로 작용하고 있다.

2009 개정 교육과정에서는 2~3개 학년을 하나의 학년군으로 묶고, 성격이 유사한 교과목을 교과군으로 묶어 기준 이수단위를 제시해 줌으로써 집중이수가 가능하도록 하였다. 이렇게 집중이수를 통해서 학기당 이수과목수가 감소하게 되면, 블록타임제를 활용하여 교과교육의 특성에 맞는 수업운영이 가능해 진다. 뿐만 아니라 학생의 학습부담을 경감시키면서도 교과에 대한 심도 있는 학습이 가능해져서 최적의 학습효과를 올리게 된다. 교사의 입장에서 보면, 수업준비를 더 충실히 하게 되고 밀도 있는 수업진행이 가능해지며, 실험・실습・실기수업의 시간을 충분히 확보할 수 있다는 장점이 있다.

이번 개정 교육과정에서는 학기당 집중이수가 가능하도록 기준 이수단위를 5단위로 설정하였다. 또한 고등학교 1단위 기준을 ‘17주’에서 ‘17회’로 바꾸면서 분기별 집중이수까지도 가능하도록 운영의 폭을 넓혀 주었다. 대신에 학기당 이수과목 수에 대해서는 ‘8과목 이내로 편성할 수 있다’는 임의규정이 아닌 ‘8과목 이내로 편성해야 한다’라는 의무규정으로 변경하였다.

그러나 여기에서 유념해야 할 사항은 모든 과목을 반드시 집중이수해야 한다는 것이 아니라는 점이다. 1년 또는 그 이상의 기간에 걸친 교육이 필요한 특정 교과목의 경우에는 오히려 학기나 학년을 연속해서 편성하는 방안도 고려해야 할 것이다. 또한 초등학교의 경우에 집중이수제는 의무조항이 아니라, 학생의 발달단계를 고려하여 단위학교에서 필요시

적용하는 허용조항이다.

2009 개정 교육과정 적용 시에 융통성 부여사항으로서 학생들의 학습 부담이 되지 않는다고 판단되는 고등학교의 교양과목과 중학교의 선택과목 중에서 고등학교의 교양과목 성격을 가지는 과목은 '학기당 이수교과목 수를 8개 이내로 편성' 대상 과목에서 제외한다. 다만, 교과(군)별 이수단위 합계에는 포함된다.

- 중 학 교 : 환경, 보건, 진로와 직업 등
- 고등학교 : 생활과 철학, 생활과 논리, 생활과 심리, 생활과 교육, 생활과 종교, 생활경제, 안전과 건강, 진로와 직업, 환경과 녹색성장

특성화고의 경우에도 학기당 8과목 이내 편성 조항은 유지하되, 실습 중심 교과는 학기당 과목 수에서 제외한다.

④ 학생의 진로희망을 감안한 맞춤형 교육과정 운영

2009 개정 교육과정에서 강조하고 있는 것 중의 하나가 학생의 진로와 적성을 고려한 교육과정 운영이다. 선택교육과정이 고등학교 1학년부터 적용됨에 따라 중학교 단계에서는 진로교육을 강화하는 차원으로 선택과목에 '진로와 직업' 과목을 신설하였다.

전체 학년이 선택교육과정으로 설정된 고등학교는 116단위를 교과영역별 필수 이수단위로 정하고, 나머지 64단위를 '학교자율과정'으로 설정하여 진로 집중과정과 관련된 과목의 심화학습을 할 수 있도록 함으로써 학생의 진로에 따른 맞춤형 교육을 추구하고 있다. 그러나 개별 학생이 3년간 자신이 이수해야 할 모든 선택과목을 스스로 결정·선택하기가 어려울 것으로 예상되므로, 학교에서는 학생의 진로와 적성을 고려한 3년간의 과정을 다양하게 구안하고 신입생들에게 제시하여 줌으로써 학생들이 바람직한 선택을 하도록 도와야 할 것이다.

학교급별 교육과정 편성·운영의 중점에서도 중학교의 경우에 "학교는

학생의 직업진로에 대한 탐색과 선택을 돕기 위해 진로교육을 강화한 교육과정을 편성·운영해야 한다"라고 규정하고 있고, 고등학교에서는 "학교는 학생의 요구 및 흥미, 적성 등을 고려하여 진로를 적절히 안내할 수 있는 진로 집중과정을 편성·운영하도록 한다"라고 규정하고 있다. 그리고 2009 개정 교육과정 시행을 앞두고 국가수준에서 과학 중점학교, 영어 중점학교, 예술·체육 중점학교 등 학생들의 진로 관련 교육과정을 중점 운영하는 학교를 지정·운영하는 것도 이러한 맥락에서 해석해야 할 것이다.

⑤ 창의적 체험활동의 도입

현행 교육과정에서 재량활동은 2개 영역(교과 재량활동, 창의적 재량활동), 특별활동은 5개 영역(자치활동, 적응활동, 봉사활동, 계발활동, 행사활동)으로 구성되어 있다. 그러나 당초 도입취지와는 달리 창의적 재량활동 시간이 국가 또는 지역에서 요구하는 교육활동 중심으로 운영되어 왔으며, 이러한 요구들은 지속적으로 늘어나고 있다. 또한 창의적 재량활동은 특별활동과 내용 간에 중복이 있거나 체험 중심 요소가 약하다는 비판과 더불어 그 운영이 형식적이고 교원의 수업시수 조정용으로 이용되고 있는 실정이다.

이러한 문제점을 감안하여 교과 외 교육활동 편성영역을 재설정하고 학교 교육과정 편성·운영의 융통성과 자율성을 확대하는 개념으로서 '창의적 체험활동'이 2009 개정 교육과정에서 등장하게 되었다.

3. 창의적 체험활동의 『체험』과 『체험학습』

2009년에 단행된 부분개편 교육과정에서 채택된 창의적 체험활동에서 '체험'과 '체험학습'이 가지는 교육적인 의미에 대하여 김영진(2010)은 다음과 같이 설명하고 있다.

1) 창의적 체험활동에서 『체험』이 가지는 의미

체험은 인간이 살아가면서 오감을 통해서 겪는 경험들을 내적으로 연관을 맺도록 내면화시키는 과정이다. 즉, 체험은 개별적인 활동에 머물러 있는 경험과는 다르게 활동에 대한 강화와 심리적 공유, 상호간의 표현을 함으로써 성찰과 내면화가 개인과 연결되어 있다. 체험은 누구나 동일하게 겪는 것이 아니라서 모두 다를 수밖에 없고, 체험들이 서로 내적인 연관을 맺게 됨으로써 하나의 삶을 형성해 나가게 된다. 따라서 체험은 개인(我)과 개인(또 다른 나)의 내부만남에서 발생하는 내재적인 가치와 개인(我)과 다른 대상(他者)과의 외부만남을 통해서 발생하는 외재적인 가치 간의 연결을 통해서 삶에 대한 성찰이 이루어진다.

[그림 11-3]에서 제시한 체험의 기본적인 개념도를 살펴보면, 개인이 체험에 대해서 가지고 있는 모방, 상상작용, 신비감, 탐구심, 도전의식, 모험심 등은 부정형하고 불확실하며 덜 구체적인 상태로 유지되다가, 개인과 개인의 만남을 통해 공유된 과제를 해결하면서 타협하고 협상하게 된다. 즉 공유된 체험의 과정이 발생하게 되는 것이다.

개인과 개인의 만남에서 발생하는 내재적인 가치는 체험을 통해서 스스로가 얻는 즐거움과 보람, 재미, 만족 등을 포함하고 있고, 개인과 다른 대상과의 만남에서 발생하는 외재적인 가치는 공동체 형성, 정보획득, 활동참여 등을 포함하고 있다. 이러한 체험을 통한 내재적인 가치와 외재적인 가치가 균형 있는 조화를 이룰 수 있어야만 개인의 삶에 대한 가치와 의미가 발생하게 되고, 새로운 만남으로 이어지게 된다. 의미 있는

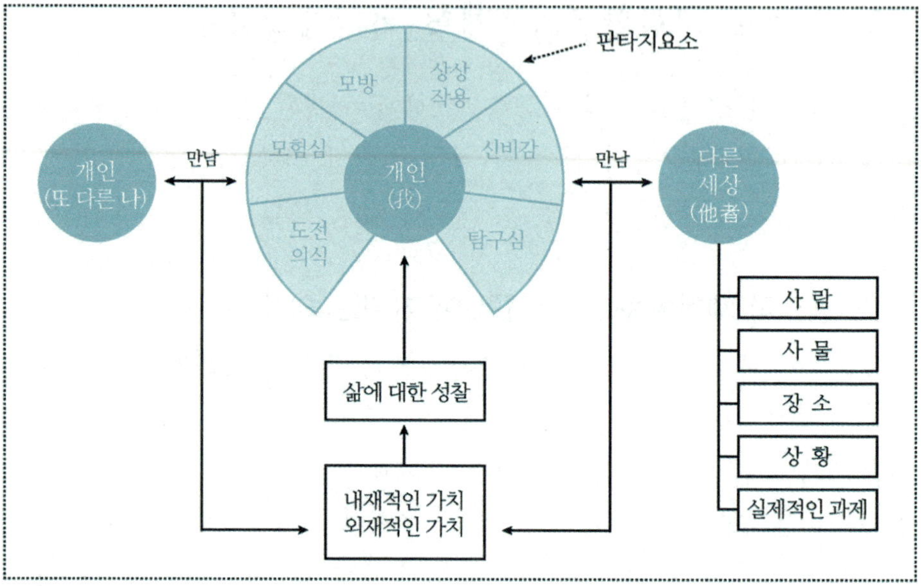

*자료 ; 김영진(2010). "초등학교 창의적 체험활동 운영방안." 2009 개정 교육과정과 창의적 체험활동." 『손에 잡히는 창의적 체험활동』 전국워크숍자료. 부산교육 2010-240호. p.30. 재인용.

[그림 11-3] 체험의 기본적인 개념도

체험이 되기 위해서는 체험이 발생하는 시점에서 연속적인 관계형성을 통해 자신에게 반성적 사고나 성찰(reflection)을 할 수 있도록 유도하고 그 속에서 삶의 가치와 의미를 파악하도록 해야 한다.

2) 창의적 체험활동에서 『체험학습』이 가지는 의미

체험학습은 개인과 개인, 개인과 다른 대상(他者)과의 만남으로 연결되는 '체험'과 유목적이면서 목표지향적인 특성을 가지고 있는 '학습'이 결합된 개념이다. 체험학습은 [그림 11-4]에서 보는 바와 같이, 실제 대상에 대한 직접적이고 구체적인 만남을 통하여 자발적이고 자기주도적인 활동참여로 주변 환경과의 활발한 상호작용을 하게 하는 체험활동, 개인의 가치변화로 유도되는 반성적 사고 및 성찰 그리고 자신과 다른 사람들에 대한 이해를 통하여 삶의 가치와 의미를 변화시키는 과정으로 정의할 수 있다.

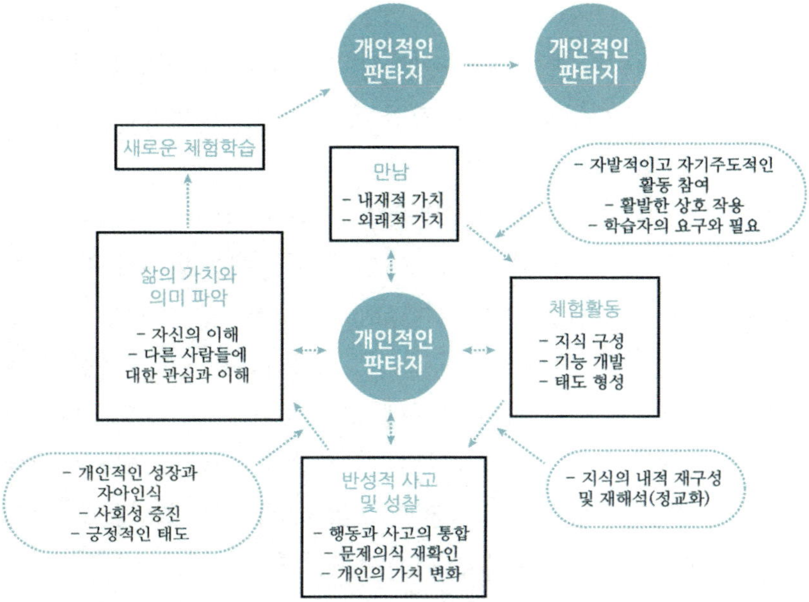

*자료 ; 김영진(2010). "초등학교 창의적 체험활동 운영방안." 2009 개정 교육과정과 창의적 체험활동." 『손에 잡히는 창의적 체험활동』 전국워크숍자료. 부산교육 2010-240호. p.31. 재인용

[그림 11-4] 체험의 기본적인 개념도

체험학습은 만남-체험활동-반성적 사고 및 성찰-삶의 가치와 의미파악을 통해 새로운 체험학습으로 나아가는 순환적인 학습과정으로 볼 수 있다. 개인과 개인, 개인과 다른 대상과의 의미 있는 만남 속에서 내재적인 가치와 외재적인 가치를 찾는 것에서부터 체험학습은 시작하게 된다. 이러한 만남은 J. Dewey의 인간과 자연적·사회적 환경의 직접적인 상호작용 과정에서 행동과 사고작용이 발생하는 것과 의미가 통한다고 볼 수 있다. 단순한 만남은 자발적이고 자기주도적인 활동의 참여, 활발한 상호작용, 학습자의 요구와 필요에 의해서 의미 있는 만남이 되고, 이러한 의미 있는 만남은 곧 체험학습 상황이 된다. 또한 학습자는 다양한 체험학습 상황을 경험하면서 지식을 구성하고 기능이 개발하며, 이에 따른 태

도를 형성하게 된다. D. A. Kolb와 K. Lewin이 제안한 체험학습 활동을 통해서 보고 생각하며 느끼고 신체적인 활동을 하는 구체적인 상황 속에서 적극적인 참여와 의사결정, 반성적인 성찰을 통한 의미를 생성해 나가게 된다.

만일, 체험학습이 지식적인 구성만을 고려하는 상황이라면 학습자는 체험학습이 요구하고 있는 성찰이나 내면화 과정에까지 이르지 못하게 된다. 학습자 자신이 가지고 있는 체험학습에 대한 판타지적인 요소들－모방, 상상작용, 신비감, 탐구심, 도전의식, 모험심 등－에 대하여 고려하지 않았기 때문에 단순한 지식의 습득에 그치게 되는 것이다. 보다 바람직한 체험학습이 이루어지기 위해서는 지식적인 면만을 강조하는 것에서 탈피하여, 기능적인 면이나 태도적인 면, 특히 학습자 개인들이 가지고 있는 판타지에 대한 충족과 이해가 이루어져야 한다.

체험학습을 통하여 지식이 구성되고 기능이 개발되며 태도가 형성되고 나면 반성적인 사고 및 성찰로 이어지게 된다. 체험학습에서 발생한 행동과 사고를 통합하고 문제의식을 재확인함으로써 개인은 가치변화를 하게 되는 것이다. 최종적으로 체험학습에서 요구하고 있는 삶에 대한 가치와 의미를 파악하기 위해서는 개인의 자아를 인식하고 긍정적인 태도를 갖게 하는 것이 중요하다. 이러한 체험학습의 순환적인 과정을 통해서 학습자는 현재 학습하고 있는 실재(realities) 속에서 다양한 사람들의 삶의 세계와 만나게 되고, 이로써 다른 사람들에 대한 관심과 이해를 높일 수 있다.

4. 창의적 체험활동의 교육과정

1) 창의적 체험활동의 도입

글로벌 지식기반의 사회에서는 새로운 지식과 가치를 창출하고, 더불어 살아갈 줄 아는 능력이 요구되는 창의성과 인성을 고루 갖춘 인재상을 요구하고 있다. 우리나라 역시 인성이 뒷받침된 창의적인 인재가 국가 경쟁력을 좌우하게 되는 시대의 흐름에 발맞추어 미래 인재의 핵심역량 및 자질을 새롭게 정의하고 있다. 이에, 배려와 나눔을 실천하는 창의 인재를 양성하는 교육을 학교 교육과정을 통해 구현하고자 2009 개정 교육과정을 도입하게 되었다. 또한 지나친 교과지식 위주의 학교 교육활동에서 벗어나 창의성과 폭넓은 인성교육을 강화하는 다양한 체험 중심의 교육을 통해서 학생들로 하여금 인지적, 정의적, 심동적인 기능을 골고루 갖추도록 하는 창의적 체험활동 교육과정이 신설되었다.

창의적 체험활동은 제7차 교육과정과 2007년 개정 교육과정의 재량활동 중에서 창의적 재량활동과 특별활동을 통합한 교과 외 활동이다. 그리고 학생들이 자발적으로 참여하여 개개인의 소질과 잠재력을 계발·신장하고, 자율적인 생활자세와 타인에 대한 이해를 바탕으로 나눔과 배려를 실천함으로써, 세계시민으로서 갖추어야 할 공동체 의식과 다양하고 수준 높은 자질 함양을 지향하는 교육과정이다.

2) 창의적 체험활동의 특징

첫째, 학교 교육과정 편성·운영의 자율성과 책무성이 강화된 교육과정이다.

2009 개정 교육과정은 단위학교 교육과정 편성·운영에서 높은 수준의 전문성을 요구하고 있으며, 창의적 체험활동 교육과정 역시 교육 수요자의 요구, 지역 및 학교의 특성에 따라 학교재량으로 교육과정을 편성·

운영할 수 있는 자율성과 그에 따른 책무성이 강조되고 있다.

둘째, 창의성과 인성함양을 강조하는 교육과정이다.

수학, 과학, 문화, 예술분야의 소수 학생들을 위한 영재교육 개념의 창의성 교육에서 벗어나고, 전통적이고 소극적인 개념의 도덕교육이나 생활지도 차원의 인성교육이 아닌 모든 학생들을 대상으로 새로운 가치를 찾아내며, 공동체의 일원으로서 더불어 살 줄 아는 바른 인성을 갖춘 학생을 양성하는 데에 초점을 맞추고, 교육내용, 방법 및 평가체제 안에서 창의·인성교육이 실천될 수 있도록 하고 있다.

셋째, 지역사회와 협력하는 지역단위의 교육과정이다.

창의적 체험활동은 지역사회의 인적 및 물적 자원을 학교 교육과정과 연계시켜 다양한 체험활동을 하게 하는 지역사회와 협력하는 지역단위의 교육과정이다. 학교는 제한적인 학교 내의 인적·물적 환경을 포함하여 학교 밖의 지자체, 유관기관 등과의 연계를 통해서 지속적인 체험활동이 이루어질 수 있도록 노력해야 한다.

넷째, 학생 중심의 교육과정이다.

창의적 체험활동은 학생의 희망, 흥미, 소질 및 적성을 고려하고 자율적인 참여와 실천을 돕기 위한 교육과정이다. 앞만 보게 하는 교육보다는 멀리 보게 하는 교육, 앞서가는 교육보다는 함께 가는 교육, 자신이 하고 싶은 일을 위해 꿈을 꾸며 자발적인 동기로 참여할 수 있도록 학생이 주체가 되는 교육과정이다.

3) 창의적 체험활동의 목표

국가 수준에서 고시한 창의적 체험활동 교육과정에서는 초·중·고등학교의 구분 없이 하나로 묶어 다음 [그림 11-5]와 같은 총괄목표와 네 개의 하위목표를 제시하고 있다.

총괄목표

학생들은 창의적 체험활동에 자발적으로 참여하여 개개인의 소질과 잠재력을 계발 및 신장하고, 자율적인 생활자세를 기르며, 타인에 대한 이해를 바탕으로 나눔과 배려를 실천함으로써 공동체 의식과 세계시민으로서 갖추어야 할 다양하고 수준 높은 자질함양을 지향한다.

자율활동	동아리활동	봉사활동	진로활동
자발성에 바탕을 둔 변화환경 대응 및 공동체 구성원으로서의 역량 형성	취미 및 특기계발, 협동적인 학습능력과 창의적인 태도 형성	나눔과 배려실천, 자연환경 보존, 생활습관 형성을 통한 삶의 가치 이해	자아정체성 확립과 진로탐색 설계, 진로결정 및 준비

*자료 ; 이현주(2010). "2009 개정 교육과정과 창의적 체험활동." 『손에 잡히는 창의적 체험활동』 전국워크숍자료. 부산교육 2010-240호. p.9. 재인용.

[그림 11-5] 창의적 체험활동의 목표

4) 창의적 체험활동의 영역 및 교수·학습활동

(1) 자율활동

① 주안점

학급이나 학교 구성원의 자발적이고 자율적인 참여를 중시하는 활동이다.

② 목표

- 전학, 입학 및 진급 등에 따른 생활변화에 적응하고 이를 주도하는 능력을 길러서 원만하고 즐겁게 학교생활을 한다.
- 다양한 협의 및 실천경험을 통해 문제를 합리적으로 해결할 수 있으

며, 민주적인 의사결정의 기본원리를 익힌다.

- 학급과 학교에서 일어나는 제 문제에 대하여 적극적으로 참여하고 협의하며 실천함으로써 협동심과 유대감을 기른다.
- 교내외에서 실시되는 여러 행사의 의의와 중요성을 이해하고, 행사에 자발적으로 참여하여 학교와 지역사회의 발전을 위해 노력하는 태도를 가진다.
- 학급, 학년, 학교의 특성 및 학습자의 발달단계에 맞는 다양한 특색활동을 계획하고, 이에 참여함으로써 자신감과 창의성을 기른다.
- 학교의 전통을 계승하고 이를 창의적으로 발전시키려는 노력을 통하여 소속감과 애교심을 기른다.

③ 활동별 내용

활동명	주요 활동내용
적 응 활 동	• 입학, 진급, 전학 등에 따른 적응활동 등 • 예절, 질서 등의 기본생활습관의 형성 활동, 축하, 친목, 사제동행 등 • 학습, 건강, 성격, 교우관계 등의 상담활동 등
자 치 활 동	• 1인 1역, 학급회 및 학급 부서활동 등 • 학생회 협의활동, 운영위원 활동, 모의의회, 토론회 등
행 사 활 동	• 시업식, 입학식, 졸업식, 종업식, 기념식, 경축일 등 • 전시회, 발표회, 학예회, 경연대회, 실기대회 등 • 학생건강 체력평가, 체격 및 체질검사, 체육대회, 친선경기대회, 안전생활 훈련 등 • 수련활동, 현장학습, 수학여행, 학술조사, 문화재 답사, 국토순례, 해외 문화체험 등
창의적 특색활동	• 학생 특색활동, 학급 특색활동, 학년 특색활동, 지역 특색활동 • 학교전통 수립활동, 학교전통 계승활동 등

④ 교수 · 학습방법

- 학생들의 자발적이고 자율적인 활동이 되도록 해야 하며, 그 활동이 바람직하고 창의적인 방향으로 이루어지도록 지도한다.
- 모든 구성원들이 골고루 참여할 수 있는 기회를 제공하고, 다양한 의견을 존중하여 참여의식을 높이며 소속감을 가지게 한다.
- 학생 전원이 학급생활에 필요한 한 가지 이상의 일을 분담하여 자율적으로 실천하게 하되, 필요할 경우에는 역할을 교체하여 다양한 경험을 가지도록 한다.
- 행사활동의 계획수립, 준비, 시행 및 반성 등에 있어서 학생들이 적극적으로 참여하도록 지도하고, 적절한 역할분담을 통하여 자치적인 운영이 되도록 한다.
- 행사계획을 수립할 때에는 행사명, 목적, 시기, 장소, 대상, 행사과정, 역할분담, 유의점, 배치도 및 상황변동 시의 대책 등을 충분히 고려하고, 필요에 따라 사전답사나 사전교육을 실시한다.
- 학교행사를 실시함에 있어서 필요한 경우에는 지역사회의 연계성을 고려하되, 지역사회의 요청에 의한 학교행사는 그 교육적인 가치를 충분히 검토하여 선택적으로 운영할 수 있다.
- 학생들이 교실과 교내를 벗어나 다양한 실생활과 자연을 접하여 호연지기를 기를 수 있는 기회를 적극 마련한다.

(2) 동아리활동

① 주안점

학생들의 공통 관심사와 동일한 취미, 특기, 재능 등을 지닌 학생들이 함께 모여서 자발적인 참여와 운영으로 자신들의 능력을 창의적으로 표출해 내는 것을 주 활동으로 하는 집단활동이다.

② 목표

- 흥미, 취미, 소질, 적성 및 특기가 비슷한 학생들로 구성된 활동부서에 자발적으로 참여하여 창의성과 협동심을 기르고, 원만한 인간관계를 형성한다.
- 다양한 활동에 참여하여 자신의 잠재능력을 창의적으로 계발·신장하고, 자아실현의 기초를 닦는다.
- 여가를 선용하는 생활습관을 형성한다.
- 지역 내의 학교 간에 각종 동아리 경연대회를 통해 우의를 다지는 협력과 공정한 경쟁을 익히도록 한다.

③ 활동별 내용

활동명	주요 활동내용
학 술 활 동	• 외국어 회화, 과학탐구, 사회조사, 탐사, 다문화 탐구 등 • 컴퓨터, 인터넷, 신문활용, 발명 등
문화예술활동	• 문예, 창작, 회화, 조각, 서예, 전통예술, 현대예술 등 • 성악, 기악, 뮤지컬, 오페라 등 • 연극, 영화, 방송, 사진 등
스포츠활동	• 구기운동, 육상, 수영, 체조, 배드민턴, 인라인스케이트, 하이킹, 야영 등 • 민속놀이, 씨름, 태권도, 택견, 무술 등
실습노작활동	• 요리, 수예, 재봉, 꽃꽂이 등 • 사육, 재배, 조경 등 • 설계, 목공, 로봇제작 등
청소년 단체활동	• 스카우트연맹, 걸스카우트연맹, 청소년연맹, 청소년적십자, 우주소년단, 해양소년단 등

④ 교수·학습방법

- 학생의 취미, 흥미, 적성, 요구, 학교실정 및 지역특성 등에 알맞은

활동부서를 조직하고, 모든 학생에게 자세히 안내한다.

- 학교는 학생의 희망을 존중하여 활동부서를 조직한다.
- 교사가 주도적인 역할을 하지 않도록 유의하여 학생 중심의 흥미롭고 창의적인 운영을 도모한다.
- 학생의 개성과 소질을 최대한 신장시키기 위하여 방과 후 및 휴업일, 방학 중에도 지속적·집중적으로 운영할 수 있다.
- 동아리활동의 각종 프로그램을 활성화시키기 위하여 교내외의 인적자원과 물적 자원을 적극 활용한다. 특히 지역사회의 인사와 학부모의 자발적인 봉사협력을 통한 동아리활동이 이루어질 수 있도록 장려한다.
- 동아리활동을 활성화시키기 위해서 교내 및 학교 간 경연대회, 전시회, 발표회, 봉사활동과 연계 등을 적극 추진한다.

(3) 봉사활동

① 주안점

어떤 대가를 목적으로 하는 활동이 아니라, 자발적인 의도에서 개인이나 단체로 다른 사람을 돕거나 사회에 기여하는 무보수의 지속적인 활동으로서, 인간의 존엄성에 대한 인식뿐만 아니라 더불어 사는 사회의 이해, 협동의식의 고취 등 다양한 의미를 부여할 수 있는 활동이다.

② 목표

- 타인을 배려하는 너그러운 마음과 더불어 사는 공동체 의식을 가진다.
- 나눔과 배려의 봉사활동 실천으로 이웃과 서로 협력하는 마음과 호혜정신을 기른다.
- 지역사회의 일들에 관심을 가지고 참여함으로써 사회적인 역할과 책임을 분담하고, 지역사회의 발전에 이바지하는 태도를 가진다.

③ 활동별 내용

활동명	주요 활동내용
교내 봉사활동	• 학습부진 친구, 장애인, 병약자 및 다문화가정 학생 돕기 등
문화예술활동	• 복지시설, 공공시설, 병원, 농·어촌 등에서의 일손 돕기 등 • 불우이웃 돕기, 고아원·양로원·병원·군부대 위문활동 등 • 재해구호, 국제협력과 난민구호 등
자연환경 보호활동	• 깨끗한 환경 만들기, 자연보호, 식목활동, 저탄소 생활습관화 등
캠페인활동	• 공공질서, 교통안전, 학교주변 정화, 환경보전, 헌혈, 각종 편견 극복 등에 대한 캠페인활동 등

④ 교수·학습방법

- 봉사활동의 참된 의미와 가치를 인식시키고, 미래생활과도 연계되도록 지도한다. 효율적이고 진정한 봉사활동이 될 수 있도록 사전교육을 실시하며, 관련 정보를 충분히 수집하고 면밀한 계획을 세워서 추진한다.
- 봉사활동의 내용은 학교나 지역사회의 여건을 고려하여 학교재량으로 선정하여 융통성 있게 운영할 수 있다.
- 학생들의 처지와 능력수준에서도 봉사가 가능하고 보람을 느낄 수 있도록 하기 위하여 서로 협력하는 기회를 제공하며, 특히 동아리활동의 성과를 봉사활동에 적극 활용한다.
- 활동의 전 과정이 교육적인 의미를 가질 수 있도록 활동의 계획과 과정 및 결과에 대한 사후평가를 실시하고, 이를 향후의 활동계획 수립에 반영한다.
- 지역사회 유관기관 및 봉사단체와 협조체제를 유지하여 효율적인 봉사활동이 이루어지도록 한다.

(4) 진로활동

① 주안점

개인이 자신의 진로를 계획하고 그 진로에 대한 준비를 하며, 적절한 시기에 진로를 선택하고 선택한 진로에 대하여 잘 적응하고 발전할 수 있도록 도와주는 활동이다.

② 목표

- 자신의 특성, 소질과 적성 및 능력 등을 이해하고, 이를 바탕으로 자신의 정체성을 확립하고 자신만의 독특한 진로를 탐색한다.
- 각종 검사와 상담을 통해서 진로정보를 탐색하고, 자신의 진로를 계획한다.
- 진로와 직업선택의 중요성을 인식하고, 자신의 적성과 소질에 맞는 진로를 탐색·설계한다.
- 학업과 직업세계를 이해하는 직업체험활동의 기회를 통해서 진로를 결정하고 준비한다.

③ 활동별 내용

활동명	주요 활동내용
자기이해활동	• 자기이해 및 심성계발, 자기정체성 탐구, 가치관 확립활동, 각종 진로검사 등
진로정보 탐색활동	• 학업 정보탐색, 입시 정보탐색, 학교 정보탐색, 학교방문 등 • 직업 정보탐색, 자격 및 면허제도 탐색, 직장방문, 직업훈련, 취업 등
진로계획활동	• 학업 및 직업에 대한 진로설계, 진로지도 및 상담활동 등
진로체험활동	• 학업 및 직업세계의 이해, 직업체험활동 등

④ 교수 · 학습방법

- 학생이 자신에 대한 충분한 이해를 바탕으로 자신의 진로를 개척하려는 태도를 갖게 한다.
- 학생의 인성, 적성, 진로성숙도 등 다양한 측면을 파악할 수 있는 각종 검사를 실시하고, 그 결과에 대해서 필요한 상담을 실시한다.
- 진로관련 상담활동은 담임교사가 하는 것을 원칙으로 하되, 특히 중등학교에서는 학생의 진로와 가장 밀접한 교과교사를 진로지도교사로 함으로써 학생 개인별 혹은 집단별 진로상담에 도움을 주도록 한다. 진로활동의 내용에 따라서는 상담교사나 전문적인 소양을 가진 학부모 또는 지역사회 인사의 협조를 받는다.
- 학생의 학업진로와 직업진로에 대한 진로계획서를 작성하고 꾸준히 수정하는 활동을 실시한다.
- 진로선택에서 중요한 시기를 맞이하는 중등학교의 경우에, '직업과 진로'과목과 연계하여 지도한다. 특히 중학교 3학년에서는 고교진학, 고등학교 1학년에서는 진로에 따른 교과목 이수 그리고 고교 3학년에서는 대학진학 혹은 직업선택을 지도하는데 중점을 둔다.
- 학교 및 지역사회의 인사, 지역사회의 시설 등을 활용하여 장래에 학생들이 선택하게 될 학업과 직업에 대하여 탐구하고 직접 체험할 수 있는 기회를 제공한다.

⑤ 진로지도의 단계

일반적으로 진로발달 단계에 이르면, 일생의 과정은 성장기(환상기 · 흥미기 · 능력기) → 탐색기(잠정기 · 전환기 · 시행기) → 확립기(시행기 · 안정기) → 유지기 → 쇠퇴기로 분류하고 있다. 이를 우리나라의 학교제도와 결합시켜서 학교 · 학급별 단계와 연결시켜 보면 다음 [그림 11-6]과 같다.

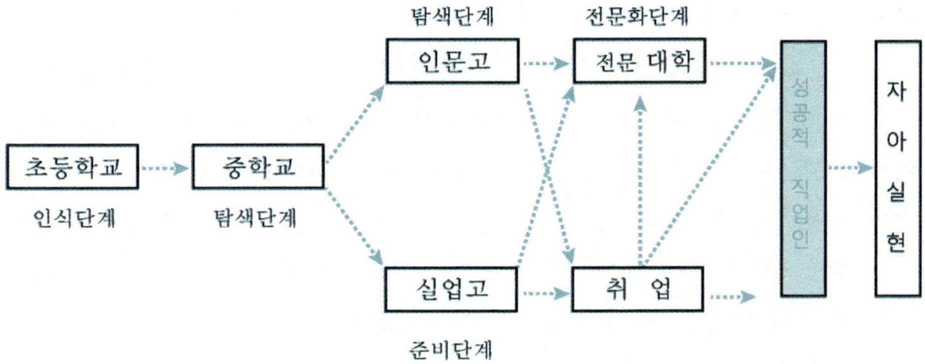

*자료 ; 강봉규·강명희(2011). 새로운 교직실무. 서울 : 태영출판사. p.254. 재인용.

[그림 11-6] 진로지도의 단계

초등학교는 진로인식 단계에 해당하고, 중학교는 자기에게 적합한 진로를 잠정적으로 탐색하는 진로탐색 단계로 볼 수 있다. 고등학교에서의 진로단계는 두 가지 갈레로 나뉘는데, 인문계 고등학교는 계속해서 진학을 위한 진로탐색 단계에 해당하지만 실업계 고등학교는 완성교육인 진로준비 단계에 해당한다. 그리고 전문대학·대학은 진로전문화 단계로 간주된다. 실업계 고등학교도 개인의 노력과 의욕에 따라 준비단계이긴 하지만, 개인의 능력향상에 의해서 얼마든지 대학에 진학할 수 있으며, 취업 이후에도 계속교육 차원에서 개인적으로 얼마든지 진학할 수 있는 제도로 되어 있다.

이와 같은 진로발달 단계에 따라서 결국에는 취업에 이르게 되는데, 이 취업, 즉 직업을 갖게 되면 평생 동안 이를 유지하게 된다. 직업을 선택하여 평생 동안 만족할 수 없게 되면, 중도에 다시 변경할 수도 있는데, 이를 진로변경이라고 한다. 그러나 한 번의 소중한 진로선택으로 평생 동안 유지하는 것이 바람직하다.

진로변경 또는 진로수정은 현실적으로 좀처럼 어려운 것이기는 하나, 필요하다면 다시 도전할 수밖에 없다. 진로수정은 될 수 있는 한 하지 말아야 한다. 진로변경은 초등학교 시절부터 인식·탐색·준비과정이 잘못 선정 및 선택되었거나 이를 무시하고 눈앞에 놓은 현실에만 추종 또는 맹종한 결과로 발생한 현상이기 때문에 개인에게 문제가 심각해진다. 이러한 현상이 우리나라 교육계에 범람하고 있는데, 개인적으로나 국가적인 차원에서 볼 때에 막대한 고급인력을 낭비하게 되는 결과를 초래하고 있다. 뿐만 아니라 우리 모두에게 큰 불행을 자아낸다. 현재, 우리나라 직업인들은 평생 동안 평균 다섯 번 정도의 진로변경을 하는 것으로 나타나고 있다.

앞에서 이미 언급한 바와 같이, 이상적인 진로방향은 진로인식 단계 → 진로탐색 단계 → 진로준비 단계 → 취업(직업선택) → 직무수행 → 성공적인 직업인 → 행복한 인생 → 자아실현의 수단이 되어야 하는 것이다.

⑥ 진로결정 과정의 모형

진로지도에 있어서 준비해야 할 기본적인 자료는 첫째, 학생의 개성조사, 특히 그 흥미와 방향·적성·신체적인 특성 등, 둘째, 가정환경 조사, 특히 그 경제적 사정과 부모의 의견, 셋째, 직업조사, 특히 작업내용이나 경영 혹은 고용조건, 요구되는 성능, 노동 및 환경조건, 넷째, 상급학교 특성조사 그리고 다섯째, 자격요건 등이다. 진로지도 시에는 다음 [그림 11-7]과 같이 개인적 요인, 환경적 요인, 직업적 요인, 진학요인 및 취업요인을 고려한 연후에 진로결정에 임하여야 한다.

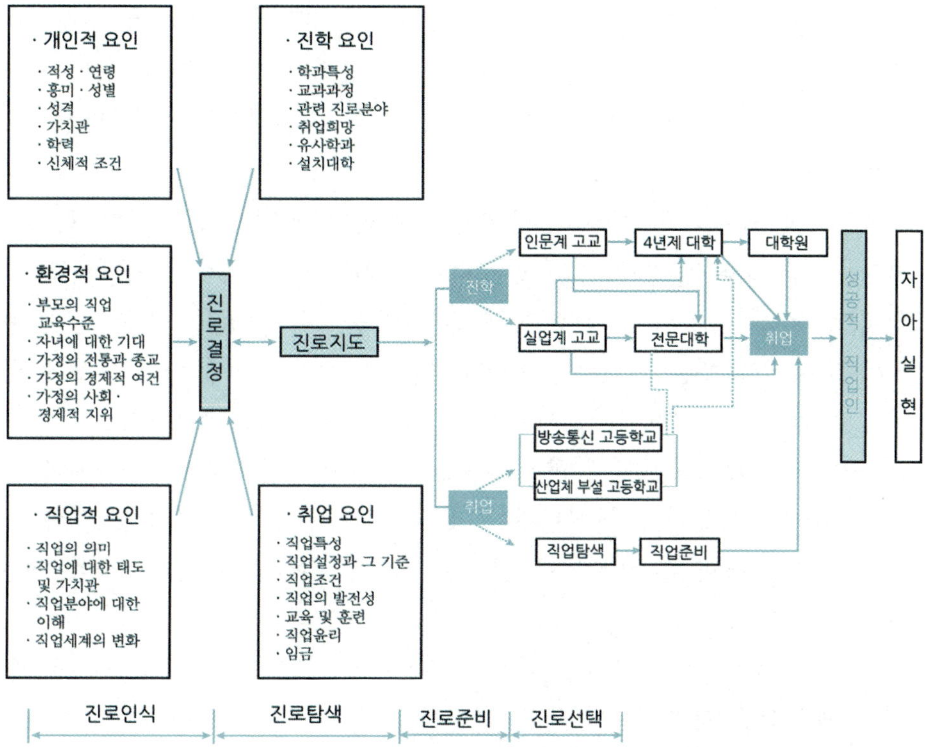

*자료 ; 강봉규 · 강명희(2011). 새로운 교직실무. 서울 : 태영출판사. p.256. 재인용.

[그림 11-7] 진로결정 과정의 모형

5) 창의적 체험활동의 매뉴얼 및 매뉴얼 활용

창의적 체험활동의 편성 · 운영 매뉴얼에 대한 이해의 폭을 넓히고자 이승미(2010)의 논의를 토대로 초등학교와 중학교의 매뉴얼 활용방안을 구명해 본다.

(1) 초등학교의 매뉴얼

초등학교의 창의적 체험활동의 편성 · 운영 매뉴얼의 집필방향은 정확성, 활용가능성 그리고 융통성의 세 가지로 정리된다.

첫째, 본 매뉴얼의 내용은 2009 개정 교육과정 총론, 창의적 체험활동 교육과정 및 교육과정 해설서에 기반하고 있으며, 세부내용은 교육과학기술부의 자문을 받아 완성하였다는 점에서, 본 매뉴얼의 집필방향으로 정확성을 제시할 수 있다.

둘째, 본 매뉴얼은 학교 현장에서 활용하기 편리하도록 전체 목차를 편성, 운영 그리고 평가 등의 순으로 제시하였으며, 세부 목차에서도 각 영역별 편성·운영의 절차에 따라 그 내용을 제시하였다. 또한 본 매뉴얼에 제시된 내용은 국가수준의 교육과정 기준이나 그에 따른 해설에 국한되지 않고, 학교현장에서 활용될 수 있는 사례를 포함하였다. 이 사례는 공동집필진으로 참여한 현장교사들이 연구·시범학교 등의 사례를 선별 혹은 재구성하거나 학교현장에 맞게 새롭게 작성한 것이다. 이와 같은 노력을 통하여 본 매뉴얼에서는 현장의 수준에서 활용 가능성을 구현하고자 하였다.

셋째, 본 매뉴얼에 제시된 내용 가운데 국가 교육과정에서 규정한 창의적 체험활동 시간배당 기준과 자율활동, 동아리활동, 봉사활동, 진로활동 등의 영역구분 등을 제외하고는 학교수준에서 융통성 있게 활용할 수 있다. 이를 위하여 본 매뉴얼에서는 각 장마다 제시한 편성 및 운영절차를 학교에서 다양하고 융통성있게 활용할 수 있다고 밝혔으며, 그 외의 내용들도 '사례'임을 밝혔다.

이상의 내용을 종합하여 볼 때에, 창의적 체험활동 매뉴얼은 창의적 체험활동과 관련된 국가수준의 교육과정 및 해설서와 모형을 포함한 교육과학기술부의 개정방향을 기반으로 교육현장에 직접 적용가능한 편성·운영방법 및 사례를 아울러 교육현장에 손에 잡히는 작은 크기로 그 활용효과를 극대화하고자 하였다.

다음으로, 초등학교의 창의적 체험활동 모형은 인성 중심형, 창의성 중심형, 복합형으로 구성된다.

첫째, 인성 중심형은 공동체 속에서 자신의 인성적인 발전을 목표로 하는 '변화적응 모형'과 타인과의 관계 속에서 나눔과 배려를 실천하는 '나눔·배려 실천 모형'으로 구분된다.

둘째, 창의성 중심형은 학생들의 개성과 소질을 신장하는데 중점을 두는 '개성·소질신장 모형'과, 학생들의 잠재력을 계발·신장하여 진로를 모색하려는 '진로탐색 모형'으로 구분된다.

셋째, 인성 중심형과 창의성 중심형 가운데 어느 하나에 국한하지 않는 유형으로 '복합형'이 있다. 복합형은 학급, 학년(군), 학교의 특색과 전통을 창의적으로 발전시켜 나가기 위한 '특색구현 모형'으로 구체화된다.

이상의 내용을 요약하면, 창의적 체험활동 모형은 인성 중심형, 창의성 중심형, 복합형의 세 가지 유형과 변화적응 모형, 나눔·배려실천 모형, 개성·소질신장 모형, 진로탐색 모형, 특색구현 모형 등의 다섯 가지 모형으로 구분된다(이광우·이미숙·이승미 외 4인, 2010. 재인용).

한편, 초등학교에서 창의적 체험활동의 모형을 적용하는 방법은 다음과 같다.

첫째, 학교에서는 한 학교 내에서 하나의 모형을 선택하거나 한 학년 혹은 한 학년군에서 하나의 모형을 선택할 수 있다. 이때 학교에서 필요한 경우에는 다음의 <표 11-1>에 제시된 주요 대상 학년(군)을 참고할 수 있다.

둘째, 모형을 선택한 후에는 모형에 따라 중점영역을 무엇으로 선택하느냐를 결정해야 한다. 이때, <표 11-1>에 제시된 각 모형별 중점영역을 참고할 수 있다. 그러나 학년에 따라서는 주요 대상학년이나 중점영역과는 무관하게 해당 모형의 의의를 충분히 살릴 수 있는 영역을 학교 나름대로 선정하여 중점영역으로 선정할 수 있다.

셋째, 시수를 배당함에 있어서 중점영역으로 선정된 영역에 가장 많은 시수를 배당하고 그 외에 필요한 다른 영역들에 시수를 배정한다. 이때, 영역별 시수의 배당비율은 학교에서 창의적 체험활동의 교육목표를 고려하여 자율적으로 결정한다. 이 외에 학교에서 필요한 경우에는 중점영역을 중심으로 다른 영역들을 통합하여 창의적 체험활동을 편성할 수 있다.

<표 11-1> 초등학교 창의적 체험활동 모형의 성격 요약

성격 / 모형	의 의	주요 대상 학년(군)	중점영역
변화적응 모형	• 전·입학, 진급 등에 따른 환경적인 변화 적응(1학년 입학초기 적응활동 포함) • 사춘기 학생들의 신체적·정신적인 성장 적응	• 1-2학년 • 5-6학년 등	• 자율활동(적응활동 및 자치활동) 등
나눔·배려 실천 모형	• 나눔과 배려의 실천방법과 그 의미를 습득	• 3-6학년 등	• 봉사활동 등
개성·소질 신장 모형	• 흥미와 적성을 탐색하는 교육기회의 제공	• 3-4학년 등	• 동아리 활동 • 진로활동 등
진로탐색 모형	• 자신을 이해하고 다양한 진로정보를 탐색	• 5-6학년 등	• 진로활동 • 동아리활동 등
특색구현 모형	• 지역 및 학교의 교육적 요구를 반영하여 학교, 학년, 학급의 특색활동을 구현 • 그 속에서 학생의 소질을 탐색하고 기름	• 구분 없음	• 자율활동(창의적 특색활동, 행사활동) 등

*자료 ; 이승미(2010). "초등학교 편성·운영 매뉴얼 안내." 『손에 잡히는 창의적 체험활동』 전국워크숍자료. 부산교육 2010-240호. p.39. 재인용.

(2) 중학교의 매뉴얼

중학교의 경우에는 창의적 체험활동을 이해, 편성, 운영 그리고 평가의 영역으로 분류한 후에 이와 관련한 사항을 소개하고 있다. 즉, 창의적 체험활동의 이해, 편성, 운영 및 평가의 영역으로 분류하고, 창의적 체험활동 관련 사항을 소개하였다. 1장 '창의적 체험활동 이해'에서는 창의적 체험활동의 의미와 성격을 설명하여 변화의 방향성을 제시하였고, 2장 '창의적 체험활동 편성'은 교육과정의 편성·운영절차에 따라 창의적 체험활동이 어떻게 편성되어야 하는지 설명하고 있다. 그리고 3장 '창의적 체험활동 운영'은 각 하위영역별(자율활동, 동아리활동, 봉사활동, 진로활동) 특징과 운영방법을 제시하고 내용과 방법 면에서의 통합운영 방안에 대하여 제시하고 있다. 다양한 체험활동을 위한 지원체제인 '창의체험자원지도(CRM : Creative Activity Resource Map)와 창의체험활동정보넷(www.crezone.net)' 활용을 통하여 실질적인 실천 중심의 체험활동이 이루어질 수 있도록 안내하였다. 마지막으로 '창의적 체험활동 평가'에서는 학생들의 활동결과에 대한 교사들의 질적 평가방법과 창의적체험활동종합지원시스템 활용을 반영한 학생평가와 창의적 체험활동의 운영결과에 대한 교육과정 평가를 제시하였다.

한편, 창의적 체험활동 매뉴얼의 활용과 관련하여서는 다음과 같은 세 가지를 강조하고 있다.

첫째, 단위학교의 특색을 살려서 다양하게 운영되도록 안내하는 자료라는 인식이 필요하다. 창의적 체험활동 매뉴얼은 단위학교의 학교실태와 교육공동체 구성원의 요구를 반영하여 학교의 특색을 살리고 다양하고 자율적으로 운영되도록 지원하는 역할을 한다. 따라서 매뉴얼에서 제시된 내용을 획일적으로 적용하기보다는 학교현장에 알맞게 변화를 주는 것이 바람직하다.

둘째, 창의적 체험활동에 대한 이해 제고와 협의활동의 활성화가 요구된다. 개성과 창의성을 개발하고 공동체 의식을 함양하는 자율활동, 동아리활동, 봉사활동, 진로활동의 4개 영역으로 구성된 창의적 체험활동은 적극적으로 '앎'을 실천하는 체험 중심의 활동이며, 진로교육의 포괄적인 영역으로서 진로탐색과 진로결정의 중요한 과정으로 운영될 수 있도록 하고 있다. 따라서 무엇보다 학교현장에서 변화를 실천하는 것이 중요하며 이를 위해서 노력하는 분위기가 조성되어야 한다.

학교현장에서 창의적 체험활동을 기존의 특별활동과 창의적 재량활동 운영으로 이해하는 것이 아니라, 근본적인 의의와 변화방향을 제대로 이해할 수 있도록 전 교사를 대상으로 인식 제고를 위한 연수를 비롯한 준비활동이 필요하다. 또한 창의적 체험활동의 내용을 살펴보면, 하위영역 간의 통합운영과 교과 간의 연계운영 등 교사들 간의 충분한 협의가 필요한 부분이 있다. 그러므로 교과협의회 또는 부서별협의회 등을 활성화하여 창의적 체험활동에 대한 협의가 활성화되어야 한다. 자칫 서로의 활동내용에 대한 이해부족으로 업무가 편중되거나 중복 운영되는 등 비효율적인 운영이 초래될 수 있다. 활동준비, 운영 및 평가 등 전반적인 내용에 대하여 충분한 협의와 의사결정이 창의적 체험활동 성공적인 운영의 바탕이 된다.

셋째, 체험활동을 위한 사전 고려사항에 유의해야 한다. 창의적 체험활동의 편성과 운영에 있어서 가장 먼저 강조되는 사항이 '실천 중심의 체험활동'이다. 지역사회의 인적·물적 자원을 활용하여 체험활동을 풍성하게 운영하도록 창의자원지도(CRM)를 개발·제작하고 체계적으로 지원하고자 한다. 그렇다면 학교현장에서 효율적인 체험활동을 위해 고려해야 사항은 무엇인지를 고민해 보아야 한다.

우선, 학교현장 교사들의 머릿속에 있는 시간표를 탄력적으로 바꾸어야 한다. 현재 대다수 학교의 시간표를 살펴보면 토요일 전일제로 창의적 체험활동이 자리 잡을 것을 예상할 수 있다. 그러나 많은 학교들이 토요일에 체험을 위해 밖으로 나오는 상황을 상상해 보면, 이는 매우 비효율적인 시간표가 될 것이다. 게다가 공공기관을 비롯한 지역사회 기관들이 토요일 휴무인 경우가 많고, 나들이객이나 다른 관람객 등 일반인과 뒤섞여 제대로 된 활동이 이루어지기 어려울 것이다. 따라서 격주로 특정일을 창의적 체험활동으로 편성하여 미리 타 기관과 일정을 조정하거나 인근 학교들과 일정을 공유하는 등 전체적인 학사일정과 시간표를 탄력적으로 운영하는 것이 필요하다.

다음으로 인적 자원의 활용을 위해서 개방적인 조직운영이 필요하다. 학교 담임교사와 교과 담당 또는 동아리 담당교사들은 학생평가에 있어서 총괄적인 책임이 있다. 그러나 실제 활동에 있어서는 인적 자원을 폭넓게 활용하는 것이 필요하다. 창의적 체험활동 지원을 위한 학부모 지원단을 조직하거나, 지역사회 기관의 인사들을 활용하기 위한 인력풀(pool)을 활용하는 방법 등이 있을 수 있다. 교과 교육과정의 재구성과 교수·학습방법과 평가방법 등의 변화로 피로도가 높은 상황에서 학교교사들에게 창의적 체험활동이 부담으로 작용하기보다는 학생들과 함께 즐겁게 할 수 있는 활동으로 자리매김을 해야 한다. 우리가 일반적으로 가정에서 '엄마가 행복해야 아이가 행복하다'는 말을 하듯이, 학교현장에서는 교사가 즐겁게 하는 활동이 학생들에게도 즐겁게 느껴질 것은 당연하다.

마지막으로, 창의적 체험활동은 가장 학습자 중심의 활동으로 운영되어야 한다. 창의적 체험활동은 실천적이고 체험적인 접근을 통한 교과활동의 구체적인 적용과 개개인의 자아실현을 위한 집단의 활동이다. 또한 집단구성원 간의 협동적인 노력으로 이루어지므로 교사의 지시와 통제에 따르기보다는 학생 스스로 방향을 설정하고 노력하는 자발적이고 자율적인 활동이 되어야 한다. 교과수업 상황과 달리 교사와 학생이 활동에 관해서 공동협의하거나 스스로 활동계획을 수립 및 역할분담 등을 통한 실천이 이루어지도록 지도하는 것이 바람직하다.

6) 창의적 체험활동 편성·운영의 기본방향 및 중점사항

(1) 단위학교의 바람직한 창의적 체험활동 교육과정의 편성·운영 방향

① 학년군 내 운영시수(단위) 및 4개 영역 간의 시수배분 등은 학생의 요구와 학교의 실정에 기초하여 융통성 있게 학교재량으로 운영하도록 한다.

② 창의적 체험활동에서는 하위영역에 대한 시간배당에 있어서 '선택과 집중'을 강조하고 있다. 영역별로 학생의 요구, 학교 및 지역사

회의 특성을 고려하여 학교의 재량으로 배정하되, 학생의 발달단계를 고려하여 학교급별, 학년별로 활동영역 및 내용을 선택하여 집중적으로 운영할 수 있다.

③ 학년군 내에서 4개 영역 중 가능한 한 특정영역이 누락되지 않도록 한다.

④ 특히, 고등학교 3학년에서 창의적 체험활동이 미편성되는 일이 없도록 한다.

⑤ 학교급별 교육과정에 제시된 최소시수(단위) 이상 편성·운영하도록 하며, 학교의 필요에 따라서 기준시간(단위)보다 더 많은 시간을 확보하여 운영할 수 있다.

- 창의적 체험활동 시수를 감축운영하는 사례가 발생하지 않도록 한다(창의적 체험활동은 수업시수 20% 감축운영 대상이 아님).
- 학교급별 창의적 체험활동 시간배당은 <표 11-2>과 같다.

<표 11-2> 학교급별 창의적 체험활동의 시간배당

학교급별	시간 배당
초등학교	1~2학년 : 272시간, 3~4, 5~6학년 : 204시간
중 학 교	1~3학년 : 306시간
고등학교	1~3학년 : 24단위

*자료 ; 이현주(2010). "2009 개정 교육과정과 창의적 체험활동." 『손에 잡히는 창의적 체험활동』 전국워크숍자료. 부산교육 2010-240호. p.11. 재인용.

⑥ 창의적 체험활동 시간이 수업시수 조정용 및 편법운영되지 않도록 하며, 프로그램의 운영내용 및 방법이 학생들의 성장에 교육적이고 바람직한 것인지에 대해서 판단하고 운영하도록 한다.

- 창의적 체험활동은 교과 외 활동이므로 교과관련 심화학습 활동 중심의 동아리활동 등은 지양한다.

- 학교의 행사활동 중에서 수련활동, 국토순례, 수학여행 등은 일회성 행사에서 벗어나 주제탐구형 현장체험학습으로 프로그램을 보완하여 운영하도록 한다.
- 행사활동의 경우에 시·도교육청의 지침에 의해서 별도의 시간으로 확보·운영할 수 있다.

⑦ 초등학교의 경우에 정보통신활용교육, 보건교육, 한자교육 등은 교과(군)와 창의적 체험활동 시간을 활용하여 지도하되, 별도의 의무 교육 시간은 없으므로 학교재량으로 편성·운영한다.

⑧ 초등학교의 경우에 '우리들은 1학년'과 같은 입학초기 적응활동을 자율활동 시간을 통해 운영하며, 각 시·도교육청은 초등학교 1-2학년의 입학초기 적응활동 교육자료를 인정도서, 장학자료 및 단위학교의 개별 교육자료 등을 활용할 수 있도록 지원한다.

⑨ 창의적 체험활동은 교과 및 4개 활동영역 간의 통합운영을 권장하며, 통합운영 시에 두 영역에 시수를 중복배분하지 않도록 한다.

※ 예 : 동아리활동과 봉사활동을 통합하여 5시간 운영할 경우에 동아리활동 5시간, 봉사활동 5시간 각각 인정불가

⑩ 창의적 체험활동과 범교과 학습 및 자기주도적 학습과의 연계운영 시에 별도의 시간을 확보하여 운영하기보다는 해당 교육목표가 창의적 체험활동의 하위영역 및 세부활동 속에 자연스럽게 포함될 수 있도록 편성·운영함이 바람직하다.

⑪ 창의적 체험활동 담당은 모든 교사가 담당할 수 있다. 구체적인 사항은 시·도교육청의 편성·운영지침을 따르되, 담임교사에게 업무과중이 되지 않도록 하며 교사의 수업시수로 인정하도록 한다.

(2) 학교특색에 맞는 특성화된 프로그램 운영

① 단위학교에서는 학교, 학년별로 중점영역을 선정하여 학교의 특색

을 살리는 프로그램을 운영하도록 한다.

- 초등학교에서는 학습자의 발달단계를 고려했을 때에 학생 중심보다는 학교 및 교사의 주도적인 노력이 더 요구된다. 영역활동에서는 다른 영역에 비해서 자율활동이 강조되며, 특히 저학년에게는 질서 지키기, 안전교육 등 적응활동을 중점적으로 지도할 필요가 있다. 동아리활동의 경우에는 중·고학년에서 운영하는 것이 효과적이고 진로활동의 경우에도 자기이해활동, 진로활동이 이루어지는 고학년을 대상으로 운영하는 것이 효과적이다.
- 중학교에서는 초등학교와는 달리 학교 및 교사 주도보다는 학생주도로 운영하는 것이 바람직하다. 특히, 중학교는 이후의 학업진로를 결정하는데 매우 중요한 시기로서 진로활동의 집중적인 지도가 요구되는 시기이다. 따라서 연중 일정한 시수를 확보하여 꾸준히 지도하거나 한 학기 동안 집중이수하는 방법 등 창의적 체험활동의 일정시간을 진로활동으로 확보할 필요가 있으며, 교과 중 '진로와 직업' 과목과의 연계를 통해서 진로활동을 강화하고. 진로활동과 동아리활동, 진로활동과 봉사활동이 함께 연계되어 운영될 수 있도록 한다.
- 고등학교의 경우도 중학교와 마찬가지로 동아리활동 중심의 봉사활동과 진로활동을 통합운영하는 것이 바람직하다. 특히 봉사활동의 경우에는 지역사회 봉사활동이나 캠페인활동 등이 강조되며, 동아리활동에서 익힌 기량이나 장기 및 특기를 적극 활용하여 봉사활동과 연계·활용할 수 있도록 지도하는 것이 바람직하다. 농·산·어촌의 경우에는 다문화가정의 급속한 증가로 인해서 다문화가정의 학생도 급증하고 있으므로, 이들에 대해 배려하는 마음을 가지도록 지도하는 것이 필요하다.

② 학교 특색활동, 전통수립을 위한 창의적 특색활동을 운영하고, 다양한 범교과 학습주제를 선정하여 학교특색에 맞게 운영한다.

③ 다양한 스포츠동아리 및 예체능활동이 활성화될 수 있도록 한다.

(3) 학부모와 지역사회의 인적 · 물적 자원 최대활용

① 학교는 창의적 체험활동이 실질적인 체험학습이 될 수 있도록 지역사회의 인적, 물적 자원을 계획적으로 활용하도록 한다.

- 시 · 도교육청 직속기관의 각종 체험활동을 운영하는 기관(학생교육원, 야영장, 학생문화회관, 수련원, 과학관, 예절문화원, 도서관 등)의 프로그램을 적극 활용한다.
- 창의체험자원지도(CRM)의 활용으로 학교에서 활용할 수 있는 지역자원목록을 작성하고, 기관과의 연계 · 협력을 통해서 지역사회의 우수 프로그램을 학교 안으로 끌어 올 수 있도록 한다.
- 청소년 수련시설 · 인력(여성가족부), 문화예술 시설(문화체육관광부), 직업교육 시설, 봉사활동 기관, 교육기부 기업 및 단체, 범부처적인 체험활동 프로그램을 검토하여 단위학교에 연계할 수 있도록 한다.
- 창의체험통합정보넷(www.crezone.net)을 활용하여 지역단위, 전체단위의 창의적 체험활동 프로그램을 단위학교에 적용 · 운영할 수 있도록 한다.

② 학부모나 지역사회 인사 등을 활용할 경우에 시·도교육청 계약직교원지침에 의거하여 강사 임용절차를 밟아서 창의적 체험활동을 지도할 수 있도록 한다. 학교는 외부강사 지도계획을 수립 · 관리하고 지도교사와 외부 인적자원 간의 멘토링 및 지도관리 체제를 갖추어 운영하도록 한다.

(4) 창의적 체험활동의 교육자료 활용

창의적 체험활동은 다양한 체험학습을 기본으로 하되, 교육활동상에 필요한 자료 및 교과서는 교과용도서에관한규정에 근거한 인정도서, 시·도교육청이 개발한 장학자료, 각급학교에서 개발한 자료 등을 활용하되, 교육자료는 학교운영위원회의 심의를 거쳐서 활용하도록 한다.

(5) 창의적 체험활동의 평가

① 학교는 창의적 체험활동의 내용과 특성을 감안하여 평가의 주안점을 학교에서 작성하고 활용하고, 학교 밖의 교육수단을 통해서 익힐 수밖에 없는 내용과 기능은 평가하지 않도록 하며, 다음과 같은 방법으로 창의적 체험활동에 대한 평가계획을 수립하여 실시한다.

- (생략)
- 학교와 지역사회의 실정 및 교육목표에 비추어 적합하게 이루어지도록 평가한다.
- 교육목표의 설정, 평가장면의 선정, 평가도구의 제작, 평가의 실시 및 결과처리, 평가결과의 해석 및 활용의 절차를 고려하여 평가한다.
- 학생의 자기평가, 상호평가, 활동 및 관찰기록, 질문지, 작품분석, 포트폴리오 등 다양한 방법으로 평가한다.
- 평가결과는 평소의 활동상황을 누가기록한 자료를 토대로 하여 학생의 활동실적, 진보의 정도, 행동의 변화, 특기사항 등을 담임 또는 담당교사가 수시로 평가한다.
- 학생이 창의적 체험활동에 참여한 정도와 성과를 지속적으로 기록하고, 학교가 제공한 창의적 체험활동 프로그램의 특성을 상세히 기록하여 상급학교 진학자료로 활용되도록 한다.

- 2009 개정 창의적체험활동 교육과정 -

② 중·고등학교에서는 에듀팟(www.edupot.go.kr)을 활용하고, 학생들의 창의적 체험활동 포트폴리오 자료를 기초로 하여 학교생활기록부에 교과 외 활동이 구체적이고 상세히 평가될 수 있도록 한다.

③ 학교생활기록부의 '창의적 체험활동 상황'에 초등학교의 경우는 4가지 영역을 통합하여 담임교사가 기록하도록 하고, 중·고등학교의 경우는 각 영역별 내용을 담임교사나 담당교사가 기록한다.

제12장

학급환경의 조성

학급경영은 학생의 학습과 생활지도가 원활히 이루어질 수 있도록 기획하고 조건을 정비하는 일에서부터 출발한다. 학급에서 이루어지는 교육활동의 조건을 정비하고 확립하는 활동으로서의 환경조성은 그 중요성을 아무리 강조해도 지나치지 않다. 왜냐하면, 교육활동 자체가 유기체로서의 한 인간이 태어날 때에 부모로부터 받은 유전인자 속의 잠재력이 후천적으로 제공되는 환경이 어떤 것이냐에 따라서 긍정적으로 계발될 수도 있고 부정적으로도 발전할 수 있다는 것이 환경론자들의 주장이기 때문이다.

저자의 경우에도 담임교사 시절을 회상해 보면, 교실의 책상과 의자를 배치하는 일에서부터 학생과의 관계설정은 물론, 학생 상호간의 인간관계 등이 학생 개개인의 학교생활과 행동변화에 미치는 영향은 계량화할 수 없을 만큼 지대했다는 판단이다. 이에, 학급환경 조성의 중요성을 논의하는 것은 바람직하다고 본다.

1. 학급환경의 교육적 의의

학급환경이 학생들의 학교생활에 지대한 영향을 주는 것은 주지의 사실인데, 이는 학생들이 학교생활의 대부분을 교실에서 보내기 때문이다. 그러므로 교사가 학습환경을 바람직한 방향으로 조성하거나 물리적인 환경을 쾌적하게 관리하는 등의 활동은 모두 교육의 성과를 높이기 위한 일이라고 할 수 있다. 따라서 학급의 환경을 보다 바람직하게 조성함으로써 교육의 효과를 제고하는 일은 교사의 의무이며 권리인 것이다.

일반적으로 환경이라고 하면 물리적인 환경을 생각하기 쉬우나, 교육환경은 오히려 심리적인 환경이 더 중요하다. 이는 물리적인 조건과 자극이 그 자체로서 교육적인 영향을 주기도 하지만, 학생 개개인이 그것을 어떻게 받아들이나 하는 것은 더욱 중요하기 때문이다. 이처럼 물리적인 조건은 심리적인 조건으로 전환되기 때문에 학생들의 특성에 맞게 이루어져야 의미가 있는 것이다(김윤태 외 2, 1986.).

이처럼 물리적인 조건이 심리적인 조건으로 전환되는 측면에서 학급환경이 매우 중요하다는 맥락에 비추어 보면, 교육에서의 환경의 개념은 단지 자연과학을 대상으로 하는 실제적인 환경뿐만 아니라, 인간의 사회적인 한계에서 생기는 인간적인 환경 이외에도 정치, 경제, 도덕, 예술 등의 문화적인 가치를 표현하며 정신적인 환경도 포함하는 통합적인 의미이다(남억우 외 7, 1988. 재인용).

교육적인 환경학의 창시자인 A. Busemann은 “우리는 어떤 개체(P)의 환경(M)에 의해서 이 인격에 영향을 미치며, 어떤 경우에는 이 인격에 의해 체험되는 것의 총체를 의미한다.”라고 하였다. 또 환경의 역학적인 의미에 대하여 유명한 탁견을 보인 K. Lewin은 “행동은 인간과 환경과의 함수이다.”라고 하였다. 즉, B=f(P · E)라는 방정식으로 인간의 행동을 표현하였는데, 여기에서 B는 behavior로서 인간의 행동을, f는 function(함수)을, P와 E는 각각 person(인간)과 environment(환경)를 가리킨다. 다시 말하면, 환경을 개체와 기능적인 관련을 가지며 그 행동을 규정하는 함수로 보고 있는 것이다.

환경을 교육적인 관점에서 중시한 것은 Hippocrates에서부터 시작된다. 또 Platon은 그의 저서 『국가론』(Politeia)에서 문화재의 선택이나 도야방법의 확립뿐만 아니라 교육적인 관점에서 생활환경을 사회적・정치적・경제적으로 볼 것을 주장하고 있다.

근세에 들어와서는 Renaissance시대의 철학자 T. Campanella는 Platon의 Idea를 그의 저서 『태양의 나라』(Città del Sole, 1623)에서 발전시켰고, J. J. Rousseau는 『에밀』(Émile, 1762)에서 그리고 J. H. Pestalozz는 『리인하르트와 게르트루트』(Lienhard und Gertrud, 1781)에서 환경의 교육적인 기능을 어린이의 발달단계에 의해서 고찰하였다. 특히, Pestalozzi는 인간의 공동생활 속의 환경이 유기적인 힘을 발휘함을 발견하였다. 또한 R. Owen은 그의 저서 『성격형성론』(A New View of Society ; or Essay on the Principle of the Formation of the Human Character and The Application of the Principle to Practice, 1813)에서 환경이 성격형성에 미치는 영향을 제시하였다.

한편, 환경에 대한 본격적인 연구는 K. H. Marx와 F. Engels의 유물사관 및 19세기 프랑스・영국・독일의 사회철학과 사회학 등에 많은 영향을 받았다. 여기에서는 근대 사회조직의 발전에 의해 발생된 어린이의 생활환경의 특이성과 도시・농촌・사회계층・직장 등의 사회환경이 크게 문제되었다. 환경 그 자체에 기초를 두고 교육학적 및 심리학적인 관점에서 연구가 시작된 것은 비교적 최근의 일이다. W. Stern의 『인격과 사물』 3권, W. H. Hellpach의 『환경심리학』, A. Argelander의 『정신발달에 대한 환경의 영향』, M. Slawinsky의 『환경교육학』 등은 환경 전체를 과학적으로 고찰한 기념비들이라고 할 수 있다.

그 후에 A. Busemann에 의해서 환경에 대한 교육학적인 실증적・경험적인 연구가 진행됨에 따라 교육환경학의 성립을 가능케 하였으며, 최근에는 R. J. Havighurst의 『지역사회 구조에 관련된 아동발달』의 연구가 유명하다. 이와 때를 같이 하여 최근에 발달된 Gestalt 심리학의 K. Koffka와 K. Lewin 등은 환경의 심리적인 의미를 밝힌 학자로 유명하다. 환경과 소질 중에서 어느 것이 성격형성에 더 중요한가에 대해서는 끊임없이 환경론과 유전론이 대립되고 있으나, 오늘날에는 이 두 가지 모두 중요한 역할을 하는 것으로 이론이 정리되어 가고 있다. 그러나 아직까지 유전과 환경이 인간형성에 미치는 한계규정은 이론적·과학적으로 밝혀져 있지 않은 상황이다.

일반적으로 환경은 자연적 환경과 정신적 환경의 두 가지로 구분되고, 전자에는 물적인 제 요인을, 후자에는 모든 인적 요인을 포함하고 있다. Busemann은 발달적인 관점에서 물리적인 층, 생물학적인 층, 사회적인 층 그리고 가치의 층 등 네 가지로 나누고 있다.

그러나 교육적·심리학적으로 의의 있는 분류는 K. Koffka가 지리적인 환경(geographical environment)과 행동적인 환경(behavioral environment)으로 나눈 것이다. 지리적인 환경은 생활체의 외부에 있어서 생활체에 작용할 수 있는 자연적인 조건이며, 이 작용은 환경 속에 놓여 있는 생물과 무생물을 모두 포함한다. 행동적인 환경은 사람이나 동물에 대하여 생각할 수 있는데, 이것이 인간행동에 의의를 갖게 되는 경우에 행동적인 환경이 된다. 인간 개체에 영향을 미치는 환경은 있는 그대로가 아니라, 환경이 어떻게 개체에 받아들여지느냐에 따라서 그것이 작용하는 역동적인 힘(vector)이 다른 것이다. 여기에서 환경의 심리학적인 개념과 이론이 성립하며, 교육에서 이 문제가 다루어져야 할 이유가 있는 것이다.

2. 학급의 물리적 조건정비

1) 물리적인 환경요소 및 정비원칙

학급의 물리적인 환경정비는 물적 요소인 학급시설, 설비 및 자료를 구비하여 구성·배치하는 활동이다. 학급의 물적 요소를 어떻게 구성·배치하고 활용하느냐에 따라서 학생의 교육적 경험, 학습의 역동성 및 학급분위기가 달라질 수 있기 때문에 물리적인 환경정비의 교육적인 의의는 크다고 하겠다.

학급의 물리적인 환경구성 요소에는 건축환경, 구성환경 그리고 제공환경의 세 가지(Charbonneu & Reider, 1996)가 있다고 박병량·주철안(2011)은 밝히고 있다.

첫째, 건축환경(architectural environment)은 건축물과 건축물의 구조를 말한다. 교실 건축환경에는 교실의 형태, 크기, 창문의 위치와 수, 전기시설, 냉·난방시설 그리고 부속실 등이 포함된다. 학교가 건축되고 나면 건축환경을 변경하기가 매우 어렵다.

둘째, 구성환경(arranged environment)은 각종 설비물과 그것들의 기능적인 배치를 말한다. 설비에는 책상과 걸상을 포함하여 크기·형태·높이 등이 다른 여러 종류의 테이블과 의자, 이동용 선반 및 보관함 등이 있다.

셋째, 제공환경(architectural environment)은 학급활동에 제공되는 각종 자료와 재료를 일컫는데, 여기에는 각종 교수자료, 교재, 학용품, 실험 및 공작원료 등이 포함된다.

이에 더하여, 통상적으로 학급의 물리적인 요소는 다음과 같이 용도별로 구분된다.

- 일반교육용 시설물 : 교실, 책상과 걸상, 교단과 교탁, 칠판 등
- 교실 부대시설 : 부속실(휴게실, 공동작업실 등), 냉·난방시설, 방음시설, 방송시설 등
- 일반 교수·학습용 교구 : 도서, 컴퓨터, 지도, 지구의, 지시봉 등

- 시청각 교구 : 환등기, TV, 비디오, 레코드, 실물표본 등
- 실험·실습용 교구 : 과학기재, 약품 등
- 공작용 교구 : 공작도구, 공작원료, 벽돌 등
- 보관물 상자 또는 함 : 사물함 등
- 음료용구 : 음료통, 주전자, 컵 등
- 위생용구 : 빗자루, 걸레, 먼지떨이 등
- 관찰용 용기 : 곤충상자, 화분 등
- 장식용구 : 거울, 꽃병, 그림 등
- 전시와 게시물

한편, 물리적인 환경정비는 단순히 교실의 물적 환경의 정비에 국한된 것이 아니라 수업방법, 내용 및 학습형태 등을 비롯하여 학습자의 의욕 등 심리적인 측면까지 걸쳐져 있는 것으로 파악하여 계획을 세울 필요가 있다. 그러므로 학급의 물리적인 환경정비의 원칙이나 방침은 다음과 같이 몇 가지로 요약될 수 있다(김명한 외 3, 1988).

첫째, 교실은 교수·학습활동이 촉진될 수 있도록 정비되어야 한다.

교실은 교수·학습활동을 위해서 마련된 장소이므로, 교실에는 교수·학습활동에 필요한 시설물과 교구가 충실히 갖추어지고 그것들이 학습활동을 자극 및 조장할 수 있도록 구성·배치되어 활용되어야 한다. 교실의 채광, 조명, 온도 및 소음은 학습환경을 저해하지 않도록 조절되어야 한다. 책상과 걸상 그리고 교탁은 교사의 시선이 모든 학생들에게 미칠 수 있고, 학생들이 교사의 수업전개를 충분히 바라볼 수 있는 곳에 위치하여야 하며, 교사와 학생, 학생과 학생 간에 상호접촉이 용이하도록 배치되어야 한다. 또한 교수·학습활동을 위한 시설물이나 자료는 학생들이 자유롭게 접근할 수 있고 사용이 편리하도록 설치되어야 한다. 예를 들어서 실험이 필요할 때에는 시간을 지체하지 아니하고 곧바로 실시될 수 있도록 실험설비가 갖추어져 있어야 한다.

둘째, 교실환경은 아름답고 명랑한 생활공간이 되도록 정비되어야 한다.

교실은 교수·학습활동이 전개되는 장소인 동시에, 학생들의 생활의 장이다. 그림, 꽃병, 화분 등을 마련하고 전시나 게시물을 이용하여 아름다운 생활공간으로 꾸며서 학생들의 정서감을 높이고, 학생 상호 간에 비형식적인 접촉이 용이하도록 공간을 구성하며, 가능한 한 학생들의 휴식공간을 마련함으로써 사회성을 신장시키는 것도 중요하다.

셋째, 교실은 학생의 보건과 위생 및 안전에 적합하여야 한다. 교실의 채광, 온도 및 소음은 적절히 조적되어 쾌적한 공간이 유지되도록 하고, 학생들의 건강과 위생을 위하여 음료시설과 용구, 위생약과 이의 보관함, 청소도구 및 청소함이 갖추어지고 청결하게 유지되어야 한다. 특히, 학생들이 한꺼번에 몰려드는 장소, 예컨대 음료시설이 있는 곳은 혼잡을 이루지 않도록 모든 것이 배치되어 학생들의 안전이 고려되어야 한다.

교실의 물적 조건을 정비하는 데에는 이상의 세 가지 일반적인 유의사항 외에도 여러 가지 구체적인 사항들이 고려될 수 있다. 김봉수(1983)는 학급환경을 정비함에 있어서 고려되어야 할 사항으로 다음과 같은 내용을 제시하고 있다.

- 즐겁고 아름다운 교실
- 시청각 교구의 정비
- 지역사회 학교로서의 환경정비
- 과학적인 태도함양을 위한 환경정비
- 학습자의 개성과 능력을 발휘할 수 있는 환경의 조성과 정비
- 교사의 단점을 보완하기 위한 환경정비
- 건강교육을 위한 환경정비

이들 모든 것을 고려하여 교실환경을 정비하는 일은 교사의 중요한 임무 중의 하나이다.

2) 물리적인 환경정비의 유의점

지금까지의 교실은 주로 훈육의 장으로서, 교사가 교편을 잡는 교단과 교사의 가르침이나 설명을 조용히 듣는 학습자의 좌석만 마련되어 있으면 충분하다고 여겨 왔다. 그러나 오늘날의 이상적인 교실은 학습자들의 민주적이고 자율적인 학습과 생활활동에 자극을 주고 조장해 줄 수 있는 환경이 되어야 한다고 보고 있다. 따라서 교실에는 학급도서의 설비, 학습자들이 조사하고 수집한 각종 자료를 전시하는 정리대, 표본대 및 학용품대, 보다 넓고 많은 흑판과 게시판 등이 갖추어져야 한다. 또 교실의 온도, 습도, 통풍, 채광, 관기, 청소 및 책걸상의 배치와 학습작업 등을 위한 풍부한 설비와 환경이 갖추어져야 한다. 교실의 학습조명 계획도 학습자들의 시력보건을 충분히 고려하여야 하며, 학습용 책상 위의 채광은 좌(左)광선을 원칙으로 해야 하는 등 수없이 많다.

그러나 이와 같은 이상적인 교실은 학교건축이나 학교재정 등과 불가분의 관계가 있으므로, 주어진 환경에서 교사가 교실을 어떻게 바람직하게 꾸밀 것인지에 대한 사항, 즉 각종 비품을 어떻게 배치할 것인가, 그림이나 포스터는 어느 곳에 붙일 것인가, 꽃을 꽂아 둘 것인가 등 학습과 생활태도 또는 작업, 습관 등에 영향을 미치는 학급 전체의 환경개선에 관하여 생각해 보고자 한다.

(1) 즐겁고 아름다운 교실

교실을 즐겁고 아름다운 생활의 장으로 만들고 가꾸어 나간다는 것은 학교교사에게 주어진 하나의 의무이자 권리이다. 또한 교사의 인품은 학급 내의 학생들을 통해서 교실환경의 조성에 반영되고, 그것이 곧 교육적인 가치를 드러낸다. 따라서 어떠한 인품의 소유자가 학급교사가 되느냐의 문제도 중요한 일의 하나가 될 수 있다.

즐겁고 아름다운 교실을 만들기 위해서는 먼저 교실을 깨끗하게 유지하고 동시에 적당한 장식을 할 필요가 있다. 교실 내의 장식으로는 그림이나 사진 또는 액자를 게시한다거나 꽃을 꽂아둔다거나, 학생들이 학습한 성적물을 게시·진열하는 등 여러 가지 방법을 생각할 수 있다. 학생들의 성적물이나 작품 등을 게시 및 진열할 경우에는 대체로 상대적인 평가에 의해서 비교적 우수하거나 능력 있는 학생들의 작품이나 성적물에 편중되는 경향이 있다. 그러나 이러한 게시나 진열방법은 학습자 개개인의 능력신장을 이상으로 하는 교육이론에서 볼 때에 별로 바람직한 방법이 못 된다. 따라서 학습자 개개인의 능력을 신장시키기 위해서는 각 학습자별로 그들이 어떻게 발전하는가를 알아볼 수 있는 상대적인 평가가 필요하다.

교육적인 배려에서 교실 내에 학습자의 성적물 또는 작품을 게시·진열하려면, 교실 뒷면의 4분의 3 정도의 공간을 할애하여 상대적인 평가에 따라 우수한 것을 게시하여 감상용으로 환경을 정비하고, 미적 감각을 양성하며, 학습에도 활용할 수 있도록 한다. 또한 나머지 4분의 1 정도의 공간에는 개인별 진보란을 만들어 학습자 개개인을 신장시킨다는 절대평가에 의한 것도 함께 게시하는 것이 바람직하다. 평범하게 생각하면 우수한 성적물만을 게시하고 싶겠지만, 학습자 개개인을 신장시키려는 목적에서 개인진보란을 만들어 절대평가에 의한 개인성적물을 게시함으로써 학습의 동기유발을 꾀하고, 학습자 스스로 감상할 수 있는 기회도 마련해야 한다.

(2) 시청각 교구의 정비

시청각 교구가 영사기, 환등기, 라디오, TV 등 특수한 교구만을 가리키는 것은 아니다. 또한 특수한 학교나 특수한 학급에서만 취급되는 것도 아니다. 일반학급에서도 실물, 그림포본, 모형 등의 설비와 값진 과학기재로부터 단순한 게시물에 이르기까지 관심만 가지면 시청각 교구로 활용될 수 있는 것들은 얼마든지 있다. 따라서 학급교사는 활용할 수 있는 모든 것들을 이용하여 학습자 스스로가 자율적으로 정비할 수 있고 흥미를 가지도록 인도해 주면서 교사의 창의성을 발휘하여 시청각 자료를 강구해 나아가야 한다.

(3) 지역사회 학교로서의 환경정비

학교 또는 학급에서 학습자들에게 지역사회의 실정이나 문제와 직접 관련지을 수 있는 조건을 많이 마련해 줄수록 학생들은 지역사회의 개발의식이나 생활개선에 관심을 가지게 된다. 따라서 지역사회를 반영할 수 있는 향토의 모형, 향토의 토산물, 향토의 특성이나 실정을 구체적으로 알 수 있는 통계표나 그래프 또는 그와 관련된 자료 등을 학습자와 교사가 공동작업으로 마련하여 게시나 진열하는 등의 활동은 자못 교육적인 의의가 크며, 학급교사가 힘써야 할 임무 중의 하나이다.

(4) 과학적인 태도의 함양을 위한 환경정비

교실 내에 자(尺), 말(斗), 저울(枰), 신장계, 체중계, 시계, 온도계, 습도계, 중량에 대한 개념양성을 위한 여러 가지 중량의 돌(石), 용량의 개념 습득을 위한 병, 사육 또는 재배에 의한 계속적인 관찰 설비 등은 일상의 학급생활에서 과학하는 마음을 가지게 하고, 태도를 함양시키는 데에 크게 도움이 된다. 그러나 이와 같은 설비물은 학교경영자가 갖추어 주어야 할 것들이 대부분이지만, 그 일부는 학급교사와 학습자가 협력하여 공동작업으로 마련할 수도 있다. 이와 같은 방법으로 교실환경을 정비함으로써 학습자들은 더욱 관심을 갖게 될 것이고, 교육적인 활용가치 또한 높아질 수 있다.

(5) 학습자의 개성과 능력을 발휘할 수 있는 환경의 조성과 정비

학급문고, 실험기구, 학생용 신문·잡지, 계산표, 사전류, 악기 및 기타 각 교과의 각 방면에 있어서 학습자가 자율적으로 사용하여 개성이나 능력을 발휘하는데 필요한 설비를 마련하고 그것을 정비하는 일도 중요하다. 또한 학급교사의 세심한 관심과 노력으로 가능한 일이다.

(6) 교사의 단점을 보완하기 위한 환경정비

학급교사가 자신의 취미나 특기를 발휘하여 그것을 통해서 학생을 신장시키는 것도 필요한데, 이는 하급학년일수록 교육적인 영향력이 커진다. 그러나 교사가 가지고 있는 취미나 특기분야가 아닌 것이 학습자들에게 필요시되고 요구되는 분야도 많이 있다. 가령 학급교사가 문예나 체육에는 능한 반면에 수리적인 과학분야에 능하지 못하다면, 이 분야에 관련된 자료나 실험기구를 준비하여 교사의 단점을 보충해 나가도록 환경을 정비함으로써 학습자들로 하여금 각기 자기의 개성에 따라 성장할 수 있도록 하여야 할 것이다.

(7) 건강교육을 위한 환경정비

가령 교실 내에서 태양의 직사광선을 피하게 하기 위하여 커튼을 친다거나, 학생들의 신장을 언제든지 재어볼 수 있도록 높이를 표시한 테이프를 기둥에 붙여 놓는다거나, 학급에 적당한 운동구를 비치해 둔다거나 하는 일들은 학습자의 건강을 위해서뿐만 아니라 건강생활의 습관을 기르며, 실천하는 생활태도를 키우는 데에도 매우 도움이 된다. 따라서 학급교사는 높은 창의성을 발휘하여 그 학급에 알맞은 환경으로 정비하여야 한다.

3) 교수자료와 설비·비품

최근의 학교건축 기준에 의해서 만들어진 새로운 학급의 시설이나 설비는 학교교육의 충실을 기하기 위해서 과학적으로 고안되어 가는 경향이다. 하지만 그 기준은 통제된 규격에 의하여 만들어진 것이어서 교사가 창의성을 발휘하여 보다 이상적인 학급운영을 할 때에 시설 면에서 적지 않은 지장을 주게 된다. 그러므로 이상적인 학급경영을 위해서는 그 시설과 설비를 최대한 융통성 있게 활용하여야 한다. 이 경우에 학급교사는 학생들의 연령, 흥미, 관심, 요구나 필요 등에 알맞게 학급시설이나 설비를 선정하여 활용토록 해야 하는데, 이는 머리를 잘 쓰면 그다지 어려운 일이 아니며, 교육적인 관점에서도 가치가 높은 일이다.

일반적으로 학급에는 흑판, 책상, 교탁, 교단, 청소도구함, 게시판 등이 있고, 좀 더 시설이 갖추어진 학급에는 앞서 나열한 것 외에도 보존용 상자, 학급도서용 책장, 전시대, 교사지도 용구, 장식 겸 지도용 기구, 암막(暗幕), 라디오, TV, 확성기, 청취용 설비 및 창문의 커튼 등이 갖추어져 있다. 이러한 학급교실의 설비와 시설을 어떻게 선택하고 활용할 것인가 하는 문제는 학급 담임교사에게 주어진 중요한 과제인데, 김봉수(1983)는 다음과 같은 교실의 시설과 설비에 관해서 학급교사는 이해를 갖고 그 활용에 힘써야 한다고 주장하였다.

(1) 공간관리

교실은 인원수에 비하여 넓을수록 좋다. 미국은 학생 1인당 평균 3㎡, 영국은 2㎡라고 하지만, 우리나라는 1.2㎡에 불과하다. 그러므로 우리나라의 경우에는 학급 담임교사들의 교실 공간관리가 중요한 업무가 된다고 할 수 있다. 분단조직이나 책걸상의 배열 등에서 가급적이면 주어진 공간을 좁은 장소라도 넓게 쓸 수 있도록 배려하여야 한다.

(2) 조명관리

부적당한 조명은 학생들의 자세에 해를 주고, 피로를 촉진하며 영양과 시력에도 영향을 미친다. 따라서 교사로서 교실의 조명관리는 매우 중요하다. 어느 연구에 의하면, 교실조명으로는 15휘트가 가장 적당하며, 광원은 학생들의 왼쪽 어깨 위에서 비추는 것이 바람직하다고 하였다. 그러므로 학급을 담임하는 교사는 학생좌석의 배치나 커튼 설치 등, 조명에 대하여 신경을 써야 한다.

(3) 온도와 습도의 관리

적당한 온도와 습도는 학생들의 건강뿐만 아니라 학습에도 많은 영향을 미친다. 그러므로 겨울에는 따뜻하게, 여름에는 시원하게 하여 학생들의 건강과 학습에 영향이 없도록 조절하여야 한다. 학생들의 건강이나 학습에 가장 알맞은 온도는 17~20℃이고, 습도는 40~50%가 가장 적절하다. 따라서 담임교사는 난방장치나 창문개방 등을 통하여 온도와 습도가 적당하게 유지되도록 관리하여야 한다.

(4) 흑판과 책상

흑판은 교실의 전면과 후면에 있는 것이 바람직하다. 흑판에도 여러 가지 종류가 있는데, 교실 전면이나 후면에 설치하는 흑판은 가능한 한 다단식으로 설치하여 한정된 벽 면적을 최대한으로 이용할 수 있도록 하여야 한다. 그 외에도 표리(表裏)를 모두 이용할 수 있는 이동식 소흑판과 바둑판처럼 눈금이 그려진 소흑판도 상비하여야 한다. 흑판의 면은 항상 선명해야 하며, 게시물을 흑판에 붙여야 할 경우에는 그 면이 손상되지 않도록 해야 한다.

책상은 1인용과 2인용이 있으나, 가장 이상적인 것은 이동식 1인용이다. 책상의 크기와 높이는 학습자의 신장에 따라 적절해야 하므로, 동일한 교실 내에서도 높은 것과 낮은 것 또는 그 중간 것들이 골고루 갖추어서 학습자의 신장에 알맞게 분배하는 것이 바람직하다.

(5) 청소도구 상자

학급에는 청소도구를 보관하는 상자 또는 함이 준비되어 있는데, 대체로 그 상자가 정돈되어 있지 않거나 청결하지 못한 경우가 많다. 교실 내 아무 곳에 빗자루가 세워져 있거나 걸레가 걸려 있거나, 심지어 교사용 교탁 속에 걸레나 빗자루를 넣어 두는 행위는 교실환경이 깨끗하지 못하다는 것을 뜻하며, 학습효과를 올리거나 생활지도상에도 좋지 못한 영향을 미치게 된다.

가정이나 학교에서 사람들의 눈에 쉽게 보이는 곳은 정돈이 잘 되지만, 자칫하면 구석진 곳과 눈에 잘 보이지 않는 곳의 정돈은 소홀한 경우가 많다. 따라서 학급교사는 구석진 곳이나 눈에 잘 보이지 않은 곳도 정리정돈함으로써 깨끗한 교실환경 조성에 노력하여야 한다.

(6) 게시판 또는 게시벽

게시판 또는 게시벽의 장소는 일반적으로 교실의 전면과 후면에 집중되어 있다. 그러나 가능하면 창문과 창문의 중간 및 천정 등을 활용하는 방법도 연구하여야 한다. 전면에는 교훈·급훈·시간표·회화사진 및 지도 등을, 후면에는 학생들의 성적물·각종 통계표·향토의 사진 및 각종 지도 등을, 창문과 창문의 중간에는 격언·수식·한자의 필순 및 사진 등의 간단한 게시물을 그리고 천정에는 방위표 등을 게시하는 것이 바람직하다.

게시를 할 때에는 학급 담임교사와 학생이 공동으로 작업함으로써 보다 명랑하고 조화로운 게시가 될 수 있도록 하고, 교실의 미화는 물론 학습효과와 학습자들의 사회화를 촉구할 수 있는 방향으로 연구되어야 할 것이다.

(7) 보존용 상자(함)

비교적 시설이 잘 갖추어진 교실에는 각종 보존물을 위한 상자나 함이 마련되어 있다. 이러한 것들은 일반적으로 학용품, 성적물 및 지도용구 등을 보존하기 위하여 비치된다. 따라서 학급에서 활용하는 각종 물품을 적절하게 준비하여 그 보존이 잘 되도록 하여야 하는데, 보존용 상자나 함 속에는 가능한 한 보존물품이 손상되지 않도록 약물소독을 하고, 물품목록을 상자뚜껑이나 함의 문에 표시해 두는 것이 바람직하다.

(8) 교수·학습용구

교수·학습활동 시에 필요로 하는 컴퍼스, 삼각자, 각도기, 상계용 지도 또는 그림 등은 교과 지도교사나 학급 담임교사를 막론하고 그 정비에 관하여 언제나 세심한 관심을 기울여야 한다. 또한 그 활용에 따라 학습효과가 크게 좌우되기 때문에 적절한 방법이 강구되어야 하며, 최대한으로 활용하여야 한다.

(9) 관찰용 기구 및 장식겸용 지도용구

시설이 갖추어진 교실에는 관찰용 기구로서 곤충사육 상자·화분·식목화분 등이 있으며, 장식전용 지도용구로 거울·시계·꽃병 및 그림 등이 있다. 이와 같은 물품들을 보관하고 정비하는 일도 학급교사가 임해야 할 일인데, 이러한 임무는 교사가 혼자 맡아서 할 수도 있지만 교육적인 의의에서 학습학생들이 분담하여 정비해 나가는 것이 보다 바람직하다.

(10) 전시대

전시대는 교실과 교실 사이의 공간이나 창가에 만들어진 고정식과 필요한 경우에 수시로 위치를 바꿀 수 있는 이동식이 있다. 전시대는 이용가치가 많은 형태로 고안하는 것이 바람직한데, 고정식의 전시대는 평면적으로 늘어놓는 식이 아니라 가능한 한 다단식으로 만들어서 많이 진열하고 보기도 쉽도록 고안하는 것이 좋다. 때로는 교사의 고안에 따라서 목재 등을 준비하여 전시대를 직접 만드는 경우도 있겠으나, 이러한 경우에는 학급학생들과 공동작업으로 하는 것이 바람직하다.

(11) 창문의 커튼

창문의 커튼은 창문 사정에 따라서 반드시 일치하지는 않겠지만, 교실내의 조명관계를 참작하여 그 길이 또는 색조 등을 결정하여야 한다. 경우에 따라서는 창문을 전부 가리도록 할 것이 아니라, 창문의 중간까지만 가릴 수 있게 하는 방법도 있을 수 있다. 커튼은 가능하면 실업·가정시간에 학급원이 공동작업으로 제작하도록 하며, 가끔씩 세탁을 하여 언제나 산뜻하고 깨끗하게 유지하여야 한다.

이제까지 교실환경의 정비 중에서 특히 학급의 시설과 설비물의 활용에 관하여 그 주요부분을 살펴보았다. 그러나 전술한 바와 같이, 학급경영은 반드시 그 자체가 일정한 학급원칙에 따라서 이루어지는 것이 아니라, 어디까지나 학급교사의 능력을 기반으로 한 열의와 창의성에 의존되는 경향이 크다. 따라서 설비·시설의 기준에 따라 획일적으로 만들어진 시설과 설비가 교사의 계획과 실천에 의하여 새로운 의미의 활동이 될 수 있을 것이다.

3. 게시물환경과 전시환경

게시자료나 전시물은 교육활동의 수단인 동시에 학급 환경정비의 한 방편이다. 학급교육 현장에서 전시물은 전시대에 나열해 놓는 형식이고, 게시자료는 게시판을 활용하게 된다. 전시나 게시교육은 학생들의 주의를 환기시키고 관찰이나 사고를 도와주기 위하여 교실, 복도, 출입구, 교문, 기타의 특정한 장소를 활용함으로써 교육적인 효과를 노리는 교육방법을 일컫는데, 그 방법으로는 흑판을 사용하거나 포스터 또는 벽신문, 사진 그리고 그림 등 여러 가지를 생각할 수 있다. 그러므로 게시교육은 다음과 같은 효과를 지니고 있다고 하겠다.

- 학습자의 흥미를 유도하고 인상을 강하게 하며, 교재를 확실하게 파악할 수 있게 한다.
- 일정기간 동안 계속적으로 게시함으로써 고찰·비판의 기간을 오래 할 수 있고, 나아가서는 게시에 대한 관심과 협력을 구할 수 있다.
- 게시에 의한 교육환경의 정비는 학습자의 보다 풍부한 정서생활에 도움이 될 수 있는 장점과 가치가 있다.

또한 게시교육을 효과적으로 운영하기 위한 방법으로는 다음과 같은 여러 가지가 있다.

- 게시내용을 정선하고, 강조할 점은 되도록 하나로 정리하여 요점을 명시하여야 한다. 학생들이 서서 읽는데 장문의 게시는 바람직하지 않다.
- 문장이나 문자에 오기가 없도록 한다.
- 문자는 크게, 자수는 적게 하는 등 보는 사람으로 하여금 인상 깊게 해야 한다.
- 변화 있는 표현방식을 사용하도록 한다.
- 조화와 통일을 생각한다.
- 조명, 채광 등을 고려한다.

1) 게시와 전시의 유의점

교육활동의 수단인 동시에 학급환경 조성의 수단이기도 한 게시와 전시는 교실환경 정비에 중요한 역할을 담당한다. 전시 또는 게시의 목적은 어떤 내용을 명확하고 간결하게 시각화하여 여러 사람이 볼 수 있도록 함으로써 학생들로 하여금 관심을 갖게 하고, 전달내용에 대한 지식을 부여하며, 적극적인 흥미와 아울러 태도의 변화를 가져오게 하는데 있다.

게시와 전시에 관하여는 학급교사가 단독으로 방침을 정하여 게시 또는 전시하는 경우도 있고, 교사와 학습자가 협력하는 경우와 학습자가 자주적으로 하는 경우도 있는데, 학급교사 단독보다는 가능한 한 학습자와의 공동작업으로 실행하는 것이 바람직하다. 초등학교의 하급학년에서는 어려운 점도 있겠지만, 중급학년 이상에서는 교사와 학습자의 공동작업이 가능하다. 특히, 중·고등학교의 경우에는 학습자가 주도적으로 하는 것을 권장한다.

게시 또는 전시는 어디까지나 학습의 효과를 높이기 위한 것이므로 교육적인 관점에서 이루어져야 한다. 게시에 있어서 유의해야 할 사항을 제시하면 다음과 같다.

- 게시 또는 전시는 고상하고 명량하며 간소하고 정돈되어야 한다.
- 각 학년에 알맞게 구성해야 하고 입체적이며 잘 보이는 곳에 게시 또는 전시해야 한다.
- 교사의 독점이 아니라 학습자가 활용할 수 있는 기회와 장소를 제공해야 한다.
- 계절과 행사와 관련하여 생각하여야 한다.
- 성적물을 게시 또는 전시할 때에는 학습자에게 불필요한 우월감이나 열등의식을 갖지 않도록 유의한다.
- 게시 또는 전시작품에 대한 교사의 의견에는 교육적인 효과가 있음

을 알아야 한다.

- 게시 또는 전시 후에 평가를 잊어서는 안 된다.
- 필요에 따른 최소한의 게시와 전시가 될 수 있도록 알찬 내용을 간추려서 구성·게시한다.
- 고정된 내용보다는 자주 바꾸어 줌으로써 학생들의 관심을 불러일으킬 수 있도록 한다.
- 학생들이 자발적으로 구성하는 게시가 되도록 한다.
- 미적 감각을 고려한 조화 있는 전시를 한다.
- 교실의 정면은 안정과 정돈감을, 후면은 활동적인 게시와 전시내용으로 한다.

2) 게시물과 전시물의 내용

게시와 전시의 내용물로는 학습자의 흥미를 자아내기 위한 새로운 학습내용의 소개, 학급활동이나 학교활동에 관한 전달사항 및 학생들이 작품 등이 주된 내용을 이룬다. 보다 구체적인 학급의 전시물 또는 게시물로는 다음과 같은 것들이 있다.

- 상게적(上揭的)인 것
  - 국기
  - 교훈과 급훈
  - 주훈 또는 일훈
  - 학년에 알맞은 지도, 연대표, 문자표, 수식 및 그림
  - 방법판
  - 학습활동에 필요한 단위비교표 등의 참고자료표
- 학습자료적인 것
  - 참고서 혹은 그 서명
  - 사전류 혹은 그 서명

- 신문, 잡지, 각종 포스터
- 그림, 사진
- 표본, 모형
- 각종 설계도, 통계표, 지도, 그림, 지구의

• 감상적인 것
- 그림, 공작, 작문 등의 성적물 또는 그 외의 교과 성적물
- 각종 그래프, 그림, 도표, 지도
- 하계 및 동계방학 중의 작품
- 각 교과의 노트
- 어린이 및 학생신문

• 기록적인 것
- 학급일지, 주번일지, 홈 룸 일지
- 관찰기록이나 관찰일지
- 자치회 기록

• 연락 및 장식적인 것
- 판화
- 그림, 사진, 포스터, 팸플릿
- 전달 및 공지사항

4. 학급의 사회심리적 환경

1) 사회심리적 단계설로 본 학급

인간의 성격발달에 관한 주장은 매우 다양하다. 그 중에서도 인간의 사회적 관계에 초점을 두고 인간의 발달적인 특성을 밝히려고 한 학자는 사회심리적 단계설(psychosocial stage theory)을 주장한 E. Erickson이다. 그는 인생을 8단계로 구분하고, 각각의 단계에서 습득해야 할 기본적인 과업

을 대칭적으로 설정한 후에, 이를 습득하느냐 못하느냐에 따라 정상(normal)과 이상(abnormal)으로 가름하려고 하였다. 특히, Erickson은 각 단계에서 필연적으로 겪게 되는 위기(crisis)가 있다고 보았으며, 이를 대칭되는 양극(polarity)의 개념을 빌어서 설명하고 있는데, 이러한 주장은 학급에서의 인간관계 형성과 밀접한 관계가 있다고 본다.

(1) 제1단계 : 기본적인 신뢰감 대 불신감
(basic trust vs. mistrust)

이 단계는 출생으로부터 만 1세까지의 시기로서, 어린이와 그를 돌보는 어머니와의 사회적인 관계가 중심이 되는 시기이다. 이 시기에 어린이가 어머니로부터 생리적인 욕구(organic needs)와 심리적인 욕구(psychological needs)를 적절히 그리고 일관성 있게 충족해 나아가면 최초의 사회관계의 대상인 어머니에 대하여 신뢰감을 갖게 되지만, 그렇지 못하면 불신감을 형성하게 된다. Erickson은 이러한 신뢰감이나 불신감이 다른 사태나 행동에도 연결된다고 설명하였다. 즉, 이 시기에 형성된 신뢰감이 이후의 모든 사회관계에서의 적응에 여러 가지 중요한 영향을 끼치는 것으로 보았다. 그러므로 생의 초기 단계는 매우 중요한 시기로 치부되는 것이다.

(2) 제2단계 : 자율성 대 수치심, 회의감
(autonomy vs. shame & doubt)

제2단계는 만 2세에서 만 3세까지의 시기로서, 유아들은 이 시기에 몇 개의 상반되는 충동을 느끼게 되며, 그러한 충동을 충족시키려는 의지가 바로 자율성 형성의 증거이다. 이 시기에는 배변의 통제가 유아들 자신에 의하여 이루어지며, 독자적으로 서고 걷는 자기신체에 대한 탐색과 함께 자기주장이 나타난다. 그러나 이 과정에서 부모의 사회적인 기대

혹은 압력이 가해지면, 그 결과로 수치심이나 회의감이 형성될 수도 있다고 Erickson은 설명하고 있다.

(3) 제3단계 : 주도성 대 죄책감
(initiative vs. guilt)

제3단계는 만 4세에서 만 5세에 해당되는 시기이다. 이 시기의 어린이들은 목표지향적인 행동과 경쟁적인 행동이 나타나면서 자기의 행동을 스스로 주도하려고 한다. 그러나 이러한 노력이 사회적인 금지에 봉착하여 금기를 경험하게 되면서, 그 결과로 어린이들은 죄책감을 갖게 된다고 본다.

(4) 제4단계 : 근면성 대 열등감
(industry vs. inferiority)

제4단계는 만 6세부터 만 11세의 시기로서, 어린이들은 인지적인 측면에서나 사회적인 측면에서 유용한 기술을 습득하게 되며, 자아가 형성되어 간다. 즉, 열심히 배우고 일하고 노력하면서 근면성의 기초를 이루는데, 이 과정에서 실패나 실수를 경험하게 되면 그 결과로 열등감이나 부적절감이 형성되는 것이다.

(5) 제5단계 : 정체감 대 역할혼미
(identity vs. role confusion)

이 단계는 만 12세부터 만 18세 즉 청년기에 해당하는 시기이다. 어린이에서 청년으로 성장하면서 부모로부터 심리적인 독립을 하게 되고, 신체적으로도 성숙하게 되면서 자기의 존재에 대하여 관심이 고조되어 자기의 존재위치, 능력, 역할 및 책임에 대한 의식 즉 자아정체감을 갖게 된다. 그러나 자기정체감을 형성하지 못하고 고민하거나 방황하면서 자기의 역할을 다하지 못하게 되면, 역할혼미에 빠지게 된다고 Erickson은 보았다.

(6) 제6단계 : 친밀성 대 고립감 (intimacy vs. isolation)

제6단계는 성년기로서, 자신의 문제에 관심을 두었던 청년은 직업선택이나 배우자의 결정 등 자기 이외의 문제로 관심을 돌려서 타인으로부터의 공유된 정체감(shared identity)을 찾게 되고, 친밀감을 형성하게 된다. Erickson은 청년기에 타인과의 관계가 제대로 되어 있지 못하고, 자기자신에게만 관심을 갖게 되면 사회적인 고립을 경험하게 된다고 설명한다.

(7) 제7단계 : 생산성 대 침체성 (generativity vs. stagnation)

제7단계는 중년기를 맞이하여 두 사람의 범위를 넘어서 그 관계를 확대해 나가는 것을 지칭한다. 즉 가정을 이루어서 다음 세대를 형성하고 지도하는 데에 관심을 가지고, 직업적인 성취와 함께 예술적인 성취를 위하여 노력해 가는 시기인 것이다. 그러나 이러한 생산성을 만족하지 못하게 되면, 침체성을 보이고 자기욕구에만 치중하게 된다.

(8) 제8단계 : 통정성 대 절망감 (integrity vs. despair)

이 시기는 인생의 마지막 단계로서, 노년기에 해당된다. 인간은 자신의 현실과 위계의 변화를 수용하고, 자신의 신체적 노화와 사회적 은퇴 그리고 배우자와의 사별 등의 필연성을 수용함으로써 통정성이 형성된다. 그러나 이를 받아들이지 못하게 되면 절망감을 경험하게 된다고 Erickson은 설명하였다.

2) 학급풍토의 개념 및 형성요인

가정에서 일차적으로 형성된 태도나 가치관은 그대로 계속되는 것이 아니라, 사회적인 관계를 확대하여 나감에 따라서 급격하게 재구성하게 된다. 이 재구성의 시기에 가장 중요한 영향을 미치는 것이 동우집단의 문화라고 할 수 있는데, 학급이라는 제한된 공간에서 이루어질 경우에는 학급문화 또는 학급풍토가 되는 것이다. J. Piaget도 어린이의 사회학습을 촉진시키는데 있어서 일차적으로 책임이 있는 기관은 동우집단이라고 하였고, Wilson도 가정의 사회계층이 개인의 가치체제에 어느 정도 영향을 미치고 있으나, 그보다도 더욱 큰 영향을 미치는 것은 그가 현재 소속되어 있는 동우집단의 문화라고 규정하고 있다(윤종건, 전하찬, 1985).

동우집단의 문화는 일반적으로 사회의 가치체제를 그대로 반영하는 경우도 있으나, 대체로 동우집단 나름대로의 독특한 문화를 형성하고 있어서 구성원의 가치관이나 태도형성에 지대한 영향을 미친다. 예를 들면, 지적 성취를 높이 인정하는 동우집단에서는 구성원의 지적 성취도가 높고, 사회성을 높이 평가하는 동우집단에서는 사회성의 발달수준이 타 집단에 비하여 높다는 것이다.

학급은 학생들이 생활하는 동우집단의 기초단위이다. 따라서 학급문화의 성격은 학생들의 성격이나 태도 및 가치관 형성에 큰 영향을 미친다고 할 수 있다. 그러므로 학급의 담임교사는 인간관계 관리를 통하여 학급문화를 건전하고 올바르게 형성하여 줌으로써 학생들의 태도나 가치관이 올바르게 형성될 수 있도록 이끌어 주어야 한다.

학급문화나 학급풍토는 교사와 학생 또는 학생 간의 복잡한 상호작용 관계에서 조성되며, 그것은 학생의 지적 성취, 태도, 성격, 기타 행동에 영향을 미치게 된다. 따라서 교사가 어떻게 학급분위기를 조성하느냐 하는 것은 교육목표 달성과 깊은 관계가 있고, 교사의 리더십과도 밀접한 관계가 있다. 예를 들면, 학생들이 학습활동의 목표를 명확히 이해하고 그 목표가 학생 개인의 필요와 직결되어 있을 때에는 학생 중심의 풍토가 효과적이다. 그러나 학습활동의 목표가 불명확할 경우에 학생들은 교사에게 의존적이며 교사의 직접적인 지시를 기대하게 된다. 또한 학습목표가 명확하더라도 그것이 학생들의 필요와 흥미에 부합되지 않을 경우에는 교사의 적극적인 지시가 보다 효과적이다.

교사가 학급분위기를 의도적으로 조성할 수 있고, 그렇게 조성된 학급풍토는 학생들의 태도나 행동을 크게 좌우한다는 사실은 담임교사에게 시사하는 점이 많다. 첫 발령을 받은 지 얼마 되지 않은 젊은 교사일수록 즐겁고 신나는 학급을 만들기 위해서 애를 많이 쓰는 경향이 있다. 교사의 재치 있는 농담이나 유머로 학급분위기가 화기애애해질 수 있고, 이러한 교실이 재미있고 즐겁다는 점은 인정받을 수 있다. 반면에 교실분위기가 들떠있고 소란해서 차분하게 학습할 수 있는 분위기가 조성되기는 어렵다. 교사가 큰 소리를 내거나 꾸중을 해야 비로소 정숙한 분위기를 유지할 수 있다면, 학급분위기는 안정적이지 못하다.

한편, 학급문화로서의 풍토를 형성하는 요인으로는 학생 상호간의 관계, 교사와 학생 간의 관계를 포함한 인간관계와 학습방법의 관계, 교과문제와 교육환경, 학교형태, 학생의 특성과 학급의 규모, 학년 그리고 성의 비율 등(김용주 외 3, 2006)을 들 수 있다. 또한 많은 학자들이 학급풍토의 형성요인을 제시하고 있는데, R. M. Moos(1979)는 학급의 사회심리학적인 환경, 즉 학급풍토를 관계의 차원, 개인적인 발달의 차원, 체제유지의 차원 그리고 체제변화의 차원 등 네 가지로 분류하고 있다.

첫째, 관계의 차원에는 참여도, 급우관계 및 교사의 관심이 포함된다.

참여도는 교실활동에 적극적으로 관심을 가지거나 토론에 참여하는 정도, 학생들이 수업을 즐겁게 여기거나 스스로 참여하여 작업을 수행하려는 정도를 말한다. 급우관계는 학생들 간의 우정의 정도를 평가하는 것으로서, 숙제를 할 때에 서로 협력하는가, 서로를 쉽게 알 수 있는가, 함께 공부하는 것을 즐겁게 여기는가 등의 정도를 말한다. 교사의 관심이란 교사가 학생에게 보여주는 관심이나 애정 등의 정도와 교사가 학생을 신뢰하는가, 학생의 관심 분야에 마음을 가져주는가 등을 말한다.

둘째, 개인적인 발달의 차원에는 학업지향성과 경쟁성이 해당된다.

학업지향성은 계획한 활동들을 완성하려는 것을 중시하는 정도로서, 어떤 주제나 문제에 대하여 교사가 부여하는 강조점에 주의를 기울이는 것을 말한다. 경쟁성이란 성적이나 주위의 인정에 대하여 학생들 간의 경쟁에 의미를 두며, 좋은 성적을 얻고자 하는 것이다.

셋째, 체제유지의 차원으로는 규칙의 명료성, 질서와 조직 그리고 교사의 통제가 포함된다.

규칙의 명료성이란 규칙들의 명료한 체계를 확립하여 준수하는 것에 의미를 부여하여, 학생들이 규칙을 따르지 않았을 때에 일어나게 될 결과를 잘 알고 있는지와 학생이 규칙을 위반할 때에 교사가 다루려는 처치방법이 일관되고 있는가를 중시한다. 질서와 조직이란 학생들이 질서 있고 공손한 태도로 행동하는가, 교실활동에 배당된 것들이 광범위한 조직에 의미를 부여하며 학생들이 조용히 하려고 하는지가 중요시된다. 그리고 교사의 통제는 교사의 규칙에 대한 의미부여의 정도가 어떠한가, 규칙을 위반한 학생에 대한 처벌의 엄격성은 어떠한가, 규칙의 정도와 곤란을 당하는 학생들의 정도는 어떠한가 등을 포함한다.

넷째, 체제변화의 차원에는 혁신이 해당된다.

혁신이란 교사들이 계획한 숙제 외에 특별하고 다양한 활동들을 제공하는 정보를 말하며, 새로운 수업기법을 이용하고자 시도하는가, 학생들의 창조적인 생각을 고무시켜 주는가 등을 말한다.

3) 학급풍토의 유형 분류

학급풍토를 조성하는 교사의 행동특성 변인과 학생의 행동특성 변인의 상호관계에 의한 풍토를 김창걸(1994)은 일찍이 설명하였다. 여기에서는 이를 재구성한 김용주 외 3인(2006)의 학급조직 풍토모형을 살펴보고자 한다. <표 12-1>에 의하면, 교사의 행동특성으로 추진성, 지시성, 사려성 및 방임성을, 학생의 행동특성으로 자발성, 추종성, 친밀성 및 임의성을 결합하여 학급조직의 풍토모형을 형성하였는데, 이들 풍토의 성격을 기술하면 다음과 같다.

<표 12-1> 학급풍토 변인의 상호관계

학생의 행동특성 / 교사의 행동특성	자발성	추종성	친밀성	임의성
추진성	자율적인 풍토			
지시성		통제적인 풍토		
사려성			친교적인 풍토	
방임성				방임적인 풍토

*자료 ; 김용주 외 3(2006). 학교·학급경영의 이해. 파주 : 양서원. p.422. 재인용.

첫째, 자율적인 풍토는 교사의 행동특성에서는 추진성이, 학생의 행동특성에서는 자발성이 다른 변인보다 강하다. 따라서 교사는 인성과 역할 간의 적절한 통합으로 학생들로 하여금 자발적으로 과업성취를 할 수 있도록 동기를 부여하고 조력해 주어야 한다. 이렇게 함으로써 학생들은 자발적인 과업성취를 통해서 사회적인 요구를 충족하게 된다. 이 풍토는 사기와 생산성이 높은 역동적인 풍토로서, 교사와 학생은 인간적으로 유대관계에 있다.

둘째, 통제적인 풍토는 교사의 행동특성에서는 지시성이, 학생의 행동특성에서는 추종성이 다른 변인보다 강하다. 교사는 권위적이고 위압적으로 학생들에게 정해진 과업성취를 강요한다. 따라서 인성보다 역할이 강조되므로 생산성은 높지만, 학급 내에서 융통성이 거의 용납되지 않기 때문에 경직성과 소외성을 띤다.

셋째, 친교적인 풍토는 교사의 행동특성 중에서 사려성이, 학생의 행동특성 중에서는 친밀성이 타 변인에 비하여 강하다. 따라서 교사는 학생들에게 친근하며 사려적이기 때문에 학생들과의 인간적인 유대관계를 형성할 수 있으며, 학생 상호간에도 우호적이고 사적인 관계가 강하게 유지된다. 역할보다 인화에 관심을 가짐으로써 구성원 개인의 욕구가 충족되어 집단유지는 할 수 있으나, 학급의 목표달성에는 소홀한 풍토이다.

넷째, 방임적인 풍토는 교사의 행동특성 중에서 방임성이, 학생의 행동특성 중에서는 임의성이 타 변인에 비하여 강하다. 그러므로 교사는 방관적이고 무간섭적이며 학생들은 교사를 자기 일에 촉진적인 존재라기보다 무용하고 방해적인 존재로 보는 경향이 있다. 학생들의 이러한 임의적인 행동으로 인하여 가치기준이 모호하고 행동은 이기적이며 파벌적이 되어 집단은 생산성이 낮고 침체된다.

4) 학급에서의 인간관계 관리

학생들이 접하게 되는 환경을 대별하면 가정, 학교 그리고 사회라고 할 수 있다. 그 중에서 학급의 사회심리적인 환경을 논의함에 있어서 학급에서의 인간관계 지도는 매우 중요하다는 데에는 이견이 없다. 이와 관련하여 윤종건·전하찬(1985)은 D. L. Holte와 B. S. Bloom의 견해를 들어 심도 있게 설명하고 있다.

D. L. Holte는 생활환경이 학생들에게 미치는 영향을 "생활 속의 아이들(Children Learn What They Live)"이라는 시로 표현하였다.

> 꾸지람 속에 자란 아이 비난하는 것 배우며,
> 미움 받으며 자린 아이 싸움질만 하게 되고,
> 놀림 당하며 자란 아이 수줍음만 타게 된다.

관용 속에서 키운 아이 참을성을 알게 되며,
격려 받으며 자란 아이 자신감을 갖게 되고,
칭찬 들으며 자란 아이 감사할 줄 알게 된다.

공정한 대접 속에서 자란 아이 올바름을 배우게 되며,
인정 속에 자란 아이 믿음을 갖게 되고,
두둔 받으며 자란 아이 자신에 긍지를 느끼며,
안정과 우정 속에 자란 아이 온 세상에 사랑이 충만함을 알게 된다.

또한 Bloom(1964)도 장기간에 걸친 연구결과에서 환경의 작용에 관한 일반적인 견해를 다음과 같이 다섯 가지로 제시하고 있다.

첫째, 환경은 인간의 특성에서 일어나는 변화의 범위나 종류를 결정해 주는 요인이 된다.

둘째, 환경이 미치는 영향은 인간의 발달과정 중에서 가장 급격한 발달을 가져오는 시기에 더욱 큰 영향을 미친다.

셋째, 인간에게 주어진 환경 중에서 초기의 환경은 큰 영향을 미치기 때문에 더욱 중요하다.

넷째, 환경은 원칙적으로 개인에게 변별적인 작용을 한다고 할 수 있으나, 환경 중에는 그것이 지니는 강력한 힘 때문에 접하고 있는 모든 개인을 동일하게 변화시키는 작용을 한다.

다섯째, 환경이 작용하여 일으키는 변화에는 한계가 있다. 인간발달 과정의 초기에는 환경이 보다 강력한 작용을 하지만, 연령이 높아짐에 따라서 그 작용은 점차로 감소된다.

Holte의 시에서나 Bloom의 견해로 보면, 환경이 학생들의 성장에 미치는 영향은 절대적이기 때문에 의미 있고 긍정적인 변화를 가져올 수 있는 학급환경을 조성해 주어야 한다. 여기에서 말하는 환경이란 시설이나 설비 등의 물리적인 환경이 아니라 사회심리학적인 환경을 말하는 것이므로 인간관계의 관리가 학급경영에 중요한 과제가 되는 것이다. 따라서 인간관계를 중심으로 하는 학급의 사회심리학적인 환경에 대하여 살펴보는 것은 의의가 있다.

학급사회에서 이루어지는 주요한 인간관계의 유형으로는 교사와 학생 간의 종적인 관계와 학생과 학생 간의 횡적인 관계를 들 수 있다. 이러한 관계는 학급생활에서 상호작용을 하면서 그 과정에서 서로 영향을 주고받는다. 그 가운데서 특히 학생과 교사와의 상호작용은 학생들의 성장에 절대적인 영향을 미친다. 다시 말하면, 교사가 학생들을 보는 관점이나 상호작용의 태도, 학생과의 대화내용은 학생들의 가치관 형성이나 지능, 성격 및 태도에 직접적인 영향을 미친다는 것이다. 그러므로 학급경영에서는 교사와 학생과의 상호작용이 바람직하게 이루어지는 환경과정이 형성되도록 배려되어야 한다. 이와 같은 환경과정의 형성은 학급의 인간관계 관리에 의해서 이루어진다.

학생들의 지능, 가치관 및 성격형성에 도움을 줄 수 있는 학급의 환경과정 즉 인간관계 관리에 대한 가정은 R. M. Wolf(1963)와 정원식의 연구를 참고하여 다음과 같이 몇 가지로 제시한다.

(1) 성취동기

지능이나 인성의 형성은 유전의 결과라고 생각한 때도 있었으나, 약 30년간이나 지속되어 왔던 환경과 유전 간의 논쟁 끝에 유전과 환경의 상호작용 결과로 보았다. 근래에 와서는 유전적인 요인보다는 환경적인 요인이 상호작용에 있어서 상대적으로 비중을 많이 차지한다는 것이 여러 연구에 의하여 밝혀졌다.

Fels연구소의 아동발달 연구에 의하면, 지능이 상승하는 집단에서 나타난 인성의 특성은 성취동기가 강하고 경쟁적이며 호기심이 많다는 것이다. 이와 같은 연구결과는 성취동기에 대한 자극이 강한 학급환경을 조성하여 줄 때에, 그 속에서 자라는 학생들은 지능의 발달이 그렇지 못한 집단에 비하여 상승을 보일 것이라는 점을 시사한다. 또한 R. M. Wolf(1963)는 부모의 영향이 지적 발달에 어떻게 작용하는가를 밝히는 연구에서, 어린이의 지적 발달에 영향을 주는 과정요인으로 성취동기 유발의 방법 중에서 압력을 첫째로 들고, 그 내용으로 다음의 네 가지를 제시하였다.

• 아동에 대한 지적 기대
• 아동에 대한 지적 포부
• 아동의 지적 발달에 대한 지식의 정도
• 지적 발달에 대한 보상

이상과 같이 Fels연구소와 Wolf의 연구결과로 볼 때에, 학급의 인간관계 관리에서 학생들의 성취동기의 자극은 학생들의 성장을 돕는 환경과정으로 매우 중요한 일이라고 사료된다. 그러므로 학생들의 성취동기를 자극하기 위하여 학급에서 제공해야 할 유효한 환경과정으로 다음의 네 가지를 제시하고자 한다.

첫째, 교사는 모든 학생들에게 성취동기만 자극한다면, 높은 지적 성취가 가능하다는 신념을 굳게 가져야 한다.

둘째, 교사는 모든 학생들의 포부수준이 상승되도록 자극한다.

셋째, 적당한 경쟁분위기를 조성하여 자기성취를 위한 선의의 경쟁이 이루어지도록 한다.

넷째, 자기성취에 대한 만족과 학문에 대한 호기심이 자극되도록 알맞은 보상을 한다.

(2) 수용적 · 온정적인 환경조성

K. Lewin이나 R. Lippitt의 연구에서는 학급학생의 태도변용은 담임교사의 지도성에 의하여 조성되는 학급분위기에 상응한다고 밝히고 있다.

다시 말하면, 민주적인 학급분위기가 조성되면 학생들은 민주적인 태도를 갖게 되고, 전제적인 풍토가 조성되면 학생들은 공격적이고 적대적인 태도를 형성하게 될 것이다. 이와 동일한 원리로 학생들의 태도를 긍정적이며 호의적으로 길러주려면, 학급분위기를 수용적이며 온정적으로 조성해 주어야 한다.

엄격한 양육방법과 온정적이며 수용적인 방법을 비교·연구한 결과를 보면 확실한 결론을 얻기는 어려우나, 일반적으로 엄격한 것보다는 온정적인 양육방법이 어린이의 성격형성에 보다 바람직한 영향을 준다는 결론을 내린 바 있다. 여기에서 엄격한 양육방법은 규칙적임은 물론, 체벌을 가하는 비수용적인 양육방법을 의미하는데 반하여, 온정적인 양육방법은 어린이에게 자율적인 활동을 조장하고 따뜻하게 대하는 것을 일컫는다.

미국 행동주의 심리학의 아버지격인 John Watson의 연구에 의하면, 온정적인 양육방법은 어린이들의 협동성과 사회성을 보다 잘 발달시키며, 학급에서 좀 더 친절해질 수 있고, 독립적이며 자발성을 가져오게 하는 결과를 낳게 한다고 하였다. 이에 반하여 엄격한 양육방법은 타인에 대한 적개심을 일으키게 하고, 비협동적이며 사회성에 결함이 나타난다고 밝혔다.

또한 수용적인 분위기와 거부적인 분위기가 학생의 성격이나 태도에 미치는 영향에 대한 연구결과를 살펴보면, 학생들에 대한 부모나 교사의 거부적인 태도는 의식적이든지 무의식적이든지 간에 그 결과는 학생의 성격형성에 중대한 결함을 가져온다고 지적하고 있다. 대표적인 연구로 R. Jenkins의 범죄소년에 관한 연구를 보면, 어머니의 자녀에 대한 거부적인 태도는 반사회적이고 비사회적인 범죄행동과 범죄적인 성격을 낳게 할 가능성이 있다. 또한 거부된 어린이들은 정서적으로 불안해하고, 인간에 대한 신념을 상실하게 되며, 비합리적인 파괴행동을 일삼게 된다고 주장한다.

이 연구에서 주목을 끄는 사실은 처음에는 어린이를 수용하다가 후에 거부하는 경우와 처음부터 내내 거부하는 경우를 비교한 것인데, 결과적으로 처음에는 수용하고 후에 거부하는 경우에서 오히려 보다 많은 범죄적인 성격과 행동을 낳게 하는데 작용한다는 점이다. 이는 가정교육을 위하여 중요한 시사를 준다. 즉, 어린이를 거부하는 일이 처음에는 없다가 나중에 가서 거부상태가 있게 되면, 그것은 어린이에게 심리적인 상처와 장애를 줌으로써 범죄적인 행동까지 야기한다는 점을 암시하는 것이다.

이상에서 살펴본 바와 같이, 부모나 교사의 엄격하고 거부적인 태도는 학생의 성격이나 태도형성에 중대한 영향을 미치기 때문에 학급의 사회심리적인 환경은 엄격하고 거부적인 것이 아니라, 온정적이며 수용적이어야 한다. 그리고 학급의 심리적인 환경은 자율성이 보장되고 학생과 교사 간에 사랑이 오고가는 분위기가 되어야만 학생들에게 호의적이며 긍정적인 태도가 길러질 수 있다.

제13장

학급경영의 평가[1)]

급변하는 현대사회는 학교교육의 질적 수월성은 물론이거니와 책무성까지도 포함한 교육활동의 발전적인 개혁을 주문하고 있다. 그러나 학교 교육활동이 교장이나 교감의 경영철학이나 향도적인 리더십만으로 이루어지지 않는다. 이에 더하여 담임교사와 중등학교의 경우에는 각 교과 담당교사의 노력이 교육력으로 승화할 때에만 소기의 성과거양이 가능한 것이다. 그러므로 한 학교 내의 전체 학급에서는 각 학급에서 설정한 교육목표를 효율적으로 달성하기 위해서 인적·물적 자원을 활용하여 계획, 조직, 지도 그리고 통제하는 일련의 과정을 원만히 거치는 노력이 요구된다.

이에, 이러한 학급경영 활동의 결과를 기획단계에서 설정했던 목표에 견주어 보고 그 일치도를 점검하는 작업이 필요하다는 전제 하에 학급평가의 개념, 경영이론과 학급경영 평가, 학급경영 체제의 평가 그리고 학급경영 평가의 준거를 예시로 안내하려고 한다.

---

1) 학교 교육활동 중에서 학생들의 학습지도와 생활지도의 대부분은 학급을 중심으로 이루어진다. 그럼에도 불구하고, 학급경영의 결과를 평가하는 일과 관련한 선행연구물이 학급 경영활동의 중요성에 비하여 양과 질의 두 측면에서 미약함을 발견하였다. 이에, 제13장은 이화은(2000). "초등학교 학급경영평가의 준거 개발." 서울교육대학교 교육대학원 석사학위논문과 이미숙(2006). "초등학교 학급경영평가 준거체제 개발." 부산교육대학교 교육대학원 석사학위논문 자료를 중심으로 구성하였다.

1. 학급경영 평가의 개념

일반적으로 조직에 대한 경영평가는 경영의 가치를 체계적으로 조사하는 활동으로 정의된다는 주장(이미숙, 2006)과 함께 학급경영 평가의 개념 정의를 다음과 같이 설명하고 있다.

평가과정을 포함시켜 경영평가를 정의하면, 경영평가란 경영의 가치를 판단하기 위해서 평가의 준거와 기준을 설정하고 준거자료를 수집하여 이를 기준에 비교하여 경영의 가치를 판정하는 활동이다. 이 정의는 학급경영 평가에도 그대로 적용된다.

경영평가의 대상은 경영체(management system)이다. 경영체는 경영의 정의에 포함된 모든 요소들이 유기적인 관계로 결합된 총체를 의미한다. 일반적으로 경영은 자원을 획득·사용하여 제반활동을 계획·조직·지도·통제하는 일련의 과정을 통해서 조직의 목적을 달성하고자 하는 활동으로 정의된다. 따라서 경영체는 조직의 목적, 자원, 경영과정의 세 가지 주된 요소가 결합된 경영조직이 된다. 체제론적인 관점에서 표현하면, 경영은 환경으로부터 인적, 물적 그리고 기타 자원을 받아 들여 전환과정을 통해서 생산으로 전환시키고 이를 다시 환경으로 산출해 내는 과정이며, 경영체는 경영의 전 과정을 구성하는 하위체제(sub system)들의 집합체를 지칭한다. 경영체의 하위체제들은 학자에 따라서 여러 가지로 분류되고 있으며, 또한 독립적인 경영평가의 대상이 된다. 그러나 경영평가라고 할 때에 평가대상은 경영체 내의 모든 하위체제들을 포함한 전체로서의 경영조직체가 된다(박병량, 1988).

학급경영 평가는 학급이 잘 운영되었는가 또는 그렇지 못한가를 판단하고, 그 원인을 분석하는 활동이다. 더불어 학급경영이 가치가 있었던 활동인지, 가치가 있었던 활동이라면 어떠한 점에서 어느 정도의 가치가 있었는지를 알아보려는 활동이다. 이러한 학급경영 평가의 과정은 평가활동의 교육적이고 생산적인 측면을 강조하는 접근방법을 취함으로써 학급경영 평가활동 자체의 내재적인 가치를 고양하고 교육적이고 생산적인 평가과정을 중시한다.

학급경영 평가는 학급의 교육목표에 비추어 경영계획과 그 집행의 효과를 측정해보는 것이다. 즉 학급경영 과정의 마지막 단계로서 그 동안의 학급경영 활동과 그 결과를 체계적으로 분석·검토하여 학급경영의 결과를 알아보고 판단하여 학급경영의 개선 및 변화·발전을 위한 목적으로(L. J. Cronbach, 1963. 재인용) 총괄평가(summative evaluation)의 기능을 중시한 평가이다. 평가결과를 학급경영의 진행과정에 직접 투입시키거나 다음 학급경영에 피드백하여 학급경영의 질 개선을 기하자는 목적을 두는 것이다. 학급평가는 그 자체가 목적이 아니고, 그 결과를 활용할 때 의의를 가지게 된다. 학급경영 평가의 목적은 학급체제에 관련된 다양한 의사결정에 유용한 정보를 제공하기 위한 것이다(Richard Beswick, 1990. 재인용).

1997년부터 전국적으로 실시되고 있는 교육청 및 각급 학교경영 평가는 한국교육개발원을 중심으로 여러 교육 전문기관에서 평가제도와 절차, 준거의 개발·수정이 이루어져 왔으며, 학교단위 책임경영이 시행되면서 평가의 철학적 기저, 평가절차와 방법, 평가준거를 개발을 위한 노력을 계속해 오고 있다.

교사평가제의 도입까지 논의되고 있는 현 시점에서 학교는 전통적인 법규해석적 관리 위주의 경영방식이나 경험적·권위적인 경영방식에서 벗어나 환경체제의 요구 및 가치관의 변화에 신속히 대응할 수 있는 새로운 경영방식을 채택하여 학교에 대한 사회의 교육적인 기대를 충족시키기 위한 노력을 계속하지 않으면 안 되게 되었다. 이러한 의미에서 오늘날 요구되는 학급경영 평가는 학교경영 평가와 더불어 이러한 현대경영의 추세에 부합되도록 계획·설계되고 추진되어야 한다.

학급경영 평가준거의 선정방법에 있어서 학급경영에 적용할 평가준거의 수가 지나치게 많으면 평가준거들 간에 내용의 분리가 어렵고, 평가에서 평가자 개인의 주관이 개입될 위험이 있다. 그러나 평가준거의 수가 적으면, 학급경영 자체가 지닌 가치 전체를 타당하게 평가할 수 없다. 따라서 평가준거는 다양한 영역에서 적정수가 선정되어야 하고, 측정될 수 있는 것이어야 한다.

이상에서 볼 때에, 학급경영 평가란 교육적이고 생산적인 측면을 강조하는 평가의 접근방법을 취하여 학급 교육목표의 설정에서부터 경영계획과 그 집행의 효과를 측정해보는 것으로서, 평가활동의 그 자체가 목적이 아니고 그 결과를 활용할 때 의의를 가진다고 할 수 있다.

2. 경영이론과 학급경영 평가

학급경영의 평가준거는 경영이론에서 도출해야 할 것은 당연하다는 판단 하에 민주행정이론, 고전적 경영이론과 인간관계론, 관료제와 전문경영이론 그리고 체제경영이론으로 나누어 논의(이미숙, 2006)한 내용은 다음과 같다.

1) 민주행정이론

인간존중, 자유, 평등 및 참여와 합의 등은 민주주의를 특징짓는 이상과 원칙들이다. 근대국가는 민주주의의 이념인 인간의 존엄성, 자유, 평등의 가치를 구현하고자 한다. 백완기(1988)는 행정의 민주성이란 국민의 의사를 행정에 반영하고 국민을 위한 행정으로 그 핵심적인 내용을 반응성(responsiveness)이라고 하면서, 그 요소에는 행정에의 주민참여, 행정의 공개성, 행정과정의 민주화, 행정의 공익성, 공평한 대우 등을 포함시키고 있다.

또한 민주적인 이념을 행정과정에서 어떻게 실현할 것인가에 깊은 관심을 보인 Redford(1969)는 민주적인 가치는 개인의 자아실현, 평등주의,

참여에 있다고 보고, 이러한 민주적 가치가 행정과정에 구현되기 위해서는 정책형성 과정에 이익집단들이 모두 참여하여 그들의 이익을 적극적으로 대변하는 한편, 정책결정 집단은 다양하고 상반된 이익들을 모두 수용하여 전체적으로 조정하고 반영시키는 과정이 민주행정의 요체라고 본다. 즉, 민주행정은 이익집단들이 정책과정에 참여하여 그들의 의사를 반영시키고, 정책담당자는 그들의 요구를 수용하여 책임 있게 대응하는 행정인 것이다.

이상과 같은 민주행정의 특성을 바탕으로 할 때에, 민주적인 학급경영은 민주주의의 원칙에 입각하여 학급을 경영하는 것을 말한다. 곧 민주적으로 운영되는 학급에서는 학급구성원 개개인의 인격이 존중되고 자유로운 학급 분위기가 조성되며, 학생 스스로 결정할 수 있고 책임질 수 있는 절차와 과정이 마련되고 존중된다.

학급경영의 민주성은 학급경영 평가의 주요준거가 된다. 학급경영의 민주성은 인간존중, 자유, 평등의 민주주의 원리를 실현하는 내용으로 학급이 운영되는 것을 의미하며, ① 참여와 합의 ② 자율성 ③ 평등과 공정성이 그 하위요소로 포함된다.

2) 고전적 경영이론과 인간관계론

고전적 경영이론과 인간관계론은 경영의 실제에 지대한 영향력을 끼치고 있는 두 개의 큰 경영이론이다. 고전적 경영이론과 이에 대립되는 성격을 지니고 있는 인간관계론을 주축으로 한 행동주의 경영이론의 주요내용을 살펴본 후에, 두 이론을 바탕으로 하여 경영의 중요 준거가 되는 효과성과 효율성의 개념을 규정하고자 한다.

산업혁명 이후에 대량생산 체제로 일대 혁신이 일어나면서 기계를 통한 생산활동의 집중화와 노사 간의 복잡한 문제에 의한 대립적인 관계가 나타났다. 그리고 이전의 경험과 상식에 바탕을 둔 조직관리 형태에 많은 문제점이 내포됨에 따라서 개선이 필요하게 되었다. 이러한 사회적인 배경에서 F. W. Taylor는 '낭비와 비능률을 제거하고 그 최대의 생산효과를 높일 수 있는 원리'인 과학적 관리론을 정립하게 되었다. Taylor의 능률주의는 학교경영에 있어서도 전통적인 교육적 가치를 버리고 기업적 사고방식을 투입하도록 이끌었다.

이러한 고전적 경영이론의 특징은 다음과 같이 제시될 수 있다.

첫째, 고전적 경영이론은 먼저 생산성과 효율성을 과학적으로 달성하는 것을 관심주제로 삼는다. 이 이론은 생산을 극대화시키는 조직의 목적 추구, 즉 효과성을 중시하며, 조직관리의 합리화, 과학화, 능률화를 추구한다.

둘째, 고전이론에서의 인간관은 성악설적 입장으로 다루는 방법에 따라 무한한 능력을 발휘할 수 있는 잠재적·경제적인 존재로 보며, 노사관계에서 '사'를 강조하며 명령·지시·감독을 강조한다.

셋째, 이 이론은 경제적인 보상에 의해 동기가 부여된다는 경제적 인간관을 바탕으로 한다. 그래서 생산성을 증대시키는 것이 근로자나 조직 모두에게 이익을 주는 방법이라고 믿는다.

넷째, 조직의 구조는 조직구성원의 행동을 통제하는 수단으로 간주한다. 조직구조를 통해서 인간의 비합리적인 행동이 통제된다고 본다.

다섯째, 경영은 과학적으로 운영되어야 한다.

과학적 관리에서는 능률성과 생산성을 증대시키는 수단으로서 과학적인 작업분석 계획과 같은 과학적인 경영방식을 통해서 노동력을 분업화시키고 개인의 행동을 관리하여야 한다고 여긴다. Chicago대학의 교수였던 J. F. Bobbit는 '과학적 관리'를 교육에 적용하여 교육에서도 기업과 마찬가지로 생산품(학생)의 표준화, 생산방법(교육방법), 생산자(교사)의 자격 및 생산자의 교육과 훈련에 과학적 관리의 원리를 적용해야 한다고 주장하였다.

한편, 구성원을 어떻게 활용하여 목적달성에 효율적이겠는가의 관점에서 본 과학적 관리론과는 달리 경영자가 어떤 순서로 전개해야 목적달성이 효율적이겠는가의 측면에서 경영의 관점을 보는 과정론에 대한 연구가 학급경영에 시사하는 바가 더 크다고 본다.

경영과정에 대한 연구는 1916년 프랑스의 H. Fayol에 의해 시작되었다. J. B. Sears는 1950년에 최초로 교육경영 분야에 경영과정을 적용하였고, 그 후 교육행정에서도 R. T. Gregg, R. F. Cambell 등에 의해 이 분야의 연구가 계속되게 되었다. 교육경영의 경영과정을 보다 혁신적으로 적용시킨 Gregg는 '교육에서의 행위'(Administrative Behavior in Education, 1957)에 발표한 『경영의 과정(The Administrative Process)』이라는 저서에서 지도성, 집단과정, 인간관계 등의 개념을 강조하면서 행정과정 요소를 7가지로 구분하였다.

- 의사결정(decision-making) : 행동에 선행되는 과정으로 목표의 수립, 수단의 선택과 결과의 판정
- 기획(planing) : 합리적인 행동을 예정하고 준비하는 과정
- 조직(organizing) : 공동의 목표달성을 위한 분업적인 협동체제를 구성
- 의사소통(communicating) : 부서 간・개인 간에 정보, 의견, 아이디어 등을 교환하는 것
- 영향(influencing) : 권위행사, 설득과 교육, 협의와 참여를 통한 협동적인 관계
- 조정(coordinating) : 조직체 내에서 공동목표 달성을 지향하는 여러 사람의 노력을 통합, 조절하는 것
- 평가(evaluating) : 행정활동의 과정과 성과를 분석・검토하여 그 합리성과 효율성을 측정하는 것

이러한 관점에서 Johnson과 Brooks(1970)는 경영을 목표성취에 필요한 조정과 협동에 관심을 갖는 조직의 기능으로 정의하고, 주요 조직기능으로 계획・조직・조정・지시・통제・의사소통 등을 포함시키고, 이러한 조직기능을 수행하는 교사의 활동으로 학급경영을 개념화하였다. 이때

교사는 학생들에게 명령과 지시로서가 아니라 긍정적인 방향으로의 '영향'과 '자극'으로서 학급을 경영해 나가야 한다.

무엇보다도 고전적 경영이론은 조직에 있어서 인간의 능동성 및 인간행위의 역할을 거의 무시하는 기계론적인 결정론의 입장을 취하고 있다는 점에서 비판을 많이 받고 있지만, 이후 경영이론의 모체로서 경영실제를 계속 지배해 오고 있다. 그러나 과업을 중시하고 개인의 욕구보다는 조직의 목적인 생산성을 강조한 나머지 인간 없는 조직이라는 이미지를 낳게 됨으로써 고전적 경영이론과 상반된 인간관계론적 접근에 이르게 되었다(박병량, 1988. 재인용).

인간관계 중심이론들은 인간을 사회적 욕구와 자아실현을 추구하려는 사회적 인간존재 또는 자아중시의 인간관을 지니고 있다. 인간관계론은 집단행위에서 대인 상호관계의 중요성과 기능을 분명히 이해하였고, 기계의 부속품처럼 무시된 개인의 중요성을 인식하였으며, 직무만족과 생산성과의 관계를 밝히고, 민주적 지도성이나 감독에 의한 참여적 결정과 경영의 촉진 등 많은 공헌을 하였다.

인간관계론의 주요 내용을 정리하면 다음과 같다.

첫째, 인간은 근본적으로 사회심리적 욕구와 경제적 욕구에 의해서 동기가 유발된다. 일(work)을 경제적인 활동뿐만 아니라 사회적인 활동으로 보고, 따라서 근로자의 심리적인 만족은 경제적인 보수보다 더 큰 의미를 갖게 된다.

둘째, 인정·소속감·안정을 포함한 위의 욕구는 인간의 사기와 생산성을 결정하는데 환경의 물리적인 조건보다 더 중요하다.

셋째, 모든 형태의 조직에 있는 사람들은 공식조직과 경영에 도움을 줄 수도 있고, 해로울 수도 있는 비공식조직을 발전시키는 경향이 있다. 형식적인 조직구조(권위, 기능, 규범 등)는 보다 중요한 조직사회의 틀에 불과하며, 비형식적 인간관계가 형식적 인간관계보다 개인의 행동에 더 큰 영향을 미친다.

넷째, 의사소통·권력·영향력·권위·동기는 조직 내의 인간관계, 특히 상사와 부하 간의 관계에 전적으로 중요하다. 인간관계론자들은 전제적인 지도성보다 민주적인 지도성을 더 강조한다.

다섯째, 사기, 동기, 만족, 안정, 인정, 역할, 갈등, 갈등해소와 같은 개념이 중요시된다.

이상과 같은 인간관계론적 경영관에서는 인간이 조직의 중심개념이 되고 인간의 참여적인 협동이 강조된다. 조직의 목적은 조직의 존재이유가 되므로 조직의 목적달성을 의미하는 효과성은 이론적으로나 실제적으로 매우 타당한 경영준거의 개념이 된다. 또한 자원의 경제적인 사용을 의미하는 능률성 개념 역시 자원을 낭비하지 않고 효율적으로 사용하여야 한다는 사회의 일반적인 가치에 부합되는 개념이다. 그래서 인간관계론의 경영이론을 포함하여 모든 경영이론들은 효과성과 능률성을 추구하는데 동의하고 있다.

효과성과 능률성, 영향의 개념을 발전시키는 방향에서 본 연구에서는 두 개념을 다음과 같이 규정하고 학급경영 평가의 주요근거로 삼는다.

효과성은 경영의 목적을 달성하는 것을 의미하며 ① 조직목적 달성 ② 개인목적 달성 ③ 사회적 목적달성이 그 하위요소로 포함된다. 조직목적 달성은 학급조직 자체가 추구하는 공식적인 학급 교육목표를 성취하는 것이고, 개인목적 달성은 학급구성원이 개별적으로 추구하는 개인적인 목표를 달성하는 것이며, 사회적 목적달성은 학교 밖의 사회가 성취하여 주기를 바라는 것을 달성하는 것이다.

능률성은 경영활동의 산출과 관련하여 투입과 과정이 최적한 상태를 의미하는 것으로 규정하고, 물적 자원의 능률성, 인적 자원의 능률성, 과정의 능률성 등 세 가지 능률성을 포함시킨다. 물적 자원의 능률성은 최소의 물적 자원의 투입으로 최대의 효과를 얻고자하는 경제원칙으로서 경비에 대한 산출의 비율을 높이는 것이며, 인적 자원의 능률성은 학교활동과 관련하여 구성원이 심리적으로 최적한 상태에 있는 것이며, 과정의 능률성은 효과성을 높이는데 인적·물적 자원의 결합과 그 활동이 최적한 상태에 있는 것이다.

영향은 교육경영 과정의 이론에서 창의성과 전문성을 저해해서는 안 되는 교육경영체의 특성을 고려하여 명령과 지시로서가 아닌 영향과 자극으로서 교육이 이루어져야 한다는 것이다. 영향은 사회심리적 용어인데, 심리적인 용어로는 '자극'이라고 표현한다. 교육경영 과정에서 의사결정-계획-조직 그 다음의 과정이 명령·지시가 아닌 영향·자극으로 자율성과 창의성을 존중해야 한다. 이후 과정으로는 의사소통-조정통제-평가의 과정으로 이론화된다. 학급경영상 의사소통의 과정이 명령과 지시가 아닌 발전적인 자극과 영향으로서 조직구성원의 자율성과 창의성의 개발 및 발휘에 최적한 상태가 되어야 할 것이다.

이상에서 살펴본 바와 같이 다소 상대성을 지니고 있는 고전적 경영이론과 인간관계론에서 학급경영이 효율적인가, 능률적인가, 명령·지시적이지 않고 자율적이며 창의적인가 하는 상위준거를 도출해 낼 수 있다.

3) 관료제와 전문경영이론

오늘날의 조직은 그 정도의 차이는 있으나 관료제의 요소와 전문조직의 요소를 혼합된 형태로 조직화되고 운영된다. 이 점은 학교조직은 물론 학급조직에서도 적용된다 하겠다. 그런 의미에서 관료제와 전문경영 모형을 살펴보고 이 두 이론에서 학급조직에서 추구하여야 하는 경영요소를 찾아 규정해 보고자 한다.

M. Weber에 의해 발전된 관료제는 조직체에는 반드시 통제와 권위가 있으며 절대적인 통제의 기초가 되는 합법적인 권위를 바탕으로 규칙에 의거한 운영방식으로 특징지을 수 있다. 관료제는 합리적인 권한이 조직 내의 직위배분으로 이루어지는 합리적인 권력구조를 특징으로 한다. 현대적인 의미의 관료제는 내부관리의 문제를 기술적으로 해결하기 위하여

조직관리의 상-하 관계구조를 명백한 권리 및 의무의 관계로 규정하고, 모든 직무는 공식적인 명령계통을 가진 위계적인 질서에 의하여 배분, 수행되도록 하는 제도를 말한다.

Weber는 조직체에서는 반드시 통제와 권위가 있으며 절대적인 통제의 기초가 되는 권위가 합당화-합법적인 권위-되는 방식에 따라서 권위유형을 전통적 권위, 카리스마적 권위, 합리적 권위로 나누고 있다. 합리적 권위는 권위의 근거가 관습적이거나 개인능력에 기초한 전통적 권위나 카리스마적 권위보다 근대화된 개념으로 볼 수 있는데, 이는 권위의 근거가 법에 기반을 두고 있으며, 규범과 법칙의 우월성에 기초를 둔 공식적인 신념에 기초한 권위이다.

W. K. Hoy와 C. G. Miskel(1982)은 Weber의 관료제의 특징을 다음과 같이 정리하였다.

- 분업과 전문화 : 학교에서는 수업목적을 위한 분업, 즉 교육수준 면에서 초등과 중등과목 면에서 국어, 수학 등에 근거함
- 비인격적인 지향성 : 학교에서는 동등한 대우를 보장해서 합리성을 촉진함
- 권위의 계층 : 학교에서는 교장, 교사 그리고 학생은 낮은 계층수준에 있음
- 규칙과 규정 : 학교에서의 규칙과 규정은 학생 행동에 대한 획일성과 안정성을 확보함
- 경력지향성 : 유인(incentive)의 제공

규율 또는 규범에 의한 통제, 전문화된 분업, 직위기반에 의한 인간관계로 인한 합리성 추구, 체계적인 작업절차로 계속성과 통일성 추구, 절차상의 정통성과 내용의 정당성 만족 등으로 특징지을 수 있는 관료제는 가장 효율적인 합리적 조직형태로 본다.

관료제의 특징은 순기능과 더불어 역기능을 초래하여 비판의 초점이 되었는데, 관료제의 역기능을 살펴보면 다음과 같다.

첫째, 비합리적 배제 및 책임의 한계를 명백히 하기 위하여 주로 문서에 의한 업무처리를 하지만, 이로 인하여 문서다작이나 형식주의 등의 현상이 나타난다.

둘째, 규칙준수의 강조는 관료들이 목표보다는 수단으로서의 규칙·절차에 지나치게 연합·동조하려는 경향을 가진다.

셋째, 전문가는 타 분야에 대한 이해가 부족할 뿐만 아니라 자기아집과 할거주의에 젖어들게 될 위험이 있다.

넷째, 몰인정지향성으로 인격적인 관계를 상실하게 되며 권위의 계층화로 의사소통이 결여되거나 봉쇄된다.

학급경영에 있어서는 관료제 이론을 바탕으로 규율성을 학급경영 평가의 주요 준거로 삼는다. 즉, 학급경영을 학급이나 학교에서 발생하는 학생의 문제행동을 다루는 일로 생각하는 학급경영관에서 그 준거를 찾을 수 있다. 이 입장에서는 학급경영의 초점을 학생행동의 통제에 두고, 문제행동이 발생할 때에 효과적으로 대응하는 방법을 경영기술로 보며, 문제행동의 해소를 경영의 성과로 간주한다.

규율성에 관한 이론적인 발전을 살펴보면, Breed(1932)가 학급경영을 "인간활동의 통제에 대한 과학적인 방법의 적용"이라고 한 것은 훈육(discipline)적인 학급경영관의 일면을 나타낸 것이라고 볼 수 있다. 한편, 학급경영은 훈육이라는 관점보다는 좀 더 넓은 관점에서 학생 문제행동의 예방과 선도 및 학급활동에의 참여를 강조하는 입장이다.

이 입장에서는 학생의 비생산적인 활동이나 문제행동을 예방하고, 바람직한 행동을 촉진시키고 무질서한 행동에 적절히 반응하는 교사의 상담적인 활동을 강조한다(F. J. Vernon & S. J. Louise, 1990. 재인용). 나아가서 문제행동과 학급활동에의 참여가 밀접하게 연관되어 있다고 보고, 학급활동에 학생을 참여시켜서 문제행동을 최소화시키는 교사행동을 학급경영으로 파악한다.

질서유지로서의 규율성을 강조한 세 번째 견해는 Doyle의 학급경영 정의이다. W. Doyle(1986)은 학급경영을 "학급 내 질서(order in a classroom)의 문제를 해결하기 위하여 교사가 사용하는 행동과 전략"이라고 정의한다. 그는 규율성을 학급질서의 의미로서 학급 내 질서란 "(학급의) 어떤 상황에서 성취되어야 할 학급사상(事象, event : 일이나 활동)에 필요한 행동 프로그램을 학생이 따르는 것"을 의미한다.

예를 들면, 강의식 수업에서 학생에게 기대되는 행동은 조용히 책상에 앉아 교사의 강의를 듣는 것이므로 이러한 행동이 규율을 통한 학급의 질서가 된다. 반면에, 토론수업에서는 학생이 모두 토의에 적극적으로 참여하여 떠들썩하게 토론하는 것이 학생에게 요구되어지는 행동이므로 이러한 행동이 학급규율이 된다. 이와 같이 학급 내의 규율은 학급상황 내에서 수행되는 행동 프로그램에 의해서 정의된다. 말하자면, 각각의 상황은 각 상황에 적합한 행동을 학생이 따르기를 요구하고, 이 요구된 행동이 학급규율이 되고 학급내의 질서가 되는 것이다.

전문경영 모형은 관료제와 비교하여 경영에 있어서 목적, 권한, 통제방법, 동기유인 등에서 차이를 나타낸다. 관료제는 조직의 목적을 중요시하나 전문경영 모형은 전문인 집단의 목적을 중요시한다. 관료제는 직위권한에 근거하지만 전문경영 모형은 지식의 권한에 근거한다. 관료제는 위계적인 통제수단을 사용하나, 전문경영 모형은 동료집단에 의한 자율적인 통제수단을 사용한다. 관료제는 조직에 대한 충성으로 보상받지만, 전문경영 모형은 고객에 대한 봉사로 보상을 받는다.

학급조직은 관료제의 특성과 전문경영 모형의 특성을 함께 지니고 있다. 학급조직은 관료제로 구조화되어 운영되지만 또한 교육활동의 전문성과 교사의 전문성으로 인하여 전문조직의 운영방식을 택하지 않을 수 없다. 이러한 관점에서 학급조직의 특성과 부합된 관료제의 특성과 전문경영의 특성을 발전적으로 조화시킨 경영방식이 학급경영에서 요청된다.

실제로 관료제와 전문경영 모형은 원칙과 기준의 적용, 전문적 분업, 고객과의 관계에서의 비개인성, 봉사정신 등 공통점을 찾을 수 있다. 따라서 관료제와 전문경영 모형특성의 이상적인 혼합은 학급경영 체제의 발전적인 요소가 된다고 하겠다.

관료제와 전문경영 이론을 바탕으로 하여 규율성과 전문성을 학급경영 평가의 주요 준거로 삼을 수 있다. 규율성은 학급경영 활동과 학급구성원의 행위가 규칙에 의해서 통제되는 것을 의미하며, 그 하위준거로는 ① 합법성 ② 규범성 ③ 책무성이 포함된다. 합법성은 학급과 그 구성원의 행위가 제 법규의 근거 하에 행하여지는 것이고, 규범성은 학급과 그 구성원의 행위가 바람직한 사회적·조직적인 행위규범에 부합되게 행하여지는 것이며, 책무성은 학급구성원의 수행된 업무가 일정한 기준에 따라 평가받고 그 결과에 대하여 책임을 지는 것이다.

또한 전문성은 학급경영의 주체인 담임교사와 관련된 것으로서, 학급업무의 특수성으로 인하여 요구되는 지적·기술적인 탁월성을 가지고 업무를 수행하는 것을 의미하며 그 하위준거로는 ① 지식과 기술의 소유 ② 전문적인 판단 ③ 전문적인 분업이 포함된다. 지식과 기술의 소유는 학급업무의 특수성으로 인하여 요구되는 고도의 지식과 윤리관을 바탕으로 한 전문담당자의 자율적 판단을 의미하며, 전문적인 분업은 과업이 기능을 바탕으로 분화되는 것이다.

4) 체제경영이론

체제경영 모형은 일반체제이론(general system theory)의 개념과 법칙을 조직경영에 적용하여 설명하는 현대적 경영이론의 하나이다. 체제이론에 의하면, 체제(system)는 일정한 기능을 수행하며 상호작용하는 요소들의 복합체로 정의되고, 체제의 기본요소는 투입, 과정, 산출로 구분된다. 체제모형은 체제가 환경으로부터 투입을 받아들여 이를 전환 혹은 처리과정을 거쳐서 산출로 변화시켜 환경으로 내보내는 관계를 나타낸다.

교육행정에 관한 체제적 접근은 1900~1930년의 고전적 조직이론,

1930~1950년의 인간관계론, 1950년대부터 현재까지의 행동과학적인 접근에 이어서 종래의 이론들의 한계점을 보완하여 1960년대를 전후로 하여 생성·발전된 통합적인 접근방법이다. 체제사고를 가짐으로써 하나의 문제를 다루는 데 있어서도 체계적이고 상관적인 숙고 끝에 문제해결을 위한 방안을 결정하게 되는 것이다(신중식·강영삼, 1985. 재인용).

체제사고를 바탕으로 체제사고의 대상이라고 할 수 있는 체제(system)의 성격은 다음(김창걸, 1986. 재인용)과 같이 요약할 수 있다.

첫째, 체제는 구체적인 목적을 달성하기 위하여 설계되고 구안된 수많은 하위체제들로 구성되고 있으며, 이들은 상호의존적, 상호작용적, 상호보완적인 관계에 있다.

둘째, 체제는 하위체제들의 개별성과 상호관련성을 인정하면서도 체제가 지향하는 목적을 위하여 질서정연한 결합체로서 총화적인 전체성을 지니고 있다.

셋째, 체제는 하위체제들이 발휘하는 기능들이 전체로서 결합되는 과정에서 독특한 외적 혹은 내적인 형태를 갖게 되며, 그 형태는 전체로서 환경과 상호작용하며 때로는 변화도 된다.

넷째, 체제는 환경으로부터 일정한 투입을 필요로 하며 이것을 전환과정을 통하여 산출로 변화시켜 다시 환경에 내보내면 일부는 환류의 과정을 통해 다시 그림과 같이 체제 속으로 흘러 들어간다.

체제의 개념정의를 내리면 다음과 같다. 체제는 전체성이나 복합성을 지닌 목표지향적인 활동을 수행하는 실체로서, 내적으로 하위체제로 구성되어 있으며, 이들은 상호의존적·상호독립적인 관계와 기능을 유지한다고 할 수 있다. 따라서 체제(system)란 공동목표의 달성을 위해서 일정한 규칙 속에서 상호 관련되며 독립적인 기능을 수행하는 각 부분들의 통합체(조광제, 2002)이다.

그리고 체제접근(systems approach)은 체제의 목표를 달성하기 위하여 능률적인 절차와 방법으로 문제를 해결하는 합리적인 사고방식이다. 체제

분석(systems analysis)이란 체제의 목표달성을 위해서 과학적인 절차와 방법을 통해 체제 내와 체제 상호간의 관계 및 상호작용을 분석하고 재구성하는 효율적인 문제해결기법이다.

체제는 체제접근과 체제분석의 대상이자 출발점이고, 체제접근은 체제의 문제해결을 위한 사고체계이며, 체제분석은 체제접근을 통한 구체적인 문제해결 과정 및 기법이라고 할 수 있다. 즉 체제, 체제접근 그리고 체제분석의 관계는 체제활동의 대상, 사고체계, 구체적 문제해결 및 기법의 상호 유기적인 관계라고 할 수 있다.

체제이론에 있어서 기본개념은 투입(input), 과정(throughout, process), 산출(output) 및 환류(feedback) 그리고 환경(environment) 등이며, 이들은 체제의 기본적인 하위체제로 생각할 수 있다. 체제와 환경 사이에는 경계(boundary)가 있다. 체제에는 개방체제(open system)와 폐쇄체제(closed system)가 있으며 개방체제만이 정체(entropy)를 면하고 생산과 발전을 기약할 수 있다(김종철, 1985). 그리고 어떤 체제를 둘러싸고 있는 환경을 상위체제(suprasystem)라고 하고, 그 체제 내에 존재하는 부분요소들을 하위체제(subsystem)라고 한다.

교육조직은 정치, 경제, 사회, 문화 등 환경과의 관련을 고려치 않을 수 없으므로, 사회체제로서의 교육조직은 개방체제로 취급하는 것이 일반적이다. 경계선을 넘어 어떤 체제에 들어오는 것을 투입이라고 하고, 그 체제가 다른 체제에 배출하는 것을 산출이라고 한다. 또한 투입을 산출로 전환하는 체제의 작용을 전환과정 또는 과정이라고 한다. 이때에 전환과정을 거친 산출을 체제 내에 재투입하여 체제갱신을 꾀하는 것이 환류이다.

교육행정과 같은 체제의 맥락에서 볼 때에 교육행정 체제는 또다시 투입, 과정, 산출, 환류를 거치는 많은 하위체제로 분화(예 : 교육정책, 교육경영, 학교경영, 학급경영 체제 등)되며, 본질적으로 이런 하위체제들이 체제의 구조와 과정을 구성하고 있는 것이다. 체제분석적인 사고를 통한 이와 같은 체제이론은 1950년대 초부터 학교조직을 이해하는 방법으로 사용되었고, 1960년대에는 교육행정에서 점차 논의되기 시작하였다. 일반적으로 1970년대의 교육행정에서는 체제와 관련된 개념과 절차를 이해하고 체제기법을 이용하는 능력을 개발하기 시작하였다.

오늘날 체제분석적인 사고를 통한 체제이론은 교육행정의 문제해결과 목표달성을 위한 가장 효과적인 접근방법으로 인식되고 있다. 교육조직을 개방체제의 개념에 근거하여 조직을 상호작용하는 하위요소로 구성된 전체로 보고, 조직은 그것을 둘러싸고 있는 보다 큰 환경 안에서 작용하는 것으로 보며, 체제를 구성하는 요소들의 최적한 결합을 기본성격으로 한다. 개방체제는 환경으로부터의 투입을 조직의 활동과정을 통해 산출로 처리하는 데에 초점을 둔다. 그러므로 과정은 활동자극인 투입과 투입에 작용하는 하위체제인 구조와 과정 및 체제활동의 산출 또는 성과를 다루는 분석적인 틀을 제공한다.

개방체제의 구체적인 특성은 다음과 같다.

첫째, 개방체제는 하위체제 기능간의 역동적 상호작용을 통해 자신을 유지한다.

둘째, 개방체제는 안정된 상태를 스스로 유지하는 경향이 있다. 낙후된 학교, 학급의 교육과정은 적절한 것으로 바꿀 수 있다.

셋째, 개방체제는 환경과 에너지와 정보를 주고받는다. 즉, 투입과 산출이 있다.

넷째, 개방체제는 환경으로부터 피드백(feedback)을 받는다. 재투입과정을 통하여 부분적으로 그들의 안정된 상태를 유지한다.

다섯째, 개방체제는 발전적인 분할(progressive segregation)의 속성이 있다. 이것은 기능적·계층적인 하위체제의 분할과정이다.

여섯째, 개방체제의 공통속성은 발전적인 기구화(progressive mechanization)이다. 모든 개방체제는 어떤 절차나 과정을 고정시키는 규칙성이 있다.

개방체제의 특성을 유지·발전시키고자 하는 학급체제 경영모형은 다음 [그림 13-1]에서 보는 바와 같은데, 다음과 같은 특징을 갖는다.

첫째, 환경변화에 대한 적응을 중요시한다. 개방조직이 되기 위해서는 투입과 산출의 관계로 환경에 의존하여야 하므로 환경변화에 적응하는 기능이 강조된다.

둘째, 피드백 기능이 중요시된다. 피드백 기능을 통해서 학급조직은 통제·유지 및 발전되는데 필요한 정보를 제공받는다.

셋째, 조직 내의 최적한 결합상태를 중요시한다. 학급조직의 상호작용 요소들 간의 역동적인 균형성을 유지하여 조직을 안정시키고 그 특성을 보존하는 것을 조직이 생존하는 기본적인 요건으로 본다.

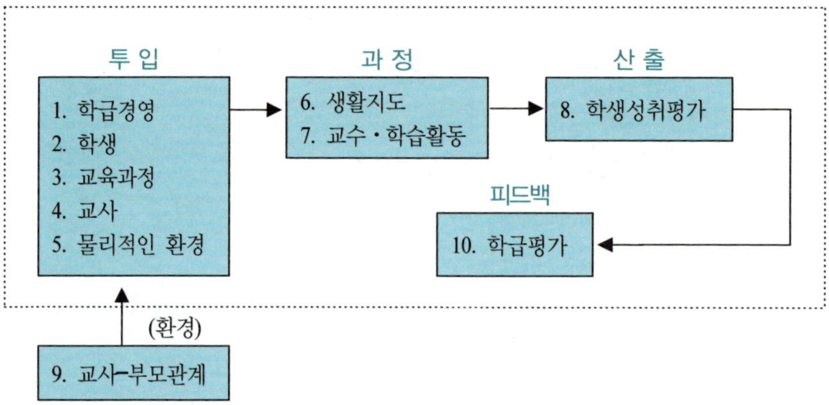

*자료 ; 권기욱(2003). 최신 학급경영. 서울 : 도서출판 원미사. p.2. 재인용

[그림 13-1] 학급경영의 내용구조

한편, 학급체제를 다소 다른 관점에서 살펴보면, 체제는 학급에 관련된 모든 요소들의 집합을 의미하며 정태적인 것과 동태적인 것으로 나뉜다. 동태적인 체제는 일반적으로 투입-과정-산출-환류를 거친다. 투입에는 환경·자원·역사 및 전략을 포함하고, 과정에는 조직이라는 장치가 있으며, 산출에는 목표달성도·자원효용성 그리고 적응성이 있으며, 환류는

전체 체제에 미치는 영향을 의미한다(Hoy & Miskel, 1982).

또한 정태적인 관점으로 체제를 보면, 인간 하위체제에는 기술·지위·가치·지도성 및 인사 등이, 구조 하위체제에는 권위·의사결정·계획·법규 및 의사소통 등이, 과업 하위체제에는 교수·장학·행정지원·봉사 및 학생인사 등이, 그리고 기술 하위체제에는 장비·자료·교육과정 및 지식 등이 포함된다(한국교육행정학회, 1995).

학급경영의 전 활동을 체계적으로 평가하기 위하여 동태적인 체제의 요소를 구체적으로 살펴보면, 투입-과정-산출의 학급경영 체제모형을 사용하여 평가하는 것이 오늘날 경영평가의 일반적인 접근방법이다. 이 접근방법에 따라 학급경영 체제평가를 투입평가, 과정평가, 산출평가, 총합평가로 분류하여 각 평가의 중요요소를 살펴보면 다음과 같다.

(1) 투입평가

투입평가(input evaluation)에서는 학급경영 활동에 투입된 요소들의 질과 양이 평가된다. 학급에 투입된 요소로는 교사(학력, 경력, 경영능력 등), 학생(선수학습 능력, 학습태도, 가정환경 등), 학급의 시설과 설비, 경비, 교육과정, 시간과 노력(교사와 학생) 그리고 학부모의 지원 등이 포함된다. 이들 요소들은 절대평가 혹은 상대평가에 의하여 그 질과 양이 평가된다.

(2) 과정평가

과정평가(process evaluation)에서는 학급경영 계획을 실천하는 활동이 평가된다. 즉, 영역별 활동이 평가되고 분석된다. 여기에는 학급경영안의 작성, 학급의 물리적 환경정비, 학급 집단지도, 학습지도, 생활지도, 창의적 체험활동의 지도, 학급 사무관리, 지역사회와의 관계 등에 대한 평가가 포함된다.

(3) 산출평가

산출평가(output evaluation)는 학급의 산출, 즉 목표가 어느 정도 달성되었는가를 판단하여 학급경영의 효과를 측정하는 평가이다. 산출평가에서는 전통적으로 학생의 지적·정의적·신체발달 면에서의 행동변화를 측정하여 학급의 목표달성도를 판단한다.

(4) 총합평가

총합평가는 투입평가, 과정평가, 산출평가의 결과를 결합시키거나 종합하여 학급경영을 총괄적으로 평가하는 것이다. 여기에서는 앞에서 열거한 여러 가지 준거 즉, 노력, 효과성, 만족성, 적합성, 능률성, 질, 결과, 과정 등을 복합적으로 사용하여 학급경영의 전반을 종합적으로 평가한다. 그러나 체제모형에 의한 경영은 다음과 같은 점에서 비판을 받기도 한다.

첫째, 인간을 너무 기계적인 관점에서 본다는 점이다. 체제이론을 사회현상에 적용하였을 때에는 인간집단을 마치 기계처럼 움직이는 것과 같이 간주한다는 것이다.

둘째, 사회적인 현상을 자연법칙에 따르는 자연과 같은 것으로 간주한다는 점이다. 왜냐하면 사회체제는 생물학적 체제, 식물학적 체제, 지질학적 체제 그리고 행정학 체제와 같은 동일한 자연의 법칙에 따르는 것으로 간주되기 때문이다.

그러나 체제경영 모형은 조직경영을 상호작용하는 부분들의 통합체로 파악하고 조직이 생존하고 발전하기 위해서는 환경과의 관계가 중요하다는 점을 인식케 함으로써 조직의 환경적응 기능, 피드백 기능, 역동성, 균형성 유지관계가 조직발전을 위한 핵심적인 경영요소임을 밝혀주고 있다. 학급경영 평가의 궁극적인 목적은 학급경영 체제를 개선하여 발전시키는 데에 있는 것이다.

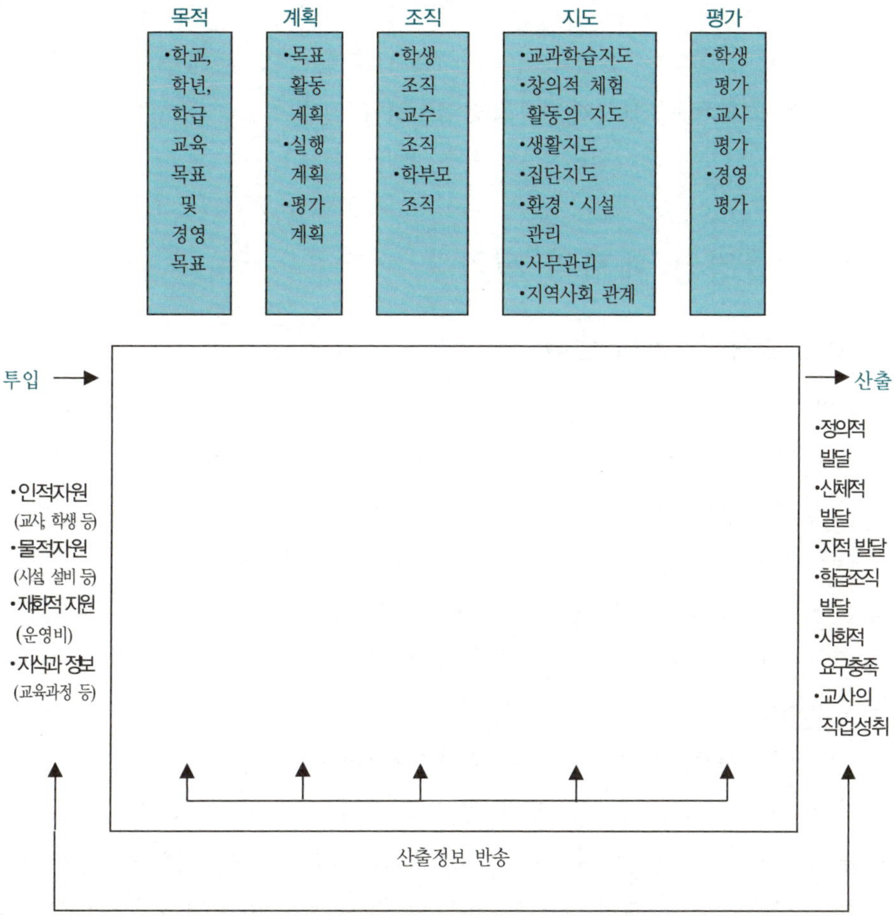

*자료 ; 문낙진(1993). 학교 · 학급경영의 이론과 실제. 서울 : 형설출판사. p.389. 재인용

[그림 13-2] 학급경영 체제모형

체제이론적인 관점에서 체제경영 모형의 특성을 바탕으로 발전성은 학급경영 평가의 주요원칙이 된다. 발전성은 학급조직과 경영을 개선하고자 하는 변화와 변화가능성을 의미하며, 그 하위준거로는 혁신성, 적응성 및 역동적인 안정성이 포함된다. 혁신성은 현재상태의 개선을 위한 의도적이고 계획적인 변화를 의미하고, 적응성은 학급이 환경의 변화에 능동

적으로 대처하는 것이며, 역동적인 안정성은 학급조직이 변화와 안정을 균형 있게 유지하는 것이다(박병량, 1988). 학급경영 체제를 투입-과정-산출의 체제모형으로 제시하면 [그림 13-2]와 같다.

3. 학급경영 체제의 평가

1) 학급경영평가의 모형

일반적인 교육평가의 접근방법으로는 목표지향 평가모형, 가치판단 모형, 개인적 판단모형 그리고 의사결정 모형 등 다양한 평가모형이 있음을 구명한 이화은(2000)은 다양한 평가모형은 제각기 장점과 단점을 가지기 마련이며, 실제 교육현상에 적용하는데 각각 한계를 가지고 있다고 하였다. 학급경영의 평가를 위해 어떤 접근방식을 취할 것인가는 평가목적 및 평가에 대한 가치관, 평가운영의 현실성 등에 따라야 할 것이다(김홍주, 1998).

그러므로 어떤 평가모형을 무조건 지지하거나 거부하기보다는 평가목적이나 문제가 무엇이냐에 따라 융통성 있게 상황에 가장 알맞은 평가모형을 선정하여 적용할 필요가 있다. 또한 평가모형들 사이의 관계는 우열이나 상충적인 관계가 아니라 상보적인 관계로 이해되어야 할 것이다.

학급경영의 평가에서 전 영역을 종합적이고 체계적으로 평가하기 위하여 투입-과정-산출의 학급경영 체제모형에 적합한 체제평가 모형을 사용하는 것이 보다 타당해 보인다. 체제평가 모형을 주장한 대표적인 학자인 D. Stufflebeam은 CIPP(Context, Input, Process, Product) 평가모형을 제시하였는데, 이 명칭은 전술한 바 있듯이 각각 상황평가, 투입평가, 과정평가 및 산출평가의 머리글자를 딴 것이다.

이 모형의 장점은 교육 프로그램의 모든 요인을 평가의 대상으로 삼고 있으며, 프로그램의 진행 중에도 평가를 실시하여 개발과 실행의 효과를 높이고 오류를 최소화할 수 있다(최호성, 1998)는 것이다.

한편, 국내학자들도 학급경영 평가에 체제평가 모형을 적용하여 제시하고 있는데, 정태범 외 2인(1981)은 학급경영의 평가방식을 투입평가, 과정평가 및 산출평가로 나누어 항목을 제시하였다. 투입평가의 항목은 학업성취도 수준, 학습태도 및 행동발달, 학급의 시설 및 경비, 가정환경 등이고, 과정평가의 항목은 협동적이며 자발적인 학습분위기, 교과진도, 학습자료의 이용, 학급환경의 구성, 교재연구 및 학습준비, 생활지도, 지진아지도, 창의적 체험활동의 지도 등이다. 그리고 산출평가의 항목으로는 학업성취도, 학습태도 및 행동발달, 학부모의 반응 등이 있다.

김명한 외 3인(1998)도 학급경영 평가를 투입평가, 과정평가, 산출평가 및 종합평가로 구분하여 설명하였다. 김명한의 평가구분은 Stufflebeam의 CIPP 모형에 충실하게 따르고 있으며, 학급경영의 과정에 대한 평가와 학급경영 체제의 전체에 대한 평가를 동시에 제시하고 있다는 점에서 앞으로의 학급경영 평가의 방향모색에 시사하는 바가 크다고 판단된다.

투입평가는 학급경영 활동에 투입된 요소들의 질과 양이 평가되는 단계이다. 학급에 투입된 요소로는 교사(학력, 경력, 경영능력 등), 학생(선수학습능력, 학습태도, 가정환경 등), 학급의 시설과 설비, 경비, 교육과정, 시간과 노력, 학부모의 지원 등이 포함된다. 과정평가 단계에서는 학급경영 계획을 실천하는 활동이 평가되는데, 각 영역별 활동이 평가되고 분석되는 단계이다. 여기에는 학급경영안 작성, 학급의 물리적인 환경정비, 학급집단지도, 학습지도, 창의적 체험활동의 지도, 학급사무관리, 대외관계 등의 평가가 포함된다.

각 영역별 과정은 개별적으로 세분화되어 평가하게 된다. 산출평가는 학급의 산출, 즉 목표가 어느 정도 달성되었는가를 판단하여 학급경영의 효과를 측정하는 평가이다. 산출평가에서는 전통적으로 학생의 행동변화(지적·정의적·신체적 발달)를 측정하여 학급의 목표달성도를 판단한다. 종합평가는 투입평가, 과정평가, 산출평가의 결과를 결합시키거나 종합하여 학급경영을 총괄적으로 평가하는 것이다. 앞에서 열거한 여러 가지 준거 – 예컨대 노력, 효과성, 만족도, 적합성, 능률성, 질, 결과, 과정 등 – 를 복합적으로 사용하여 학급경영의 전반을 종합적으로 평가하게 된다.

2) 학급경영 평가의 과정

학급경영의 평가과정 역시 평가의 일반적인 과정을 따른다고 주장한 김명한 외 3인(1998)은 평가의 일반적인 과정이 ① 평가의 목적과 대상을 확정하고 ② 평가의 준거(criteria)와 기준(standard)을 설정하며 ③ 준거관련 자료를 수집하고 ④ 수집된 자료를 기준에 비추어 사정하여 ⑤ 평가대상의 가치를 판정하는 단계로 이루어진다고 하였다.

학급경영 평가의 일차적인 목적은 학급이 잘 운영되었는가 또는 잘못 운영되었는지를 판단하는 데에 있다. 이는 평가가 본질적으로 평가대상의 가치를 판단하는 과정이기 때문이다. 즉 학급경영 평가는 이제까지 해 왔던 학급경영이 가치가 있었던 활동이었는지 그리고 가치가 있는 활동이었다면 어느 정도 가치가 있었는가를 알아보려는 활동인 것이다.

그리고 학급경영 평가는 학급경영이 성공하였으면 왜 성공하였는지를, 실패하였으면 그 이유가 어디에 있는지를 분석하는 작업도 포함된다. 이것은 학급경영 평가의 이차적인 목적이라고 할 수 있는데, 학급경영 평가대상은 물론 학급경영 전체 활동이 된다. 이들을 체계적으로 평가하기 위해서 투입-과정-산출의 학급경영 체제모형을 평가에 사용하는 것이 오늘날 경영평가의 일반적인 접근방법이 되고 있다.

평가의 준거와 기준을 설정하는 일은 평가에서 가장 핵심적인 부분이다. 준거는 평가대상의 가치를 결정하는 내용이나 성질이 되며, 이 기준은 준거수준, 곧 가치수준을 결정하는 기준점이 된다. 즉, 평가대상의 가치는 가치 있다고 여겨지는 '무엇'이 '어느 수준'에 있게 될 때에 결정되는데, '무엇'은 준거에 그리고 '어느 수준'은 기준에 해당되는 것이다. 예를 들면, 학생을 평가하는데 있어서 학습능력은 평가준거이며 학업성적은 그 준거를 추정하는 지표가 되고, 학업성적 90점은 '수'의 등급을 매기는 기준점이 된다. 따라서 준거와 기준은 평가에 있어서 가장 핵심적인 요소이며 그것들을 어떻게 설정하느냐에 따라 평가결과도 달라진다.

학급경영 평가의 준거는 준거를 개념화하는 수준에 따라 구체적인 준거에서 추상적인 준거에 이르기까지 다양하게 제시될 수 있다. 학급경영 평가의 준거의 예로는 노력, 효과성, 만족성, 적합성, 능률성, 질, 결과, 과정 등을 들 수 있다. 평가에 필요한 자료에는 준거와 기준에 관련된 평가대상의 양적 자료와 질적 자료가 있다. 또한 평가대상의 기술도 일차적 자료에 포함된다. 모든 자료들이 유용하게 사용되려면 타당도, 신뢰도 및 객관도가 높아야 하고, 수집된 자료는 통계적 방법이나 기술적 방법으로 분석 처리되어야 한다.

최종평가는 절대평가 방법이나 상대평가 방법으로 평가대상의 가치를 판정한다. 절대평가 방법은 평가대상이 가치가 있다고 판단되기 위해서 지니고 있어야 할 준거특성의 기준을 주로 전문가에 의해서 미리 설정하고, 그것에 의하여 가치가 결정되는 방법이다. 이에 반하여 상대평가 방법은 준거특성을 평가대상과 같은 종류의 다른 대상과 비교하여 상대적으로 가치를 결정하는 방법이다. 두 가지 방법 중에서의 선택은 평가목적에 따라서 결정된다.

평가를 계획하고 실시함에 있어서 검토할 사항으로는 다음과 같은 것들이 있다.

- 평가의 필요성
- 평가문제의 명료한 규정
- 평가할 범위와 평가를 통제하는 약속사항
- 평가설계
- 평가예산
- 평가진 구성

- 평가운영 관리
- 평가를 평가하는 계획
- 평가정책의 개발
- 평가보고서 작성
- 평가자 훈련
- 평가결과 사용계획 등에 대한 검토

이들 사항은 평가의 규모에 따라서 달라지겠지만 평가과정에서 주의하여 점검할 사항들이다.

4. 학급경영 평가의 준거 예시

학급경영 평가를 담임교사가 평가하기 위해서는 평가에 활용할만한 기준이 있어야 한다. 학교가 소재하고 있는 지역사회의 특성이나 담임교사 개개인의 교육관과 학급경영관이 다르기 때문에 학급경영 평가의 표준화된 준거 제시는 근본적으로 불가능할 것임에 틀림이 없다. 그러나 학급경영 평가의 표준화된 준거제시가 불가능함에도 불구하고, 준거를 예시적으로 안내하는 것이 자기평가 준거제작에 도움은 될 것이 확실하다. 이에, 이화은(2000)이 자신의 연구결론으로 도출한 초등학교 학급경영 평가준거를 제시하고자 한다.

이화은(2000)이 제시하고 있는 평가준거는 학급 담임교사의 자체평가를 위한 평가준거이다. 또 이 준거는 학급에서 이루어지는 교육의 질을 향상시키기 위하여 학급경영 평가가 필요하다는 것을 인식시키는 초기단계인 학급담임의 자체평가를 위해 마련된 것이다. 비록 전문가집단의 합의를 거친 준거이기는 하지만 자체평가가 아닌 외부평가의 목적으로 사용하고자 할 경우에는 평가준거를 다소 수정할 필요가 있겠다.

<표 13-1> 초등학교 학급경영평가 준거 최종안

평가 단계	평가 영역	평가요소	평가준거
투입	학생	• 학생구성 특성	• 학급 성원의 구성 특성을 파악하였다.
		• 선수학습 정도	• 학생의 선수학습 정도를 파악하고 있다.
		• 개인적인 특성	• 학생 개인의 특기, 소질, 병력 등을 파악하고 있다.
	교육과정	• 편성의 연계성	• 학급 교육과정은 학교 및 학년 교육과정과 연계성을 가지고 있다.
		• 편성의 체계성	• 학급 교육과정은 교과별 안배가 잘 되어 있다.
		• 교육과정 운영 계획의 적합성	• 학급 교육과정 운영계획이 주간, 월간, 학기별로 적절히 안배되어 있다.
	학급 시설 및 환경	• 책걸상	• 책걸상은 학생의 키에 알맞은 높이로 준비되었다.
		• 비품의 양과 질	• 학급운영에 필요한 비품은 양질의 제품이 적절히 마련되어 있다.
		• 조도의 적절성	• 학습에 적절한 수준의 조도가 제공된다.
	학부모	• 지원영역	• 학부모의 지원이 필요한 학급운영의 부분을 파악하고 있다.
과정	학급 경영의 목표 및 계획	• 상위목표와의 연계성	• 설정된 목표는 상위목표를 토대로 하여 연계성을 유지하고 있다.
		• 현실성과 실현 가능성	• 수립된 목표는 학급의 실태와 자원은 고려하여 실현 가능한 것이다.
		• 목표의 독창성	• 목표에 담임교사의 경영관이 명확히 나타나 있다.
		• 교과지도계획의 적절성	• 교육과정 목표에 적합한 교과지도계획을 수립하였다.
		• 창의적 체험활동 지도계획의 적절성	• 특별활동 계획은 학생의 특성을 고려하여 수립하였다.
		• 시설 및 환경 관리계획의 적절성	• 효과적인 학습을 도와줄 수 있는 시설 및 환경관리 계획이 수립되어 있다.
		• 사무관리 계획의 적절성	• 효율적인 사무관리를 위한 계획이 수립되어 있다.

계속	-계속-	• 학급경영 평가 계획의 적절성	• 학급경영 평가를 위한 계획이 구체적이며 효율적으로 수립되어 있다.
		• 교과별 학습지도 계획의 구체성과 명료성	• 교과별 학습지도계획은 구체적이고, 성취도의 측정이 가능하도록 명료하게 작성되어 있다.
		• 학습지도안의 작성과 활용	• 학습지도안은 과목과 학생수준에 맞도록 작성하여 활용한다.
		• 교재연구의 충실성	• 학습지도에 필요한 교재연구를 충분히 한다.
		• 교수·학습방법의 개선노력과 다양성	• 수업의 획일적인 방법을 지양하고, 교수·학습방법의 개선을 위해 노력을 기울여 다양한 방식으로 수업을 진행한다.
		• 학생의 능동적인 활동참여 유도	• 수업시간에 학생들이 능동적이고 적극적으로 학습에 참여하도록 지도하고 있다.
		• 자료활용의 적합성	• 교수 · 학습목표에 적합한 학습자료를 사용한다.
		• 자료사용의 적시성	• 자료의 제시가 적절한 시기에 이루어진다.
	창의적 체험 활동의 지도	• 지도계획의 균형성	• 창의적 체험활동의 지도계획은 영역별로 안배가 잘 이루어져 있다.
		• 활동안내의 구체성	• 활동집단의 조직과 활동내용은 모든 학생에게 자세히 안내되었다.
		• 학생의 자율성 존중	• 창의적 체험활동의 조직과 활용에 학생들의 자율적인 판단을 존중한다.
		• 학생의 자발적인 참여 유도	• 학생들이 활동의 가치를 인식하고 자발적인 참여가 이루어 질 수 있도록 지도한다.
		• 지도내용의 다양성	• 학생의 흥미와 적성을 고려한 다양한 활동을 제공하고 있다.
		• 기본생활습관 지도	• 기본생활습관 형성을 위한 지도가 가정과 연계되어 반복적으로 실천되고 있다.
		• 학생상담의 활성화	• 학생의 불만 및 고민 상담은 적기에 이루어지고 있으며 개인별 상담시간의 확보가 적정하다.
		• 인성지도	• 실천 위주의 인성지도 프로그램이 마련되어 실시되고 있다.
		• 역할분담 활동	• 학생들이 한 가지 이상의 일을 분담하여 실천하고 있다.

계속	시설 및 환경 관리	• 시설의 청결유지 • 통풍, 환기, 난방, 채광의 적절성 • 환경구성의 안정감 • 좌석 배치	• 교실은 항상 청결하게 유지된다. • 교실의 통풍, 환기, 난방, 채광 등이 적절히 제공된다. • 학생의 안정된 생활을 조성할 수 있는 환경 구성이다. • 학생의 신체발달 정도, 성별 등을 고려하여 좌석을 배치하고, 주기적으로 변경시키고 있다.
	사무 관리	• 업무파악의 충실성 • 학습결과물 관리 • 평가기록과 통계 처리의 정확성	• 학급사무의 업무를 충분히 파악하고 있다. • 학생의 학습결과물은 제때 점검되고 피드백 된다. • 학생의 평가기록과 각종 통계처리가 정확히 이루어지고 있다.
	대외 관계	• 학부모와의 유대 • 학급 교육활동의 홍보 • 동료교사와의 관계	• 학생지도는 가정과 긴밀한 유대를 가지고 행해지고 있다. • 담임의 지도방침과 교육활동을 학부모에게 홍보하고 있다. • 동료교사들과 원만한 관계를 유지하며 학급 경영에 대한 논의를 활발히 하고 있다.
산출	학생	• 학습능력의 향상 • 수업에 대한 열의 • 예·복습 수행 정도 • 자율적인 참여 • 학교생활 만족도 • 신체능력	• 학생들의 학습능력이 향상되었다. • 학생들은 능동적이고 적극적으로 수업에 참여한다. • 예습, 복습 및 과제물을 제때에 수행하는 정도가 높아졌다. • 학급활동에 보다 많은 학생들이 자율적으로 참여하고 있다. • 학생들은 학급에서의 생활이 즐겁고 만족스럽다. • 학생들은 발달수준에 맞는 신체조작 능력을 갖추고 있으며 이전의 단계에 비해 진보하였다.
	교사	• 경영능력의 신장 • 자기성장을 위한 노력 • 자기만족감	• 학급경영 전반에 걸친 경영능력이 신장되었다. • 자신의 자질연마를 위해 계속 노력하고자 한다. • 학급경영에 대한 노력과 결과가 만족스럽다.

	학급 경영 체제	• 체제발달 • 평가의 구체성과 계속성 • 평가결과의 반영	• 학급경영의 각 영역과 단계는 보다 유기적으로 관련을 맺으며 효과적으로 기능한다. • 학급경영계획의 달성도가 구체적이고 계속적으로 평가되었다. • 평가결과를 토대로 한 개선계획의 수립·반영이 적극적으로 이루어졌다.

*자료 ; 이화은(2000). "초등학교 학급경영평가의 준거개발." 서울교육대학교 교육대학원. 석사학위논문. pp.59~61. 재인용.

초등학교 학급경영 평가의 평가단계, 평가영역, 평가요소 및 평가준거 등은 완벽한 것이 아니라 하나의 지침으로 보아야 할 것이다. 이러한 학급경영 평가준거가 실제 학교현장에서 그 효과성을 발휘하기 위해서는 다음과 같은 몇 가지 조건이 전제되어야 한다.

첫째, 학급경영 평가의 중요성에 대한 인식이 선행되어야 하며 평가는 단계적으로 실시되어야 한다.

학급경영 평가가 교육의 질 향상이라는 본연의 목적을 다하기 위해서는 담임교사의 자율적인 참여가 중요하다. 그렇지 않을 경우에 학급경영 평가는 교사에게 또 다른 업무부담으로 여겨질 수 있다. 학급경영 평가의 중요성은 인정하고 있지만 잘 시행되고 있지 않은 이유도 여기에 있다. 따라서 평가에 대해 거부감을 없애고 자발적인 참여를 조장하기 위해서 학급경영 평가는 자체평가에서 시작하여, 점진적이고 단계적으로 외부인사들의 참여에 의한 평가방식으로 접근할 필요가 있다.

둘째, 학급경영 평가를 실시할 수 있는 환경의 조성이 필요하다.

학급경영 평가가 활성화되기 위해서는 학교의 행정업무가 간소화되고 학교조직이 교육 중심의 학년-학급조직으로 개편되어야 한다. 그리하여 교사가 교육활동에 전념할 수 있게 되어야 자신의 교육활동을 점검하고자 하는 의지를 가질 수 있기 때문이다.

셋째, 평가결과가 발전적인 자료로 사용되어야 한다.

학급경영 평가는 교수·학습의 질 개선이라는 학급경영의 궁극적인 목적에 초점을 두고 운영되어야 한다. 학급경영 평가가 경영평가의 결과에만 치중하여 평가를 위한 평가가 되어서는 안 된다. 또한 평가결과를 교사와 장학담당자, 학부모 등 관련 인사들이 서로 논의하여 좋은 사례는 개선의 모델로서, 부족한 것은 개선의 전략을 기획하는 발전적인 자료로 사용하여야 할 것이다. 학교와 지역사회 그리고 학부모들이 평가결과에 대하여 공동의 책임의식을 가지고 학교개선을 위하여 함께 노력하려는 학교공동체의 수립과 발전을 위해서는 평가결과의 발전적인 사용이 꼭 필요한 일이다.

참고문헌

1. 국내문헌

강경석(2003). **교육재정학**. 서울 : 형설출판사.
강경석·최기만(2003). **학교·학급경영의 실제**. 서울 : 도서출판 원미사.
강승호·김명숙·김정환·남현우·허 숙(1996). **현대 교육평가의 이론과 실제**. 서울 : 양서원.
강봉규·강명희(2011). **새로운 교직실무**. 서울 : 태영출판사.
고영희(1979). **수업기술**. 서울 : 교육출판사.
곽병선(1985). **교육과정**. 서울 : 배영사.
______(1986). **초·중등교육의 질 개선**. 서울 : 한국교육개발원.
교육법전편찬회(2005). **교육법전. 제1권**. 서울 : 교육주보사.
______(2007). **교육법전. 제1권**. 서울 : 교육주보사.
______(2012). 2012년 **개정판 교육법전** I. 서울 : (주)교학사.
교육학사전편찬위원회(1965). **교육학사전**. 서울 : 대한교육연합회.
권기욱(2003). **최신 학급경영**. 서울 : 도서출판 원미사.
김남진(1991). **행정법(I)**. 서울 : 법문사.
김도창(1988). **일반행정법(상)**. 서울 : 청운사.
김명한·박병량·박종렬·이문용(1988). **신간 교육행정 및 경영**. 서울 : 문음사.
김봉수(1983). **학교와 학급경영**. 서울 : 형설출판사.
______(1988). **학교와 학급경영**. 서울 : 원미사.
김범주(2001). **신교육법**. 서울 : 도서출판 지정.
김세기(1985). **교육행정·경영론**. 서울 : 교육과학사.
김승희·이성주·전희정·이순덕(2012). **알기 쉬운 교직실무**. 고양 : 공동체.
김신복(1998). 교육청 종합평가의 의의와 과제. **교육행정학연구**. 4월호.
김영식 외 4 편저(1982). **교육제도의 이념적 현상**. 서울 : 교육과학사.
김영진(2010). 초등학교 창의적 체험활동 운영방안. **손에 잡히는 창의적 체험활동 전국워크숍 자료**. 부산교육 2010-240호.
김영철·주경란(1989). **학교제도**. 서울 : 민문고.
김용주·임우섭·강순진·도순남(2006). **학교 및 학급경영의 이해**. 파주 : 양서원.
김윤태(1983). **교육행정학**. 서울 : 배영사.
______(1984). **교육행정학**. 서울 : 배영사.
______(1986). **교육행정 및 교육경영**. 서울 : 배영사.
______(1994). **교육행정·경영신론**. 서울 : 배영사.
김윤태·서정화·노종희(1986). **교사와 교직사회**. 서울 : 배영사.
김재춘·부재율·소경희·채선희(2005). **교육과정과 교육평가**. 서울 : 교육과학사.
김정원·유균상·정수현·강영혜·김미숙·박은실·이명실·손연아·박영훈·이윤미(2002).

단위학교 교육문제 진단 및 개선지원 연구. 한국교육개발원. RR 2002-07.
김종철(1982). 교육행정의 이론과 실제. 서울 : 교육과학사.
______(1985). 교육행정학 신강. 서울 : 세영사.
김종철 · 진동섭 · 허병기(1990). 학교 · 학급경영론. 서울 : 한국방송통신대학출판부.
김종철 · 김종서 · 서정화 · 정우현 · 정재철 · 함종규 · 김선양(1992). 교사론. 서울 : 교육과학사.
김종철 · 이종재(1997). 교육행정의 이론과 실제. 서울 : 교육과학사.
김창걸(1985). 교육행정학. 서울 : 박문각.
______(1989). 교육행정학 및 교육경영(개정판). 서울 : 형설출판사.
______(1994). 교육행정학 신론. 서울 : 형설출판사.
김창욱(1998). 교육행정학 및 교육경영 신강. 서울 : 형설출판사.
김충기(1980). 생애교육과 생활지도. 서울 : 평민사.
______(2003). 생활지도와 상담. 서울 : 한국학술정보.
김학수(1981). 현대 교수-학습론. 서울 : 교육과학사.
김호권((1970). 완전학습의 원리. 서울 : 배영사.
______(1974). 교수이론. 서울 : 교육출판사.
김흥주(1998). 단위학교 평가기준 및 절차 개발연구. 교육개발. 110호. pp.69~76.
남억우 · 박준희 · 백현기 · 서명원 · 성래운 · 정우현 · 함종규 · 황정규(1988). 최신 교육학 대사전. 서울 : 교육과학사.
남정걸(1986). 교육행정과 학교경영. 서울 : 세영사.
______(1986). 학교시설에 관한 연구. 서울 : 대한교육연합회.
______(2001). 교육행정 및 교육경영. 서울 : 교육과학사.
남한식(1991). 학교와 학급경영론 총론. 서울 : 형설출판사.
노종희(1974). 교육행정학 : 이론과 연구. 서울 : 배영사.
대학교직과교재편찬위원회 편(1986). 학교행정. 서울 : 교육출판사.
문낙진(1993). 학교 · 학급경영의 이론과 실제. 서울 : 형설출판사.
박남기(2008). "초등학급경영의 개념과 범위 그리고 영역분석 : 단행본, 승진규정, 학급교육과 정운영부를 중심으로." 초등교육연구. 21(1). pp.69~76.
박병량(1988). "학교경영평가의 준거체제 개발." 부산대학교 사범대학논문집.
박병량(2003). 학급경영 마이더스. 2판. 서울 : 교육과학사.
박병량 · 주철안(2011). 학교 · 학급경영. 서울 : 학지사.
박연호(1983). 사무관리신론. 서울 : 법문사.
______(1984). 교사와 인간관계론. 서울 : 법문사.
박윤흔(1992). 행정법강의(상). 서울 : 국민서관.
박의수 · 이득기 · 김동기 · 김철주 · 배장오(2010). 교육학개론. 고양 : 서현사.
박종렬 · 신상명(2004). 신교육행정학개론. 서울 : 형설출판사.

박종렬·권기욱·김순남·박남기·박상완·신상명·임연기·정금현·정수현(2010). **학교 경영론**. 서울 : 교육과학사.
배장오(1995). **교육학개론**. 서울 : 생각하는백성.
______(1996). **교사론**. 서울 : 생각하는백성.
______(2001). **교육학의 본질과 전망**. 서울 : 코람데오.
백현기(1958). **교육행정학**. 서울 : 을유문화사.
______(1974). **교육행정의 기초**. 서울 : 배영사.
배호순(1994). **프로그램 평가론**. 서울 : 원미사.
백완기(1988). **행정학(전정판)**. 서울 : 박영사.
변영계(1984). **학습지도**. 서울 : 배영사
______(1997). **수업장학**. 서울 : 학지사.
서울대학교 교육연구소(1998). **교육학 대백과사전**. 춘천 : 하우동설.
서울대학교 사범대학 교육연구소(1981). **교육학 용어사전**. 서울 : 배영사.
서재복·권정숙·김태호·손충기·신봉섭·유평수·이석열·이호섭(2009). **교사교육론**. 서울 : 태영출판사.
서정화(1989). **교육인사행정론**. 서울 : 세영사.
______(1995). **교육인사행정론**. 서울 : 하우출판.
서정화·서성옥·김동희·이수임(2002). **교장학의 이론과 실제(수정판)**. 서울 : 교육과학사.
성병창 역(1995). **학교조직과 경영**. 서울 : 양서원.
성삼제(2002). **학교예산회계제도의 이해**. 서울 : 교육과학사.
신중식·강영삼(1985). **교육행정·경영론**. 서울 : 교육출판사.
안기성(1994). **교육법학의 연구**. 서울 : 고려대학교출판부.
유현숙·한유경·김홍주·박영숙·김혜숙·백순근·김재춘·김규태(1997). **서울특별시 초·중등학교 및 지역교육청 평가 방안 연구**. 한국교육개발원. CR 97-14.
윤정일·송기창·조동섭·김병주(1994). **교육행정학 원론**. 서울 : 학지사.
윤종건(1984). **교육행정의 과제와 이론적 접근**. 서울 : 교육과학사.
윤종건(2006). **한국의 교육과 교육행정 : 과제와 전망**. 서울 : 원미사.
윤종건·전하찬(1985). **교사론**. 서울 : 정민사.
이관희·김채겸(1984). **조직경영의 이론과 실제**. 서울 : 박영사.
이미숙(2006). **초등학교 학급경영평가 준거체제 개발**. 부산교육대학교 교육대학원. 석사학위 논문.
이상규(1991). **신행정법론(상)**. 서울 : 법문사.
이승미(2010). 초등학교 편성·운영 매뉴얼 안내. **손에 잡히는 창의적 체험활동 전국워크숍자료**. 부산교육 2010-240호.
이영덕·정원식(1994). **생활지도의 원리와 실제**. 서울 : 교육과학사.

이영만・권순환・장혜자・김태연・김동은・구교성・김세령(2004). 학교・교육기관평가. 서울 : 한국문화사.

이용걸(1977). 신교육학전서 제7권 : 학습의 기초. 서울 : 배영사.

이윤식(1999). 장학론 : 유치원・초등・중등 자율장학론. 서울 : 교육과학사.

이윤식(2004). 학교경영과 자율장학. 서울 : 교육과학사.

이윤식・유현숙(1989). 교내자율장학의 활성화 방안 연구. RR 89-13호. 서울 : 한국교육개발원.

이윤식・김병찬・김정휘・박남기・박영숙(2007). 교직과 교사. 서울 : 학지사.

이장호(1983). 상담심리학 입문. 서울 : 박영사.

이철웅(2011). 교직실무 이론과 실제. 고양 : 서현사.

이현주(2010). 2009 개정 교육과정과 창의적 체험활동. 손에 잡히는 창의적 체험활동 전국워크숍자료. 부산교육 2010-240호.

이형행(1983). 교육행정 : 이론과 접근. 서울 : 문음사.

______(1986). 신교육행정론(증보판). 서울 : 문음사.

______(1988). 교육행정 : 이론적 접근(증보판). 서울 : 교육과학사.

이형행・고 전(1998). 교육행정론 : 이론・법제・실제. 서울 : 양서원.

이화은(2000). 초등학교 학급경영평가의 준거개발. 서울교육대학교 교육대학원. 석사학위논문.

임연기・신상명(1999). 21세기 학교경영혁신모형 개발 연구. 한국교육개발원. RR 99-04.

장혁표(1995). 생활지도의 이론과 실제. 서울 : 형설출판사.

정범모(1962). 교직의 전문성. (오천석 편). 교육과 교사. 서울 : 현대교육총서출판사.

______(1977). 교육과 교육학. 서울 : 배영사.

______(1991). 교육과 교육학(증보판). 서울 : 배영사.

정범모・이성호(1983). 학업성취의 요인. 서울 : 교육출판사.

정태범(2000). 학교경영론. 서울 : 교육과학사.

정태범・김세기・서정화(1981). 학교경영핸드북. 서울 : 한국교육개발원.

조광제(2002). 교육행정학. 서울 : 원미사.

조병효(1983). 장학론 : 이론과 실제. 서울 : 배영사.

______(1991). 현대장학론. 서울 : 교육과학사.

조성일(2006). 교육행정과 학교 학급경영. 서울 : 학이당.

주삼환(1985). 장학방법의 개선. 한국교육의 질 향상을 위한 장학의 방향. 장학제도 세미나자료. 서울 : 대한교육연합회.

주삼환 역(1986). 교육행정학개론. 서울 : 박영사.

주삼환(1988). 학교장론 특강. 서울 : 성원사.

______(2000). 교육행정 및 교육경영. 서울 : 학지사.

주삼환・신재흡(2006). 학교경영의 이론과 실제. 서울 : 학지사.

진동섭(2003). 학교컨설팅. 서울 : 학지사.

진동섭 · 이윤식 · 김재웅(2009). **교육행정 및 학교경영의 이해**. 서울 : 교육과학사.

최호성(1998). **교육과정평가론**. 마산 : 경남대학교출판부.

최희선(2004). **학교 · 학급경영**. 서울 : 형설출판사.

한국교육개발원(2003). 학교발전을 위한 학교평가의 방향과 과제. **제1회 교육연구개발 연계체제(ER&D Network) 세미나자료집**. RM 2003-2.

한국교육행정학회(1995). **학교 · 학급경영론**. 서울 : 도서출판 하우.

_____ 편(2010). **학교경영론**. 서울 : 교육과학사.

한숙경(2003). **예비교사와 현직교사를 위한 신교사론**. 서울 : 학지사.

함종규(1984). **학습지도의 이론과 실제**. 서울 : 숙명여자대학교출판부.

허재욱(1999). **교육법신론**. 서울 : 형설출판사.

홍창남(2002). "학교경영 컨설팅의 개념 모형 탐색." 서울대학교 대학원 석사학위 청구논문.

황응연(1977). **현장교육전서 제7권 : 생활지도**. 서울 : 배영사.

황응연 · 윤희준(1983). **현대 생활지도론**. 서울 : 교육출판사.

황정규(1994). **학교학습과 교육평가**. 서울 : 교육과학사.

2. 국외문헌

Acheson, K. A. & M. D. Gall(1980). *Techniques in the clinical supervision of teachers preservise and inservise application*. New York : Longman.

Alkin, Marvin. C.(1973). Evaluation Theory Development. In B. R. Sanders & J. R. Sanders. *Education : Theory and Practice*. Belmont, C. A. : Wadworth.

Bloom, B. S.(1964). *Stability and change in human characteristic*. New York : John Wiley & Sons. Inc..

Bolman, L. & D. E. Deal(1978). *Reframing orgarnization : Arhistry, choice and leadership*(2nd ed.). San Francisco : Jossey-Bass.

Boyer, E. L.(1983). *High school : A report on secondary education in America*. The Camegie Foundation for the Advancement of Teaching. New York : Harper & Row.

Bruner, J. S.(1960). *The Process of Education*. Cambridge. Mass : Harvard University Press. 이홍우 역(1973). 교육의 과정. 서울 : 배영사.

_____(1960). *The Process of Education*. Cambridge. Mass : Harvard University Press.

Burden, P. R.(1983). *Implication of teacher career development : New role for teachers, administrators, and professors*. Action in Teacher Education.

Castaldi, Basil(1982). Educational Facilities : Planning, Modernization, and Management. *College of Education*. Boston : Allyn and Bacon.

Castetter, William B.(1981). *The Personal Function in Educational Adminstration*. N. Y. : Macmil1an Publishing Co.. Inc..

Cogan, M. L.(1973). *Clinical Supervision.* Boston : Hought Mifflin.

Dubin, Robert(ed).(1961). *Human Relations in Administration*(2nd). Englewood Cliffs, N. J. : Prentice-Hall. Inc..

Gardner, John W.(1965). How to Prevent Organizational Dry-Rot? *Hapers Magazine*. Oct..

Charles, C. M. & G. W. Senter(1995). *Elementery classroom management*(2nd ed). New York : Longman.

Doyle, W.(1986). Classroom organization and management. In C. Wittrock(ed.). *Handbook of research on teaching*(3nd ed.). New York : Haper and Row.

Glatthorn, A. A.(1984). *Differentiated supervision.* Alexadria. V. A. : Association for Supervision and Curriculum Development.

Goodlad, J. I.(1966). *The Development of Conceptual System for Dealing with Problems of Curriculum and Instruction.* New York : Univ. of California.

Goldhammer, R.(1969). *Clinical supervision.* New York : Holt, Rinehary & Winston.

Goldhammer, R. & R. H. Anderson & R. J. Krajewski(1969). *Clinical supervision.* New York : Holt, Rinehary & Winston.

Guba, E. G. & Y. S. Lincoln(1989). *Fourth generation evaluation.* Thousand Oacks. C.A. : Sage.

Hilgard, E. R.(1987). Theories of learning(2nd ed.). in J. A. Glover & R. R. Roning(eds.). *Historical foundations of educational psychology.* N. Y. : Plenum.

Hoy, W. K. & C. G. Miskel(1982). *Educational administration : Theory, research, and practice.*(2nd ed.). New York : Random House.

Hoy, W. K. & C. G. Miskel. 오영재 · 신현석 · 양성관 역(2007). 교육행정 : 이론, 연구, 실제. 제7판. 서울 : 아카데미프레스.

Johnson, Lois, V. & M. A. Bonny(1970). *Classroom Management : Theory and Skill Training.* New York : The Macmillan Company.

Jones, A. J.(1951). *Principles of Guidance.* New York : McGrow-Hill Book Co..

Lyman, W.(1960). Eight Y's of School Planning. *The American School Board Journal.* Vol. 140. No. 1. Jan..

Melchoir, William T.(1950). *Instructional Supervision.* Boston : D. C. Health and Company.

Morgon, C. T. & King, R. A.(1971). *Introduction to Psychology.* New York: McGraw-Hill Book Co..

Moos, R. M.(1979). *Evaluation educational environment.* San Francisco : Jossey Base Puffisher.

Nevo, D. (2000). School Evaluation : Internal or External? 학교평가 효과성에 관한 국제세미나. 한국교육개발원. RM 2000-08.

Parker, J. Cecil(1957). Guidelines for In-Service Education. in Nelson B. Henry ed. *In-Service Education.* Chicago : The University of Chicago Press.

Sergiovanni Thomas J. & P. Kelleher & M. M. Mccarthy & F. Fowler. 저. Educational Governance and Administration. 6/E. 한유경・나민주・김이경 역(2011). 교육행정. 제6판. 서울 : 아카데미프레스.

Sergiovanni, T. J. 저. Supervision : A Redefinition. 8/E. 오은경・한유경・서경혜・김경아・안정화・안선영 역(2003). 장학론. 제8판. 서울 : 아카데미프레스.

Shertzer, B. & S. C. Stone(1974). *Foundation of Counselling*.(2nd. ed.). Houghtoe Mifflin Company Boston.

Stake, R. E.(1975). *Evaluating the Arts in Education : A Responsive Approach*. Columbus, O. H. : Charles E. Merrill.

Steller, A. W.(1983). *Curriculum planning*. ACSD. 1983. Yearbook Committe. edited. Foundational Curriculum Decisions. Alexandria Virginia : ASCD Publications.

Strang, R.(1949). *Counselling Techniques in College and Secondary School* (Rev. ed.). New York : Haper & Brother.

Stufflebeam, D. L.(1973). Evaluation as Enlightment for Decision-Making. In B. R. Sanders & J. R. Sanders. *Education : Theory and Practice*. Belmont, C. A. : Wadworth.

Traxler, A. E.(1957). *Techniques of Guidance(*Rev. ed.). New York : Haper.

Tyler, R. W.(1949). *Basic Principles of Curriculum and Instruction*. 이해명 역(1994). 교육과정과 학습지도의 기본원리. 서울 : 교육과학사.

Tyler, R. W.(1950). *Basic Principles of Curriculum and Instruction*. Chicago : University of Chicago Press.

White, Leonard D.(1955). *Introduction to the Study of Public Administration* (4th. ed). New York : Macmillan Co..

Williamson, E. G.(1939). *How to Counsel Student*. N. Y. : McGraw-Hill Books Co..

Wolf, R. M.(1963). The identifications and measurement of environmental process Variable related to intelligence. Unpublished ph. D. Dissertation. Univ. of Chicago.

永剛順・奥田眞文 편(1995). 學校・學級經營. 東京 : 株式會社 ぎらせ.

3. 인터넷 사이트

http://ko.wikipedia.org/wiki/%ED%94%84%EB%A1%9C%ED%81%AC%EB%EB%A3%A8%EC%8A%A4%ED%85%8C%EC%8A%A4 [위키백과]

http://ncic.kice.re.kr/nation.dwn.ogf.inventoryList.do# [NCIC 국가교육과정정보센터]

찾아보기

저자소개

배장오(裵長吾)

마산교육대학 졸업
강남대학교 교육학과 졸업
연세대학교 교육대학원 졸업(교육학 석사)
세종대학교 대학원 졸업(교육학 박사)

마산 중앙・성호, 서울 경복초등학교 교사
현) 강남대학교 교육학과 교수
현) 강남대학교 경영부총장

【논문 및 저서】
대학의 연구 기능 수행에 미치는 영향변인에 관한 연구(석사학위논문)
교육대학 평가인정제에 관한 연구(박사학위논문)
대학부설 평생교육원의 사회교육 기여도 분석 외 21편
교육학 교과 교재연구 및 지도법 외 16권

학교경영과 학급경영

2012년 8 월 25일 1판1쇄 인쇄
2012년 8 월 30일 1판1쇄 발행
지은이 | 배장오
펴낸이 | 조재성
펴낸곳 | 서현사
(410-817) 경기도 고양시 일산동구 중앙로 1055번지 레이크하임 206호
전화 031-919-6643 팩스 031-912-6643
등 록 | 2002년 8월 14일 제03-01392호
ISBN | 978-89-94044-45-3 93370
정 가 | 20,000원